Frei · Carl v. Ossietzky

Bruno Frei

Carl v. Ossietzky
Eine politische Biographie

Das Arsenal
Verlag für Kultur und Politik

2. veränderte und erweiterte Auflage 1978

Mit freundlicher Genehmigung des Aufbau-Verlags Berlin (DDR), bei dem 1966 die 1. Auflage unter dem Titel *Carl v. Ossietzky. Ritter ohne Furcht und Tadel* als Band 3 der *Schriften* Ossietzkys erschien.

ISBN 3-921810-15-9

Das Arsenal. Verlag für Kultur und Politik GmbH.
Tauroggener Straße 6, 1000 Berlin 10.

Einbandgestaltung: Paul Kern
Druck: Max Schönherr KG, 1000 Berlin 51.

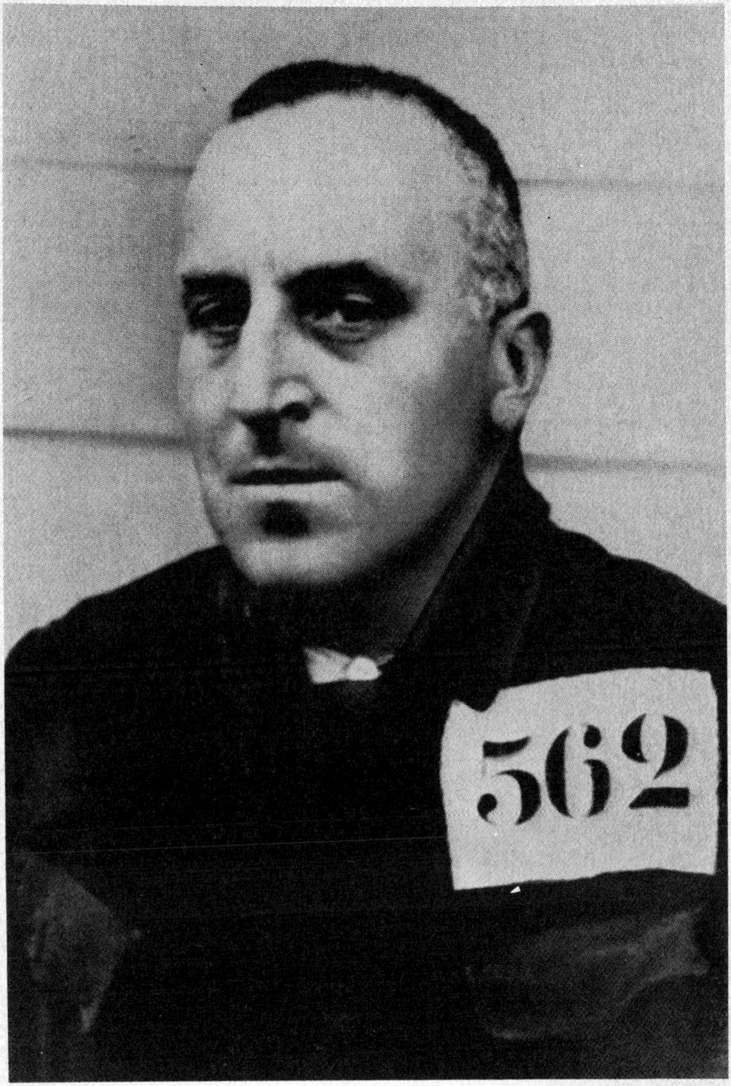

Carl v. Ossietzky als Häftling im KZ Sonnenburg

„Vieles, was er geschrieben hat, wird bleiben,
doch sein Größtes und Bestes ist sein Leben,
dies wunderbar beispielhafte Leben.“

Ossietzky über Maxim Gorki.

VORWORT 1978

Vierzig Jahre nach seinem Tod ist es an der Zeit, Ossietzky im geteilten Deutschland ein unbestrittenes Heimatrecht zu bieten. Thomas Mann hat dieses Problem für sich gelöst. Soll dies für Ossietzky deshalb nicht möglich sein, weil er für ein demokratisches Deutschland gekämpft hat, das 1945 zweifach verkündet und nicht einfach verwirklicht wurde?

Indem ich diese Zeilen niederschreibe, wird mir bewußt, daß ich mit einer Selbstkritik beginnen muß. Was ich über den Erbanspruch der beiden Deutschland in dem Vorwort zur 1. Auflage dieses Buches in kaltkriegerischem Eifer geschrieben habe, hält nicht stand. Schwarz-weiß taugt nicht. Ossietzky hat heute rechtens keine Heimat im geteilten Deutschland.

Ist es erlaubt, mit Ossietzky in das beliebte ‚Was wäre wenn'-Spiel einzutreten?

Wenn der gemarterte Gefangene Görings heute nach Westen blickte, würde sein Auge auf manchen alten Bekannten auf hohem Kommandoposten haften bleiben. Déja vu. Was sind das für Deutsche, die mit Bereitschaftspolizei und Feuerleitern den Namen des Friedensnobelpreisträgers vom Bibliotheksturm der Oldenburger Universität abkratzten? Sind es nicht die Gleichen, die einst – in Deutschland thronte Wilhelm – Heine, Ossietzkys Bruder im Geiste, ein Denkmal verweigerten? Was ist das für eine Demokratie, die tausende, vielleicht abertausende Bürger wegen ihrer Gesinnung mit Berufsverbot belegt? Wäre er nicht längst in den Netzen des Verfassungsschutzes hängen geblieben, sofern er unvorsichtigerweise immer noch lebte?...

Es mangelte ihm wahrlich nicht an allwöchentlichem Stoff.

Schlimmer aber als die alten Feindbilder würde Ossietzkys tödlicher Spott jene Biedermänner treffen, die sich als späte Verehrer ausgeben: Sie treiben die Verehrung so weit, daß dem Verehrten die Ehre genommen wird. Mit wieviel Kraft und Krampf wird heute in der BRD versucht, Ossietzky postum zu annektieren, ihn „salonfähig" zu machen, gereinigt von dem

Ludergeruch der „linken Ecke“. Beim Anblick solcher Purzelbäume verlöre Ossietzky seine elegante Fechterhaltung, es käme zum Handgemenge. Als Neoliberaler läßt sich Ossietzky nur verkaufen, indem man ihn verfälscht, seinen im Kampf gewonnenen Antifaschismus verharmlost, zu dessen Fahne er sich noch bei Torschluß bekannt hat. Er sei der „schwer ringenden Republik in den Rücken gefallen“. Hätte er sich für Noske begeistern müssen? Da wird entdeckt und in Triumphpose verkündet, Ossietzky wäre kein Kommunist gewesen. Wer außer seinen Gegnern hat das je behauptet? Niemals war die Weltbühne ein kommunistisches Organ, noch weniger ein „liberales Forum“, sie war ein Sammelbecken der aktivistischen Linken. Ossietzky war nicht „der letzte große Liberale“, er war überhaupt kein Liberaler... Den gängigen Liberalismus verlachte er als Philister-Politik. Nicht die Zipfelmütze war seine Kopfbekleidung, sondern die phrygische Mütze mit der schwarzrotgoldenen Schärpe der Achtundvierziger-Demokraten.

Getrieben vom Wissen, daß der Sozialismus dem Kapitalismus überlegen ist, wartete er am „runden Tisch“ auf die verfeindeten Arbeiterparteien – „ehe es zu spät ist“. Wenn das „irreal“ sein soll, wie die heutigen Spätkommer behaupten, dann wäre die Spaltung der Arbeiterbewegung und damit die Ost-West-Spaltung des Kontinents ein Naturgesetz...

Die Sozialdemokratie glaubt heute, sie könne Ossietzky inhalieren, ohne an ihrer Gesundheit Schaden zu nehmen. Das kann nur schlecht ausgehen. War der niedersächsische Wissenschaftsminister, der die Polizei gegen Ossietzkys Namen in Buchstaben aus Kunststoff mobilisierte, nicht ein SP-Mann? Ebenso wie die Gewerkschaftsführer, die mit Unvereinbarkeitsbeschlüssen die Gewerkschaften von demokratischen und kommunistischen Kritikern „säubern“? Kann man mit Ossietzky gegen Ossietzky wüten?

Es ist erfreulich, daß der Berliner Senat am Hause, wo Ossietzky die *Weltbühne* herstellte, eine Gedenktafel hat anbringen lassen; wichtiger wäre es, wenn in der BRD jener Damm gegen die Reaktion errichtet würde, für dessen Bau Ossietzky lebenslang stritt. Dann und nur dann könnte man von einer Heimat für Ossietzky sprechen.

Würde Ossietzky heute ostwärts blickend eine Heimat vorfinden? Die Frage ist sprengstoffgeladen. Anerkennen würde er, daß Junker und Kapitalisten als Klasse verschwunden sind, ohne freilich vergessen zu lassen, daß von da zum Sozialismus noch ein weiter Weg ist. Kopfschüttelnd würde er die Hindernisse und Hemmungen registrieren, die auf diesem Weg errichtet werden. Warnend würde er seine Stimme erheben gegen die Einschränkungen des Freiheitsraumes, gegen den Versuch, den Sozialismus durch polizeistaatliche Mittel zu fördern...

Von jenem Deutschland, wo man seinen erklärten politischen Willen umbiegt, damit er ins Gefüge der kapitalistischen Monopole passe, wo jene verfemt und verfolgt werden, die sich an seinen Idealen orientieren, würde sich Ossietzky mit Unmut abwenden.

Von jenem Deutschland, das glaubt, der Aufbau des Sozialismus erfordere Zensur und Entzug der Staatsbürgerschaft nicht minder.

In Deutschland – zweigeteilt – hat Ossietzky heute keine Heimat.

Als die Weimarer Republik noch in den Kinderschuhen steckte, schrieb Ossietzky die prophetischen, heute noch gültigen Worte: „Die Republik hätte sich zu einem neuen Geist bekennen müssen. Sie hat es verabsäumt. Sie hätte einen dicken Strich unter Vergangenes setzen müssen – und einen weithin sichtbaren Bindestrich hat sie gesetzt“. Dies galt für Weimar: Es gilt für Bonn.

Die DDR hat unter Vergangenes einen dicken Strich gesetzt – aber einen weithin sichbaren Bindestrich zu Moskau gesetzt.

Wo aber ist Deutschland ohne Bindestrich, Heimat für Ossietzky?

November 1978
Bruno Frei

VORWORT

zur 1. Auflage 1966

Lassen Sie mich von Anfang an gestehen: es wird mir schwer, zu dieser außerordentlichen Lebensbeschreibung ein Vorwort zu geben. Was unser Freund Bruno Frei hier gestaltet hat, hörte ich mir viele Wochen lang an – und es war mir dabei, als ginge ich durch die ersten Jahrzehnte meiner eigenen Erwachsenenzeit. All die ritterlichen Fehlentscheidungen, die das Leben dieses Carl v. Ossietzky charakterisieren, begingen auch wir, die ganze linke Jugend bis zum ersten Weltkrieg. Wer aber hätte damals nicht geglaubt, es gäbe eine Gegnerschaft gegen den Krieg ohne die Entschlossenheit, Gewalt mit Gewalt zu vergelten? Erst als wir aus der Hölle des Weltkrieges zurückgekehrt waren, hatten wir uns in militante Pazifisten verwandelt, in Kriegsfeinde, welche auch jede Vorbereitung zum Kriege in die bekämpfenswerte Rubrik „Verbrechen erster Klasse" einreihten. Leider wollte die Weimarer Republik mit Erkenntnissen dieser Art nichts zu tun haben. Wir aber wußten und die „Weltbühne" wußte es, daß sich hier ein Basilisken-Ei den befruchtenden Sonnenstrahlen aussetzte. Als Carl v. Ossietzky diese Wochenschrift, Erbe Siegfried Jacobsohns, übernahm, ließ er es weder an Tapferkeit noch an Scharfsinn fehlen: das politische Mittel Krieg mußte ausgerottet werden, nicht nur aus Verfassungen, sondern aus den Begriffen der nachwachsenden Jugend, derengleichen zwischen 1914 und 1918 verblutet war.

Man wird nun in den vortrefflichen Kapiteln lesen, aus denen Bruno Frei seine meisterhafte Biographie aufgebaut hat, wie ritterlich und selbstmörderisch Carl v. Ossietzky den Kampf gegen die herrschende Klasse der Weimarer Republik führte. Daß da mit stählernen Klauen und Zähnen eine Falle aufgerichtet war, die Reichsgericht und patriotische öffentliche Mei-

nung hieß, wußten nur wir Schriftsteller richtig einzuschätzen, die ihr einmal glücklich entgangen waren. Die Noblesse der Gesinnung, welche man der deutschen Offizierskaste zuschrieb, hielt nur solange kritischen Blicken stand, bis sie auf die Probe gestellt wurde. Als man dem Feldmarschall von Hindenburg, zweitem Präsidenten der Weimarer Republik, mit vierzigtausend Unterschriften nahelegte, den vom Reichsgericht fälschlich verurteilten Carl v. Ossietzky zu amnestieren, reagierte der nicht als Kavalier, sondern als ostelbischer Großgrundbesitzer. Jedenfalls waren wir Schriftsteller, als wir Carl v. Ossietzky zum Tegeler Gefängnis begleiteten, mit seinem Verhalten keineswegs einverstanden. Er hätte nicht wie ein Aristokrat denken dürfen, sondern wie ein Trapper, der einer Wolfsrotte ausweicht. Nun war damals noch nicht jene schwer zu beschreibende Individualität, genannt Adolf Hitler, von den deutschen Machthabern in den Sitz des Reichskanzlers gehoben worden, gleichwohl waren wir davon überzeugt, daß es für die Sache der deutschen Freiheit und Ehre besser gewesen wäre, wir hätten an jenem Maitage 1932 Carl v. Ossietzky an den Anhalter Bahnhof bringen dürfen statt nach Tegel. Als das verhängnisvolle Datum 1933 der deutschen und der Weltgeschichte vorgeschrieben wurde, begann für das zum Untergang bestimmte Leben Carl v. Ossietzkys jene Tragödie der Tapferkeit, der Bruno Frei bewundernswerte Gestaltungskraft geliehen hat. Die Leser seines Buches dürften wissen, welche Nerven dazu gehörten, den Ausgang dieser Tragödie so ruhig hinzustellen, wie Buchdrucker und Verlag ihn vor Augen führen. Die verhaltene Kameradschaft, mit der der Verfasser nur am Rande Frau und Tochter seines Helden andeutet, sei hier dankbar unterstrichen. Im ganzen bleibt diese Biographie Carl v. Ossietzkys eine jener großen Lebensbeschreibungen, von denen wir in Deutschland recht wenige besitzen. Deutsche Schriftsteller bemächtigten sich solcher Stoffe und Aufgaben seit Grimmelshausen in der Form der Autobiographie: sie sprachen als ihre eigenen Helden. Wir, die wir Carl v. Ossietzkys Leben als Teil unseres eigenen Erwachsenwerdens kennzeich-

nen, geben unserem Kollegen Bruno Frei dankbar die Hand: keine Autobiographie hätte Ossietzky als Gestalt, als Menschen und seinen Hintergrund deutlicher, gewissenhafter und von verborgener Wärme erhellter hinstellen können. Ermutigen wir nur noch den heutigen Leser, sich dieses außerordentlichen Eindrucks würdig zu zeigen. Wir heute im letzten Drittel unseres Jahrhunderts haben alle Ursache, den Antrieben nachzuspüren, die von den ersten Kriegsmachern an zu den Legionen von Verbrechern führten, deren Aburteilung wir vergeblich erstreben.

Berlin–Niederschönhausen,
25. März 1965

Arnold Zweig

EINLEITUNG
zur 1. Auflage 1966

Um die Wahrheit über einen Menschen zu berichten, muß man die Wahrheit lieben und den Menschen. Der Mensch, dessen wahre Geschichte dieses Buch erzählt, war ein großer Mensch. Leben und Werk eines großen Menschen hinterlassen so starke Spuren, daß die Nachwelt um sein Erbe in Streit gerät. Sieben Städte stritten um die Ehre, Homers Geburtsort zu sein. Um das Erbe Ossietzkys liegen zwei Welten miteinander in Streit. Zwei deutsche Welten, die getrennt sind gerade durch das, was den Inhalt seines Lebens ausmachte: die Sinnerfüllung der deutschen Geschichte. Ossietzky lebte und starb für die nationale Wiedergeburt des deutschen Volkes, für seine Befreiung aus der Selbstisolierung durch den Fluch des Militarismus, für den Aufstieg zu seiner wahren Größe als Kulturnation und Friedensstaat.

Gerade im Streit um das Erbe Ossietzkys wird der Gegensatz zwischen den beiden deutschen Staaten deutlich. Ossietzkys Glorie ist es, daß er aus tiefem Geschichtsbewußtsein und mit der Selbstverleugnung eines wahren Patrioten im Kampf gegen das Erbübel des Militarismus die zentrale Aufgabe der Deutschen auf dem Wege zur Freiheit erkannt hatte. Und da eben scheiden sich die Geister. Man kann nicht für den Militarismus und für Ossietzky sein. Ossietzky ist die Fahne des Kampfes gegen den deutschen Militarismus, und daher ist sein Platz heute in jenem Teil Deutschlands, wo *sein* Kampf, der Kampf gegen die militaristischen Verderber Deutschlands, geführt wird.

Der Verfasser ist auf ein gewisses Maß von Vertrauen angewiesen. Seit dem Jahre 1925 Mitarbeiter der „Weltbühne" (also noch zur Zeit Jacobsohns), gehörte er dennoch nicht zum

„engeren Kreis". Seine Beiträge erschienen sporadisch, und dementsprechend war auch seine persönliche Beziehung zu Ossietzky. Es gibt Autoren, die mit Ossietzky häufiger zusammenkamen, mit ihm in der pazifistischen Bewegung enger liiert waren. Doch erscheint dem Verfasser das Ausmaß der persönlichen Bindung kein Maßstab der Legitimation, um Leben und Werk zu interpretieren.

Auch die Tatsache, daß der Verfasser in der Pariser Emigration jenem Personenkreis angehörte, der die Kampagne zur Befreiung der politischen Gefangenen Hitlers führte, schafft noch keine Autorität. Ausschlaggebend, um ein so schwieriges Vorhaben zu einem glücklichen Ende zu bringen, ist das ehrliche Bemühen um die Wahrheit, im Kleinen und im Großen. Es mögen dem Autor, trotz seiner Bemühung um Genauigkeit, im einzelnen Fehler oder Irrtümer unterlaufen sein, die große Wahrheit, die hier dargestellt wird, kann mit guten Gründen nicht wegdisputiert werden ...

Das Denkmal für Ossietzky sollte sich dort erheben, wo einst die „Siegesallee" eines geläuterten Deutschlands gebaut wird, forderte ein deutscher Schriftsteller in dankbarer Erinnerung an Carl v. Ossietzky. Dieses Buch will kein Denkmal sein, sondern ein Bericht, gewidmet den Kindern, die in den Lesebüchern Vorbilder suchen, und den Erwachsenen, die mit Hilfe der Vergangenheit die Gegenwart verstehen wollen. Dieses Buch will als Geschichtsbuch aufgenommen werden, als ein Geschichtsbuch freilich, dessen leidenschaftliche Parteinahme der Genauigkeit der Tatsachen keinen Abbruch tut.

Der Berichterstatter schuldet dem Objekt seines Berichtes Respekt. Das ist mehr als Objektivität. „Der materialistische Historiker ist verpflichtet, bei jeder Bewertung eines Ereignisses direkt und offen auf den Standpunkt einer bestimmten Gesellschaftsgruppe zu treten." Das war Lenins wohlbegründete Ansicht. Eine geschichtliche Bewertung ohne gesellschaftliches Bezugssystem gibt es nicht. Während der idealistische

Historiker, gebunden an die Vorstellungswelt der Bürgerklasse, sich in der Selbsttäuschung wiegt, „objektiv“ zu urteilen, wenn er vor den Elementen des Neuen im Geschichtsprozeß die Augen verschließt, erreicht der materialistische Historiker wahre Objektivität, indem er sich mit dem Neuen, Werdenden im gesellschaftlichen Prozeß, scheinbar einseitig, identifiziert.

Der in diesem Buch unternommene Versuch, das Lebenswerk Ossietzkys in die Geschichte der Weimarer Republik einzubauen, beruht auf der historischen Erfahrung, daß die deutsche Arbeiterklasse der konsequente Verfechter der nationalen Interessen des deutschen Volkes ist. Die Persönlichkeit Ossietzkys vom Standpunkt der Arbeiterklasse bewerten, heißt sie vom Standort des deutschen Volkes und seiner Lebensinteressen bewerten. Die Lebensinteressen des deutschen Volkes – wer kann es bestreiten – fallen zusammen mit dem Hochziel einer friedlichen Entwicklung der Menschheit.

In diesem Sinne ist dieses Buch parteilich.

Ossietzky näherte sich zeitlebens der revolutionären Arbeiterklasse, angeschlossen hat er sich ihr nie. Die Geschichte dieser Annäherung mit ihren Wandlungen und Wendungen, mit ihrem Auf und Ab, wird hier erzählt. Den Stoff der Erzählung liefern zum größten Teil die Texte Ossietzkys, zum kleineren dokumentarische Zeugnisse. Was die Beweiskraft der Texte anbelangt, so ist zu beachten, daß die Willkür der Interpreten subjektivistischer Verfälschung Vorschub leistet. Aus mehr als vierhundert Artikeln, über zwanzig Jahre verteilt, lassen sich mehrere, voneinander abweichende Ossietzkys herauslesen. Die einzige Methode, die den Anspruch erheben darf, den echten Ossietzky aus seinen Schriften sprechen zu lassen, ist die Gesamtschau des Werkes. Aus einem solchen Blickwinkel ergeben sich die Linien des Entwicklungsweges vom bürgerlichen Pazifisten zum Bekenner der antifaschistischen Einheit, vom bürgerlichen Humanisten zum Vorahner einer sozialistischen Weltordnung, vom Hasser der militaristischen Verderber Deutschlands zum Wegbereiter eines deutschen Friedensstaates.

Wie absurd die Vorstellung ist, Ossietzky würde heute den Hitlergenerälen am amerikanischen Gängelband zujubeln, braucht nicht aus irgendwelchen fragwürdigen Prämissen abgeleitet zu werden. Jeder Tag bringt dafür neue Beweise. Die deutsche Öffentlichkeit in Ost und West brach, als im Herbst 1962 die „Spiegel-Affäre" die Gemüter erregte, in den Ruf aus: „Wie sich die Bilder gleichen!" Der Name Ossietzky stand in allen Leitartikeln. Der Landesverratsparagraph, in den Akten des Reichsgerichts vermottet, feierte im Bundesgerichtshof von Karlsruhe fröhliche Urständ.

Die Parallele jedoch berührt tiefere Schichten des westdeutschen Rechtssystems. Das Urteil des 4. Strafsenats vom 23. November 1931 beruht, wie aus dem in diesem Buch zum erstenmal veröffentlichten Wortlaut der Begründung hervorgeht, auf der These, daß der Staatsbürger, der den Bruch internationaler Verträge durch seine Regierung aufdeckt, in der Absicht, den illegalen Zustand zu beseitigen und den legalen herbeizuführen, eine strafbare Tat begeht. Die Aufdeckung gesetzwidriger Zustände ist kein Rechtsgut, vielmehr ist es umgekehrt: der Vertragsbruch oder jede andere Gesetzwidrigkeit (Schwarze Reichswehr, Fememord), von der Regierung begangen oder gedeckt, ist strafrechtlich zu schützen. Auf Grund dieses Dschungelrechts hat das Reichsgericht zur Weimarer Zeit Kämpfer für Recht und Freiheit ins Zuchthaus gesperrt. Diese Rechtstheorie bildete die Grundlage für das Hakenkreuz-„Recht". Sie wird weiter strapaziert im Karlsruher Bundesgericht.

Ossietzky ist keine historische Erscheinung, sondern sehr gegenwärtig...

Dies ist keine Studie über die „Weltbühne", sondern eine Monographie ihres Leiters während der entscheidenden Jahre der Weimarer Republik. Der Verfasser war bemüht, zusammenhängend lesbare „Geschichte" zu erzählen, weder Gelehrtenwälzer noch Bio-Roman. Der Leser, der wissen will, woher der Autor weiß, was er zu wissen vorgibt, lese das Kleingedruckte zu jedem Kapitel. Dort wird er den Autor auf der oft mühsamen, mitunter abenteuerlichen Jagd nach dem Quellenmaterial in Archiven und Bibliotheken begleiten können.

Der Seigneur Pierre Terrail Bayard rettete zu Beginn des 16. Jahrhunderts die Ehre des untergehenden Ritterstandes, nicht durch Windmühlenkämpfe, wie sein Zunftgenosse aus der Mancha, sondern durch selbstlose Taten im Kampf für die Ideale, die ihm heilig waren. In der Verfolgung des Feindes stieß er einst allein, ohne Deckung und ohne Begleitung, in das belagerte Mailand und wurde gefangengenommen. Sein ganzes Leben war Kampf gewesen. Er ergab sich auch der Übermacht nicht und starb verwundet in der Schlacht mitten unter den Feinden. In der Zeit des käuflichen Soldatentums brachten ihm die selbstlose Hingabe für die Sache, an die er glaubte, sein Heldenmut, seine Ehrfurcht, sein unbeugsamer Charakter, seine Großmut die Bewunderung seiner Zeitgenossen. Unter dem Namen „Ritter ohne Furcht und Tadel" ist er in die Geschichte eingegangen. Während die Klasse, aus der er kommt, nur noch in den Museen studiert wird, liegt ihr letzter Vertreter im Pantheon der Menschheit.

Doch, wie die Chroniken berichten, wurde er wegen seines freundlichen und heiteren Wesens noch häufiger „le bon chevalier" genannt, der gute Ritter.

Abb. 2

1 WURZELN UND QUELLEN

Es ist nicht bekannt, wann der Kreisbeamte Carl v. Ossietzky aus Großstrehlitz in Oberschlesien (heute Strelce-Opolskie) nach Hamburg übersiedelte, und weshalb. Es muß nach 1848 gewesen sein, denn als ihm am 30. Juli jenes Sturmjahres ein Sohn geboren wurde, lebte er noch in Großstrehlitz. Als junger Mann hatte er, obwohl Schlesier, geboren 1793 in Bitkow, Kreis Beuthen, bei den königlich-preußischen Ulanen gedient.

Der Sprößling des Revolutionsjahres bekam den Namen Carl Ignatius. Er muß frühzeitig des Kaisers Rock angezogen haben, denn als er das zwanzigste Lebensjahr erreichte, war er bereits in einem schlesischen Regiment, wobei es freilich nicht blieb.

Seine Mutter, die auf den Namen Hedwig hörte und eine geborene Pyka war, überlebte nicht nur ihren Gatten, den alten Carl v. Ossietzky, sondern war noch springlebendig, als einundvierzig Jahre später ihr Sohn Carl Ignatius heiratete. Inzwischen waren die Ossietzkys in Hamburg ansässig geworden. Carl Ignatius hatte in der oberschlesischen Landmannschaft der aufblühenden Hafenstadt seine Lebensgefährtin gefunden: Rosalie Marie Pratzka, die Mutter unseres Carl v. Ossietzky.

Es ist zwar nicht beglaubigt, doch glaubhaft, daß der Adelstitel im Familiennamen des Großstrehlitzer Kreisbeamten in der Geldnot des Großen Kurfürsten seinen Ursprung hatte. Friedrich Wilhelm I. von Brandenburg, eifrig bestrebt, die Grenzen seines Kleinstaates zu erweitern, brauchte Soldaten, viele Soldaten. Nicht immer konnte er ihren Sold bezahlen. So soll er einmal, wie in der Familie der Ossietzkys überliefert wurde, bei leerer Kriegskasse zwei Regimenter polnischer Lanzenreiter in den Adelsstand erhoben haben. Das ersparte ihm

Geld. Feststeht jedenfalls, daß die Ossietzkys keine Grundeigentümer waren, vielmehr Offiziere, Kleriker, Beamte.

Die Oberschlesier in Hamburg hielten auf geselligen Verkehr. Rosalie Marie Pratzka war eine Tochter des „Maschinenbeamten“ Gottlieb Pratzka und dessen Ehefrau Emilie, geb. Meister, und keineswegs die einzige. Auch die Pratzkas waren aus Oberschlesien nach Hamburg gekommen; Ossietzkys Mutter ist in Beuthen geboren.

Sie war dreiundzwanzig Jahre alt, als sie am 20. April 1889 mit ihrem Verlobten, der das vierzigste Lebensjahr überschritten hatte, vor dem Standesbeamten erschien, um getraut zu werden.

Carl Ignatius übte in der Rechtsanwaltskanzlei des hamburgischen Senators Dr. Predöhl den Beruf eines „Stenographen“ aus. Das klang vornehm, war aber in Wirklichkeit nur die Umschreibung für Kanzlist.

Einer der beiden Trauzeugen war der sechsunddreißigjährige „Diätar“ Justin Leopold Joseph v. Ossietzky. Offenbar bildeten zu dieser Zeit die Ossietzkys bereits eine Sippe in Hamburg, lebte doch die alte Mutter des frischgetrauten Ehemannes, Carls Großmutter, ebenfalls in Hamburg. Eine Schwester des Carl Ignatius war mit einem Rittergutsbesitzer verheiratet, was gelegentlich dem familiären Aufwand zugute kam, besonders, wenn es sich um außerordentliche Ausgaben handelte.

Daß die Trauung der Eltern nicht kirchlich vollzogen wurde, hatte seinen Grund in der Verschiedengläubigkeit der Eheleute. Carl Ignatius war katholisch, seine junge Frau lutherisch. Das Paar hatte in der Großen Michaelisstraße Nr. 10 eine Wohnung gemietet, wo, nach kaum sechs Monaten, am 3. Oktober 1889 um siebendreiviertel Uhr Carl v. Ossietzky das Licht der Welt erblickte. Es entsprach wohl dem Willen des Vaters, daß das Kind bald nach der Geburt katholisch getauft wurde.

Zwei Jahre später jedoch verstarb Carl Ignatius, Frau und Kind in dürftigen Verhältnissen zurücklassend.

Es war Zeitenwende. Eine Epoche hatte ihren Abschluß gefunden, eine neue brach an. Deutschland, ja die Zeit war im Umbruch begriffen. Industriewerke, Handelskontore, Banken waren durch innere Verflechtung zu jenen machtstrotzenden Gebilden herangewachsen, die sich den Staat untertan machten und ihm sein Gesetz vorschrieben. Nirgends nahm dieser Prozeß, Wachstum und beginnender Niedergang in einem, einen so schnellen Verlauf wie in Deutschland, wo man nachholen wollte, was andere längst erreicht hatten. Die deutschen Industrie- und Geldherren fühlten sich nun den englischen und amerikanischen ebenbürtig, wenn nicht überlegen, berufen, die Führung in Europa an sich zu reißen. Inniger als in anderen Ländern war in Deutschland der Staat, wiewohl von Junkern manipuliert und von der Offizierskaste verkrustet, mit dem beutehungrigen Finanzkapital verwachsen.

Im Jahre vor der Geburt Carl v. Ossietzkys war Wilhelm I. gestorben, der mit Bismarcks Hilfe das neue Reich gegründet hatte. Wilhelm II., achtundzwanzigjährig, hatte den Thron der Hohenzollern bestiegen. Ein neuer Stil der Staatsführung beunruhigte die Nachdenklichen. Bismarck wurde davongejagt, nicht nur als Folge der Schläge, die er von der erstarkten Arbeiterklasse erhalten hatte; sein Nachfolger Caprivi erneuerte den Rückversicherungsvertrag mit Rußland nicht, und das deutete auf böse Absichten.

Noch stand Deutschland im Banne der innerpolitischen Umwälzung. Bismarck hatte Ende 1889 vom Reichstag die Verewigung des Sozialistengesetzes gefordert. Der Kanzler des junkerlich-kapitalistischen Bundes fürchtete die Arbeiterklasse nicht ohne Grund. Einer der sozialdemokratischen Abgeordneten, die ihm mit Macht entgegentraten, hieß August Bebel, seit 1883 Vertreter des ersten Wahlkreises von Hamburg, der Hochburg der sozialdemokratischen Arbeiterbewegung. Die Wahlen vom 20. Februar 1890, nach dem Fall des Sozialistengesetzes, hatten der Arbeiterpartei nahezu eineinhalb Millionen Stimmen gebracht, fast zwanzig Prozent aller abgegebenen, so daß Friedrich Engels schreiben konnte: „Das ist der

Anfang vom Ende der Ära Bismarck." In Hamburg fielen an diesem Tag des Triumphes alle drei zu vergebenden Mandate der SPD zu.

Frühlingsluft wehte. Mächtige Streiks, vor allem in England und Deutschland, machten deutlich, daß mit den industriellen Zusammenballungen auch das Selbstbewußtsein und die Streitbarkeit der Arbeiter gewachsen war. Der große Hafenarbeiterstreik von 1896/97 zählt zu den frühesten Kindheitserinnerungen Carl v. Ossietzkys. Auf dem Parteitag in Erfurt gab sich die Sozialdemokratische Partei, in ihren Hoffnungen gestärkt, ein neues Programm. Am Tag des Bastillensturmes, am 14. Juli 1889, wurde in Paris die neue Internationale gegründet; ihre Losung lautete: „Es lebe der 1. Mai, Weltfeiertag der Arbeit!" Es war das Jahr, in dem Bertha von Suttners eben erschienener Roman „Die Waffen nieder!" zum Bestseller wurde.

Freilich, auch die Herren von Kohle und Korn waren nicht untätig. Der Alldeutsche Verband wurde gegründet, mit dem Ziel, möglichst vielen Deutschen jenen Eroberungsgeist einzuimpfen, den die Zuspätgekommenen zum nationalen Glaubensbekenntnis erhoben hatten. In jenen Jahren, als der Ingenieur Otto Lilienthal seine ersten Gleitflüge über mehrere hundert Meter ausführte, stieg im Hamburger Hafen der Handel mit Ostasien und Australien sprunghaft an, und das Geschäft blühte wie noch nie.

Doch der Einbruch des Neuen bewog die Hamburger Patrizier keineswegs, von ihren hanseatischen Privilegien abzulassen. Seit der Mitte des 19. Jahrhunderts hatten sie sich eine Verfassung zurechtgezimmert, die das Wahlrecht den Bürgern vorbehielt, und deren gab es nur etwa sechsundzwanzigtausend in der Millionenstadt. Dieses Unrecht allein war geeignet, die Mehrheit der Bewohner in die Arme der Opposition, der Sozialdemokratie, zu treiben. Während 1889 alle drei Reichstagsmandate Hamburgs den Sozialdemokraten zufielen, zog erst 1901 der erste Sozialdemokrat in die Hamburger Bürgerschaft ein. Die Kämpfe um das Wahlrecht beherrschten in den

Jahren der Kindheit Carl v. Ossietzkys das öffentliche Leben seiner Vaterstadt. Zwei Drittel der Sitze in der Bürgerschaft waren reserviert für Leute, die jährlich mindestens zweitausendfünfhundert Mark versteuert hatten, und das drei Jahre hindurch. Der Zorn brannte tief in den Herzen der vielen, die von den Bürgerrechten ausgeschlossen waren, wiewohl ihrer Hände Arbeit den Reichtum der Stadt schufen.

Zu jener Zeit mußte als Folge der Choleraepidemie das verseuchte Fachwerk der Altstadt dem Stuck und Ornament weichen. Zu den Gebäuden, die 1892 dem städtebaulichen Sanierungswerk zum Opfer fielen, gehörte auch die Rumbaumsche Realschule in der Caffamacherreihe. Sie war 1690 als Stiftungsschule gegründet worden. Kinder wohlhabender Eltern wurden hier unterrichtet, doch gab es um die Jahrhundertwende für arme Schüler, sofern sie von einflußreichen Gönnern empfohlen waren, auch Freiplätze. Im Souterrain befand sich die Druckerei und Buchhandlung von G. C. Ohle.

Die Rumbaumsche Schule gibt es nicht mehr. Der Bombenangriff vom 24./25. Juli 1943 hatte auch die Caffamachergasse dem Erdboden gleichgemacht, und wo einst die Knaben der begüterten Hamburger in die Geheimnisse der Algebra eingeführt wurden, ragt nun der Glasturm der Unilever, Hamburgs neues Wahrzeichen, in die Höhe.

Einen der heißbegehrten Freiplätze in der angesehenen Unterrichtsanstalt erhielt auch der vaterlose Sprößling der verarmten Kleinadelsfamilie. Carl war sieben Jahre alt, als er zum erstenmal den Schulranzen umhängte. Nach dem Tode des Vaters war der Knabe von einer Tante väterlicherseits aufgenommen worden. Die Mutter hielt sich durch den Betrieb einer kleinen Speisewirtschaft über Wasser, später ging sie mit dem Stein- und Holzbildhauer Gustav Walther eine zweite Ehe ein. Bei der fromm-katholischen Tante blieb das Kind bis zum zehnten Lebensjahr. Die Mutter, im Einvernehmen mit dem Stiefvater, einem rührigen Sozialdemokraten, nahm das Kind, nun Zögling der Rumbaumschen Schule geworden, wieder zu sich. Der Wechsel der Heimstatt war mit dem der Religion verbunden; der Knabe wurde am 23. März 1904 in der lutherischen Kirche Sankt Michaelis konfirmiert.

Carl war ein schlechter Schüler. Seine körperliche Verfassung war nicht die beste. Er klagte öfter über Kopfschmerzen. Mit der Mathematik ging es gar nicht. Leidenschaftlich beschäftigten den Knaben Literatur, Geschichte, Völkerkunde.

Fünfzehn Jahre alt, verließ er die Rumbaumsche Bildungsanstalt. Das Abgangszeugnis ist nicht gerade glänzend: Deutsch genügend, Rechnen mangelhaft, Geschichte sehr gut. Die unfrohe Häuslichkeit erzwang eine rasche Entscheidung. Vielleicht war sein eigener Wille mitbestimmend, daß er sich für einen Schnellkurs zur Vorbereitung auf das Einjährigen-Examen einschreiben ließ. In einer sogenannten „Presse" wurde den jungen Köpfen in sechs Monaten eingepaukt, was sie unbedingt zur Prüfung wissen mußten.

Wichtiger als die Schule, wichtiger als das Elternhaus, wichtiger als eine keimende Neigung zum anderen Geschlecht ist in diesen Jahren ein Freund. Ossietzky hatte seit seinem siebzehnten Lebensjahr einen Freund, wie man ihn nur in diesem Alter haben kann. Ludwig war Schüler im Matthias-Claudius-Gymnasium in Wandsbek gewesen, ehe er das „Institut Goldmann" aufsuchte. In einer Pause zwischen den Unterrichtsstunden kamen die beiden miteinander ins Gespräch. Es muß ein angeregtes Gespräch gewesen sein, denn von nun an gingen sie von der Schule gemeinsam nach Hause. Sie trafen sich auch abends, um stundenlang und ziellos durch die Straßen zu laufen. Es gab gemeinsame Interessen höherer Art: Theater, Literatur, Kunst, jedenfalls keine Politik. Einmal schwärmte der siebzehnjährige Carl für eine Schauspielerin am Deutschen Schauspielhaus, schrieb ihr Gedichte, ja verfaßte sogar ein Theaterstück, dessen Hauptrolle ihr zugedacht war. In romantisch-rührender Weise war das unreife Elaborat mit „Ritter Toggenburg" unterzeichnet.

Der Freund stand dem keineswegs nach; auch er steuerte Gedichte und Prosa bei zu den gemeinsamen Ausflügen ins Höhere. Mitunter fanden diese Zusammenkünfte in der Wohnung des jugendlichen Ossietzky statt, einer freundlichen, kleinbürgerlichen Wohnstätte im dritten Stock eines altersmorschen Hauses. Der Studierende bewohnte eine kleine Stube, darin stand ein Bücherschrank, darauf ein Totenschädel, an der Wand hing ein Stich von Napoleon.

Und da gab es den Dr. Mohr, einen jener seltenen Lehrer, die ihr pädagogisches Wirken nicht auf die Schulklasse beschränken. An einem Sonntagmorgen kamen Carl und Ludwig, einer Einladung des Lehrers folgend, zum erstenmal in dessen Wohnung. Dr. Mohr war Junggeselle und Weintrinker. Die beiden jungen Leute saßen auf einem alten Sofa. Mohr, eine Bouteille vor sich, sprach langatmig, aber hochgemut über Großtaten der Weltgeschichte. Es waren wunderbare Stunden, wenn auch die Jünglinge kaum Gelegenheit hatten, sich zu äußern.

Das Examen nahte, doch Carl bestand es nicht, zum zweitenmal. Sein Prüfungsaufsatz „Eine Fahrt auf der Alster" hält sich in den Grenzen der Schablone.

Die Freunde kamen auseinander. Ludwig hatte auf der Werft von Blohm & Voß als Schiffszimmermannslehrling eine Stelle gefunden. Sie schrieben einander hochgestimmte Briefe, in denen weitergesponnen wurde, was bis dahin Vortrag und Gespräch gewesen.

Der etwas ältere Freund hatte den Eindruck, als würde Ossietzky oft von Weltschmerz geplagt. Seine scharfe Intelligenz machte Ossietzky bei den Lehrern unbeliebt. Er befand sich ständig in der Stellung eines Florettfechters, bereit zur Attacke. Nicht, daß er grob gewesen wäre, doch das Wort aus seinem Munde traf, obwohl seine Sprechweise gedämpft, fast leise war. Eine seltsame Mischung von Schärfe, Intellekt und weichem Gemüt war sein Erbteil, und damit hat man es nicht leicht in den Jahren, die aus dem Jüngling einen Mann machen.

In Ludwigs Tagebuch fand sich Jahre später folgende für die Gemütsverfassung der jungen Leute bezeichnende Eintragung: „Mai. Was leidet Ossietzky? Kann es für ihn noch eine rechte Freude geben? Erkenntnis aller Dinge dieser unserer

Welt ist anscheinend das Traurigste, was es geben kann. Ossietzky meint, seine Weltanschauung, daß es nichts Festes, Bestimmbares gebe, daß alles fällt, stürzt und bricht, habe sich auf seinen Körper übertragen. Ihm schwindelt bei dem Anblick eintöniger Häuserreihen. Fast täglich glaubt er, wo er auch sei, einmal zu stürzen. Der Boden schwindet ihm und so weiter. Er fühlt sich oft nicht mehr von der Erde angezogen, ihm ist, als flöge er im Weltenraum umher. Bewahrheitet sich hier nicht die Lehre, daß alles Materielle nur in unserer Vorstellung existiert? Fängt diese an zu wackeln, so wackelt Erde, Luft und alles!"

Diese schwärmerisch-knabenhafte Überspanntheit hätte dem Kundigen, der sich in die Geheimnisse der Jünglinge eingeschlichen, nur gezeigt, daß sie Wahrheitssucher waren, suchend von einem recht unklaren Standort, nicht wissend, was sie eigentlich suchten.

Doch dauerte dieser Zwischenzustand nicht lange. Carl fand merkwürdigerweise zum erstenmal festen Boden – in der Politik.

Er war achtzehn Jahre alt, als er, des zwecklosen Wartens müde, eine Stellung als „nicht fest angestellter Hilfsschreiber" bei der Hamburger Senatskommission für Justizverwaltung annahm. Wahrscheinlich verdankte er diese Gunst der Protektion des Senators Dr. Predöhl, der dem Sohn seines einstigen Kanzlisten gewogen war. Eine Stellung anzunehmen war schon aus ökonomischen Gründen notwendig geworden, denn die Geldnot gehörte zu den treuesten Begleitern seiner Jugendjahre.

Bald darauf trat er der Demokratischen Vereinigung bei, die in Hamburg Hellmut von Gerlach leitete. So sehr hatte sich der junge Gerichtsschreiber in der Gesellschaft der demokratischen Reformer engagiert, daß er begann, an deren Publikationen durch Beiträge mitzuwirken, ja er sprach in einer Versammlung im Hansa-Hotel am Klostertor über das Thema „Militärdiktatur oder Bürgerrecht". Freilich war um diese Zeit in Deutschland vieles vor sich gegangen, was den Zorn aller jungen Leute erweckte, die nach Bürgerrechten strebten, wie sie in anderen Ländern, besonders im Westen, seit langer Zeit festgelegt waren.

Wo liegen die Quellen jener Sturzflut von Gedanken und Willensstrebungen, die das Leben Carl v. Ossietzkys in einer sich stets steigernden und immer vollkommener werdenden Weise mit seltener Konsequenz bis zu seinem tragischen Ende beherrschten? Diesen Quellen nachzuspüren, ist demjenigen, der es unternimmt, das Leben und Wirken Ossietzkys zu verstehen und verständlich zu machen, eine Pflicht, übrigens eine, die sich selber belohnt.

Carl v. Ossietzky war zehn Jahre alt, als Haeckels vielgelesenes Buch „Welträtsel“ erschien. Das Werk des Philosophen blieb dem Knaben gewiß unzugänglich, obwohl es, gemeinverständlich geschrieben, dem materialistischen, antikirchlichen Denken eine breite Straße öffnete und die Zeitgenossen, vor allem die jungen, suchenden, auf das Stärkste beeindruckte. Es dauerte nicht lange und der jugendliche Ossietzky geriet in den Bannkreis der monistischen Bewegung, besuchte Heimabende im Curiohaus, las Schriften, hörte Vorträge der monistischen Aufklärer.

Als der Monistenbund gegründet wurde, um Haeckels Lehre von der materialistischen Naturkenntnis zu verbreiten – die Hamburger Ortsgruppe war die erste –, zählte Carl v. Ossietzky siebzehn Jahre. Die Ideen, für die in diesem Kreis geworben wurde, senkten sich tief in sein Gemüt. Wie sollte der vom konfessionellen Hader zu Hause angewiderte junge Mensch, dessen aufgeweckter Geist alles Neue begierig aufnahm, nicht gefesselt werden von dem optimistischen Glauben der Entwicklungslehre? Der Monismus empfahl sich als ein geschlossenes Weltbild ohne Himmel und Hölle, in dem nicht nur die Phänomene der Natur, sondern auch die Gebilde der Kultur ihren Platz fanden.

Zum ersten Internationalen Monistenkongreß (1911) kamen die geistigen Führer der Bewegung nach Hamburg, Wilhelm Ostwald, Carl Rieß, Friedrich Jodl; sie diskutierten über Bodenreform, Trennung von Staat und Kirche, die Gesetze des Weltalls. Ganz gewiß befand sich unter den gläubig Lauschenden auch der zweiundzwanzigjährige Ossietzky, vielleicht hat er gar an der Pilgerfahrt nach Jena zu Ernst Haeckel teilgenommen.

Sie waren nicht die einzigen Lehrer, denen der junge Ossietzky sein aufnahmebereites Herz lieh. Ein Mächtiger des Wortes fesselte in Hamburg seine Zuhörerschaft, die der alten Ungerechtigkeit müde war. August Bebel sprach in qualmigen Biersälen über den Raub des Wahlrechts zur Bürgerschaft, über den Hochmut der Pfeffersäcke und über die Unversöhnlichkeit von reich und arm. Auch diesen Gedankenstrom nahm der wissensdurstige Jüngling in sich auf; viel später noch sollte er auf die Bebelworte zurückkommen, die ersten ungeordneten Splitter sozialistischen Ideengutes.

So wurde das Denken des jungen Ossietzky aus zwei Quellen gespeist: Einerseits beeinflußte ihn der naturwissenschaftliche (wenn auch undialektische) Materialismus der monistischen Bewegung mit ihrem Wunschbild von Freiheit und Vernunftglauben, andererseits der Traum von einer gerechten Gesellschaftsordnung und einer friedlichen Menschheit, wie ihn die sozialdemokratischen Volksredner ausmalten. Doch trennte eine Welt den gescheiterten Kandidaten des Einjährigenprivilegs von den Hafenarbeitern und Möbelpackern, die Bebel lärmfroh Beifall zollten.

Zweifel hemmten seine Bereitschaft, sich dem berühmten Volkstribun voll und ganz hinzugeben. Was jener in der Versammlung vorbrachte, schien vernünftig, gerecht, es bewegte den jungen Ossietzky tief. Dann aber las er im „Volksfreund", dem Hamburger Kalender der Sozialdemokraten, unter dem Stichwort „Gewalt" die Worte August Bebels: „Sollten wir denn erklären, daß uns niemals der Gedanke der Gewalt kommen könnte, wo auf der anderen Seite der Gedanke der Anwendung der Gewalt so laut ausgesprochen wird, daß ihn die Spatzen von den Dächern pfeifen? Ruft man nicht, daß der

Staatsstreich notwendig sei, der Bruch des Gesetzes, die Anwendung der Gewalt? Wenn das aber eintreten sollte, wenn von jener Seite Gewalt angewendet würde, die in erster Linie verpflichtet ist, die Gesetze zu respektieren, die mit ihrer Zustimmung gemacht wurden; wenn von jener Seite gewissermaßen der Vertrag zwischen Regierung und Volk in brutaler, gewaltsamer Weise gebrochen wird, dann ist auch die andere Seite von ihren Pflichten entbunden und frei; sie kann handeln, wie sie es für gut findet. Dann trifft aber die Verantwortung jene, die mit Absicht solche Zustände heraufbeschworen haben."

Gewiß war der Text irgendeiner Rede entnommen und aus dem Zusammenhang gerissen. Aber Ossietzky, dem Jünger der Vernunftreligion, mißfiel allein schon der Gedanke an einen gewaltsamen Zusammenprall der sozialen Kräfte an Stelle eines Messens von Gründen und Gegengründen. Der Mentalität des Jünglings entsprach eher die gemäßigte Sprache, wie sie in der Demokratischen Vereinigung gesprochen wurde.

Allzubereit, sich gegen Unrecht zu empören, gegen Anmaßung und Unvernunft aufzubegehren, mußte der junge Ossietzky sehr bald mit der Wirklichkeit in Konflikt geraten.

Einundzwanzigjährig war er von der allgemeinen Schreibstube des Amtsgerichts zur Schreibstube des Grundbuchamts versetzt worden, nicht ohne das Zeugnis einer tadellosen dienstlichen Führung. Die Büroarbeit ließ dem regen Geist des jungen Menschen genügend Freiheit, sich den Zeitströmungen zu widmen, in denen sich der Umbruch ankündigte. Ossietzkys Interesse entzündete sich an den Ideen, die in den Vorträgen der Monisten, in den Debatten der Demokratischen Vereinigung und in den Versammlungssälen der Sozialdemokraten erörtert wurden.

In Berlin erschien seit 1909, herausgegeben von Rudolf Breitscheid, „Das freie Volk", Organ der Demokratischen Vereinigung. Namen, die später in der Weimarer Republik, sei es im sozialdemokratischen, sei es im bürgerlich-pazifistischen

Lager, Klang bekommen sollten, tauchten hier zuerst auf: Hellmut von Gerlach, Otto Lehmann-Rußbüldt, Erich Kuttner, Wilhelm Herzog, Adele Schreiber, Siegfried Aufhäuser, Emil Faktor, Helene Stöcker. „Das freie Volk" war ein Sammelbecken der demokratischen Opposition gegen das wilhelminische Regime.

In der Nummer vom 25. Februar 1911 veröffentlichte die Redaktion eine von C. v. O. unterzeichnete Zuschrift, in der der Hamburger Briefschreiber gegen die lärmende Ablehnung von Eulenbergs Komödie „Alles um Liebe" durch Publikum und Kritik temperamentvoll Einspruch erhebt. Der Zweiundzwanzigjährige entrüstet sich über den künstlerischen Unverstand eines abgestumpften Bürgertums. „Der brutale Stoffhunger triumphierte über die zarten Gebilde einer Dichterphantasie." Schämen sollte sich das zahlungsfähige Hamburger Bourgeoispublikum, meinte der zweiundzwanzigjährige C. v. O.; vor dem Wiener Arbeiterpublikum jedenfalls hatte Eulenberg Erfolg gehabt.

Die Redaktion druckte den „Temperamentsausbruch" des jungen Hamburgers ab, ohne zu ahnen, daß sich daraus eine regelmäßige Mitarbeit ganz anderer Art herausbilden würde. Das Organ der Demokratischen Vereinigung sah sich sehr bald einer neuen Situation gegenüber. Bei den Reichstagswahlen im Januar 1912 errang die Sozialdemokratische Partei einen großen Wahlsieg: sie zog als weitaus stärkste Partei in den Reichstag ein. Die Demokratische Vereinigung ging leer aus. In der Herausgeberschaft des „Freien Volks" trat eine Änderung ein. Rudolf Breitscheid schied aus, und Hellmut von Gerlach übernahm die Leitung des Blattes. Für den politischen Teil verantwortlich zeichnete Dr. Heinrich Glaser, für das Feuilleton Wilhelm Herzog.

Seit dem August 1912 schreibt nun Ossietzky mehr oder minder regelmäßig politische Artikel für das „Freie Volk". Gegenstand sind sowohl Fragen der Innenpolitik – Kampf gegen den Militarismus, Trennung von Staat und Kirche, Polemik gegen die sogenannten „Fortschrittlichen", die der Politik Bethmann Hollwegs Gefolgschaft leisteten – als auch Fragen der Außenpolitik: Panslawismus, Bündnispolitik des Reiches, die Großmachtpolitik auf dem Balkan, die zerfallende Donaumonarchie, ja sogar die amerikanische Intervention in Mexiko. Charakteristisch für die Betrachtungsweise des jungen Ossietzky ist der Grundsatz, daß Innen- und Außenpolitik eng zusammenhängen. Die Demokratisierung Deutschlands sei die Voraussetzung seines Ansehens in der Welt. „Nur ein Volk, das in den Niederungen des Nationalismus watet, kann von einer Clique von Junkern und Großkapitalisten gegängelt werden." („Ein Phantom", 4. April 1914.)

Im Jahre 1913 erregte ein grausames Urteil der Militärjustiz die Öffentlichkeit. In Erfurt hatten sich einige Reservisten und Landwehrmänner am Abend der Kontrollversammlung mit Gendarmen und Dorfpolizisten geprügelt. Eine besoffene Geschichte. Für den Militäranwalt aber war es „Aufruhr", standen doch die Männer unter Kriegsrecht. Sieben verheiratete, bis dahin unbescholtene Deutsche wurden vom Kriegsgericht zu schweren Zuchthausstrafen verurteilt, drei Landwehrleute zu je fünf Jahren. In dem Erfurter Urteil trat die brutale Verhöhnung der bürgerlichen Rechtsgüter durch das allmächtige Militär in Erscheinung. Im Reichstag nahm Scheidemann das Urteil von Erfurt zum Anlaß, um in der Debatte über die von der Regierung geforderten Militärkredite den Ungeist der Militärjustiz anzuprangern.

Ossietzkys Artikel „Das Erfurter Urteil" („Das freie Volk" vom 5. Juli 1913) läßt die bedächtige Zivilistenkritik der liberalen Presse weit hinter sich. Das Erfurter Urteil hatte in ganz Deutschland Erregung ausgelöst, aber Ossietzky ist der einzige, der dem Problem der Militärgerichtsbarkeit auf den Grund geht. Seine Sprache zeigt bereits die Eleganz des publizistischen Florettfechters, aber noch mehr zählt die Reife seines politischen Urteils: er geißelt nicht allein die sinnlose Grausamkeit der Militärjustiz, sondern weist auf ihren Klassencharakter hin. „Das bürgerliche Leben bringt eine höchst gefährliche Gleichmacherei mit sich. Also muß daran erinnert werden, daß es noch Klassen gibt. Das ist die Aufgabe der Kriegsgerichte. Der Vorgesetzte wird gestreichelt, der Untergebene gepeitscht. Das unverfälschte Prinzip der Reaktion, nackter Klassenegoismus!“ Der das schreibt, ist vierundzwanzig Jahre alt, und Deutschland wird von Wilhelm II. regiert.

Ossietzky sieht auch, daß auf die Bürgerparteien kein Verlaß ist. Man hätte die Bewilligung der Militärvorlage von „Kautelen“ abhängig machen sollen, die die Elementarrechte des Bürgers gewährleisten. „Aber es wäre töricht, soviel Tatkraft von unseren ‚bürgerlichen‘ Politikern zu verlangen. Es hätte sich ja nur um die Gerechtigkeit gehandelt. Wer regt sich deswegen auf? Die Sozialisten und die paar verbohrten Demokraten. Die Herren, die bei jeder Gelegenheit ‚unser Geistesleben retten‘, mögen es sich gesagt sein lassen, daß wir das Erfurter Urteil für einen viel schlimmeren Schlag gegen die Kultur halten als das Verbot von zehn Festspielen.“

Die Klaue des Löwen wird in diesem frühen Aufsatz sichtbar. Der erste Zusammenstoß mit der Wirklichkeit wird zum ersten Zusammenstoß mit der bürgerlichen Staatsgewalt.

Der preußische Kriegsminister hatte gegen den Verfasser des Artikels (und gegen den pressegesetzlich verantwortlichen Dr. Heinrich Glaser) Strafantrag wegen „öffentlicher Beleidigung“ der Mitglieder des Erfurter Kriegsgerichts gestellt (§ 185 StGB). Am 7. Mai 1914 stand Ossietzky, verteidigt von Rechtsanwalt Dr. Halpert, zusammen mit Dr. Glaser vor der dritten Strafkammer des Landgerichts II in Berlin-Moabit.

Als „Demokrat und Gegner einer besonderen Militärgerichtsbarkeit“ habe er „die Notwendigkeit einer Beseitigung dieser Gerichtsbarkeit nachweisen und den schwächlichen Reichstag in dieser Richtung anspornen wollen“, zumal das Erfurter Urteil nur eines von den vielen sei, die schon vorher wegen ihrer drakonischen Strenge die Empörung der Bevölkerung erregt hätten, verteidigte sich Ossietzky.

Er mußte sich jedoch vom Staatsanwalt sagen lassen, „der Angriff sei in verhetzender Weise als politische Ausschlachtung gedacht" und dafür seien eine Geldstrafe von 300 Mark, eventuell 30 Tage Gefängnis angemessen.

Das Gericht erkannte, nachdem Dr. Halpert politisch-prinzipiell für das demokratische Recht der Kritik an der Institution der Militärgerichtsbarkeit plädiert hatte, auf eine Geldstrafe von je 200 Mark. Die Presse, mit Ausnahme des „Vorwärts", nahm von der Verhandlung keine Notiz. Der Reichstag hatte schon vorher, angesichts der allgemeinen Empörung über das Urteil, einer Reform des Militärstrafgesetzes zugestimmt, wonach der Begriff der „mildernden Umstände" auch in das Militärstrafrecht einzuführen sei.

Vor dem Reichsgericht, zwei Jahrzehnte später, erklärte Ossietzky, seit diesem Tage betrachte er sich als überzeugter Pazifist. Sein erster Gegner in der Arena der Politik ist die Justiz im Dienste des Militärs. Diese Erfahrung sollte sein Leben bestimmen.

Freilich war Ossietzky schon vor dem Erfurter Urteil mit dem Militarismus heftig zusammengestoßen. In dem Artikel „Der heilige Mars" (31. Mai 1913) macht er dem Kriegsgott in seiner preußischen Erscheinung den Prozeß. Was ihn am tiefsten erbittert, ist die Unterwürfigkeit des deutschen Spießers, aber auch des Intellektuellen, vor dem Militär. Ossietzky geißelt die liberalen Blätter, die „über die doch wahrhaftig ernsten Liebknechtschen Enthüllungen Kübel läppischen Hohnes ausgießen". Karl Liebknecht hatte im April 1912 bei der Reichstagsdebatte über die Wehrvorlage sensationelle Enthüllungen über den engen Zusammenhang zwischen der Firma Krupp und der Rüstungspolitik der Regierung gemacht. Ossietzky gehört zu den wenigen bürgerlichen Pazifisten, die ein Ohr hatten für die antimilitaristische Propaganda der Linken innerhalb der deutschen Sozialdemokratie.

In diesem Artikel sagt Ossietzky die nahende Katastrophe voraus, eine düstere Vision, die ihn bis zum Kriegsausbruch nicht mehr losläßt. „Jeder gute Bürger ist sich darüber klar, daß es demnächst – aber wann? – ‚losgehen' wird. Unser Platz an der Sonne muß ja behauptet werden." Nachdem der Warner die Heldentod-Verehrung des Kronprinzen niedriger gehängt hatte, sagt er die bitterbösen Worte: „Wir halten den Gedanken des kommenden Krieges für zu furchtbar, um mit ihm kokettieren zu können. Aber unsere Mißstimmung will nicht recht aufkommen bei der tapferen Versicherung des deutschen Thronfolgers, wenn es einmal blutiger Ernst wird, in der ersten Reihe zu kämpfen ..."

Die Empörung über das Erfurter Urteil zitterte noch in dem jungen Antimilitaristen nach, als ein neuer Übergriff des Militärs nicht nur die deutsche, auch die Weltöffentlichkeit alarmierte. Ein blutjunger Leutnant, Freiherr v. Forstner, hatte in der Instruktionsstunde elsässische Rekruten verächtlich „Wackes" genannt, eine Schimpfbezeichnung für Elsässer, die der forsche Offizier öfter gebrauchte. Dem Verlangen der in ihren nationalen Gefühlen beleidigten Elsässer, den Unfug abzustellen, trat der Kommandeur des in Zabern stationierten 99. Infanterieregiments, Oberst v. Reuter, mit arroganter Mißachtung entgegen. Die Zaberner Bürger sparten nicht mit Äußerungen des Mißmuts. Daß der Königsleutnant mit einer Abteilung von vier Mann Schokolade einkaufen ging, fanden die Zaberner weniger schneidig als komisch. Gegen die Lacher setzte der Junker Bajonette ein. Als Antwort auf die erregten Proteste der Bevölkerung ließ Oberst v. Reuter am 28. November 1913 die Stadt militärisch besetzen, die Bürger von der Straße treiben, harmlose Leute verhaften, die Festgenommenen mißhandeln und in einem Keller der Kaserne einsperren. Ein Zaberner Schuster, der sich gegen die Brutalität der Soldateska wehrte, wurde von dem forschen Leutnant mit dem blanken Säbel niedergeschlagen.

Ein Schrei der Empörung ging durch die deutsche Öffentlichkeit. Reichskanzler Bethmann Hollweg mußte im Reichstag Rede und Antwort stehen; er tat es, indem er sich schützend vor die Militärs stellte: der Rock des Kaisers müßte unter allen Umständen respektiert werden. Das verletzte bürgerliche Rechtsbewußtsein äußerte sich im Abstimmungsergebnis: mit übergroßer Mehrheit wurde die Regierungserklärung nicht zur Kenntnis genommen. Ein Mißtrauensvotum, das freilich ohne Folgen blieb.

Das Kriegsgericht, das gegen die kommandierenden Offiziere der Garnison von Zabern wegen Freiheitsberaubung und Mißbrauch der Waffengewalt eingesetzt worden war, antwortete mit einem Freispruch der Angeklagten. Das Straßburger Urteil vom 10. Januar 1914 war das Gegenstück zum Erfurter Urteil: der deutsche Militarismus zeigte am Vorabend des Weltkrieges sein wahres Gesicht. In Straßburg bereitete General v. Deimling die vergatterte Mannschaft auf einen frischfröhlichen Waffengang mit dem Erbfeind vor.

Ossietzkys Haß gegen die Diktatur der Generäle hatte durch dieses Ereignis neue Nahrung gefunden. Leidenschaftlich verfolgte er den Verlauf der Prozesse rund um die Zabern-Affäre, ebenso die Interpellationen im Reichstag und die Reden in den Volksversammlungen.

Ossietzky geht wieder aufs Ganze. Der erste Angriff richtet sich gegen den Kommandierenden General der Straßburger Garnison, v. Deimling. („Ein getreuer Eckart" – „Das freie Volk" vom 8. November 1913.) Deimling war keineswegs irgendein General, vielmehr eine Art Nationalheld. Als Oberst hatte er 1904 im Kolonialkrieg gegen die Hereros in Südwestafrika den deutschen Waffen billigen Ruhm erkämpft. Ossietzky schrieb: „Der Geist der Versöhnung muß der Anwalt des Deutschtums sein. Und deshalb wäre es wünschenswert, daß sich der preußische Militarismus auf der Straßburger Grenzwacht nicht mehr allzulange durch Herrn v. Deimling vertreten ließe. Wir wünschen der Karriere des großen Generals alles Gute. Aber an seinen jetzigen Posten gehört ein Mann, der die Bedeutung des gesprochenen Wortes besser einzuschätzen weiß als Herr v. Deimling."

Ossietzky ließ es jedoch bei solchen höflichen Worten nicht bewenden. Die Zaberner Affäre zog immer weitere Kreise, und so griff der Mitarbeiter des „Freien Volks" noch einmal zur Feder. („Der deutsche Wetterwinkel" – 29. November 1913.) Diesmal heißt es kurz und bündig: „Es gibt nur ein Mittel:

der General v. Deimling muß fort! Wozu die Glieder schelten, da das Ärgernis von oben kommt! Das Haupt der Nebenregierung muß beseitigt werden; sonst wäre es ein zweckloses Beginnen, einen Wackes-Leutnant auf ein paar Tage ins Loch zu schicken oder ihn nach Jakschewo zu versetzen!" Den Elsaß-Lothringern dankt Ossietzky von Herzen, „daß sie den Geßler-Hut des preußischen Militarismus so beherzt von der Stange geholt haben".

Der junge Publizist Carl v. Ossietzky fand im „Freien Volk" eine Tribüne, von der er nicht nur seine antimilitaristischen Überzeugungen, sondern auch seine antiimperialistischen Einsichten verbreiten konnte. Freilich können von einem vierundzwanzigjährigen, theoretisch ungeschulten Journalisten keine historisch-wissenschaftlichen Analysen erwartet werden. Ossietzky hat eine ungefähre Vorstellung davon, wie es in der großen Welt der Staatskanzleien zugeht, und er gibt seiner Grundstimmung Ausdruck, wenn er seinem Kommentar zum Balkankrieg den Titel gibt: „Wehe den Kleinen!" (5. April 1913.)

Die europäischen Großmächte hatten die Balkanvölker, die sich von der türkischen Herrschaft befreiten, zu ihren Satelliten gemacht. Im Balkankrieg kämpfte der österreich-deutsche Militärblock gegen den russisch-französischen. Österreich-Ungarns Hauptziel war es, Serbien den Zugang zur Adria zu versperren. Im Sommer 1913 hatte die Londoner Botschafterkonferenz beschlossen, Albanien zu einem „unabhängigen Fürstentum" unter Garantie der sechs Großmächte zu erklären. Damit war der Anspruch des Fürsten von Montenegro, des späteren Königs Nikita, der sich an der Zerstückelung der Türkei beteiligt hatte, auf die albanische Stadt Skutari vereitelt. Ossietzky kommentiert: „Die Kleinen müssen geduckt werden. Das scheint in der Tat die Quintessenz modern europäischer Diplomatenweisheit zu sein. Wer schwach war, mußte es bitter fühlen."

Empörung über die imperialistische Politik der Gewalt führte Ossietzkys Feder auch, als er die Intervention der Vereinigten Staaten in Mexiko (1914) kommentierte. („Mexiko" – 2. Mai 1914.) Hier legte der junge Tagesschriftsteller bereits Zeugnis ab von einer erstaunlichen Einsicht in die Triebfedern der imperialistischen Politik. Geradezu prophetisch klingen die Schlußausführungen des Artikels: „Wie der Ausgang sein wird? Ob sich ein langer Kampf entwickeln wird oder nicht, ob Mexiko sich seine Unabhängigkeit bewahren oder ob über seinen Städten das Sternenbanner wehen wird, mit oder ohne Annexion – der wirkliche Sieger wird der Dollar sein. Der Großkapitalismus wird seinen Einzug halten ... Eine neue Epoche wird für Mexiko anbrechen. Die Kondottieri werden dann nichts mehr sein als ein Schatten der Vergangenheit. An ihre Stelle werden die brutalen Magnaten des Kapitals treten. Überall im Lande werden Schlote dampfen; die Bevölkerung wird trotz ihres Abscheus in die kapitalistische und industrielle Fron müssen. Aber wie der Kapitalismus Zerstörer ist, ist er zugleich Erwecker: ‚Bastard von Knechtschaft und Freiheit', wie Franz Oppenheimer sagt. Aus langen erbitterten Klassenkämpfen wird auch die Republik Mexiko zu einer neuen, besseren Freiheit erwachen."

Wahrheit und Irrtum, mehr Irrtum als Wahrheit, mischen sich in Ossietzkys Betrachtungen über die österreich-ungarische Krise, die schließlich zum Ausbruch des ersten Weltkrieges führte. Die nebelhaften Vorstellungen über Österreich sollten Ossietzky auch später noch zu manchen Fehlurteilen verführen. Ganz richtig sieht der Verfasser des Artikels „Der kranke Mann in Wien" (24. Januar 1914), daß Österreich-Ungarn ein Völkerkerker ist, aus dem die unterdrückten Nationalitäten auszubrechen drohen. „In den deutschen Provinzen herrscht die Plutokratie, überall dieselbe, ob sie sich liberal oder christlich-sozial nennt. Die wirkliche Großmacht aber ist die Klerisei." Daß Österreichs provozierende Balkanpolitik schlimme Gefahren in sich birgt, sieht Ossietzky, doch erwartet er von den deutschen Staatsmännern, daß sie den Herren am Ballhausplatz „hin und wieder einen derben Dämpfer aufsetzen". Über den Charakter des Nibelungen-Bündnisses ist er sich offenbar nicht klar. Der sonst so scharf Urteilende verkennt die treibende Rolle der Wilhelmstraße in der Expansionspolitik der Bundesgenossen auf dem Balkan, die Funktion der Bagdadbahnpläne des deutschen Finanzkapitals im Zusammenspiel mit den schwarzgelben Imperialisten.

Nachdem die Schüsse von Serajewo ganz Europa den blutigen Ernst der Lage offenbart hatten, klammert sich Ossietzky, der die Katastrophe vorausgesagt hatte, an das dreifache Trugbild einer demokratischen Rettung in letzter Minute. Österreich-Ungarn soll den einzelnen Landesteilen Selbstverwaltung gewähren (Ossietzky folgt hier bewußt oder unbewußt dem Brünner Nationalitätenprogramm Renners und Bauers aus dem Jahre 1899), Deutschland soll sich dem demokratischen Westen Europas zuwenden, vor allem aber sich selbst demokratisieren, um dem Zarismus Widerstand leisten zu können. „Das feudale, kapitalistische Deutschland mag vor einem slawischen Ansturm zittern. Das freie Deutschland hat keine Ursache zur Furcht.“ Damit kommt Ossietzky gedanklich den sozialdemokratischen Vaterlandsverteidigern, die am 4. August 1914 mit Wilhelm II. den Burgfrieden schlossen, bedenklich nahe.

Der Artikel Ossietzkys „Die Schüsse von Serajewo“, erschienen am 4. Juli 1914, war der letzte im „Freien Volk“. Am 8. August kam die Zeitung nur noch als Flugblatt heraus. Der Aufruf der Demokratischen Vereinigung, unterzeichnet von Dr. Halpert und Aufhäuser, quillt über von gleichgeschalteten Phrasen über den „uns aufgezwungenen Krieg“, über die „deutsche Kulturmission“, über „Gut und Blut in der Abwehr der zaristischen Barbarei“.

Ein Jahr vorher hatte Ossietzky eine wichtige Entscheidung in der Sphäre des Privaten getroffen: er heiratete die in Indien geborene Tochter eines britischen Majors.

Maud Hester Lichfield-Woods war zwar in Indien geboren, aber in England erzogen worden. Mütterlicherseits entstammt Maud v. Ossietzky einem indischen Fürstengeschlecht. Stärker als die gesellschaftliche Kluft war die geistige Gemeinschaft des Paares: die Tochter des Kolonialoffiziers war eine eifrige Anhängerin von Emmeline Pankhurst, Führerin der englischen Suffragetten. Fanatische Vorkämpferinnen des Frauenwahlrechts, sprengten die Mitglieder der radikalen Women's Social and Political Union die Bande der Konvention; nach einer ihrer wilden Demonstrationen kam Maud Hester Lichfield-Woods zusammen mit anderen demonstrierenden Frauenrechtlerinnen für drei Tage ins Londoner Polizeigefängnis.

Das Paar hatte sich in Hamburg kennengelernt, wo sich Maud schon 1911 auf einer Deutschlandreise aufgehalten hatte.

Ossietzky benutzte einen Urlaub zur Reise nach England: die Trauung wurde am 19. August 1913 in einem Dorf der Grafschaft Essex vollzogen.

Die neue Arbeit, der Journalismus, erschien Ossietzky als öffentlicher Dienst, als Dienst an der Öffentlichkeit. Das Aktenschreiben im Grundbuchamt war ihm nichts als eine Quelle des Broterwerbs. Anfang 1914 bat er um seine Entlassung; sie wurde ihm gewährt.

Der Kriegsausbruch zerstörte mit einem Schlag die Pläne, die die jungen Leute, die eben den Bund des Lebens geschlossen hatten, gehegt haben mögen. Ossietzky war gegen die nationalistische Besoffenheit gefeit, hatte er sich doch über das Vaterland der Generäle eine feste Meinung gebildet. Nichts erschien ihm so geeignet, den Charakter des Menschen zu zerstören, wie ein gesellschaftlicher Zustand, der die Generäle allmächtig werden läßt.

Dennoch blieb auch Ossietzky nicht völlig immun gegen den „patriotischen" Bazillus, der die Kreise befallen hatte, in denen der junge Schreibbeflissene verkehrte. Die verehrten Vorbilder, die Führer der Monistenbewegung, standen im Banne des Hurrapatriotismus. In der Zeitschrift Wilhelm Ostwalds, „Das monistische Jahrhundert", wirft Ossietzky im Dezember 1914 den Theaterleitern vor, „keinen Hauch unserer

Abb. 3

eisernen Zeit“ zu verspüren. Ihn ärgert, daß die Theater billigen Ersatzpatriotismus bieten, statt der kräftigen Kost der Klassiker. Er wünscht, daß sie auf „jene Werke zurückgreifen, die für ewige Zeiten als stolze Säulen deutschen Nationalbewußtseins emporragen. Faust, Wieland, Götz, die Hermannschlacht, Grabbes Napoleon.“ Ossietzky verwendet die umlaufenden großen Worte; er spricht von dem Volk, das „um seine Existenz ringt“; offenbar konnte sich Ossietzky im ersten Ansturm der Phraseologie nicht erwehren; aber, was er kritisiert, ist, im Rahmen der Umstände, mit Recht kritisierbar. „Wir haben erwartet, daß Zauberer erstehen würden, stark genug, um die Geister Schillers und Kleists machtvoll zu beschwören. Statt dessen spuken die Schatten Kotzebues und Raspacks in den Souffleurkasten herum. Wir haben die Schauer der Tragödie ersehnt, und man regaliert uns mit Melodramen.“ Das war der musische Ossietzky, nicht der politische.

Man hatte sich mit den neuen Zuständen abzufinden. Maud gab Sprachunterricht, Carl mußte um Wiederbeschäftigung

Abb. 4

beim verhaßten Amt ansuchen. Eine neue Methode, gesellschaftliche Tätigkeit mit Broterwerb zu verbinden, waren die literarischen Kurse, die Ossietzky in seinem „möblierten" Zimmer zu geben begann. Seine ungewöhnliche Belesenheit, vor allem seine Kenntnisse des französischen und englischen Schrifttums machten die Literaturzirkel im Hause Ossietzky beliebt. Seine „Amtstätigkeit" – er war jetzt Bürogehilfe im Grundbuchamt – ließ ihm genug Zeit, sich mit Dingen zu beschäftigen, die ihn interessierten.

Noch hatte der Krieg in das Leben Ossietzkys nicht eingegriffen. Er war frohen Mutes und voll jugendlichen Tatendranges; auch zu manchem Spaß aufgelegt. Die weltschmerzlerische Melancholie der Pubertätsjahre war im tätigen Leben überwunden worden. Da gibt es komische Erinnerungen, in späteren Jahren oft erzählt. Gern machten sich die Ossietzkys über die Vorurteile ihrer Mitbürger lustig, indem sie auf der Straßenbahn so taten, als knüpften sie frivolerweise eine Zufallsbekanntschaft an; Herr Ossietzky spielte den Kavalier, der Frau Ossietzky „anquatschte“, und dies mit Erfolg, sehr zur Entrüstung der biederen Fahrgäste. Des Lachens war kein Ende.

Noch im Jahre 1915 konnte Ossietzky in einer Versammlung der Deutschen Friedensgesellschaft über den „Frieden auf der Grundlage einer internationalen Rechtsordnung“ einen Vortrag halten.

Dann kam der Krieg zu Ossietzky. Er kam mit Härte. Im Juni 1916 erhielt der Siebenundzwanzigjährige den Stellungsbefehl. Der schmächtige Rekrut war für den Waffendienst untauglich befunden worden. So rückte er zum Hamburger Landsturm, Ersatzbataillon II ein. Ossietzky wurde Armierungssoldat – wie Karl Liebknecht.

Als Kanonenfutter gebraucht wurde, beim Auskämmen der Menschenreserven, kam Ossietzky zu einer Einheit, die an der Westfront eingesetzt war. Auch als „Grabenschwein“ verschwieg er seine Gedanken nicht. Frontkameraden bezeugen, daß Ossietzky in den Erdlöchern der Pioniere den Krieg des Kaisers nicht anders als ein Verbrechen ansah, eine Meinung, die er keineswegs für sich behielt.

Abb. 5

Extra-Ausgabe.

0 a. — 31. Jahrg.

Vorwärts

Berliner Volksblatt.

Zentralorgan der sozialdemokratischen Partei Deutschlands.

[illegible]

Die Insertions-Gebühr beträgt für die sechsgespaltene Kolonelzeile oder deren Raum 60 Pfg., für politische und gewerkschaftliche Vereins- und Versammlungs-Anzeigen 30 Pfg. „Kleine Anzeigen“, das fettgedruckte Wort 20 Pfg. (zulässig 2 fettgedruckte Worte), jedes weitere Wort 10 Pfg. Stellengesuche und Schlafstellenanzeigen das erste Wort 10 Pfg., jedes weitere Wort 5 Pfg. Worte über 15 Buchstaben zählen für zwei Worte. Inserate für die nächste Nummer müssen bis 5 Uhr nachmittags in der Expedition abgegeben werden. Die Expedition ist bis 7 Uhr abends geöffnet.

Telegramm-Adresse: „Sozialdemokrat Berlin“.

…ktion: SW. 68, Lindenstrasse 69. …rnsprecher: Amt Moritzplatz, Nr. 1983. | Sonnabend, den 25. Juli 1914. | Expedition: SW. 68, Lindenstrasse 69. Fernsprecher: Amt Moritzplatz, Nr. 1984.

Aufruf!

Noch dampfen die Aecker auf dem Balkan von dem Blute der nach Tausenden Hingemordeten, rauchen die Trümmer verheerter Städte, verwüsteter Dörfer, noch irren hungernd arbeitslose …ner, verwitwete Frauen und verwaiste Kinder durchs Land, und schon wieder schickt sich die vom …reichischen Imperialismus entfesselte Kriegsfurie an, **Tod und Verderben über ganz Europa** …ringen.

Verurteilen wir auch das Treiben der groß-serbischen Nationalisten, so fordert doch die **frivole …gsprovokation der österreichisch-ungarischen Regierung** den schärfsten Protest heraus. … doch die Forderungen dieser Regierung so **brutal**, wie sie in der Weltgeschichte noch **nie** an … selbständigen Staat gestellt sind, und können sie doch nur darauf berechnet sein, den **Krieg …dezu zu provozieren.**

Das klassenbewußte Proletariat Deutschlands erhebt im Namen der Menschlichkeit und der Kultur …menden Protest gegen dies verbrecherische Treiben der Kriegshetzer. Es fordert gebieterisch von …deutschen Regierung, daß sie ihren Einfluß auf die österreichische Regierung zur Aufrechterhaltung … Friedens ausübe, und falls der schändliche Krieg nicht zu verhindern sein sollte, sich jeder kriege…n Einmischung enthalte. **Kein Tropfen Blut eines deutschen Soldaten darf dem Macht…el der österreichischen Gewalthaber, den imperialistischen Profitinteressen geopfert …den.**

Parteigenossen, wir fordern Euch auf, sofort in **Massenversammlungen**

…en unerschütterlichen Friedenswillen des klassenbewußten Proletariats

…Ausdruck zu bringen. Eine ernste Stunde ist gekommen, ernster als irgend eine der letzten Jahr…te. Gefahr ist im Verzuge! **Der Weltkrieg droht!** Die herrschenden Klassen, die Euch im …den knebeln, verachten, ausnutzen, wollen Euch als Kanonenfutter mißbrauchen. Ueberall muß …Gewalthabern in die Ohren klingen:

Wir wollen keinen Krieg! Nieder mit dem Kriege!
Hoch die internationale Völkerverbrüderung!

Berlin, den 25. Juli 1914. **Der Parteivorstand.**

Protest des österreichischen Proletariats!

Arbeiter, Parteigenossen!

…furchtbar ernster Zeit richten wir, Parteigenossen, …s Wort an Euch! Die Gefahr einer kriegerischen Ver…g mit Serbien rückt in immer unheimlichere Nähe. …or der Tag um ist, an dem Euch unser Wort erreicht, …er Krieg schon ausgebrochen sein! Die …hisch-ungarische Regierung hat in Belgrad ein …um überreichen lassen, ein **letztes Wort**, das an diesem …g um 6 Uhr abends seine Erfüllung finden muß. …e

…e Entscheidung durch die totbringenden Waffen

…en werden soll. An einem dünnen Faden hängt die …ng des Friedens, und wenn der Faden reißt, wenn … die Bedingungen, die ihm Oesterreich-Ungarn diktiert, …nimmt und annimmt, so ist der Krieg da, der Krieg …chrecken und Jammer, mit dem Leid und …**er, die er im Gefolge hat!** Und da es vorzugsweise die breiten Massen sind, die seine furchtbaren Lasten tragen, so ist die Entscheidung, die sich nun vorbereitet, der

Einsatz an Gut und Blut des Volkes!

Mußte es so kommen? Auch wir Sozialdemokraten, die Vertreter des werktätig schaffenden Volkes, verschließen unser Auge nicht vor dem schweren Unrecht, das die serbischen Machthaber an Oesterreich begangen haben. Wie wir, aus unseren prinzipiellen Anschauungen heraus, die schnöden Gewalttaten zurückweisen, die Mordtat von Sarajewo verurteilen, so verurteilen wir auch alle die, die an ihr **Mitschuld** tragen. Wir erkennen an, daß Oesterreich-Ungarn im Rechte ist, wenn es von der serbischen Regierung die strafgerichtliche **Verfolgung der Mitschuldigen** begehrt; wir verstehen, daß Oesterreich-Ungarn von Serbien **Bürgschaften verlangt, daß dem unterirdischen Wühlen gegen die Sicherheit und Ruhe des österreichischen Staatenverbandes Einhalt** getan werde, daß mit der fördernden Duldung, die die Machthaber in Serbien dieser Losreißungsbewegung entgegenbringen, gebrochen werde. Aber wir sind überzeugt, daß die serbische Regierung diesen Forderungen Oesterreich-Ungarns, die durch das Völkerrecht sanktioniert sind, keinen Widerstand hätte entgegensetzen können, keinen Widerstand auch entgegengesetzt hätte. Wir sind überzeugt, daß für alles, was Oesterreich-Ungarn im Interesse des Schutzes seiner Staatlichkeit begehrt, die Erfüllung

im Frieden

zu erreichen war und immer noch wäre, und daß **keine staatliche Notwendigkeit, keine Rücksicht auch auf ihr Ansehen** die Großmacht zwingt, die Bahnen der friedlichen Verständigung zu verlassen. Deshalb erklären wir im Namen der arbeitenden Klasse, erklären es als die Vertretung der deutschen Arbeiter in Oesterreich, daß wir

für diesen Krieg die Verantwortung nicht übernehmen

können, daß wir für ihn und für alles, was aus ihm an furchtbar ernsten Folgen entsprießen mag, **denjenigen** die Verantwortung zuschieben, die den verhängnisvollen Schritt, der uns vor den Krieg stellt, ersonnen, unterstützt und gefördert haben.

Preis 10 Pfg.

Das freie Volk

Demokratisches Wochenblatt

Erscheint jeden Sonnabend.

Redaktion und Geschäftsstelle Berlin-Schöneberg, Hauptstraße 10 :: Fernsprecher: Amt Lützow, Nr. 6466. ::

Abonnement: Mark 1.— vierteljährlich (exklusive Bestellgeld) bei allen Postanstalten (Postzeitungsliste 1910, Nachtrag 1) :: ::
Inserate: 50 Pfennig pro Zeile (Familien-Anzeigen 25 Pfennig) durch Erich Kahle, Charlottenburg V, Bobbel-Straße 9, Tel. Wilhelm, 3050.

Nr. 27. Berlin, Sonnabend, 5. Juli 1913. 4. Jahrgang.

Comoedia finita!

Von Richar; Gädke.

Die Posse ist aus! Die Mitspieler klatschten zu ihrem eigenen Spiele Beifall — wer hätte es sonst getan? Sie riefen Hurra nach Art der preußischen Patentpatrioten, Wehrvereinler, Flottenvereinler, Kriegervereinler, und wie diese „Einler" alle heißen mögen; sie jubelten dem Kriegsminister zu — Gott, der arme Mann; er kommt dazu, wie die Jungfrau zum Kinde —, und Reichskanzler und Kriegsminister drückten sich gerührt die Hände, und in die Arme sanken sich beide und weinten vor „inbrünstiger" Freude. Der Pinsel eines satyrischen Zeichners sollte die Szene verewigen und sie als Denkmal dieses Reichstags und dieser Reichsregierung über dem Stuhl dieses Präsidenten anbringen, da, wo früher das Sedanbild hing. Es paßt ja für diese Gesellschaft oder wenigstens für ihre Mehrheit viel besser als irgend ein Gegenstand, der auch nur eine Spur geschichtlichen Ernstes und geschichtlicher Würde an sich trägt. Hurra, hurra, hurra! Das war das Zeichen, in dem diese Vorlage eingebracht, durchgepeitscht und angenommen wurde. Ein besinnungsloses, blödes Hurra!

Diese Wehrvorlage konnte nur dadurch einen Anschein von Rechtfertigung erhalten, diese ungeheure Belastung des deutschen Volkes, diese verzweifelte Deckung nur dadurch entschuldigt werden, daß sie einen entschiedenen, deutlich wahrnehmbaren Nutzen für unser Volk, für seine politische Stellung in der Welt brachte. Wenn es wenigstens wahr wäre, daß die Fehler unserer Diplomatie durch die Gewalt der neuen Rüstung ausgeglichen, unser Einfluß vermehrt, der Frieden gesicherter, in einem Kriege der Sieg wahrscheinlicher geworden wäre! Nichts von alledem! Das „Militär-Wochenblatt" vom 1. Juli gibt einen Auszug aus der russischen „Nowoje Wremja" wieder, von dem es selber meint, er sei nicht ohne allgemeines Interesse. Dort heißt es:

„Alle europäischen Staaten beurteilen die deutsche Heeresverstärkung mit dem gleichen Gefühl unverhüllter Beunruhigung, sogar das verbündete Italien . . . Was ist der Grund dieser Anstrengung? Ist die Kraft des Dreibundes geschwächt? Nein! Italien hat das Bündnis früher als nötig erneuert; die österreichische Armee ist während des Winters eine ganz andere geworden . . In militärischen Kreisen Deutschlands macht man auch kein Hehl daraus, daß die österreichische Armee vom September vorigen Jahres und die jetzige zwei ganz verschiedene Größen sind."

Das Blatt, das wegen seiner chauvinistischen Bestrebungen ja bekannt ist, schließt daraus, daß Deutschland im Jahre 1914 Krieg führen oder einen unblutigen Sieg erringen wolle! Glücklicherweise ist nicht einmal solche „Zielstrebigkeit" der Regierung des Herrn von Bethmann Hollweg zuzutrauen; aber wir sehen, in welchem Maße die Beunruhigung in der Welt, Argwohn und Mißtrauen durch unsere plötzliche und unbegründete Rüstung größer geworden sind. Nicht die Sicherheit des Friedens, die Reibungen sind vermehrt worden.

Und noch einmal sei es hier als nationale Lüge gebrandmarkt, wenn immer behauptet wird, daß unsere Wehrvorlage eine Folge des französischen Gesetzentwurfs zur Verlängerung der Dienstzeit sei. Genau das Umgekehrte ist richtig! Die französischen Rüstungstreiber, die natürlich den gleichen Grad von Gewissenlosigkeit besitzen wie die unsrigen, haben erst dadurch Oberwasser bekommen, daß unsere Absichten in aller Form und aller Ausführlichkeit veröffentlicht und amtlich nicht mehr bestritten wurden. Unsere Vorlage ist bereits unter Hurrarufen Gesetz geworden; in Frankreich kämpfen die vernünftigen Leute noch immer ihren todesmutigen Kampf, um ihrem Volke den bitteren Trank zu ersparen oder doch möglichst zu versüßen.

Aber gerade dieses Beispiel Frankreichs zeigt, daß unsere Rüstungsvorlage im wesentlichen ein Schlag ins Wasser ist und uns militärisch keinen ins Gewicht fallenden Vorteil bietet. Um dieses Eingeständnis drücken sich auch unsere liberalen Blätter noch immer herum — es wäre freilich das Eingeständnis der eigenen Charakterlosigkeit. Dieses Gesetz ist ein Gesetz bodenlosen Leichtsinns — es bringt furchtbare Neubelastungen, die selbst den starken Schultern des deutschen Volkes schwer genug zu tragen sind — aber es gibt uns keine entsprechende militärische Ueberlegenheit. Unwahr ist es, daß die Verstärkung des französischen Heeres durch die Verlängerung der Dienstzeit nur eine Friedensverstärkung sei und für den Kriegsfall nicht einen Mann mehr ergäbe. In erster Linie wird jedenfalls die Bereitschaft zum Kriege genau auf das Maß der unsrigen, vielleicht noch etwas höher, gebracht; sodann aber will man die Gesamtdienstzeit um drei Jahre bis zum 48. Lebensjahre, verlängern. Man erhält also allerdings mehr Leute für den Kriegsfall und selbst für die Feldarmee einen Jahrgang mehr.

Auch Rußland erhöht, mit teilweise anderen Mitteln, seine Bereitschaft entsprechend. Aber keiner unserer wackeren Reichsboten hat an den Kriegsminister die naheliegende Frage gerichtet, welchen Vorteil uns nun die neue Rüstung unseren wahrscheinlichen Gegnern gegenüber bringe. Gerade die entscheidende Frage hat man „vergessen". Der arme Herr von Heeringen wäre in noch größere Verlegenheit als gewöhnlich geraten, wenn er sie hätte beantworten sollen.

Ueber die neue Großmacht am Balkan brauche ich wohl kein Wort zu verlieren. Noch nie ist ein Staatsmann so rasch durch die Ereignisse Lügen gestraft worden, wie der deutsche Reichskanzler durch die Schlacht bei Istip, wo die Gewehre der zärtlichen Verwandten, der Glieder dieser Großmacht, ganz von selbst gegeneinander losgingen. Unnötig zu sagen, daß der staatsmännische Ruf des langen Herrn in dem Deutschland unserer Tage und unseren liberalen Parteien gegenüber dadurch nur gewonnen hat. Sie sind einander vollkommen wert, dieser Reichskanzler und diese liberalen Abgeordneten

Wenn man nun wenigstens für diese gewaltigen und unfruchtbaren Opfer ein Aequivalent erhalten hätte. Höhnisch versichern freilich die freiwilligen Regierungsorgane, daß auch die Regierung Opfer gebracht habe, weil sie nämlich nicht alle ihre Deckungsvorschläge habe durchdrücken können! Welche dreiste Umkehr des Wortes Opfer! Ein Opfer wäre es gewesen, wenn Monarch und Bureaukratie dem Volke die längst fälligen Freiheiten und Rechte endlich gewährt, die Kommandogewalt in gesetzlich festgelegte Schranken zurückgeführt, das Militärgesetz gemildert, die Vorrechte gewisser Klassen und Truppenteile vermindert hätte. Nichts von alledem; die Resolutionen, die der Reichstag gefaßt, sind die Zeit nicht wert, die damit vertrödelt wurde; sie in das Gesetz hineinzuarbeiten mit dem kühlen Motto „Point d'argent, point de Suisses!" dazu hat man wieder einmal nicht den Mut gehabt. Es wird alles beim alten bleiben; das Spiel, das im Reichstage gespielt wurde, war kein Drama, sondern eine Posse, die die Wähler über die Impotenz ihrer Vertreter hinwegtäuschen sollte.

Und zuletzt dann der Knalleffekt! Es kam gerade zur rechten Zeit, das Bluturteil von Erfurt, um unseren Liberalen die Möglichkeit zu geben, sich mit einem Anschein von Mut und Entschlossenheit zu drapieren. Es war so toll, daß man etwas tun mußte. Nun hat man ja wohl eine Milderung des harten Strafgesetzbuches erreicht — aber um welchen Preis! Die Steuerfreiheit der Fürsten wurde wiederhergestellt, die gestrichenen drei Kavallerieregimenter wieder ewilligt! Eine glorreiche Tat fürwahr! Diesem Parlament und seiner demütigen Haltung gegenüber hat selbst ein Bethmann Hollweg es leicht, zu triumphieren. Und nicht einmal dem Erfurter Bluturteil gegenüber hat man den einzig richtigen Weg gefunden, in die Militärvorlage die Bestimmung aufzunehmen: „Am Tage der Kontrollversammlung hört die Unterstellung unter die Militärgesetze um 1 Uhr nachmittags auf." Gegen diese Festsetzung lassen sich nicht die mindesten disziplinaren Gründe geltend machen. Denn um 12 Uhr mittags (also spätestens eine Stunde vor dem Endpunkt der Militärgewalt) kann jede Kontrollversammlung unter allen Umständen beendet sein. Gegenwärtig sind auch die vom Reichstage angenommenen Strafen für eine Wirtshausrauferei und einen Widerstand gegen die Gendarmen noch immer außerordentlich hart; ihre Anwendung ist zudem in die Willkür der Militärgerichte gestellt, die von ganz anderen Gesichtspunkten ausgehen als die bürgerlichen Richter. Und man kann ihnen das nicht einmal sehr verdenken.

So endete diese ganze Aktion, so wie sie angefangen hatte, als eine Posse, in der mit dem deutschen Volke, seinen wirtschaftlichen Sorgen, seinen Rechten vermessen und leichtsinnig gespielt worden ist. Werden den Wählern endlich die Augen aufgehen, werden sie endlich die erforderlichen Folgerungen ziehen?

„Landgraf, werde hart!"

Versäumte Abonnements

auf

„Das freie Volk"

können bei jeder Postanstalt und Zeitungsspedition noch nachgeholt werden. Die bereits erschienenen Nummern des laufenden Quartals werden gratis nachgeliefert.

Das Erfurter Urteil.

Von Carl von Ossietzky-Hamburg.

> Fedja: Und Sie, der Sie an jedem Ersten mit einigen Groschen für Ihre Gemeinheit bezahlt werden, Sie ziehen sich Ihren Uniformrock an und tun sich nun groß über jene Leute, deren kleiner Finger mehr wert ist als Sie im ganzen, und die Sie nicht einmal ins Vorzimmer hineinlassen würden. Sie haben sich hinaufgeschustert und freuen sich nun.
>
> Der Richter: Ich lasse Sie abführen."
>
> (Tolstoi: „Der lebende Leichnam".)

Drei Landwehrleute sollen auf fünf Jahre ins Zuchthaus wandern; ein paar andere erhalten bittere Gefängnisstrafen. So entschied das Kriegsgericht zu Erfurt. Grund: Alkoholausschreitungen. Schaden hat es außer der Aufregung nicht gegeben. Was kann man bei einem bürgerlichen Gerichte nicht alles für fünf Jahre Zuchthaus haben! Hunderttausende stehlen, seine Zeit abreißen und nachher als Rentner leben; im Affekt einen Mord begehen, den milde Richter als Totschlag auslegen. Milde Richter! Die militärische Justitia hat nicht nur verbundene Augen, sondern auch verstopfte Ohren und ein gepanzertes Herz. Alkoholausschreitungen sind häßlich. Aber so lange der Saufteufel noch eine Großmacht ist, wird nur eine geschwollene Moral einen Stein auf ein paar arme Kerle werfen, die sich in ihrer Weise einen vergnügten Tag gemacht haben.

Seit alten Zeiten zeichnen sich die militärischen Strafen durch besondere Grausamkeit aus. An der wilden Soldateska des dreißigjährigen Krieges sühnte die beleidigte Gerechtigkeit die zahllosen Untaten mit Spießrutenlaufen, Rad und Galgen. Was wurde damals gehängt! Wieviele Knochen wurden von den Strafwerkzeugen gebrochen! Die Kriegsjustiz sandte mehr Krüppel ins Land als alle Schlachten. Man erzählt von einem alten Haudegen, der als Vorsitzender eines Kriegsgerichts die Sitzung abbrach, indem er das Buch zuklappte und dem Profossen zurief: „Es ist das beste, wir beginnen mit der Exekution!"

Heute kennt die Justiz weder Wippe noch Rad. Nur noch Paragraphen. Aber die eben angeführten Worte des Marschalls von Montluc, die in ihrer rauhen Aufrichtigkeit so bezeichnend sind, müßten heute über der Pforte jedes Kriegsgerichtes stehen. Sie sind unmöglich. Und das Bild des alten Kriegsmannes müßte in jedem Sitzungszimmer hängen; denn er hat es erkannt und in wahrhaft klassische Form gebracht, daß es bei der militärischen Justiz nicht auf den Paragraphenplunder, sondern einfach auf die Strafe ankommt. Diese Justiz will nicht prüfen und wägen, wie die bürgerliche — es soll. Sie will auch nicht vergelten. Sie überzahlt. Sie hat die Aufgabe, den „Untertanen" an das Prinzip der Autorität, der unbedingten Disziplin zu erinnern. Sie hat ihm die Grenzen seiner Freiheit zu zeigen. Das bürgerliche Leben bringt eine höchst gefährliche Gleichmacherei mit sich. Also muß daran erinnert werden, daß es noch Klassen gibt. Das ist die Aufgabe der Kriegsgerichte. Der Vorgesetzte wird gestreichelt, der Unter-

Abb. 7

Als Soldat sich dem Krieg widersetzen war um so schwieriger, als Ossietzky allein stand. Sein Antimilitarismus im Felde war Partisanenarbeit; doch der junge Bebel-Verehrer entzog sich ihr nicht. Den Leipziger Richtern verweigerte er später jede Auskunft über seine Militärdienstzeit; jene hatten kein Recht, in dem Bürger der Republik den Soldaten des Weltkrieges aufzuspüren.

Im Frühjahr 1917 bekam der Schipper Ossietzky nach einem Lazarettaufenthalt ein Heimatkommando. Hat er diese Zeit benutzt, um Kontakte mit Gleichgesinnten aufzunehmen? Unter seinen monistischen Freunden begann gerade damals das große Nachdenken über den Krieg, richtiger gesagt der große Katzenjammer. Bei Ausbruch des Krieges hatten die Köpfe der Bewegung, mit der Mehrzahl der deutschen Geistesgrößen, in den Chor der Hurrarufer eingestimmt. Wilhelm Ostwald war einer der 93 gewesen, die jenes Manifest „An die Kulturwelt“ unterschrieben, das nicht nur Romain Rolland zur Verzweiflung brachte. Ihre Losung hieß: „Europa unter deutscher Führung“, denn sie glaubten an die zivilisatorische Mission des deutschen Schwertes.

Das war im Hitzefieber des Jahres 1914 geschehen. Jetzt aber war die Kriegsbegeisterung verraucht. Das Jahr der Wende 1917 kam heran. In der Monatsschrift des Hamburger Monistenbundes diskutierte man erstmalig über „die Stellung des Monismus zum Kriegsproblem“. Rudolf Goldschmid und Hugo Preuß rührten an das heiße Eisen der Volksrechte, und Edgar Herbst, ein Gesinnungsfreund aus Wien, schrieb gänzlich unverblümt: „Niemals hätten sich die Monisten, wie es geschehen ist, der großen Zahl der Kriegsapologeten zugesellen und deren ohnehin schon überwiegenden Einfluß noch verstärken dürfen.“ Es zeigte sich, daß der nationalistischen Strömung innerhalb der monistischen Gemeinde eine internationalistische begonnen hatte entgegenzuwirken.

In diese Auseinandersetzung geriet der Heimaturlauber Ossietzky. Ob er in sie eingriff, wissen wir nicht. Gewiß ist, daß Ossietzky, der Flüsterpropaganda gegen den Krieg überdrüssig geworden, zu dieser Zeit begann, gegen den Krieg zu schreiben. Daß ihm dies sehr bald Unannehmlichkeiten eintragen mußte, ist nur allzu natürlich. Die Sendschreiben Ossietzkys aus dem Felde zeugen für das Heranreifen der Kunst, die er später zur Vollendung bringen sollte: die Kunst des schreibenden Kämpfers für eine Erneuerung Deutschlands.

Aus den Schriften von 1917 bis 1919 spricht bereits der ganze Ossietzky. Sein Arsenal – später wird es die Bewunderung der Zeitgenossen erregen – ist voll im Einsatz: kompromißloses Denken, scharfe Argumente, lateinische Klarheit, leidenschaftliche Suche nach Wahrheit, Liebe zu Deutschland und zur Menschheit. Der Achtundzwanzigjährige hat gegenüber dem Krieg und der Gesellschaft eine festumrissene Position. Im Keim ist vieles von dem enthalten, was später, von Erfahrung zu Erfahrung fortschreitend, sich entfalten sollte – bis zur letzten Entscheidung.

Dezember 1917. Ossietzky ist wieder an der Front. Der Krieg zerbröckelt. Von der Sozialdemokratischen Partei haben sich die Unabhängigen frei gemacht, sie lehnen die Kriegskredite ab. Der Reichstag hat im Juli eine „Friedensresolution“ angenommen. Die Friedensvermittlung des Papstes wird von der Militärkamarilla mit Ludendorff an der Spitze torpediert. Der Hunger wütet im Hinterland. In Rußland haben die Bolschewiki die Staatsmacht erobert und den Kriegführenden einen Frieden ohne Entschädigungen und ohne Annexionen angeboten. In Brest-Litowsk wird über den Waffenstillstand an der Ostfront verhandelt.

Ossietzky sieht die Stunde der Tat herannahen. „Wille zu wirken, Tagespolitik mit geister Kraft zu durchsetzen“, ist sein

Tagtraum. „Aktivismus“ ist das Losungswort einer neuen Jugend, die geistig sein möchte und doch nicht isoliert. Eine geistige Erneuerung ist notwendig, hat doch der Krieg „nicht nur blühende Fluren zerstampft, betriebsame Städte verwüstet, sondern auch Gehirne zerstört, Provinzen der Seele verarmen lassen“. Was wird geschehen, wenn die Kanonen aufgehört haben ihre furchtbare Sprache zu sprechen und die Krieger zurückkommen? Wird dann nicht das Ruhebedürfnis stärker sein als alles, der Deutsche sich zurückziehen in sein privates Ich, die res publica sich selbst überlassend? Wird nicht die Angst, in ein paar Jahren werde eine neue Katastrophe das Neugeschaffene niedertreten, Passivität und Resignation begründen? Ossietzky erinnert an die getäuschten Hoffnungen nach den Freiheitskriegen, hundert Jahre liegen sie zurück. Der junge Ossietzky ist voll Hoffnung, daß es nicht wie damals kommen werde. „Die Politisierung des deutschen Volkes ist Tatsache.“ Der Zeitpunkt ist nicht mehr fern, „wo es zu einem großen Entscheidungskampf zwischen Fortschritt und Reaktion kommen muß“.

Diese Gedanken schreibt Ossietzky im Felde nieder, schickt die Notizen an seine Frau nach Hamburg; sie sind für die Freunde im Monistenbund bestimmt. Er erinnert sie an die mündlichen Streitgespräche der letzten Jahre; war es ihm doch unerträglich geworden, „in einer Bewegung zu arbeiten, die ihren eigenen Konsequenzen aus dem Wege geht“. An geistiger Inzucht sei er nicht interessiert, sie führe zur Skepsis, und das sei nicht sein Fall.

Dem jungen Aktivisten schwebt das Beispiel eines Luther vor, der für die Reform Taten setzte, „durch das Wirken in breitester Öffentlichkeit“. Nicht Kritik mit Worten sei nötig, sondern praktisches Handeln. Gewiß, „der Weg der Tat ist ein dornenvoller“ – aber dennoch keine Kompromisse, keine doppelte Buchführung! „Es ist nicht zu zweifeln, daß nach diesem Kriege ein gewaltiger Schrei nach einer Ethisierung der Politik sich erheben wird.“ Macht und Geist werden sich vereinigen müssen, um denjenigen Erfüllung zu bringen, die „immer stärker die Stimme eines Weltgewissens ertönen hören".

Noch ein zweiter Aufsatz, den Gedankengang des ersten fortspinnend, wurde im Felde geschrieben. Inzwischen war die Auflösung weit fortgeschritten. Man schreibt Juli 1918. Ludendorffs letzte Vorstöße an der Westfront im Mai und Juni sind gescheitert. Die Offensive der alliierten Armeen ist im Gange. Es geht dem Ende zu. Ossietzky betitelt seinen Mahnruf: „Wandlung der geistigen Atmosphäre." Mit Genugtuung stellt er fest: „Das geistige Fundament des Krieges wankt." Der Wert des Friedens steigt. „So manche freiwillige Gulaschkanone, in der noch vor Jahresfrist die unheimlichsten Reventlow-Suppen brodelten, verzapft heute Milch der frommen Denkungsart. Schwärmt für Verständigungsfrieden, Völkerbund, Gesellschaft der Nationen ... Der Geist von 1914 hat sich in sein Gegenteil verkehrt."

Aber Ossietzky wäre nicht Ossietzky, ließe er es beim Spott bewenden. Er sucht die praktische, die rettende Tat. „Die Stimme allein vermag wenig; ausschlaggebend ist einzig Verdichtung zum Willen." Was nun zu schaffen sei: in erster Linie eine neue geistig-kulturelle Atmosphäre. Der Leichtentflammte sieht in dem Programm Wilhelm Börners von der „Erziehung zur Friedensgesinnung" das Nächstliegende, Erstrebenswerte. Aber er fühlt, daß das nicht mehr ausreicht. Mit einem seltsamen Gedankensprung findet der Schreiber bei Marx den Schlüssel zur erstrebenswerten Reform des Bewußtseins. „Die Welt nicht erklären, sondern verändern. Ein gewaltiges soziales Ethos lebt in diesem Marx-Wort." Und er schließt: „Mit rohem Gebrüll, alle Pforten einstampfend, so brach der Krieg in das alte Erdenhaus ein. Schüchtern durch die Hintertür tritt die Menschlichkeit wieder ein."

Die Novemberrevolution erlebte Ossietzky an der Westfront. Erst im Januar 1919 traf er in Hamburg ein. Sein Pamphlet „Das werdende Deutschland", ein Dokument seines inbrünstigen Glaubens an ein erneuertes Vaterland, ist vom Dezember 1918 datiert. Ossietzky nennt die knappe Schrift „Ein

Wort an alle Schwachmütigen". Er träumt von jenem Deutschland, das 1918 möglich war, aber erst dreißig Jahre später, nach einer zweiten von der herrschenden Klasse verschuldeten nationalen Katastrophe, Wirklichkeit werden sollte.

„Das arme Deutschland! Das ärmste Land unter der Sonne, jeder äußeren Macht beraubt ... Das ärmste Land. Und doch das reichste Land. Das reichste an Hoffnungen und günstigen Möglichkeiten." Fast möchte man die Sieger bemitleiden. Ihre Wirtschaft sei kapitalistisch und imperialistisch, und doch strebe die Weltwirtschaft nach neuen Formen. In Deutschland aber, dank der Niederlage, sei mit allem Antiquierten aufgeräumt. Geheime Energien seien plötzlich ans Licht getreten. Ein Wort, das früher nur ein Ornament war, jetzt sei es zum tieferen Sinn der Zeit überhaupt geworden: Freie Bahn für alles Tüchtige!

Der Überschwang wird historisch begründet. Der große Bauernkrieg, die Revolution von 1848, das alles endete in der Niederlage. Keinen Bastillensturm kennt die deutsche Geschichte. Jetzt aber erleben wir eine weltgeschichtliche Wende. „Das revolutionäre Deutschland war da, schon lange vor dem Kriege, der nur den Impetus für den gewaltsamen Umsturz hergeben mußte." Doch bei der Verschiedenartigkeit, ja Widersetzlichkeit der Motive, aus denen die alte Gesellschaft bekämpft wurde, ist es kein Wunder, daß die Revolution vorerst als Chaos in Erscheinung tritt. „Zusammengebrochen ist nicht nur ein Staat, der sich unbesiegbar wähnte, zusammengebrochen ist nicht nur eine Wirtschaftsordnung, die von ihren Nutznießern für bombensicher gehalten wurde, zusammengebrochen ist vor allem der bürgerlich-kapitalistische Geist, der seit hundert Jahren die Köpfe beherrschte und auch große Teile der sozialistischen Arbeiterschaft weit mehr im Banne hatte, als sie es gern wahrhaben möchte."

Ist eine Welt zusammengebrochen, so muß eine neue errichtet werden; „es gilt, den neuen Geist zu schaffen, den Geist, der vielleicht für lange, lange Zeit der herrschende sein wird". Ossietzky warnt vor dem Kompromißlertum. „Es muß ausgesprochen werden gegenüber den allzu Besorgten, den Behutsamen, den wohlmeinend Gemütvollen, daß uns nichts mehr an die Tradition bindet, daß es zwecklos ist, Halbheiten durchzumogeln, daß endlich jene geistige Erneuerung durchgeführt werden muß, die der deutsche Michel jahrhundertelang versäumt hat." Ossietzky will „lieber dem irrenden Ritter gleich, zwischen Tod und Teufel allein in grauser Wildnis" den Weg suchen, als paktieren mit jener „netten spießerlichen Adrettheit der Gedanken und Gefühle, jener pomadigen Korrektheit, jener platten und matten Zielbewußtheit, die immer nur das nächste sieht, aber niemals das Wesen erfaßt".

Aber so verwerflich die Revolutionsfurcht ist, so schädlich scheint ihm die „Revolutionshysterie". Was Ossietzky hier programmatisch, wenn auch ganz und gar idealistisch verkündet, ist der Traum von der „Macht, die im Geiste wurzelt".

Im Überschwang des Revolutionstaumels glaubte Ossietzky, aus den Kämpfen und Krämpfen der Novembertage werde die soziale Republik hervorgehen: die Erfüllung des revolutionären Traumes nicht nur der Deutschen. In seinem Sendschreiben von dem kommenden Deutschland beschwört Ossietzky, gewiß nicht zufällig, den Geist des römischen Sklavenführers Spartakus herauf, der über Nacht in den deutschen Menschen gefahren zu sein scheint.

Heimgekehrt, nachdem er der Formalität Genüge getan und sein Entlassungsgesuch als Staatsbeamter eingereicht hatte, ist sein erstes politisches Wirkungsfeld der Arbeiter- und Soldatenrat von Hamburg.

In der Hansestadt gärte es. Im Gewerkschaftshaus am Besenbinderhof versammelten sich Matrosen, Werftarbeiter, Delegierte der Fabriken. Leidenschaftlich waren die Ansprachen, die, ohne zielgerichtet zu sein, sich in *einem* Willensausbruch ergossen. Das Wort auf allen Lippen war REVOLUTION. Am 6. November hatten sich auf dem Heiligengeistfeld Zehntausende versammelt. Sie schworen, die Forderungen des Kieler Soldatenrates zu den ihren zu machen: Sofortiger Friedensschluß, Abschaffung der Monarchie, Weg mit Senat und Bürgerschaft! Aus dem brodelnden Kessel der Revolution war der Arbeiter- und Soldatenrat hervorgegangen. Für einige Tage war die Macht in der großen Hafenstadt zweigeteilt: Senat und Räte regierten gegeneinander, bis in einer Nachtsitzung die Männer der Revolution unter dem Schutz revolutionärer Matrosen die Absetzung von Senat und Bürgerschaft beschlossen. Auf diesem revolutionären Willensakt beruhte fünf Monate lang die Kraft und die Macht des Gesetzes in Hamburg. Und vom Rathaus wehte die rote Fahne.

Als Ossietzky in Hamburg eintraf, bildete der Arbeiter- und Soldatenrat die Regierung der freien und Hansestadt. Es war nur natürlich, daß sich der Heimkehrer der neuen Staatsmacht, die so ganz seinen Hoffnungen entsprach, als Agitator und Flugblattschreiber zur Verfügung stellte. Auch seine publizistische Tätigkeit nahm er wieder auf.

Als das Vereinsorgan der Deutschen Friedensgesellschaft, „Völkerfrieden", im Dezember 1919 sein Erscheinen einstellte, schrieb Ossietzky, daß ein Vereinsorgan so gut wie niemals eine breite agitatorische Wirkung auslöse, selten nur außerhalb der Bewegung stehende Kreise erfasse. „Was wir Pazifisten aber heute brauchen, ist Wirkung. Wir haben eine Riesenaufgabe zu erfüllen."

Doch bald geraten die Kriegsgegner wieder in die Defensive. Die Konterrevolution hat ihr Haupt erhoben, in Berlin holt sie zum Gegenschlag aus. Die Kommunistische Partei Deutschlands bekennt sich zur Diktatur des Proletariats. Die Besten, Karl Liebknecht und Rosa Luxemburg, sind ermordet. Noskes weiße Offiziersbanden wüten gegen die revolutionären Arbeiter, die für die Idee bluten, die in den Träumen des jungen Ossietzky ein ungeordnetes Dasein geführt hatten. In Weimar war die Nationalversammlung zusammengetreten, unter jenen Begleitumständen, vor denen der Feldpostschreiber und Heimkehrer Ossietzky gewarnt hatte.

Nun schreibt er wieder, zieht das Resümee der Revolution. Aus seiner Feder strömt Bitterkeit, aber nicht Hoffnungslosigkeit. „Der Anmarsch der neuen Reformation" heißt der im Juli 1919 verfaßte Aufsatz – er gibt der Flugschrift Nr. 2 des Deutschen Monistenbundes, Ortsgruppe Hamburg, den Titel. „Die Bilanz der Revolution ist so, daß einem die Augen übergehen können." Es fehle nur noch die Dynastie, all die anderen schönen Dinge, die die Frontsoldaten im November im Feindesland gelassen zu haben glaubten, seien ihnen nachgehumpelt. „Jede Revolution hat mit einer Konterrevolution zu kämpfen ... Bei uns trägt man beides gemeinsam." Was habe die Revolution geleistet? Die Antwort laute traurig genug. In der äußeren und inneren Politik spreizten sich Zelebritäten, die von Rechts wegen schon seit langem in den Reliquienschrein gehörten. Die wirtschaftliche Umformung werde dauernd verschoben, während Anarchie, Egoismus, Schiebertum Triumphe erlebten. Keine wehrende Hand, nur sanftes Zureden. Ideenarmut, Mangel an Mut, Mangel an Glauben. Woran es fehle, das sei der Wille.

Und die Kommunisten? Ossietzky kritisiert bestimmte Erscheinungen, die er für Überspitzungen hält, aber er verweigert den Kommunisten nicht seine Anerkennung. „Ich teile nicht den Glauben, daß sich Entwicklungen ungestraft überspringen lassen, ich weiß auch, daß dieser Glaube nicht wenig zur Vergrößerung der Verwirrung beigetragen hat, aber ich wage es nicht, Anklage zu erheben gegen seine Verkünder. Sie waren die einzigen, die Energie aufbrachten, Begeisterung, Kraft, ihr Leben einzusetzen."

Aber nun, da dem Volk das Heft aus der Hand geglitten ist, die Geldsackrepublik sich breitmacht, was soll, was kann geschehen? In Ossietzky festigt sich die Illusion seiner Jugendjahre, die Illusion, die er erst in der Folterhölle von Esterwegen aufzugeben bereit sein wird, die Illusion von der über den Klassen schwebenden Macht des Geistes.

Zur politischen und sozialen Revolution geselle sich die seelische. „Revolution muß Reformation werden. Durchsetzung der Köpfe mit dem neuen Geist." Daß mit Reformation nicht Reformismus gemeint war, das wurde sehr bald aus den weiteren Schriften Ossietzkys klar. In jenem Sommer 1919 verstand er unter Reformation nichts anderes als die Erziehung zum Humanismus, die Abkehr vom menschenfeindlichen System des Kapitalismus und des Militarismus. „Aus dem Debakel des Krieges, aus dem Bankrott der Revolution wächst die neue Reformation." War jene bemüht, den Bibelglauben von römischer Verunstaltung zu reinigen, „diesmal geht's um den Geist, ums Menschentum".

Es fehlt diesem Abgesang nicht die Bitterkeit der Resignation. Die mitreißenden Träume sind ausgeträumt. Das neue Deutschland läßt auf sich warten. „Der leidende und versklavte Mensch findet wieder zu sich selbst, wird wieder der ‚Einzige' . . ., entfaltet innig und glaubensvoll die lange vergessene weiße Fahne der Menschlichkeit, die oft verhöhnt und mit Schmutz beworfen wurde und die dennoch siegreich in den Lüften wehen wird, wenn die blutbesudelten Standarten der Nationen längst in den Staub gesunken sind."

Die Enttäuschung über die Niederlage der Novemberrevolution mußte in Ossietzky eine Lebenskrise auslösen. Seine Hoffnungen hatten sich nicht erfüllt. Der Dreißigjährige muß unter den neuen Verhältnissen, waren sie wie sie waren, seinen Platz finden. Praktische Gründe – ein Kind wird erwartet – und der moralische Zwang, den Kampf nicht aufzugeben, drängen zu einer Entscheidung.

Abb. 8

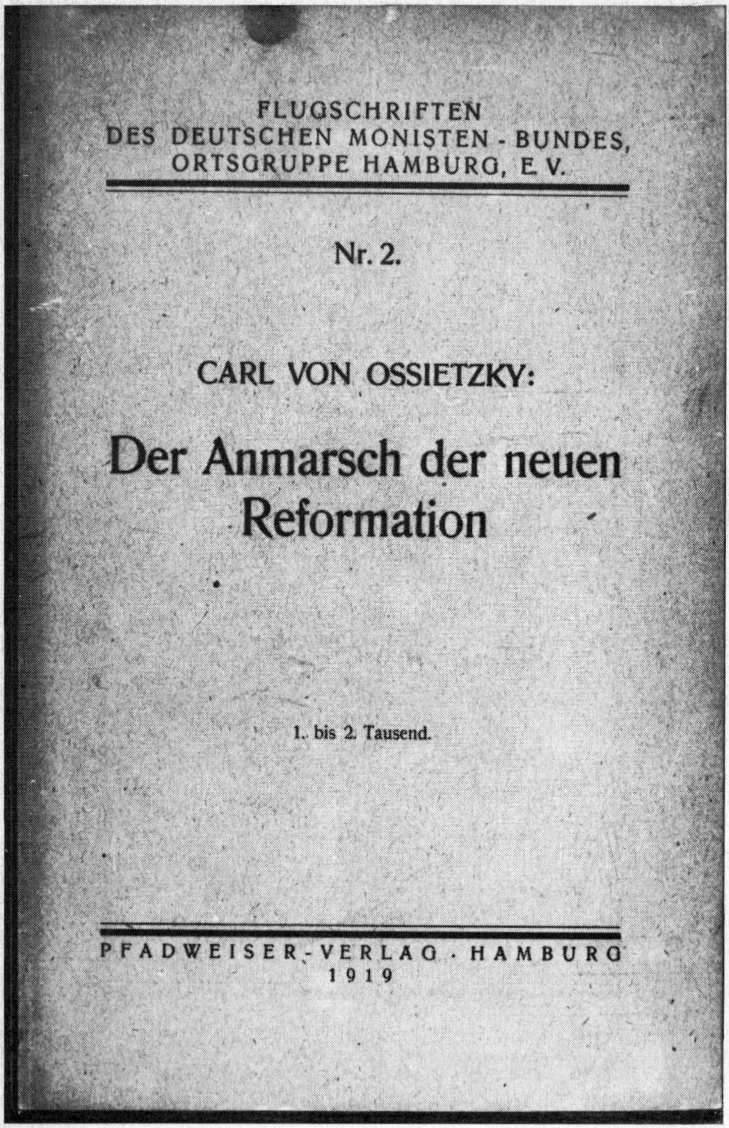

FLUGSCHRIFTEN
DES DEUTSCHEN MONISTEN-BUNDES,
ORTSGRUPPE HAMBURG, E. V.

Nr. 2.

CARL VON OSSIETZKY:

Der Anmarsch der neuen Reformation

1. bis 2. Tausend.

PFADWEISER-VERLAG · HAMBURG
1919

Abb. 9

Zur Zeit, da Ossietzkys Zwischenbilanz der Novemberrevolution erschien, tagte in Berlin der 8. Deutsche Pazifistenkongreß (13.–15. Juni 1919). Eine bedeutsame Veränderung ist im Leben des abgerüsteten Frontsoldaten eingetreten. Hellmut von Gerlach, der Ossietzkys vielfältige Bemühungen, den Antikriegsgeist im Frieden weiterzutragen, aus Hamburg kannte, empfahl ihn dem Vorsitzenden der Deutschen Friedensgesellschaft, Professor Ludwig Quidde, einem Manne, der zur alten Garde des deutschen Pazifismus zählte.

Der deutsche Pazifismus ist ein Gewächs eigener Art, beheimatet in der sonnenarmen Landschaft der deutschen Misere. Während Victor Hugos Ausruf auf dem zweiten Internationalen Friedenskongreß in Paris – „Ein Tag wird kommen, wo man in den Museen eine Kanone zeigen wird wie jetzt ein Folterwerkzeug!" – die Enzyklopädisten und die Französische Revolution zu Ahnen hatte, ist Kants Versuch „Zum ewigen Frieden" ohne Nachfolge und ohne Folgen geblieben. Wilhelminische Professoren gaben dem Kategorischen Imperativ – mißbräuchlich – den Vorzug, als es 1914 galt, für den Tornister des deutschen Soldaten weltanschaulichen Lesestoff zu präparieren. Der Schuster George Fox hatte Cromwells Berittene zu Zeitgenossen, als er die Gefolgschaft der Quäker sammelte, um die Botschaft des Friedens zu verkünden. In Frankreich und England hatte der Bürger im Ablauf seiner Revolutionen einen Schuß Zivilistenstolz mitbekommen. Als Citoyen wurde er empfänglich für die Phraseologie des Friedens, deren sich die Herrschenden selbst gerne bedienten, wenn sie in fremden Ländern dem Straßenraub nachgingen. Der französische und englische Imperialismus (später bis zur Vollendung der amerikanische) trug pazifistische Schminke.

Sogar Zar Nikolaus II. hielt es für klug, als er mit seinen Rüstungen ins Hintertreffen kam, ein Friedensmanifest zu erlassen. Lenin sah klar: „Sehen wir denn nicht ständig, daß sich die Diplomatie aller imperialistischen Mächte in den edelmütigsten ‚allgemeinen‘ Phrasen und ‚demokratischen‘ Erklärungen ergeht, um mit ihnen die Ausplünderung, Vergewaltigung und Unterdrückung der kleinen Völker zu verschleiern?"

Der junge deutsche Imperialismus kleidete sich lieber martialisch: Die Hunnenrede stand Wilhelm II. mehr zu Gesicht als seine Pilgerpose im Heiligen Land. In Deutschland zeigte das Bürgertum in seiner Mehrheit den Friedensaposteln die kalte Schulter. Es war eine österreichische Baronin, die mit dem Ruf „Die Waffen nieder!" die Gemüter in Unruhe versetzte. Auf Bertha von Suttners Anregung wurde 1892 die Deutsche Friedensgesellschaft gegründet.

Die Männer und Frauen, die in bescheidenen Versammlungen die pazifistischen Thesen von Abrüstung und obligatorischer Schiedsgerichtsbarkeit diskutierten, hatten keinen anderen geistigen Ausgangspunkt als die Postulate des deutschen Idealismus. Der bürgerliche Pazifismus in Deutschland konnte der vom Appetit auf Rüstung und Raub getriebenen deutschen Bourgeoisie nichts anderes entgegensetzen als die frommen Wünsche der Ethik. Den sentimentalen Ausgangspunkt des deutschen Pazifismus beklagte Ossietzky mit bewegten Worten, als er sich von der organisierten Friedensbewegung abgrenzte, der er 1919 mit so viel Elan zustrebte: „Es ist wahrscheinlich das Schicksal der Bewegung gewesen, daß ihr Ausgangspunkt der larmoyante Roman einer sehr feinfühligen und sehr weltfremden Frau war. Das übergewöhnliche und reine Wollen der Suttner in allen Ehren, aber sie fand für die Idee keine stärkere Ausdrucksform als die Wehleidigkeit. Sie kämpfte mit Weihwasser gegen Kanonen, sie adorierte mit rührender Kindlichkeit Verträge und Institutionen – eine Priesterin des Gemüts, die den Königen und Staatsmännern ins Gewissen redete und die halbe Aufgabe als gelöst sah, wenn sie freundlicher Zustimmung begegnete."

Als die Deutsche Friedensgesellschaft gegründet wurde, hatte die deutsche Bourgeoisie eben erst die Arena des imperialistischen Wettkampfes betreten. Bis zum Ausbruch des Krieges war die Bewegung eine schöngeistige, den Kreis von Intellektuellen, Schwarmgeistern nicht überschreitende Strömung, ohne Zusammenhang mit dem Volk, ohne Zusammenhang mit den politischen Parteien. Als 1921 das Deutsche Friedenskartell, eine Zusammenfassung aller pazifistischen Gruppen und Grüppchen, gegründet wurde, da war es bereits zu spät für eine Massenbewegung. Die Generale saßen wieder im Sattel. Schon 1919 konnte es geschehen, daß beim Pazifisten E. J. Gumbel Kants Schrift „Zum ewigen Frieden" von haussuchenden Freischärlern als „spartakistische Literatur" beschlagnahmt wurde. Für die deutsche Konterrevolution war die Idee des ewigen Friedens gleichbedeutend mit Aufruhr.

Den Führern der deutschen Arbeiterklasse war die Unzulänglichkeit der Suttnerschen Agitation von Anfang an klar gewesen. August Bebel schrieb der literarischen Rüstungsgegnerin, daß es stärkerer und tieferer Kräfte bedürfe, um den Lauf der Zeiten zu verändern, und Wilhelm Liebknecht kennzeichnete das Zarenmanifest, das die Baronin zu kühnen Träumen beseelt hatte, schlicht und einfach als Schwindel. Um diese Zeit nämlich war der Rüstungswettlauf bereits ein untrennbarer Bestandteil der Politik der Großmächte im Kampf um die Neuverteilung der Kolonien.

Die sozialistische Arbeiterbewegung hatte den Kampf für den Frieden von Anfang an zu ihrer Sache gemacht. Aber bis zum ersten Weltkrieg blieb die Gedankenwelt des bürgerlichen Pazifismus in Deutschland ohne Beziehung zur sozialistischen Arbeiterbewegung, wenn auch die Sozialdemokratische Partei allgemein als Partei des Friedens galt. (Manche ihrer Traktätchen wurden den Anhängern zur Lektüre empfohlen.)

Die bürgerlichen Pazifisten lehnten eine Verquickung des Friedensproblems mit der sozialen Frage ab, in dem Glauben, die bürgerliche Gesellschaftsordnung sei die beste aller Welten. Sofern die deutschen Pazifisten an die Autokratie politische Forderungen stellten, waren es die Forderungen des Liberalismus, bei den Radikalsten des Republikanismus. Karl Liebknecht aber hatte bereits auf dem Parteitag der Sozialdemokratie in Bremen (1904) den Militarismus als das „wichtigste Bollwerk des Kapitalismus“ bezeichnet. Das war nicht die Sprache und nicht die Idee der Quidde und Gerlach, der Protektoren des jungen Ossietzky.

Es ist gewiß kein Zufall, daß die bürgerliche Friedensbewegung in Deutschland von dem Zeitpunkt an datiert, als der Kapitalismus sich zum Imperialismus zu wandeln begann. Ohne revolutionäre Vergangenheit, also ohne Tradition, fanden sich die Frauen und Männer, die sich um die Fahne des Friedens scharten, dem chauvinistischen Pöbel gegenüber, der, von der alldeutschen, kolonialistischen, militaristischen Propaganda aufgehetzt, in der Friedensbewegung nur eine Abart des Landesverrats zu sehen geneigt war. Als Nachzügler konnte der deutsche Imperialismus es sich nicht leisten, der Alternative des „anderen Deutschland“ freie Bahn zu gewähren, Zweifel an der kaiserlichen Flotten- und Kolonialpolitik zuzulassen. So wurde die bürgerliche Friedensbewegung in Deutschland von Anfang an zu einem Sammelbecken reformfreudiger Sekten ohne Massenanhang: Bodenreform, ethische Kultur, Völkerrecht, Frauenemanzipation, Republikanismus. Ein Konglomerat aus alledem war die Deutsche Friedensgesellschaft, Ossietzkys neue Wirkstätte.

Im Krieg hatten die Generäle ein scharfes Auge auf alle Kriegsgegner; auch Ossietzky hatte das zu spüren bekommen. Prof. Quidde, der die Deutsche Friedensgesellschaft im Kriege zusammenzuhalten versuchte, stand in München unter Polizeikontrolle. Das in der Schweiz gedruckte Organ der Deutschen Friedensgesellschaft, „Der Völkerfriede“, wurde schon 1915 verboten, die Tätigkeit der Organisation 1917 lahmgelegt. Die Maßnahmen der Kriegsbehörden gegen die Friedensaktivisten wurden immer brutaler, je stärker die Friedenssehnsucht des Volkes in Erscheinung trat. Die Bewegung für den Frieden habe „erschreckend zugenommen“, heißt es 1917 in einem Bericht des Generalstabs. Die Kriegsmüdigkeit nahm überhand, und die in der Öffentlichkeit zur Untätigkeit verurteilten Friedenskorporationen, untereinander durch Meinungsverschiedenheiten verfeindet, schlossen sich zur Friedenspetition an den Reichstag zusammen.

Um diese Zeit hatte Ossietzky aus dem Felde seinen Aufruf zum Aktivismus geschrieben, seine erste öffentliche Äußerung nach dem Ausbruch des Krieges. Der Geist des Achtundzwanzigjährigen war dem Weltbild des landläufigen Pazifismus bereits weit überlegen. Er hatte aus anderen Quellen geschöpft als die Professoren aus großbürgerlichem Vaterhaus: die karge Jugend in einer Arbeiterstadt und das Erlebnis der Bebelrede. Alle fortschrittlichen, vorwärtsweisenden Gedanken, die er in seiner Umwelt vorfand, hatte er in sich aufgenommen. Die Erfahrung des Schützengrabens hatte ihn zum Manne gereift. An seine Freunde im Monistenbund hatte er als Mahner und Warner geschrieben, von starkem Geschichtsbewußtsein und politischem Tatendrang durchglüht.

Schon der Ausgangspunkt der pazifistischen Aktivität Ossietzkys ist ein anderer als bei den Führern des organisierten Pazifismus – konsequenter, radikaler, „linker".

Welche Standpunkte standen einander am Ende des ersten Weltkrieges innerhalb der bürgerlichen Friedensbewegung gegenüber, Standpunkte, zwischen denen Ossietzky hätte wählen müssen?

Der Bund Neues Vaterland, begründet von dem Reiteroffizier Kurt von Tepper-Laski (auch Gerlach stand der Gründung nahe, vor allem aber Lehmann-Rußbüldt), hatte sich im Krieg durch ein allzu großes Verständnis für die Okkupationswünsche des Generalstabs bei den Radikalen verdächtig gemacht. 1916 verboten, war der Bund im Oktober 1918 wiedererstanden; seine erste Versammlung unter freiem Himmel, auf dem Platz vor dem Reichstag, klang in den Ruf aus: „Es lebe die demokratische, sozialistische Republik!" Auch Gerlach hielt eine kurze Ansprache. Nichts kennzeichnet die Wandlung in den Köpfen besser als die Tatsache, daß die Pazifisten zum Sozialismus aufriefen. Das Wort von der „neuen sozialistischen Weltordnung“ lief dem Redner geläufig von der Zunge. Anders konnte man in Berlin am 10. November 1918 nicht sprechen. Im Arbeitsausschuß saß Albert Einstein, im sogenannten Hauptausschuß Käthe Kollwitz und Heinrich Mann. Die linken Intellektuellen begeisterten sich für jenen unverbindlichen Sozialismus, von dem die Mehrheitssozialdemokraten behaupteten, daß er marschiere. Romain Rolland, während des Krieges im Briefwechsel mit dem Bund, hatte sich auf einen anderen Sozialismus orientiert. Er baute auf Lenin.

Auch Ossietzky, in seiner ersten Publikation nach der Novemberrevolution, war für den Sozialismus entflammt. Aber er sah klarer, von Sonntagsphrasen hielt er nicht viel. Er suchte den Horizont nach neuen Möglichkeiten ab. Die Umwälzung erwartete er nicht von den Siegern. „Wir haben noch nicht den Sozialismus, aber wir treten in ein Zeitalter des Nachkapitalismus ein. Krisen werden sich einstellen.“ Das war nicht die Sprache der Wortberauschten. Hier sprach einer, der eine gesellschaftliche Umwälzung erwartete. Ossietzky hatte mitten im Chaos, während die weißen Offiziere Noskes gegen Spartakus wüteten, den Sinn der historischen Stunde begriffen.

Wie sollte es nun weitergehen? Der Sprung über den Klassengraben war von dem jungen Liberalen freilich nicht zu erwarten. Obwohl kein Anhänger der Gewaltlosigkeit, scheute er vor der Gewaltanwendung zurück. Auf der Suche nach einem geistigen Anschluß, nach einer Organisation, die ihm Heimat sein konnte, hatte er sich in die Hamburger Ortsgruppe der Deutschen Friedensgesellschaft eingereiht, die Stätte seiner Wirksamkeit vor dem Kriege (neben der Demokratischen Vereinigung). Über Deutschland raste der Sturm, hoch gingen die Wogen des großen Gesprächs. Ist Deutschland schuld am Kriegsausbruch? Wird der Völkerbund den ewigen Frieden bringen? Ist die Entwaffnung Deutschlands Segen oder Fluch?

Im Lager des bürgerlichen Pazifismus hegte man übergroße Erwartungen, schien doch mit dem Zusammenbruch des wilhelminischen Reiches die Bahn frei für eine friedliche Entwicklung. Aber es zeigte sich, daß die Bürgerpazifisten, in Ermangelung einer gesellschaftlichen Analyse und in streitbare Gruppen zersplittert, der großen Stunde hilflos gegenüberstanden.

Quidde, dem Rate Gerlachs folgend, bestellte Ossietzky zum Sekretär der Deutschen Friedensgesellschaft.

Der junge Hamburger, der sich an Bebel begeistert hatte, stand dem Patrizier mit Vorkriegspathos in geringer Zuneigung gegenüber; doch schien sich hier ein Feld für seinen Aktivismus zu bieten. Ehe noch die Übersiedlung in Angriff genommen werden konnte, sah sich Ossietzky schon mitten in die Arbeit gestellt. Der Kongreß erforderte seinen vollen Einsatz.

Man stand am Vorabend der Entscheidung über den Frieden. In Versailles überreichte Clemenceau der deutschen Delegation die alliierten Friedensbedingungen. Reichskanzler Scheidemann hatte die Bedingungen in einer leidenschaftlichen Rede im Reichstag abgelehnt. An der Antwort von Versailles war kein Zweifel. Quidde eröffnete den Kongreß, der im Preußischen Herrenhaus zusammengetreten war, mit einer düsteren Vision: „Es wird sich eine Bewegung in Deutschland geltend machen, die die Bedingungen dieses Friedens mit den alten Mitteln der Macht, den alten Mitteln der Gewalt beseitigen wollen wird. Es werden bei uns die Herolde des Vergeltungskrieges auftreten. Von uns deutschen Pazifisten wird es zum großen Teil abhängen, wie sich das Schicksal in den nächsten Jahren gestaltet."

Was heute wie Großsprecherei aussieht, schien damals eine nicht ganz irreale Hoffnung. Für den bürgerlichen Pazifismus, so meinte Quidde, wäre die Zeit der Vereinsmeierei zu Ende und die Zeit der Agitation im großen, der Aufrüttelung des Volkes für die Idee des Friedens sei gekommen. Freilich gaben sich die Pazifisten der Illusion hin, daß es *ihrer* Organisation bestimmt sei, die Fahne voranzutragen. Auf dem Kongreß standen Radikale und Gemäßigte einander gegenüber. Die

Geister schieden sich vor allem in der Frage der deutschen Kriegsschuld. Einig war man sich in der Forderung nach einem Völkerbund, dem es zukomme, über das internationale Recht zu wachen. Auch solche Stimmen wurden gehört, die auf den Zusammenhang zwischen Wirtschaft und Krieg, Sozialismus und Frieden hinwiesen, doch ihre Wirkung war im Gegensatz zu den idealistischen Schönrednern nur schwach. Angenommen wurde der Antrag: „Die Versammlung protestiert, ohne die schwere Schuld Deutschlands am Kriegsausbruch zu verkennen, gegen die Versailler Friedensbedingungen.“ Ins Präsidium gewählt wurden: Quidde, Gerlach und Helene Stöcker.

Diese Frau stand im Mittelpunkt des Interesses. Sie war die erste Frau in Deutschland, der die Doktorwürde verliehen worden war. Gründerin und Führerin des Deutschen Bundes für Mutterschutz und Sexualreform, auch dem Bund Neues Vaterland gehörte sie an. Später wurde sie Mitglied des Präsidiums des Deutschen Friedenskartells; ihre Sympathien waren auf der Seite der revolutionären Arbeiterbewegung.

Wiewohl den führenden Persönlichkeiten die Gefahr des Erstarkens der revanchistischen, militaristischen Bewegung in Deutschland bewußt war, glaubten sie, es genüge, für eine internationale Rechtsordnung und für den Völkerbund wortreich zu werben. Eine Anlehnung an die Arbeiterbewegung oder auch nur eine Auseinandersetzung mit ihr kam den Teilnehmern des Kongresses gar nicht in den Sinn.

Ossietzky ergriff in den Beratungen nicht das Wort; ihm fiel die Redigierung des Protokolls zu, für das er auch das Vorwort schrieb. Noch teilte er die Illusionen der Veranstalter. Die Zeit sei zu Ende, in der der Pazifismus die Rolle des Stiefkindes der hohen Politik gespielt habe, bemerkt er einleitend, er sei eine Macht, mit der jeder real denkende Politiker zu rechnen habe. Die Bilanz des Kongresses ziehend, schreibt der neue Sekretär: „Bei allen Unzulänglichkeiten bleibt ihm (dem Kongreß) seine unbestreitbare Bedeutung: er ist in Deutschland die erste wirkliche Heerschau des Pazifismus nach dem Kriege gewesen. Und aus seiner Beurteilung im Inland wie im Ausland läßt sich nur der Schluß ziehen: ohne den Pazifismus geht es in Deutschland nicht mehr, ohne die tätige Mitwirkung des pazifistischen Geistes ist eine deutsche Neugestaltung nicht denkbar."

Nach Beendigung der offiziellen Beratungen wurde im privaten Kreis leidenschaftlich weiterdiskutiert, vor allem über die Kriegsschuldfrage. In der Wohnung Gerlachs wies Graf Maximilian v. Montgelas, Mitherausgeber der „Deutschen Dokumente zum Kriegsausbruch", nach, daß die ersten Mobilisierungsakte auf seiten der Entente geschehen seien. Gerlach trat mit Leidenschaft dafür ein, daß die deutsche Regierung allein schuld am Ausbruch des Krieges sei. Dieser unhaltbaren Ansicht traten Montgelas, Quidde, Nuschke und Harry Graf Keßler entgegen, der letztere, wiewohl ihm der Leichtsinn Wiens und das Ränkespiel Berlins wohl bekannt waren.

Im Herbst 1919 ist die Übersiedlung nach Berlin vollzogen; Ossietzky stürzt sich in seine neue Arbeit. Er zeichnet verantwortlich für das Mitteilungsblatt der Deutschen Friedensgesellschaft, zumindest noch bis 1920. Die Deutsche Friedensgesellschaft zum Zentrum eines antimilitaristischen Aktivismus zu machen, ist seine Absicht, aber bald werden die Widerstände fühlbar, die seinem Vorhaben entgegenstehen. Die Auseinandersetzung mit dem konservativen Geist im organisierten Pazifismus bestimmt seine politisch-geistige Entwicklung der nächsten Zeit.

Am 21. Dezember 1919 wurde Rosalinde geboren, die Tochter, die einzige. Die Familie hatte nach einer möblierten Notbehausung in einem Miethaus in der Nähe des Tiergartens (Genthiner Straße 22) eine Wohnung gefunden; sie besaß einen unschätzbaren Vorteil: unter den Ossietzkys, in der dritten Etage, wohnte Freund Gerlach.

Ossietzky ist mit seiner neuen Stellung nicht zufrieden. In einem Büro sitzen und Papiere ordnen ist nicht seine Sache. Die Straße ist das Leben. Dort ist Kampf. Alles organisiert sich, alles wird Organisation. Anders als die holzgetäfelten

Büros der Deutschen Friedensgesellschaft muß der Schauplatz aussehen, auf dem der Feldzug, in dem er Soldat sein will, geführt wird. Er kennt die Menschen, die den Krieg hassen wie er, lebte er doch mit ihnen jahrelang in verlausten Unterständen. Sehr bald sieht sich Ossietzky in seiner neuen Stellung gegeneinanderwirkenden Strömungen innerhalb der bürgerlichen Friedensbewegung ausgesetzt. Im Oktober 1919, auf der außerordentlichen Mitgliederversammlung in Kassel, kommt es noch zu einem „schärfsten Protest" gegen die Weltblockade Sowjetrußlands. Ossietzky ist dabei und dafür. Aber schon ein Jahr später, auf dem 9. Deutschen Pazifistenkongreß, zu dem Ossietzky als Sekretär eingeladen hatte, kam es zum offenen Zusammenstoß. Die Konservativen, von Quidde und Gerlach angeführt, waren gegen jede Aktion, die über die Verbreitung des pazifistischen Gedankenguts hinausging. Die Radikalen, mit Kurt Hiller, Helene Stöcker, Armin T. Wegner an der Spitze, plädierten für das Verbot der Wehrpflicht (das im Versailler Vertrag ausgesprochen war). Damit geriet die Gruppe in Widerspruch zur Demokratischen Partei, die im Kielwasser des Neo-Nationalismus die Wiedereinführung der Wehrpflicht forderte. Kurt Hiller hatte 1919 den Bund der Kriegsdienstgegner gegründet. Die Radikalen waren in der Ortsgruppe Berlin stark genug, eine Resolution gegen den Wehrzwang durchzusetzen (31. Mai 1920). Auf der Generalversammlung der Deutschen Friedensgesellschaft in Braunschweig im Herbst 1920 unterschrieb auch Ossietzky die Resolution der Radikalen, doch kurz darauf trennte er sich von den Gefährten der wilden Gebärde. Der Streik gegen den Krieg schien ihm eine Phrase, keine politische Aktionslosung, die bloße Friedenspropaganda Zeitverschwendung, der Gruppenstreit ein Verbrechen.

Es ist nur allzu begreiflich, daß der Aktivist mit solcher Scheinaktivität nicht zufrieden sein konnte. Er verstand unter Friedenskampf etwas anderes.

Nicht innerhalb einer Elite wollte Ossietzky tätig sein, geistige Auseinandersetzung um der geistigen Auseinandersetzung willen widerstrebte ihm, er wollte eingreifen in das politische Geschehen, dabei sein, wo sich das Geschick der Nation entscheidet – doch dazu mußte er in die Arena steigen.

Im Februar 1920 hielt Ossietzky in der Berliner Ortsgruppe der Deutschen Friedensgesellschaft einen Vortrag „Zur Naturgeschichte des preußischen Militarismus". Er machte seinen Hörern klar, daß der Militarismus ein historisches Übel sei, das zu bekämpfen eine Wendung in der geistigen Haltung des ganzen Volkes voraussetzte. Dieser Kampf, das war Ossietzky zu jener Zeit bereits völlig klar, kann nicht die Sache von gutgesinnten Träumern sein, sondern muß im politischen Unterstand ausgetragen werden.

Seit seinen Hamburger Anfängen war Ossietzky in Kreisen der zornigen jungen Männer der zwanziger Jahre wohlbekannt. Seine feurigen Pamphlete gegen den Generalskomplex der Deutschen hatten Eindruck gemacht. In Berlin ansässig geworden, war er mit manchen der Stürmenden und Drängenden in persönliche Beziehung getreten. Stets auf der Suche nach Publikationsmöglichkeiten, kam er mit Leuten in Berührung, die von Redaktionssesseln auf das Stimmengewirr der öffentlichen Meinung Einfluß nehmen konnten. So war Ossietzky mit Karl Vetter bekannt geworden, der damals in der „Berliner Volks-Zeitung", dem populären Nebenblatt des Verlagshauses Rudolf Mosse, eine leitende Stellung innehatte.

Vetter war wie Ossietzky aus dem Felde heimgekehrt. Das stürmische Klima in Berlin hatte auch diesen unruhigen Geist in den Strudel des politischen Aktivismus hineingezogen. Im Gegensatz zu Ossietzky trieb Karl Vetter weniger die Unbedingtheit des moralischen Imperativs als vielmehr ganz gewöhnlicher Ehrgeiz. Vierzehn Jahre später – es sind eben die vierzehn Jahre der Weimarer Republik – versank er, entartet durch Karrierismus, als Gleichgeschalteter in den Abwässern des Goebbelsschen Pressekonzerns.

Ossietzky, naiv und den Menschen Vertrauen entgegenbringend, sah in Karl Vetter seine glückliche Ergänzung. Was ihm fehlte, schien jener zu besitzen. Das Talent zu organisieren vor allem, Menschen in Bewegung zu setzen, nicht durchs Wort, sondern vermittels des Apparates. Vetter hatte später als Verlagsleiter bei Mosse seine Fähigkeiten als Organisator und Menschenbehandler unter Beweis gestellt. 1919 brachte die Begegnung der beiden sofort vielversprechende Frucht.

Auf Einladung Karl Vetters waren in der Redaktion der „Berliner Volks-Zeitung" einige junge Aktivisten der pazifistischen Bewegung, der auch Vetter angehörte, zusammengekommen. Da waren Dr. E. J. Gumbel, Prof. Nicolai, Hauptmann Willy Meyer, Kurt Tucholsky, Lehmann-Rußbüldt und andere. Man sprach über die alle bewegende Frage: was kann man tun? Es war der Geist jenes Aktivismus, von dem Ossietzky in seinem Feldpostbrief gesprochen hatte, der die Männer drängte, eine Form zu finden, in der sie ihre Tatkraft, ihren Tatwillen realisieren konnten. In dem Rundgespräch tauchte das Projekt auf, einen Kriegsteilnehmerverband mit antimilitaristischer Tendenz zu gründen. Den zahlreich aus dem Sumpfboden der Nachkriegskrise sprießenden rechtsgerichteten Vereinigungen der Frontsoldaten sollte eine Organisation entgegengestellt werden, die das Fronterlebnis nicht zu sentimentaler Kameradschaftspflege oder zu neuem Kriegsspiel mißbrauchte, sondern in verantwortlichen Friedenskampf ummünzte. Aus dem Frontgeist sollte der Friedensgeist erstehen. Daß das ein harter Kampf, ein Kampf auf Leben und Tod, ein Kampf um die Wegrichtung der Republik werden mußte, wurde ihnen bald klar, dennoch waren sie optimistisch.

Vetter schlug vor, alljährlich eine große Massenkundgebung unter freiem Himmel gegen den Krieg zu veranstalten. Die Parole NIE WIEDER KRIEG stand plötzlich da, wie etwas Selbstverständliches. Wer sie geprägt hat, wird schwer festzustellen sein. Man sagt, Maximilian Harden hätte das Wortgefüge zum erstenmal gebraucht. Aber dergleichen liegt in der Luft. Gab doch zur gleichen Zeit in Frankreich der Frontsoldat Henri Barbusse die Losung aus „guerre à la guerre", und in England wurde Bunham Brows „No more war" verbreitet. Die „Berliner Volks-Zeitung" jedenfalls brachte den neuen

Weckruf in einer Sonderausgabe der Öffentlichkeit zur Kenntnis (4. Juli 1919).

Die neue Organisation erhielt den Namen Friedensbund der Kriegsteilnehmer, mit einer Geschäftsstelle in Neukölln. Der Bund lebte nicht lange, wenn überhaupt von einem Organisationsleben die Rede sein konnte. An einer Tagung von mehreren Kulturorganisationen in Essen (7. Oktober 1921) nahmen Delegierte des Ossietzkyschen Friedensbundes teil. So kurzlebig oder so erfolglos die Neugründung gewesen sein mag, aus ihr entstand der Aktionsausschuß „Nie wieder Krieg“: Ossietzkys neues Betätigungsfeld, dem er, neben seiner Arbeit in der Deutschen Friedensgesellschaft, einen großen Teil seiner Aufmerksamkeit widmete. Der Aktionsausschuß umfaßte eine sehr kleine Zahl von Vertretern pazifistischer Gruppen, meist junge Menschen. Den Vorsitz führte Vetter.

Hier wurde eine aktivistische Friedenswerbung betrieben, die sich auf Straßen und Plätzen vollzog. Ossietzky eilte von Versammlung zu Versammlung. Ein eigenartiger Redner, der die Zuhörer nicht mit donnernden Redensarten, sondern mit Argumenten zu gewinnen sucht. Das geht oft nicht ohne Handgemenge ab, die nationalistischen Brüller sind zugleich auch Schläger.

In Königsberg und Dresden wurde Quidde von randalierenden Elementen gröblich beleidigt. In seinem Berliner Hörsaal mußte Nicolai sich Deserteur nennen lassen und die übelsten Drohungen hinnehmen. In Hamburg wurde der Schauspieler Moissi von Schuljungen mit Lärmtrompeten und Feuerwerkskörpern empfangen. So erging es vielen anderen. In Berlin wurde Gerlach von einer Horde Baltikumern und Mitgliedern der Reichswehr, größtenteils Offizieren, schwer mißhandelt. Zahlreiche Besucher dieser Versammlung wurden zu Boden geworfen und mit Fußtritten und Faustschlägen traktiert. Dr. Gumbel wurde blutig geschlagen. Gerlach erhielt Morddrohungen ins Haus gestellt. Die Pogromstimmung gegen Pazifisten war das Werk des nationalistischen Pöbels. Ossietzky berichtet darüber und setzt bitter hinzu:

„Ein pazifistischer oder entschieden republikanischer Redner ist in der deutschen Republik der natürliche Amboß für die mehr oder minder goldene Jugend von des Hammergottes Geschlecht. Der Künstler ist nicht mehr auf der Bühne sicher, der Gelehrte nicht mehr auf dem Katheder. Bummelstudenten, Reichswehr, baltischer Abfall beherrschen die Straße; die Führer dieser deutschen Camelots du roi stellen sich als erfahrene Pogromisten dar. Sogar der Schuljunge wird mobil gemacht; der Lausbub ist über Nacht zum wichtigsten politischen Faktor geworden. In der Hand Schlagring, Gummiknüppel (Marke Kunze) oder gleich Dolch und Revolver, in der Tasche die Deutsche Zeitung, im Kopf nichts als das Lapidarwort ‚Juden raus', so zieht man aus zur Hermannsschlacht. Man vergißt über diesen Regungen der erwachenden nationalen Energie, daß es auch so etwas wie eine Regierung gibt. Lieber Gott, die sitzt auf hoher Warte und hält Auslug nach den Gefahren von links."

Man zählt das zweite Jahr der Republik. Die Brigade Ehrhardt schickt sich an, die nach Gefahren von links ausschauende Regierung zu verhaften. Der Kapp-Putsch im März 1920 ist einer jener Augenblicke der deutschen Geschichte, da der Sieg des Volkes greifbar scheint. Die Konterrevolution begeht einen Fehler, und das ist die Chance der Revolution. Der Griff der Freikorps nach der Macht brachte an den Tag, daß die zwölf Millionen Werktätigen die wirkliche Macht darstellten. Der Generalstreik, der den Kapp-Spuk wegfegte, zeigt, was die Arbeiterklasse, wenn sie einig handelt, erreichen kann. Noch einmal bietet sich die Gelegenheit, die Revolution zu Ende zu führen. Aber nur die Kommunisten sind sich der historischen Größe des Augenblicks bewußt. Die regierenden Mehrheitssozialdemokraten, besorgt um die Erhaltung der bürgerlichen Ordnung, unterwerfen die revolutionären Arbeitertruppen im Ruhrgebiet mit Waffengewalt. Die sie bedrohten, sind nun ihre Stützen. Die Fassade wird eilig geändert, an Stelle von Gustav Bauer wird Hermann Müller Reichskanzler, und mit Ausnahme des abgewirtschafteten Noske bleibt alles beim alten. Nicht der Sozialismus marschiert, wie es dem Volk in guter Stunde verheißen wurde, sondern die Reaktion.

Für Ossietzky war der Kapp-Putsch ein aufwühlendes Erlebnis. Als Redakteur der „Berliner Volks-Zeitung", die unter der Leitung von Otto Nuschke den Liberalismus des Mosse-Hauses zu populärer, oft radikaler Kritik an Reaktion und Muckertum ausweitete, war er nicht nur Beobachter und Kommentator, sondern auch Mitwirkender des aufregenden Zeitdramas. Diese Tage brachten ihn um einige Schritte weiter auf dem Weg der Erkenntnis, und das war das Gesetz seines Lebens: von der besseren Erkenntnis zur besseren Tat. Ein Lernender, der handelt, ein Handelnder, der lernt.

Als am 13. März 1920, es war ein Sonnabend, die Marinebrigade Ehrhardt aus dem Truppenübungslager Döberitz sich in Marsch setzte, erschien die „Berliner Volks-Zeitung" mit der Schlagzeile: „Nieder mit der Gegenrevolution!" Möglich, daß die Meuterer im Straßenkampf gewinnen, warnte der anonyme Verfasser, doch könne die Staatsmaschine nicht mit Maschinengewehren und Flammenwerfern in Gang gehalten werden. Die Arbeitsverweigerung der Massen werde die Anerkennung der Republik erzwingen. „Bereit sein ist alles!" heißt die Losung.

Die Voraussage bewahrheitete sich. Der Generalstreik fegte die Konterrevolution hinweg. Aber als Ossietzky am 1. April – kaum waren zwei Wochen vergangen – die Bilanz der Ereignisse zog, fand er „überall Enttäuschung und Verbitterung". Nicht die Feinde der Republik würden verfolgt, sondern ihre Retter. „Die Soldateska, die von Lüttwitz zu Seeckt hinübergewechselt hat, wirtschaftet ungestört weiter. Übergriffe schlimmster Art sind auf der Tagesordnung. Arbeiter, die zur Verteidigung der Republik die Waffe erhoben haben, werden von Seeckts ‚republikanischen' Truppen vor Standgerichte geschleppt." Und das alles geschah unter sozialdemokratischer Verantwortung. „Es ist undenkbar", schreibt Ossietzky, „die Politik der Noske und Heine fortzusetzen", aber das Undenkbare geschah. Der Artikel schließt mit einem echt Ossietzkyschen Wort: „Unbedingte Wahrhaftigkeit, Politik der Eindeutigkeit, das ist die demokratische Parole für die kommende schwere Zeit."

Die Redaktionsarbeit läßt ihm Zeit, nebenbei auch in den „Monistischen Monatsheften" in Hamburg, wo seine Sendschreiben aus dem Felde erschienen waren, unter dem Pseudonym Thomas Murner allmonatlich einen Kommentar zur Zeit unter dem Sammeltitel „Von der deutschen Republik" erscheinen zu lassen. In diesen Artikeln nimmt Ossietzky zu dem Zeitgeschehen freier, das heißt schärfer Stellung als in dem Mosseblatt. Er sieht voraus, daß die Reaktion, die Schwäche und Unentschlossenheit der Republik ausnützend, losschlagen werde, und er ist nicht überrascht, als der Kapp-Putsch seine Befürchtungen bestätigt.

Die Artikel in der „Berliner Volks-Zeitung" halten sich im Rahmen der bürgerlich-demokratischen Illusionen des jungen Ossietzky. Er ist „gegen die Extreme von rechts und links", gegen die Diktatur des Proletariats und gegen die Wühlereien der Reaktion, gegen alle Selbstschutzverbände, sowohl von rechts wie von links. „Erst die Entmilitarisierung der deutschen Denkungsart bedeutet die Demokratisierung des deutschen Volkes", schreibt er am 24. Juni 1920 und redet die Plattheit nach, der Bolschewismus sei gut für agrarische, nicht aber für stark industrialisierte Länder. Er sieht den „Aufmarsch der Reaktion", aber noch glaubt er an die Widerstandskraft der bürgerlichen Demokratie; freilich haben die Ereignisse nach dem Kapp-Putsch seinem Kinderglauben einen harten Stoß versetzt. Er ist gegen die Entscheidung des USPD-Parteitages in Halle (16. Oktober 1920), wo mit 237 gegen 156 Stimmen die Vereinigung mit der KPD beschlossen wurde. Freundliche Worte findet er für die Wiener sogenannte „Zweieinhalbte" Internationale. Er predigt den „geistigen Kampf gegen die Gewaltideologie", und in Briand und Wirth sieht er die Garanten einer deutsch-französischen Verständigung.

In einem Artikel zum 11. August 1921 beschwört er den „Schatten der Paulskirche". Wie großartig klinge das Versprechen der Weimarer Verfassung: „Das Deutsche Reich ist eine Republik. Die Staatsgewalt geht vom Volke aus." Aber wie anders sehe die Wirklichkeit aus – zwei Jahre später! „Inzwischen hat die Konterrevolution langsam und zähe Boden gewonnen, haben Kapp-Lüttwitz versucht, das Prävenire zu spielen, hat monarchistische, reaktionäre Demagogie in Strömen Geifer vergossen ... Eine Revolution hat das deutsche Volk verspielt. Eine zweite noch – das würde ewige Nacht bedeuten. Mahnend liegt über uns späten Enkeln der große Schatten der Paulskirche."

Ossietzky verschanzt sich nicht hinter seinem Redaktionstisch; hoffend und kämpfend geht er der deutschen Wirklichkeit nach. Seine „Massenbasis" ist der Friedensbund der Kriegsteilnehmer.

Im Sommer 1920 erlebte Berlin die erste Nie-wieder-Kriegs-Kundgebung im Lustgarten. Der Kriegsbeschädigtenverband und der Reichsbund ehemaliger Kriegsgefangener, der Bund Neues Vaterland beteiligten sich, nicht aber die politischen Parteien und Gewerkschaften. Ein Jahr später nahmen bereits mehr als hunderttausend Berliner an der Kundgebung teil. Viele Redner sprachen zu den Massen. Albert Einstein schickte eine Grußbotschaft, während seine Frau die Broschüre „Nie wieder Krieg" verkaufte, zu der auch Ossietzky einen Beitrag geleistet hatte. Erst beim drittenmal war es soweit, daß SPD und Gewerkschaften offiziell zu der Kundgebung „Nie wieder Krieg" am 1. August im Lustgarten von Berlin aufriefen.

In dieser Bewegung sah Ossietzky die Hoffnung, es werde möglich sein, die Sehnsucht nach Frieden durch ein schlichtes, unmißverständliches Wort, das an die tiefsten menschlichen Wünsche rührt, zu einer politischen Kraft zu machen. Er sah nicht, noch nicht, daß der Kampf gegen einen so erbitterten und wohlgerüsteten Gegner wie die deutsche Militärkaste mehr verlangt als das bloße Wort. Nichts deutet darauf hin, daß Ossietzky von der Internationalen Friedenskonferenz im Haag

(10.–15. Dezember 1922), einberufen von der Amsterdamer Gewerkschaftsinternationale, Kenntnis hatte, jener Konferenz, die den todkranken Lenin zur Abfassung seiner berühmten „Notizen zur Frage der Aufgaben unserer Delegation im Haag“ veranlaßte.

Ein Sturm fegte über Deutschland. Im Juli 1920 hatte die Konferenz in Spa mit dem Inkasso der Reparationen begonnen. 226 Milliarden Goldmark in 42 Jahresraten wären zu zahlen gewesen. Gold für Blut. Die Summe wurde in London auf 132 Milliarden herabgesetzt, die Eintreibung durch ein Ultimatum gesichert. Französische Truppen besetzten Düsseldorf und Duisburg. Soll Deutschland annehmen oder ablehnen? Die Regierung Fehrenbach tritt zurück. Die nationalistische Rechte fordert die Ablehnung und mobilisiert die Straße gegen Reichskanzler Joseph Wirth. Erzberger wird ermordet. Der Haß gegen die Republik heftet sich an das Wort „Erfüllungspolitik“. Die erste Notverordnung zur Aufrechterhaltung der öffentlichen Ordnung wird erlassen.

In dieser Situation erhebt sich die Stimme Carl v. Ossietzkys. „Verbreitet Besonnenheit!“ Gegen die „Rachearien der überwiegenden Mehrheit der deutschen Presse“ kommt die Stimme der Monatsblätter des Friedensbundes der Kriegsteilnehmer natürlich nicht auf – aber in der Gewissensprüfung der Geschichte erweist sie sich als der Herzton des wahren Deutschland. „Neue Verhetzung hüben und drüben.“ Soll man verzagen? Der Trommler gegen den Krieg antwortet: „Je mehr die leitenden Staatsmänner versagen, desto mehr erwächst den Völkern, die trotz allen Haßgeredes Frieden und Arbeit wollen, die Pflicht, das zur Reinigung der verpesteten Atmosphäre zu unternehmen, was die ‚großen‘ Politiker heute nicht mehr können oder nicht wollen.“ Die freiheitlich und pazifistisch denkenden Kreise seien zur Reparation bereit, um den Wall des Mißtrauens, der Deutschland umgibt, niederzureißen, doch seien die Friedensfreunde heute nicht ausschlaggebend; diejenigen geben den Ton an, die behaupten, Deutschland sei auch nicht zu der kleinsten Wiedergutmachungsleistung imstande. „Dabei weiß jeder, der nicht mit verbundenen Augen herumläuft, daß es in Deutschland genug Reichtum gibt, daß manche Schichten niemals maßloser verdient haben als jetzt in dieser Zeit ‚größter Erniedrigung'. Ja, Elend gibt es genug in Deutschland, Arbeiterschaft und Mittelstand haben unendlich gelitten, und die Angehörigen geistiger Berufe bleiben unberührt von dem brühwarmen Papier-Golfstrom, der in unendlich viele Taschen strömte. Diesen Karikaturen Deutschlands gegenüber gilt es für uns, das Bild des wahren Deutschlands zu umreißen ... Es muß die verkehrte Auffassung von dem übelwollenden Deutschland zerstört, ebenso deutlich aber hervorgehoben werden, daß der deutsche Arbeiter sich dauernd nicht dazu hergeben wird, für den Kapitalismus der ganzen imperialistischen Welt zu schuften." Daher: Verhandeln! Deutschland brauche Klarheit und Wahrheit. „Helft Besonnenheit verbreiten, Kameraden, und ihr helft eurem Vaterland mehr als es alle schwadronierenden Nationalisten tun!"

Der Friedensbund Ossietzkys fühlte sich berufen, die Stimme der Vernunft zur Geltung zu bringen. Am 17. Januar 1921 sandte er an die Kameraden aller Länder den Funkspruch: „Der Bundestag des Friedensbundes der Kriegsteilnehmer sendet den ehemaligen Soldaten des Weltkrieges aller Länder die wärmsten Brüdergrüße, mit der Versicherung, daß die deutschen Kameraden nicht nachlassen werden im Kampfe für die Versöhnung der Völker, für die Vernichtung der Waffen und den Sieg des Rechtes."

Einen Monat später klingt die Stimme fast resigniert. „Die Sünde der Republik" heißt der Artikel, und er ist schwarze Prophetie. „Das Kaiserreich ist an dem Militarismus zugrunde gegangen, den es selbst gezüchtet ... Die erste Tat der Republik hätte es sein müssen: ein unzweideutiges Abrücken von dem Bannkreis jener Gedanken. Das ist nicht geschehen ... Die Republik hätte sich zu einem neuen Geist bekennen müssen. Sie hat es versäumt, als es Zeit war. Sie hätte einen Strich machen müssen unters Vergangene – und sie zog einen dicken, weithin sichtbaren Bindestrich ... Deshalb wandelt heute die Republik schwankend auf schmalen Grat, und deshalb stehen ihr noch zwanzig bittere Jahre bevor."

Noch einen Monat weiter, und der Kämpfergeist, nicht die Illusion, stellt sich wieder ein. „Nicht müde werden", ruft Ossietzky in einem bitterbösen Bekenntnis gegen den Bürgerkrieg; er hat kein Rezept dagegen, wohl aber eine Aufgabe: „Die Ausforschung des Nährbodens. Die Ursachen, die den einzelnen zum Desperado machen, müssen aus der Welt. Auch der Völkerkrieg kann nicht erledigt werden ohne die Beseitigung der internationalen Anarchie, die immer wieder die kriegerische Auseinandersetzung ermöglicht."

Das klingt nach dem üblichen Pazifistenrezept von der Allheilwirkung des Völkerrechts. Aber Ossietzky ist bereits einen Schritt weiter in der Erkenntnis der Ursachen des Krieges. Zum erstenmal wird der Imperialismus mit Namen genannt, sein unheilbringendes Triebwerk aufgedeckt. Diese wichtige Etappe im Denken Ossietzkys ist mit dem Kommentar zur Washingtoner „Abrüstungskonferenz" (November 1921) erreicht.

Zwischen den rivalisierenden Siegermächten sind scharfe Interessenkämpfe im Gange, geht es doch um die Früchte des Krieges. Nach dem Weltkrieg waren im kapitalistischen Lager nur zwei echte Großmächte übriggeblieben: die USA und Großbritannien. Die USA hatten aus der wirtschaftlichen Erschöpfung Europas Nutzen gezogen und sich aus einem Schuldnerland zum ersten Gläubiger der Welt verwandelt. Hart stießen die Interessen der Seemächte gegeneinander, vor allem um den Einfluß im Pazifischen Ozean, wo Japan die Positionen der USA anzunagen begann. China, das traditionelle Streitobjekt der imperialistischen Mächte, gehörte zwar zu den Siegern, aber die imperialistischen Großmächte dachten nicht daran, dem militärisch hilflosen Land, das von inneren Kämpfen zerrissen war, Gerechtigkeit widerfahren zu lassen.

Die USA-Regierung hatte für den 11. November, den dritten Jahrestag des Waffenstillstandsabkommens von Compiègne, eine internationale Konferenz der Seemächte nach Washington einberufen, als deren offizielles Ziel die Abrüstung proklamiert wurde. Es geschah seit den beiden Haager Konferenzen 1899 und 1907 zum erstenmal, daß die Regierungen offiziell die Frage der Rüstungsbeschränkungen zur Debatte stellten. Freilich ging es ihnen um die Beute. Gleichzeitig hatten sie im Sinn, die pazifistischen Stimmungen der Völker für ihre Zwecke nutzbar zu machen. Neun Mächte waren eingeladen, nicht aber die Sowjetunion. (Selbstverständlich auch nicht das besiegte Deutschland.) „In den Verhandlungen wird die Stimme der Völker laut werden, die des Krieges müde sind“, verkündigte Präsident Harding in seiner Eröffnungsrede; es klang gut, und die Presse verfehlte nicht, Vorschußlorbeeren auszuteilen.

In der Tat, niemals vorher hatten die Völker an den Folgen der Rüstungen schwerer zu tragen als in diesem Krieg. Standen nicht die Rüstungen an der Wiege des Krieges? War nicht die alte Pazifistenlosung „Die Waffen nieder!“ der Schlüssel zum Paradies des ewigen Friedens? Zu solcher Erkenntnis waren auch Staatsmänner gekommen, die bei Ausbruch des Krieges eine maßgebliche Rolle gespielt hatten. Lord Grey of Fallodon, jener britische Außenminister, der das imperialistische Bündnissystem der Entente ausgebaut hatte, bekannte einige Jahre später: „Das riesige Anwachsen der Rüstungen in Europa, das durch sie geweckte Gefühl von Unsicherheit und Furcht – dies war es, was den Krieg unvermeidlich machte. Dies ist meiner Ansicht nach die richtigste Auslegung der Geschichte, und die Lehre, welche die Gegenwart im Interesse künftigen Friedens aus der Vergangenheit ziehen sollte, die Warnung, die Warnung an die nach uns kommenden Generationen.“

Die Abrüstung als abstrakte Formel ohne Beziehung zu dem Charakter der Staaten, die Rüstungspolitik betrieben, das kennzeichnet die bürgerlich-pazifistische Bewegung. Ossietzky sah in dieser wichtigen Frage bereits 1921 weiter als seine Weggefährten. In dem Kommentar zur Washingtoner Konferenz warnt er vor Illusionen. „Für die amerikanische Politik bedeutet die Konferenz nur eine Draperie für eine intime Auseinandersetzung mit Japan.“ Er charakterisiert die Positionen der einzelnen Konferenzteilnehmer: niemand glaubt wirklich an eine Abrüstung, jeder will nur seinen eigenen Vorteil sichern. „So werden die Großmächte zur ‚Friedenskonferenz‘ reisen. Eine Neuauflage der beiden Komödien vom Haag und nicht mehr! Keiner der Beteiligten ist mit dem Herzen dabei, für jeden hat die Sache etliche geheime Nebenzwecke, die eigentlich die Hauptsache sind. Was uns interessiert, ist, daß auch der Imperialismus nicht mehr die offene Sprache wagt, sondern nach einer täuschenden Verkleidung sucht. Die Konferenz von Washington ist die Angelegenheit von Imperialisten, die klug genug sind, nach neuen Methoden Ausschau zu halten. Doch nicht die Völker, die den Frieden suchen.“

Ossietzky, weit entfernt von marxistischer Denkmethode, ohne parteipolitische Berührung, geschweige denn Bindung, erkannte überraschend frühzeitig den Mechanismus der imperialistischen Großmachtpolitik. Mit scharfem Blick durchschaute er die Phraseologie, die das räuberische Wesen vor den Völkern verdecken soll. In der Tat führte die Washingtoner Abrüstungskonferenz nur zu dem denkwürdigen „Neunmächtepakt“, dessen Hauptzweck es war, den USA die „offene Tür“ nach China aufzustoßen. Zu den traditionellen Verteilern des chinesischen Kuchens hatte sich ein neuer gesellt, mit frischem Appetit.

Daß ein Mann von solcher Scharfsicht sich bei den biederen Sonntagsrednern der Deutschen Friedensgesellschaft nicht lange aufhalten konnte, ist nur zu begreiflich. Ossietzkys Radikalismus bestand nicht aus wildem Wortgeklingel (wie bei Kurt Hiller, dem Gründer der Gruppe revolutionärer Pazifisten, dem Ossietzky nicht revolutionär genug war), sondern war ein Radikalismus der konsequenten Gedanken und Taten, der konsequenten Übereinstimmung von Worten und Taten.

1923, für Deutschland ein Jahr großer Entscheidungen, war auch für Ossietzky das Jahr der Wende.

Die Krise wurde ausgelöst durch die Besetzung des Ruhrgebiets. Die Regierung Cuno hatte zum passiven Widerstand gegen die französischen Truppen aufgerufen. Hierbei handelte es sich um einen behördlich organisierten und finanzierten Generalstreik unter nationalistischen Losungen. Die Ermordung Rathenaus am 24. Juni 1922 war ein Fanal gewesen. Die Organisation Consul, gedeckt durch die Reichswehr, bereitete durch ihren Terror den Boden für den Bürgerkrieg. Hinter ihr standen die mächtigen Herren von Stahl und Kohle, deren wichtigste Sorge es war, die Reparationslasten auf die arbeitenden Menschen abzuwälzen. Der Rapallovertrag, den Außenminister Rathenau und Reichskanzler Wirth aus Genua nach Hause brachten, entsprach zwar den nationalen Interessen Deutschlands, keineswegs aber den Sonderinteressen der Ruhrmagnaten. Von hier nahm, gefördert von den rechten sozialdemokratischen Führern, die verhängnisvolle antisowjetische Propaganda, die in den Nürnberger Parteitagen mündete, ihren Ausgang. Die Inflation hatte die kleinen Leute wild und nationalistischen Verführern gegenüber aufgeschlossen gemacht. In der großen Gärung, die Deutschland erfaßt hatte, versuchte die KPD aus Arbeitern, Mittelstand und Intelligenz einen Damm gegen die Konterrevolution, zur Sicherung und Erweiterung der demokratischen Volksrechte zu errichten.

Ossietzky, der sich bereits 1920 von der Deutschen Friedensgesellschaft getrennt hatte, sah die Hauptgefahr in der nationalistischen Verhetzung – aber noch fehlte ihm die Einsicht in die hinter der Fassade der Schlagworte wirkenden Klassenkräfte. Den Kopf voller Illusionen, das Herz voll Bitterkeit, fand er sich dennoch in der Beurteilung des Zeitgeschehens rasch zurecht. Im Frühjahr 1923 sehen wir ihn in einer öffentlichen Kundgebung gegen die Ruhrbesetzung sprechen und zugleich vor den Provokationen der Rechtsradikalen warnen.

Abb. 10

Daß Ossietzky mit dem organisierten Pazifismus nichts mehr zu tun haben wollte, macht deutlich, daß sich bei ihm eine innere Wendung vollzogen hatte. Er selbst wies auf die Gründe hin, als die Stunde der Rechenschaftslegung gekommen war: „Ich hätte zur Vervollständigung meiner Biographie hinzufügen können, daß der organisierte Pazifismus in meiner inneren und äußeren Existenz nicht mehr als eine knappe Episode bedeutete. Daß ich mit den meisten von seinen Führern seitdem verzankt bin, daß ich ihre Politik für verkehrt und selbstzerstörerisch halte ... Ich hätte hinzufügen können, daß ich seit meiner Trennung von den organisierten Pazifisten mich ganz dem großen Umschmelzungsprozeß der Zeit anvertraut und mir eine besonders profilierte Stellung errungen habe. Daß mein Verstand sich noch immer zu der heute (1932!) so verschmähten Demokratie bekennt, während mein Herz unwiderstehlich dem Zuge der proletarischen Massen folgt."

Abb. 11

Als Kraft gegen den vorwärtsdrängenden Militarismus hatte der bürgerliche Pazifismus versagt. An einem Kreuzwege der deutschen Geschichte machten die meisten der Alters- und Gesinnungsgenossen Ossietzkys ihren Frieden mit der Bürgerrepublik unter Kommando der Generäle. Ossietzky und mit ihm einige wenige seiner Art trennten sich von dem Gros und gingen andere Wege. Die Entfremdung zwischen Ossietzky und dem bürgerlichen Pazifismus wurde um so tiefer, je ungenierter die Reaktion von der Republik Besitz ergriff. In dem Maße, als er den Haß der Generäle auf sich zog, wuchs seine Entschlossenheit, den Kampf als Einzelgänger bis zu Ende zu führen. Zugleich rückte er, mit Zweifeln ringend, von Widersprüchen nicht selten aufgehalten, dem Kampfplatz immer näher, wo die Entscheidung ausgefochten wurde zwischen Fortschritt und Reaktion: der Arena des Klassenkampfes.

Dieser Umschmelzungsprozeß ist das Leben Ossietzkys, und anders als von dem in Umschmelzung begriffenen Ossietzky kann man überhaupt nicht ernsthaft sprechen. Die Erfahrung des Lebens hat im Laufe der Jahre alles Vage und Schwankende weggeschmolzen und am Ende den geläuterten Ossietzky hervorgebracht, vor dessen Bild die Welt bewundernd steht.

1918

An die

Bevölkerung und an die Soldaten Hamburgs und Umgegend.

Mit dem heutigen Tage hat der Arbeiter- und Soldaten-Rat den größten Teil der politischen Macht in die Hand genommen. Ein Zurück gibt es nicht mehr. Große Aufgaben liegen vor uns. Damit sie erfüllt werden können, ist **Einigkeit und Geschlossenheit der Bewegung notwendig.**

Der Arbeiter- und Soldaten-Rat ist einmütig bestrebt, möglichst ohne Blutvergießen diesen Uebergang durchzusetzen. Es liegt deshalb an der Bevölkerung selbst, durch Ruhe und Besonnenheit, durch Unterordnung unter die empfohlenen Maßnahmen zur Aufrechterhaltung der Ordnung beizutragen.

Folgende Forderungen sind einmütig beschlossen worden:

1. Freilassung sämtlicher Inhaftierten und politischen Gefangenen.

2. Vollständige Rede- und Preßfreiheit.

3. Unterlassung der Briefzensur.

4. Sachgemäße Behandlung der Mannschaften durch Vorgesetzte.

5. Straffreie Rückkehr sämtlicher Kameraden an Bord und in die Kasernen.

6. Die Ausfahrt der Flotte hat unter allen Umständen zu unterbleiben.

7. Jegliche Schutzmaßnahmen durch Blutvergießen haben zu unterbleiben.

8. Alle Maßnahmen zum Schutze des Privateigentums werden sofort vom Soldatenrat festgesetzt.

9. Es gibt außerdem keine Vorgesetzten.

10. Unbeschränkte persönliche Freiheit jedes Mannes von Beendigung des Dienstes bis zum Beginn des nächsten Dienstes.

11. Offiziere, die sich mit den Maßnahmen des jetzt bestehenden Soldatenrates einverstanden erklären, begrüßen wir in unserer Mitte. Alles übrige hat ohne Anspruch auf Versorgung den Dienst zu quittieren.

12. Jeder Angehörige des Soldatenrates ist von jeglichem Dienst zu befreien.

13. Sämtliche in Zukunft zu treffenden Maßnahmen sind nur mit Zustimmung des Soldatenrates zu treffen.

Diese Forderungen sind für jede Militärperson Befehl des Soldatenrates.

Die Beauftragten des Arbeiter- und Soldaten-Rats werden angewiesen, dafür zu sorgen, daß die **Lebensmittelzufuhren an die Geschäfte, insbesondere an die Kriegsküchen, regelmäßig geschehen, damit die Bevölkerung ihre Lebensmittel erhalten kann.**

Plünderungen werden durch standrechtliches Erschießen bestraft.

Der Arbeiter- und Soldaten-Rat.

Für den Arbeiter-Rat: **Kalweit.**
Für den Soldaten-Rat: **Zeller.**

Beginn der Waffenstillstands- und Friedens-Verhandlungen.

WTB. Amtlich. Berlin, 6. November. **Die deutsche Delegation zum Abschluß des Waffenstillstandes und Aufnahme der Friedensverhandlungen ist heute nachmittag von Berlin nach dem Westen abgereist.**

Hamburger Buchdruckerei und Verlagsanstalt Auer & Co. in Hamburg.

Abb. 12

Abb. 13

Abb. 1

Abb. 15

In Treue fest!
Der beste Brotherr
dem schlechtesten Mitarbeiter

Abb. 16

4 TAPPEN IM NEBEL

Die Krise des Jahres 1923 hatte den deutschen Volkskörper bis ins Mark erschüttert. Revolution und Konterrevolution standen einander Auge in Auge gegenüber, bereit, die Auseinandersetzung mit den Waffen zu führen. Dem sozialdemokratischen Reichspräsidenten Ebert war die historische Rolle zugefallen, durch den Einsatz der Staatsgewalt die Entscheidung herbeizuführen. Er zögerte keinen Augenblick. Nachdem im Sommer die Regierung Cuno vom Generalstreik hinweggefegt worden war, erhielt der neue Reichskanzler Stresemann die Vollmacht, gestützt auf die Große Koalition von der Sozialdemokratischen Partei bis zur Deutschen Volkspartei, dem Werkzeug der Schwerindustrie, den passiven Widerstand an der Ruhr zu beenden. Gegen die Arbeiterregierungen in Sachsen und Thüringen setzte Ebert die Reichsexekutive ein. Zum erstenmal regierte in der Republik unumschränkt ein General. Einmarsch in Sachsen-Thüringen, kein Einmarsch in Bayern – die Wegrichtung war eindeutig.

Dem mitten im Tanz der Billionen hungernden Volk zeigte die KPD einen Ausweg, freilich keinen leichten. Die Lage schien reif, um die Wendung nach links zu erzwingen, zum Zusammenschluß von Kommunisten, Sozialdemokraten und bürgerlichen Demokraten, reif, um die Konterrevolution abzuwehren. Gewiß wären dem deutschen Volke viele Prüfungen erspart geblieben, hätte in der großen Krise von 1923 die Kraft ausgereicht. Aber sie reichte nicht. Sachsen–Thüringen ging in wenigen Tagen verloren, und als die Hamburger Arbeiter den von den Kommunisten gewiesenen Weg beschritten, blieben sie im heroischen Kampf isoliert.

Nachdem die Wolken sich verzogen hatten, entdeckte Stresemann einen „Silberstreifen am sonst düsteren Horizont".

Das Morgenrot zeigte sich über einer halbwegs gefestigten Geldsackrepublik, in der die späteren Geldgeber Hitlers, die königlichen Kaufleute an Rhein und Ruhr, sich anschickten, die Ernte vom blutgedüngten Weinberg einzubringen. Die Markstabilisierung schuf das Fundament eines schwerindustriellen Staats im Staate, der im Zusammenspiel mit dem Erbfeind von gestern und unter den wärmenden Strahlen der Dollarsonne Deutschland zum Vorposten einer gegen die junge Sowjetmacht gerichteten Allianz machte. Mit den Krediten des Dawesplans setzten die Vereinigten Staaten auf die Restauration des deutschen Imperialismus, überzeugt, es werde immer möglich sein, dessen Expansionsdrang nach Osten zu lenken. Ganz natürlich war dies der Augenblick, die Kommunistische Partei in Deutschland zu verbieten.

So war die Lage im Jahre 6 der Republik. Ossietzky, der in Berlin als Leitartikler der „Berliner Volks-Zeitung" die Ereignisse von Tag zu Tag zu kommentieren hatte, geriet unversehens in eine Sackgasse. Der Bürgerkrieg war nicht sein Leitbild. Die explosive Situation des Herbstes 1923 erschreckte ihn. Andererseits schlug sein Herz mit allem, was die Siegeshoffnungen von 1918 nährte, und das war der Kampfruf von links. Ihm entging keineswegs die drohende tödliche Gefahr, die von rechts drohte. Die Reichswehr in Marsch gegen zivile Regierungen – das allein war genug, um die Alarmglocke zu schlagen. Überdies zeigte die Erhebung der Schwarzen Reichswehr in Küstrin (1. Oktober 1923), daß sich hinter dem legalen Militär bereits ein illegales formiert hatte. Also auf die SPD hoffen? Auch darüber machte sich Ossietzky keine Illusionen, allzugut kannte er seine Ministersozialisten.

Ein politischer Husarenritt und sein kläglicher Ausgang verstärkten die ungute Stimmung. Im März 1924, man stand vor den Wahlen, gründeten enttäuschte Liebhaber der Republik die Republikanische Partei, die Partei der Republikaner. In der Redaktion der „Berliner Volks-Zeitung", wo Vetter regierte, war die abenteuerliche Idee entstanden. Ossietzky schrieb das Parteiprogramm, redigierte die kurzlebige Parteizeitung, ja er kandidierte im Wahlkreis Potsdam II. Es war ein totaler Versager. In den zwei Wahlkreisen, wo die Republikanische Partei es zur Aufstellung eines Kandidaten gebracht hatte, erhielt sie insgesamt 50 000 Stimmen.

Vier Jahre später, inzwischen war die Krise vorübergehend abgeflaut – sollte Ossietzky noch einmal auf diese Fehlgründung zurückkommen, nicht um sie zu entschuldigen, sondern um sie zu erklären. Theodor Wolff, der hochmächtige Leiter und Leitartikler des einflußreichen „Berliner Tageblatts", hatte nach der Wahlniederlage der Demokratischen Partei, der jene Zeitung diente, den Gedanken einer großen republikanischen Partei zur Erörterung gestellt. Das schien Ossietzky der rechte Augenblick, daran zu erinnern, wie im Winter 1924 zwei Redakteure der „Berliner Volks-Zeitung", einer hieß Carl v. Ossietzky, das Palais Mosse verlassen mußten, weil sie sich an der Gründung einer kleinen republikanischen Partei beteiligt hatten. Mit leichter Bitterkeit sagt Ossietzky den Großmächtigen der Demokratischen Partei: „Ich möchte keine Parallele wagen zwischen unserm bald zerschellten Unternehmen und Ihren Plänen. Wir hatten kein großes, machtvolles Gebilde im Auge; jeder von uns fühlte sich als Vorposten, als enfant perdu. Die schweren Parteikolonnen der Linken ließen die Republik in den Händen ihrer Gegner. Es mußte ein Signal aufsteigen, mußte begonnen werden, einerlei, wer schließlich fortsetzte. Trotzdem war damals die Situation günstiger als heute. Noch zitterte die Erregung von 1923 nach, und in den linken Parteien war die Erbitterung gegen die ewig gängelnden und hemmenden Bürokratien aufs höchste gestiegen. Noch war das Reichsbanner nicht erfunden, um den natürlichen Opponier- und Protestiertrieb der jungen Leute aufzufangen und abzulenken." Ossietzky geht mit den bürgerlichen Demokraten hart ins Gericht. Wieder greift er auf die Geburtsfehler der Republik, auf den November 1918 zurück, und nichts vom Sündenregister der bürgerlichen Klasse wird ausgelassen: „Die deutsche Bourgeoisie hat den Militarismus knurrend preisgeben müssen, was ihre nationalistische Grundüberzeugung nur mit dickerer Hornschicht überzogen hat. Sie wird im Laufe der Zeit auch über den Nationalismus mit sich reden und handeln lassen, aber ihre kapitalistischen Positionen wird sie nur um so stärker befestigen!" (WB 25/28.)

Nach dem gescheiterten Ausflug in die praktische Politik begann Ossietzky seine brachliegenden Talente in den grünen Heften zu entfalten, die Leopold Schwarzschild und Stefan Großmann unter dem Namen „Tage-Buch" im Rowohlt Verlag herausgaben. Hier hatte er schon früher die eine oder andere Glosse untergebracht. Nun konnte er die Form pflegen, die ihm am ehesten lag, die geschliffene, geistreiche Polemik.

Gewiß, ein linkes Blatt, genauer ein halblinkes. Schwarzschild war ein Publizist mit engen Beziehungen zu aufgeklärten „Wirtschaftsführern". Das „Tage-Buch" war antimilitaristisch, dem Neuen aufgeschlossen, dem nationalistischen Pöbel zutiefst verfeindet – aber dem Sozialismus gegenüber abweisend. In diesem Milieu fand Ossietzky für einige Zeit eine geistige Heimat und im „Tage-Buch" die Tribüne für seine inzwischen gereifte Schreibkunst.

Die deutschen Zustände erschienen ihm trostlos, die deutsche Linke ohne Konzept, die Parteien ohne Ausnahme in einer Vertrauenskrise. Auch mit seinen alten Weggenossen von der pazifistischen Bewegung ging Ossietzky hart ins Gericht. Im Oktober 1924 trat in Berlin der „Weltfriedenskongreß" zusammen, eine internationale Pazifistenversammlung; Abrüstung, Paneuropa, Friedenserziehung sind das Verhandlungsthema. Ossietzkys Gruß an den Kongreß ist „kratzbürstig". Er beklagt die prinzipienlosen Streitigkeiten und Ketzerrichtereien des deutschen Pazifismus, der im Grunde unpolitisch geblieben sei. In Ossietzkys augenblicklicher Sicht waren Herriot und Macdonald Repräsentanten des politisch-kämpferischen Pazifismus. Sein Ceterum censeo: „Der Weg zum Volk muß gefunden werden."

Je tiefer seine Erbitterung über die deutschen Zustände, um so zugänglicher wird Ossietzky der demokratisch schillernden Rhetorik der französisch-englischen Parlamentsdemokratie. In Paris, so scheint es dem Enttäuschten, gelte noch das freie Wort. Dort nebelten keine völkischen Phrasen. Dort waren Völkerbund und Völkerverständigung nicht Vereinsprogramme, sondern Regierungspolitik.

Wer denkt da nicht an Heine? Die Niederlage der Novemberrevolution 1918 drängte Ossietzky in den Schmollwinkel wie die Niederlage der Februarrevolution von 1848 den Dichter von „Deutschland – Ein Wintermärchen" in die Verzweiflung. Die Enttäuschung trübte das Urteil der geistig Nahverwandten, begründete ihre Schwankungen, vertiefte ihren Haß gegen das völkisch-germanische Unwesen und entzündete eine geheime Hoffnung auf die gesunde Kraft der Arbeiterklasse.

„Das boykottierte Vaterland", ein Artikel mit Galle und Blut gegen die „falschen Patrioten" geschrieben, bringt Saiten zum Klingen, die auf Moll gestimmt sind. „Keiner von euch hat Deutschland geliebt, keiner, keiner." Und so möchte er statt „Deutschland, Deutschland über alles" singen „Denk ich an Deutschland in der Nacht, dann bin ich um den Schlaf gebracht", vertont, „nicht für Blech und Kalbfell, sondern für eine wehmütig gedämpfte Geige. Und das wollen wir, wenn wir an Deutschland denken, leise vor uns hin summen, wie ein Wiegenlied für ein krankes Kind."

Aus der affektgeladenen Erkenntnis des Zersetzungsprozesses in Deutschland verliert sich Ossietzky mehr und mehr in die Trugbilder der bürgerlichen Linken in Frankreich mit ihrer These von der Überwindung des nationalen Eigennutzes durch den Völkerbund. Genau in diese Richtung drängt Stresemann, nur, er weiß, was gespielt wird. Die deutsch-französische Verständigung, von der Ossietzky träumt, ist nicht die der Monopole von Kohle und Erz. Soviel ist ihm klar. Unfähig jedoch, die Schleier des internationalen Ränkespiels um und mit Deutschland zu durchschauen, brachen in ihm die alten Wunschträume vom „demokratischen Frankreich", vom „idealen Völkerbund", vom „Rechtsstaat" auf. Und so folgte er dem Blendwerk, das Stresemann aufgerichtet hatte, ohne zu merken, daß er damit in die Fallen der sowjetfeindlichen Propaganda stürzen mußte.

In der Gewissensnot, die der Zerreißprobe des Jahres 1923 folgte, verleugnete Ossietzky Einsichten, die er in den Revolutionsjahren bereits errungen hatte. Hatte er nicht 1918/19 das „werdende Deutschland“ als „das reichste an Hoffnungen und günstigen Möglichkeiten“ gepriesen, eben weil es „dank der Niederlage“ mit allem Antiquierten aufgeräumt und „geheime Energien“ zutage gebracht habe? Hatte er nicht in visionärer Weise die „soziale Republik“ aus den Trümmern des kaiserlichen Deutschlands erstehen lassen?

Am 7. Dezember 1924, durch die vorzeitige Auflösung notwendig geworden, wurde zum zweitenmal in einem Jahr der Reichstag neu gewählt. Die Deutschnationalen, zur zweitstärksten Fraktion aufgerückt, sind in der neuen Regierung mit dem Vertrauensmann der Hochfinanz, Luther, als Reichskanzler vertreten. Eine Regierung der Geldsäcke, und das Staatsschiff mit Außenminister Stresemann am Steuer auf Westkurs.

Man schreibt das Jahr 1925. Ossietzky, Mitarbeiter des „Tage-Buch“, macht eine Entdeckung. „Das heimliche Heer“ wird ihm zum erstenmal Gegenstand gründlicher Betrachtung, zu einem Zeitpunkt, da Hindenburg nach dem Tode Eberts mit fünfzehn Millionen Stimmen zum Reichspräsidenten gewählt wird.

Die Deutsche Liga für Menschenrechte hatte „Deutschlands geheime Rüstungen“ in einem Memorandum ans Tageslicht gebracht. Schon ein Jahr vorher hatte das Deutsche Friedenskartell in einer Eingabe an den Reichskanzler auf die Geheimrüstungen der Reichswehr hingewiesen. Die Antwort war preußisch barsch. Den aufgeworfenen Fragen näherzutreten sei kein Anlaß, eine Erörterung in der Öffentlichkeit unzulässig, gegen Zuwiderhandelnde werde „mit allen erforderlichen gesetzlichen Mitteln eingeschritten“. So der Staatssekretär der Reichskanzlei. Das waren keine leeren Drohungen. Quidde kam wegen eines Artikels in der „Welt am Montag“, dem

Blatte Gerlachs, in Haft, und auch Gerlach wurde beschuldigt, das Gesetz verletzt zu haben. Das Verfahren wurde allerdings bald eingestellt, noch fühlte sich die Generalsclique nicht stark genug, die Bürgerrechte mit Füßen zu treten.

Ossietzky griff, ohne Bedenken, die explosive Materie auf. Noch ist der Ton gemäßigt, auch verlangt es der Ort, wo der Verteidiger des Zivilen gegen das Militärische das Wort führt. Dennoch findet der Rückblickende hier bereits die kommende Frontstellung. Da ist manches angetippt, was erst später zu Ende gedacht werden wird. Die Reichswehr, wie sie im gesetzlichen Rahmen des Versailler Vertrages aufgebaut wurde, hatte durch ihre geheimen Verbindungen zu den schwarzweißroten Korporationen die Kluft zwischen Volk und Wehrmacht aufgerissen. Das ist die innerpolitische, die antirepublikanische Seite des Problems Reichswehr. Es hat aber auch eine außenpolitische. Die heimliche Aufrüstung der Armee der Hunderttausend zu einer neuzeitlichen Kriegsmacht sei absurd, meint unser Kritiker. Aber für die Entente-Politiker ist es bequem, „immer ein Druckmittel gegen Deutschland in der Hand zu haben, andererseits aber gewiß zu sein, daß es über einen Damm verfüge, fest genug, die kommunistische Welle aufzufangen, ehe sie weiter nach Westen schlug. Die Bolschewistenangst paralysierte die Versailler Orthodoxie." Konfrontiert mit dem Doppelspiel des Westens, der auf den Entwaffnungsbestimmungen des Versailler Vertrags beharrt, zugleich aber ein Auge zudrückt, wenn sie zum Zwecke der Stärkung des antikommunistischen Dammes verletzt werden, stand Ossietzky zum erstenmal vor der Frage, die sich manche denkenden Patrioten stellten: Könnte Deutschland nicht, gestützt auf die östliche Großmacht, dem Druck der Versailler Widerstand entgegensetzen?

Ossietzky weist diese Möglichkeit energisch von sich. Nicht etwa weil, sondern obwohl die östliche Großmacht inzwischen unter roten Fahnen marschiert. Was den sonst so klar Sehenden blind macht gegen die Chancen einer deutschen Ostpolitik, das ist sein klassenblinder, absoluter Antimilitarismus, ist das integral pazifistische Gleichheitszeichen zwischen kapitalistischer und sozialistischer Uniform. Noch verhängt dichter Nebel die Sicht. Es wird Jahre dauern, randgefüllt mit schmerzlichen Erfahrungen, ehe der Ausblick klar wird.

Sein erster Artikel über die Schwarze Reichswehr, Vorläufer einer langen, folgenschweren Reihe, schließt mit einer Betrachtung, deren programmatischer Charakter vom Autor selbst unterstrichen wird:

„Die Geschichte wiederholt sich nicht. Der Scharnhorst von heute schüfe höchstens eine Knüppelgarde, nicht eine vollwertige Kampftruppe. Die heimliche Armee, ob nun Schreckgespenst französischer oder Wunschbild deutscher National-Hysteriker, hat nicht mehr Realität als die Schatten der katalaunischen Kämpfer, die sich nachts in den Lüften würgen. Die Reichswehr ist eine Grenzschutztruppe, eine potenzierte Ordnungspolizei in einem noch längst nicht endgültig stabilisierten Lande. Alles andere ist Traum, ist passé. Passé défini."

Ossietzky schrieb seine Artikel im „Tage-Buch", als dessen verantwortlicher Redakteur er seit 1924 zeichnet, doch glücklich war er mit dem Geist, der hier herrschte, nicht. Die Zurückhaltung, die sich die Herausgeber in vielen Fragen auferlegten, hatte ihren Grund darin, daß sie, im Gegensatz zu Ossietzky, den sozialdemokratischen Staatsmännern einen moralischen Kredit einräumten, der ihre eigene Unabhängigkeit in Frage stellte. Ossietzky war auf der Suche nach einem Wirkungsfeld, außerhalb des kommerzialisierten Pressebetriebes. Als die aus dem Bund Neues Vaterland hervorgegangene Deutsche Liga für Menschenrechte – es war im April 1926 – ein Monatsblatt unter dem Titel „Die Menschenrechte" herausgab, nahm Ossietzky unter dem Pseudonym Felix Scherret die Mitarbeit auf.

Um die Jahreswende 1925/26 kommt jene Zusammenkunft zustande, die im Leben Ossietzkys die entscheidende Wendung herbeiführte: Berthold Jacob brachte den arbeitsuchenden Tagesschriftsteller zu Siegfried Jacobsohn. Dort, in der bücherübersäten Klause des Herausgebers der „Weltbühne", erhielt der Siebenunddreißigjährige aus der Hand eines Großmeisters der deutschen Publizistik die Berufung auf den Platz, der ihm zukam.

Gleich sein erster Beitrag ist eine Art Programmerklärung. Die deutsche Regierung, Sachwalterin der Interessen einer Klasse, die nach Weltgeltung hungerte, tat die ersten Schritte, um Deutschland in das Spiel der Großmächte einzuschalten. Mitte Oktober 1925 hatte in Locarno ein historischer Akt stattgefunden, dessen Bedeutung hart umstritten war. Der Locarnopakt mit seiner internationalen Garantie der deutsch-französischen und deutsch-belgischen Grenze war die Folge des Dawesabkommens und das Vorspiel zu Deutschlands Eintritt in den Völkerbund.

Während der Öffentlichkeit vorgespielt wurde, die deutsch-französische Verständigung bringe den Frieden am Rhein, waren die Partner insgeheim darüber einig, daß Deutschlands Aufnahme in den westlichen Block gleichbedeutend sei mit seiner Eingliederung in die antisowjetische Front als deren Vorfeld und Ausfallstellung. Von einer Garantie der Ostgrenze war keine Rede. Die künftige deutsche Aggression gegen Polen und später gegen die Sowjetunion war bereits einkalkuliert. Die Finanzmagnaten der Wallstreet hatten ihre Kredite für Europa abhängig gemacht von der Bindung Deutschlands an den westlichen Imperialismus. War einmal Deutschland durch den Locarnopakt an den Westen gebunden, so stand einer Aufnahme in den Völkerbund nichts mehr entgegen, ja im Gegenteil, sie war um so erwünschter, als der Völkerbund 1926 im wesentlichen ein antisowjetisches Bündnis mit pazifistischem Firmenschild darstellte.

Die Hintergründe der Friedensrhetorik enthüllte die sowjetische Diplomatie an Ort und Stelle, erinnerte Deutschland an die Wohltaten des Rapallovertrages und warnte vor den Folgen einer einseitigen Bindung, die den Deutschen einmal teuer zu stehen kommen werde. Der Sprecher der Kommunisten im Reichstag zerpflückte die Locarnopolitik. „Vier Dinge bedeutet der Locarnopakt für die Arbeiterklasse" – so Ernst Thälmann in seiner Reichstagsrede vom 24. November 1925. „Erstens die Bedrohung des Friedens, zweitens die Stärkung der Reaktion, drittens eine Verschärfung der wirtschaftlichen Notlage und viertens die Feindschaft der deutschen Bourgeoisie gegen die Sowjetunion.“ Die Maske war heruntergerissen. Der Redner prophezeite: „Was hier von der deutschen Bourgeoisie im stillen organisiert wird, kann morgen zu einem ungeheuer blutigen Abenteuer werden.“

Hat Ossietzky hinter den Rauchvorhang der Phrasen von Verständigung und Völkerfreundschaft geblickt? Hat er das Zusammenspiel der internationalen Monopole mit der deutschen Industrie durchschaut? Oder ließ er sich vom Wortgeklingel täuschen, das von den Stresemannparteien, einschließlich der SPD, um Locarno angestimmt wurde?

Der erste Artikel Ossietzkys in der „Weltbühne“, der am 20. April 1926 unter dem Titel „Der plombierte Wagen“ erschien, gibt auf diese Frage eine tragische Antwort.

Der Humanist ist noch klassenblind. Seinem scharfen Blick entgeht nicht das Maskenspiel der Staatsmänner, seinem guten Geschmack nicht die Hohlheit der Friedensreden, aber eisern hält er fest an den in jungen Jahren inbrünstig aufgenommenen Glaubensartikeln über den Völkerbund.

So entsteht, charakteristisch für Ossietzkys lange währendes Tappen im Nebel, jenes Mixtum compositum aus kühner Entlarvung und naiver Gläubigkeit, aus wachem Mißtrauen und rosaroter Illusion. „Nach Locarno kamen nicht Künder neuer übernationaler Ordnung, sondern ein paar hartgesottene Routiniers, die statt der alten, im Kurs gesunkenen Gewaltrezepte einmal Pazifismus anwenden wollten ... Der Pazifismus ist eine absolute Forderung und kein diplomatisches Manöver (‚im schlimmsten Falle schadet es nichts‘)! Man kann nicht den Frieden als Drohung ausspielen, wie sonst den Krieg.“

So vortrefflich diese Einsicht, so bedenklich die Schlußfolgerung. „Deutschland führte nach Locarno nicht der Wunsch, in den Völkerbund hineinzukommen, sondern der Wunsch, unter Verständigung mit den Siegerstaaten um den Völkerbund und seine unbeliebten Bindungen herumzukommen." Ossietzky sah, die deutsche Bourgeoisie erstrebte Großmachtrang, Kolonien, Aufrüstung. „Völkerbund – das bedeutet Gleichstellung mit Haiti und Liberia, internationale Rechtssprechung, ausgeübt vielleicht von einem Gelben oder Braunen." Dieser Machtpolitik widerstreitenden Aussicht, meinte Ossietzky, wolle sich Deutschland entziehen; deshalb versuche es durch eine Schaukelpolitik, das heißt durch Verhandlungen mit der Sowjetunion den Verpflichtungen der Völkerbundsatzung zu entgehen.

Zu diesem Zeitpunkt verhandelte in der Tat die Reichsregierung mit Moskau über einen Vertrag, der die in Rapallo beschlossene Linie bekräftigen und für den Fall eines Krieges Deutschlands Neutralität sichern sollte. Im Sinne dieses Abkommens (Berliner Vertrag vom 24. April 1926) sollte verhindert werden, daß Deutschland zum Durchmarschgebiet eines westlichen Angriffsheeres gegen die Sowjetunion gemacht werde. Ossietzky wollte in dieser von der deutschen Regierung nicht ernstgemeinten Verpflichtung nur die Absicht sehen, die Sowjetunion über die westlichen Aggressionspläne zu beruhigen, nur ein „Kompensationsobjekt" zur Beschwichtigung der nationalistischen Parteien, die gerade gegen Locarno und Völkerbundeintritt demagogische Attacken ritten.

Ossietzkys erstes Auftreten in der „Weltbühne" steht im Zeichen einer illusionären Vorstellung von Deutschlands Lage zwischen Imperialismus und Sozialismus, zwischen West und Ost. Er erwartet eine Entmachtung des Militarismus durch Anlehnung an den Westen. Die Illusion wird nicht lange währen, aber sie wird folgenschwere Fehlurteile nach sich ziehen, deren Korrektur in der harten Schule der Erfahrung Ossietzkys Weg ins Martyrium begleitet.

Als Hitler im Jahre 1936 den Locarnovertrag wie einen Fetzen Papier zerriß, nachdem die Aufrüstung Deutschlands genügend weit fortgeschritten war, saß Ossietzky in einer Baracke des Moorlagers von Esterwegen. Den Kameraden das

Ereignis kommentierend, mußte er sich sagen (und sagte es gewiß auch): vorausgesehen und vorausgesagt hat das Ernst Thälmann – nicht Carl v. Ossietzky.

Im September ist es soweit. Deutschland wird, nach üblem Feilschen um den versprochenen Ratssitz, in den Völkerbund aufgenommen. Als Gerlach Stresemann in Genf gratulierte, erwiderte dieser: „Ich weiß, daß ich ohne die Vorarbeit Ihrer Freunde nie dieses Ziel hätte erreichen können." Das zweifelhafte Kompliment darf Ossietzky auch auf sich beziehen. Er hat hartnäckig für den Eintritt Deutschlands in den Völkerbund gekämpft, sah er doch in der übernationalen Organisation ein Mittel gegen die Bündnispolitik alten Stils. Die führenden Pazifisten gingen noch weiter. Gerlach fand, der Beitritt Deutschlands zum Völkerbund wäre ein tödlicher Schlag für die deutschen Militaristen. Was Ossietzky Sorge bereitet, ist die Degradierung des Völkerbundes zum funktionslosen Bürobetrieb. „Europa ist zu einem Netz von Bündnissystemen geworden. Es wird notwendig, zur Orientierung einen Atlas der Bündnisse herzustellen. Denn auch der wache Verfolger außenpolitischer Ereignisse findet sich nicht mehr recht durch. Aufrüstung überall und überall Schiedsverträge. Der Imperialismus verbeugt sich vor der neuen Idee, dem Pazifismus, indem er seine Terminologie übernimmt." Sieht er auch in Stresemann den „nur zu ganz besonders feierlichen internationalen Séancen dürftig maskierten Nationalisten", so bescheinigt er ihm doch, „mehr erreicht zu haben als irgendeiner seiner Vorgänger".

Als bald darauf – es war im November – Stresemann gemeinsam mit Briand den Friedensnobelpreis erhielt, konnte sich Ossietzky freilich bitteren Spotts nicht enthalten: „Wenn es Schreiber politischer Komödien gäbe, hier wäre ein Stoff von umwerfender Lustigkeit." Er sieht den Kern des Unfugs: „... nicht die ratifizierten Urkunden sind ausschlaggebend, das Betrübende ist, daß diese feierlichen Papiere nichts an der Welt ändern. Daß der Zustand der Unsicherheit nicht nur geblieben ist, sondern eher noch zugenommen hat. Daß die Rüstungshysterie heute größer ist als jemals ..." (WB 50/26.) Und das soll preisgekrönte Friedenstat sein?

Noch später, nachdem der Nebel sich gelichtet hatte, gewann Ossietzky ein distanziertes Urteil über Stresemann. Dieser sei ein „maßvoll konservativer Ordnungspolitiker, ein Industriepolitiker, der Pazifismus und Demokratismus notgedrungen anwendet, gleichsam mit Gummihandschuhen, um auch nur die kleinste Infektion zu vermeiden. Stresemann ist ebensowenig pazifistischer Demokrat wie Bismarck Lassalleaner war, weil er von Lassalle das allgemeine Wahlrecht übernommen hat." Scharf lehnte er die liberal-demokratischen Schreihälse mit ihrem „Wochenendradikalismus" ab. Respekt hatte er, richtiger gesagt behielt er zeitlebens für den demokratischen Junker Hellmut von Gerlach, der, wie Ossietzky in einer Polemik mit Theodor Wolff hervorhebt, zu den nicht sehr zahlreichen Demokraten gehöre, die im Krieg in bewußter Opposition gestanden hatten und deshalb nachher auch promptest aus der Demokratischen Partei hinausbugsiert wurden, „wobei sich gewisse Herren besonders hervortaten, die sich mit dem neuen Weimarer Mundwasser noch nicht einmal richtig die Kaiserhochs ausgegurgelt hatten, die ihnen noch im Halse klebten". (WB 25/28.)

So ist Ossietzkys Glauben an den Völkerbund nicht blind gegen die Wirklichkeit. Was da in Genf als Völkerbund tagt, ist weit entfernt von dem hochfliegenden Ideal, das seine Jugendträume belebte. „Wo ist der europäische Staatsmann, dem der Völkerbund die große, die erobernde Zukunftsidee ist und nicht eine hübsche rhetorische Floskel? Alle Außenpolitiker vertreten nur nationale Interessen, suchen nur diplomatische Erfolge. Deshalb gehen sie nach Genf, um für ihre Kabinettspolitik zu werben, zu streiten, zu mogeln. Der Völkerbund ist völlig zum Instrument der verschiedenen Imperialismen geworden. Das ist schlimm. Schlimmer, daß der Glaube an seine Möglichkeiten, an seine Zukunft immer mehr schwindet. Die Fragwürdigkeit der Form erschüttert die Idee."

Das klingt nicht nach Begeisterung. Ossietzky unterscheidet Völkerbund und Völkerbundsidee. Für diese schlägt sein Herz. „Wir haben bisher von keinem deutschen Außenminister ein helles Bekenntnis zur Völkerbundsidee gehört." Immer nur Taktik und Realpolitik – das ist diesem Mann zuwenig. Der Genfer Klub ist eine Versammlung der Habenden – die Stimme der Habenichtse bleibt ungehört. Während er Deutschlands unmittelbar bevorstehende Aufnahme in den Völkerbund mit kritischem Beifall begleitet, hat er eine kühne Vision seiner wahren Aufgaben. „In der Welt geht ein unerhörter Umformungsprozeß vor sich: unterdrückte Völker erwachen, ausgebeutete Rassen stehen plötzlich in einem mit modernen Mitteln geführten Emanzipationskampfe. Was hört der Völkerbund vom Brüllen Chinas, was von Afrikas dumpfem Grollen? Die Genfer Exzellenzherren wagen nicht einmal von den Bestialitäten in Marokko und Syrien zu sprechen. Aufgabe des Völkerbundes in einer Zeit, wo es überall revolutionär rumort, kann aber nur sein, nicht konservierend, sondern weiterführend zu wirken. Nicht Einbalsamierung moderner Präponderanzen, sondern Schutz des Werdenden, Versuche, unvermeidliche Entwicklungen möglichst zu entbarbarisieren – das müßte sein Programm sein."

Man schreibt den 31. August 1926.

Alle großen Themen seiner späteren publizistischen Feldzüge werden bereits in den ersten Beiträgen Ossietzkys in der „Weltbühne" Anno 1926 sichtbar. Es ist, als ob die Verarbeitung des ungeheuren Stoffes der Zeitgeschichte in dem Augenblick einsetzen würde, da sich dem Suchenden die Tribüne öffnete, wo sein Talent sich entfalten konnte. Nicht nur die Thematik ist da, auch die geschliffene Form, das Fundament von Wissen, die sarkastisch-bittere Melodie, abgetönt zwischen aggressiv und elegisch. Freilich, die Antworten auf die aktuellen Fragen sind nicht endgültig. Sie werden sich noch oft wandeln. Ossietzky ist ein Lernender. Seine Inkonsequenz ist der Fortschritt in der harten Schule der Erfahrung.

Er überschätzt nicht die Rolle Europas, erkennt den großkapitalistischen Kern in der lockenden Schale, sieht den Aufbruch der neuen Völker, dreißig Jahre bevor er manifest wird, und ein fürchterlicher Krieg liegt dazwischen. Ossietzkys Gedanken von 1926 sind zum großen Teil, zum größten Teil, die modernen Gedanken eines Zeitgenossen, der das Erwachen in Asien und Afrika mit Herz und Hirn miterlebt.

Mit Deutschlands Eintritt in den Völkerbund zeigte sich auch der Appetit der deutschen Herrenklasse auf Kolonien. Da werde Deutschland gerade rechtzeitig kommen, um sich gehörig die Pfoten zu verbrennen, meint Ossietzky. „Denn der Emanzipationskampf der tropischen Rassen, die Auflehnung der schwarzen, braunen und gelben ‚Interessensphären' ist in vollem Gange. So vorsichtig man im Prophezeien sein soll: in ein paar Jahrzehnten schon werden weit weniger Trikoloren und Union Jacks draußen in der Welt wehen, und mit Abd el Krim beginnt nur eine Kette von kolonialen Garibaldis ... Aufgabe Europas wäre es, eine nicht mehr hemmbare Entwicklung noch eben rechtzeitig zu entbarbarisieren, mit Anstand preiszugeben, was es innerlich schon gar nicht mehr hat." Die Deutschen, die jetzt danach lechzen, im Vollbewußtsein ihrer Weltgeltung „den Stiefelabsatz irgendwo in einen Negerpopo zu drücken", hätten nichts gelernt, alles vergessen.

Das geht aber nicht nur die Deutschen an. „Das bißchen Europa" soll sich nicht anmaßen, die Völker Asiens und Afrikas zu beherrschen, die ihr Selbstbestimmungsrecht fordern. Die Erhebung des ganzen holländischen Kolonialreichs zur Unabhängigkeit liege durchaus im Bereich des Möglichen; dies ist aus Anlaß eines Aufruhrs in Java beschrieben. „Es gibt von jetzt an in der tropischen Welt ein Erdbebengebiet mehr, und Europa hat um eine Position mehr zu kämpfen."

Aber was ist Europa? Dieser Linksbürger ist kein Schüler von Marx und Engels, aber auf der Suche nach Wahrheit ist er an ihren Lehren nicht achtlos vorübergegangen. Von Phrasen läßt er sich nicht dumm machen. Da wird von der deutsch-französischen Verständigung geschwärmt. Sie ist seinem Herzen teuer, da schwingen alte Sentiments mit. Aber das Auge sieht die Konturen. „Zwölf Jahre nach den schicksalsvollen Augusttagen von 1914 macht die Schwerindustrie auf ihre Weise Völkerfrühling. Unterhändler aus Deutschland und Frankreich beraten über die Eisenunion. Man könnte bitter werden, könnte fragen: warum erst jetzt? Unterrichtete prophezeiten immer, daß es schließlich doch so kommen müsse und die Industrie-Allianz unaufhaltsam sei. Krieg, Ruhrokkupation: es sind nur Hemmnisse, nicht Schlußsteine gewesen." Ob Ossietzky Lenins Artikel „Über die Losung der Vereinigten Staaten von Europa" gelesen hat, der geschrieben wurde zur Widerlegung der pazifistischen Losung Kautskys und zur Begründung der These, daß „die Vereinigten Staaten von Europa" möglich sind – als Abkommen der europäischen Kapitalisten?

In dem kolonialen Aufruhr nur die „Hand Moskaus" zu sehen, erscheint Ossietzky absurd. „Die Annahme, daß der Kreml Revolutionen gratis und franko ins Haus liefert, ist ein bürgerlicher Aberglaube, nicht weniger verblasen als die Phantasien von den Weisen von Zion." „Rußland kann die Konflikte nicht selbst fabrizieren, die sind da, und seine Sache ist nur, sie deutlich zu machen ... Rußland hat das Patronat über alle Erhebungen wider den Imperialismus übernommen, es bohrt überall nach, wo der Rost schon im Eisen verjährter Herrschaftsansprüche frißt ..."

Ossietzky lebt geistig nicht mehr innerhalb der Bürgerwelt, aber vor dem entscheidenden Schritt zur Arbeiterwelt schreckt er zurück, fühlt er sich auch mächtig von ihr angezogen. Immer wieder, bei jeder Wegbiegung, fragt er: und welche Richtung schlagen die Arbeiterparteien ein? Zur deutsch-französischen Verständigung im Wortschatz Stresemanns gesellt sich wie von selbst die Frage: „Haben die Sozialisten, die Gewerkschaften diese Entwicklung gebührend beachtet? Weder die deutschen noch die französischen Industriellen gehen in die Union, um Völkerverbrüderung zu manifestieren. Eine neue,

Abb. 17

unerhörte Konzentration von Kapitalmacht ist im Werden. Ist die Arbeiterschaft gerüstet? Wir fürchten: die Schwerindustrie ist flinker gewesen."

Von der Sozialdemokratie erwartet Ossietzky nichts. Schon 1926 quält ihn die Spaltung der Arbeiterklasse, und so sehr er ihre Einheit herbeisehnt, so muß er doch zugestehen: „Die Idee der Einigung verliert völlig ihren Sinn, wenn dabei nicht mehr herauskommen soll als eine noch dickere Sozialdemokratie." Was ihm zu diesem Zeitpunkt und bei dieser Lage vorschwebt ist eine Synthese, „die Partei, geboren aus den Kämpfen dieser Jahre, bereit für die Kämpfe von 1930". Das Problem wird nicht aufhören, Ossietzky zu beschäftigen.

Abb. 18

5 IRRLICHTER

Am 20. April 1926 ist der erste Leitartikel Ossietzkys in der „Weltbühne“ erschienen; sieben Monate später starb Siegfried Jacobsohn eines plötzlichen Todes. Am Sterbebett standen die engsten Freunde der „Weltbühne“, neben ihnen der neue Mitarbeiter, Siegfried Jacobsohns Hoffnung. Die Kontinuität der Zeitschrift, die seit 1905 die linksbürgerliche Intelligenz Deutschlands wesentlich beeinflußt hatte, zu erhalten, war angesichts der ausgeprägt individualistischen Art der Redaktionsführung durch Jacobsohn, einer Persönlichkeit von ungewöhnlichem Format, eine schwierige Aufgabe. Die Nummer vom 7. Dezember 1926 erschien mit dem Impressum: „Verantwortlich in Vertretung: Carl von Ossietzky“; aber schon am 25. Januar 1927 wurde der Zusatz „in Vertretung“ gestrichen und die volle Verantwortlichkeit Ossietzkys publik gemacht.

Die Leitung freilich hatte er nicht inne; diese lag zunächst in der Hand von Kurt Tucholsky, der schon der Redaktion der „Schaubühne“ (wie die „Weltbühne“ bis 1918 hieß) angehört hatte. In seiner ewigen Unrast fühlte sich der Vielgestaltige in der neuen Position unbehaglich; sein Vertrauen zu Ossietzky war vorerst nicht sehr groß. Tucholsky schreibt an seine Frau mitten in der durch den Tod Jacobsohns ausgebrochenen Redaktionskrise (18. Januar 1927): „Und ich habe nicht den Mut, nein zu sagen – alle, alle – Georg Bernhard, Morus und die es sonst gut meinen, sagen, ich sollt es tun. Und ich fühle, daß ich es nicht kann – mich langweilt es – ich bin so müde, und Berlin ist mir widrig, so widerwärtig, wie ich gar nicht sagen kann. Geb ich’s jetzt aber ab, dann ist es in ein paar Wochen kaputt, daran ist kein Zweifel. Was soll ich nur tun?“ Er möchte in Paris bleiben und alles hinwerfen.

„Was geht mich denn das Ganze an? Gar nichts. Selbst wenn die Frau (Jacobsohn) jetzt für ein paar Tage den Ossietzky engagiert, das wird natürlich besser, das ist wahr – aber ob ich hier auf richtige Ideen komme, das ist mir doch sehr zweifelhaft. Ich werde da in alte Sachen gedrängt, die ich längst überwunden habe – ich mag nicht mehr."

Der Schwebezustand hielt sich bis zum 11. Oktober 1927. An diesem Tage wurde die Öffentlichkeit über die Änderung in der Leitung der „Weltbühne" informiert: „Die Weltbühne wurde begründet von Siegfried Jacobsohn und wird von Carl v. Ossietzky unter Mitwirkung von Kurt Tucholsky geleitet. – Verantwortlich Carl v. Ossietzky." Dieser Redaktionsvermerk blieb von nun an bestehen.

Die Übernahme der Redaktionsführung durch Ossietzky fiel in eine Zeit heißer Kämpfe, sowohl auf innenpolitischem wie auf außenpolitischem Gebiet. Ossietzky sah sich sehr rasch vor Fragen gestellt, auf welche es nirgends fertige Antworten gab, die vor der Geschichte standhielten. Wie sollte ein einzelner in seiner Isolierung Woche für Woche, ohne Fehl und Irrtum, das Orakel künden?

Die wichtigsten Fragen, mit denen sich Ossietzky in den nächsten Jahren auseinandersetzen mußte, waren: in der Innenpolitik die Sammlung der Linken, der Kampf gegen die Reichswehr, die Verteidigung der Bürgerrechte gegen die Übergriffe der reaktionären Justiz, die Abwehr des Dunkelmännertums im Bereich der Kultur; in der Außenpolitik Positionsbestimmung Deutschlands zwischen Ost und West, das hieß Bewältigung des Problems Sowjetunion.

Indem Ossietzky sich Woche für Woche mit diesen Fragen herumschlägt, wird sein Urteil zusehends sicherer, seine Erkenntnis, nicht ohne innere Kämpfe, zusehends wirklichkeitsnaher. Je mehr sich die Konflikte in und um Deutschland zuspitzen, um so entschlossener zieht Ossietzky Konsequenz. Von 1929 an ist die Kluft zwischen ihm und der revolutionären Linken bereits kleiner als die Entfernung, die ihn von seiner bürgerlichen Umwelt trennt.

In Deutschland war es zum ersten Zusammenstoß zwischen ziviler Gewalt und Generalität gekommen, die, nachdem Hindenburg Staatsoberhaupt geworden war, sich fester denn je im Sattel fühlte. Zwar mußte, Opfer einer Intrige, der Chef der Heeresleitung Generaloberst von Seeckt zurücktreten, der Schwerpunkt der Macht lag dennoch in den Händen des mit der Finanzoligarchie verfilzten Militärs. Noch waren riesige Wählermassen bereit, sich der heranwälzenden Flut der Reaktion entgegenzuwerfen. Im Sommer stimmten beim Volksentscheid zur entschädigungslosen Fürstenenteignung 14,5 Millionen Wähler für den gemeinsamen Vorschlag der KPD und SPD, etwa 4 Millionen Stimmen mehr, als die beiden Parteien zusammen bei den letzten Reichstagswahlen erhalten hatten. War die Zahl auch nicht ausreichend, um den Reichstag zu zwingen, ein Gesetz im Sinne der Volksabstimmung anzunehmen, so zeigte die Einheit der Aktion die großen Möglichkeiten der Stunde. Freilich blieb die Sammlung der Kräfte ebensowenig erhalten wie 1920 nach dem Kapp-Putsch; „typischer Verlauf einer Volksbewegung in Deutschland“, kommentierte Ossietzky (WB 1/27). Im Dezember stürzte Philipp Scheidemann die Regierung durch einen Mißtrauensantrag, der mit dem Hinweis auf die geheimen Rüstungen der Reichswehr begründet wurde. Beobachtete Ossietzky von der Pressetribüne die folgenschwere Szene? Dieses Vorgehen hatte zwei Aspekte: die Sozialdemokratische Partei machte sich einerseits zum Wortführer der Beschuldigung, Deutschland verletze durch die Schwarze Reichswehr die Abrüstungsbestimmungen des Versailler Vertrages, andererseits zum Einpeitscher der von England geschürten Hetze gegen eine deutsch-sowjetische Annäherung.

Am 3. und 6. Dezember 1926 hatte der „Manchester Guardian“ Enthüllungen über eine geheime Zusammenarbeit zwischen Reichswehr und Roter Armee veröffentlicht. Unmittelbar danach übernahm der „Vorwärts“, Zentralorgan der SPD, die Enthüllungen des englischen Blattes. In seiner Reichstagsrede vom 16. Dezember beschuldigte Scheidemann die Sowjetunion, daß sie es fertigbringe, „gleichzeitig mit den Kommunisten und den Offizieren der Reichswehr Brüderküsse auszutauschen“. Am Tage darauf mußte die Regierung zurücktreten.

Wieder war das Stichwort gefallen: deutsch-sowjetische Beziehungen. In dieser Schicksalsfrage der deutschen Nation rangen zwei Gruppen der deutschen Bourgeoisie um Einfluß auf die Entschlüsse der Regierung. Der Streit hatte schon zur Zeit der großen Aussprache um den Eintritt Deutschlands in den Völkerbund die Gemüter bewegt. Der eine Teil war vorbehaltlos bereit, mit den Westmächten, vor allem mit dem konservativen England, gegen die Sowjetunion zu marschieren, der andere Teil begriff, daß angesichts der drückenden Bestimmungen des Versailler Vertrages die Anlehnung an die Sowjetunion Entlastung bringen könnte. Beiden Gruppen war der Wille gemeinsam, Deutschland wieder in den imperialistischen Wettbewerb einzuschalten, was die Niederhaltung der Arbeiterschaft zur Voraussetzung hatte.

Stresemann, in dieser Periode federführend für die deutsche Außenpolitik, erstrebte die Vorteile einer Westorientierung ohne ihre Nachteile. Hatte Rapallo die Lage Deutschlands fühlbar erleichtert, so sollte Locarno, nach seinen Vorstellungen, die Lage nicht erschweren. Deutschland denke nicht daran, „der Kontinentaldegen Englands gegen Rußland zu werden“; mit diesen Worten hatte Stresemann in einer internen Beratung den Vorbehalt gegen den Artikel 16 der Völkerbundsatzung begründet.

Es gab im Bürgertum auch ehrliche Bekenner einer deutsch-sowjetischen Zusammenarbeit im wohlverstandenen Interesse Deutschlands. So der deutsche Botschafter in Moskau, Brockdorff-Rantzau, der in einem Geheimbericht vom Mai 1923 schrieb: „Ich erachte es als meine Pflicht, zu erklären, daß ich den Weg nach dem Westen wirtschaftlich wie politisch nicht für gangbar halte, ohne das deutsche Volk in seiner Mehrheit einem Helotendasein auszuliefern. Das Volk in seiner breiten Masse wird sich auf die Länge eine solche würdelose Existenz nicht bieten lassen. Ich sehe daher vorderhand die einzige Möglichkeit, das deutsche Volk aus dem Elend zu befreien, in das ein trauriges Geschick uns gestoßen hat, nicht etwa in einer bedingungslosen Hingabe an die Sowjetregierung, wohl aber in einer planmäßigen, selbstbewußten Zusammenarbeit mit Rußland auf wirtschaftlichem und politischem Gebiet."

Dieser Fürsprecher einer deutsch-sowjetischen Zusammenarbeit ist im Herbst 1928 gestorben, und Ossietzky widmete ihm einen Nachruf, der den dichten Nebel offenbarte, in dem er zu dieser Zeit immer noch tappte (WB 38/28). Sein Mißtrauen gegen die Wortführer der deutschen Bourgeoisie war so tief, daß er überzeugt war, die Ostannäherung diene den Regierenden nur als Schreckgespenst gegen den Westen.

Seeckt reagierte auf den Versailler Vertrag anders als die führenden Köpfe der deutschen Bourgeoisie. In dem Cordon sanitaire, dem Werk Versailles, der die Sowjetunion von Europa trennen sollte, sah er eine Chance für Deutschland. Voraussetzung war ein Zusammengehen mit der Sowjetunion. Das war im Gegensatz zu Stresemann gedacht. In Wirklichkeit hatte Deutschland mit dem Rapallovertrag die Isolierung durchbrochen, in die es durch Versailles geraten war. Das lag nicht nur im Interesse der deutschen Bourgeoisie, der die Abhängigkeit von den westlichen Siegermächten im wachsenden Maße unbequem wurde, sondern auch im nationalen Interesse Deutschlands. Freilich, es fehlte an dem Willen zur Konsequenz. Daraus wurde dann ein halber Schritt, eine Politik der Unaufrichtigkeit und des Versteckspielens, von dem jedoch letztlich die Sowjetunion den größeren Gewinn zog.

Stand Ossietzky den Versuchen einer Zusammenarbeit der deutschen Bürgerrepublik, die seine Erwartungen so tief enttäuscht, seine Gefühle so brutal verletzt hatte, mit dem Lande des Sozialismus verständnislos gegenüber, so wurde ihm die Nachricht von einer militärischen Zusammenarbeit der beiden Armeen zum großen Ärgernis. Weder kannte er die Gründe, die den General von Seeckt schon im Jahre 1919 bewogen hatten, die Verbindung nach Moskau zu suchen, noch die auf den fundamentalen Interessen der Revolution beruhenden Erwägungen der sowjetischen Kommunisten. Er urteilte über diese Kontakte als bürgerlicher Pazifist, und das hieß, er verurteilte sie.

Er ist gegen das „deutsch-russische Granatengeschäft" (14. Dezember 1926). Doch sind seine Argumente nicht die des primitiven Russenhassers, sondern ganz im Gegenteil die eines eifersüchtigen Liebhabers. Seine These: „Ohne Übertreibung läßt sich sagen: der deutschen Arbeiterschaft ohne Unterschied der Richtung ist die Unantastbarkeit Rußlands heilige Sache; jede Regierung, die sich durch irgendeine Londoner oder Pariser Zumutung von ihrer neutralen Haltung abbringen ließe, würde über Nacht einem in Deutschland unerhörten, spontan ausbrechenden Antimilitarismus gegenüberstehen, wie ihn niemals eine Kriegsgefahr am Rhein zeitigen könnte." (WB 5/27.) Ossietzky begriff nicht, warum die Sowjetunion solche Sorge hatte, Deutschland könnte zum Werkzeug westlicher Kriegsprovokateure werden, und schon gar nicht, wie sie sich zur Zusammenarbeit mit reaktionären Reichswehrgenerälen herbeiließ.

Ossietzky bestritt nicht, daß sich die Sowjetunion auf die Möglichkeit einer kommenden Intervention vorbereiten müsse. In seiner Opposition gegen die Reichswehr war er zwar unfähig, die Motive der Sowjetregierung zu deuten, keineswegs aber war er gegen die Rote Armee. Zu ihrem zehnten Jahrestag wendet er sich temperamentvoll gegen das „horndumme" Argument der Militaristen: „Na, und die Rote Armee?" „Aber viele Pazifisten handeln nicht intelligenter, wenn sie Rußland verdammen, weil ein sozialistischer Staat keine Armee haben dürfe. Denn die Existenz von Militär allein braucht noch nicht Militarismus zu bedeuten. Der beginnt erst, wenn die Militärs den ausschlaggebenden Einfluß im Staat beanspruchen. Das heutige Rußland mag eine Despotie sein, militaristisch ist es nicht. Das Heer ist ganz der zivilen Leitung unterworfen. Kein Heer dient mehr als das russische dem Zweck, der von allen Monarchien und Republiken vorgeschützt wird: – der Verteidigung. Denn Sowjetrußland ist die bedrohteste Macht der Welt." Zugleich, polemisierend gegen eine allzu primitive Propaganda, schreibt er in Übereinstimmung mit einem Leitgedanken marxistischer Doktrin: „Es ist illusionär und bestem sozialistischem Fühlen widersprechend, den Glauben zu nähren, die Befreiung der Arbeiterklasse sei allein mit dem Maschinengewehr zu erkämpfen und zu vollenden." Auch die erzieherische Rolle der Roten Armee hat Ossietzky in gute Worte gekleidet: „Auf dem Umweg übers Militär zieht Europa ins Rußland ein." (WB 9/28.) Dieses „achtunggebietende Heer" mag für Pazifisten oft ein Anstoß sein – „aber glaubt wirklich jemand, das Sowjetregime wäre nicht längst ekrasiert, wenn es sich nicht diesen Stachelpanzer geschaffen hätte?" (WB 37/28.)

Das waren Gedanken eines bürgerlichen Intellektuellen, der sich in der Richtung zur Arbeiterklasse hin bewegte. Anders, ja entgegengesetzt waren die Gedanken Seeckts, der trotz seines Werbens für eine Zusammenarbeit mit der Sowjetunion ein Wortführer des neudeutschen Imperialismus blieb. Seeckt beurteilte die deutsch-sowjetischen Beziehungen vom Standpunkt der machthungrigen deutschen Bourgeoisie. Es gab Punkte, wo dieses Interesse mit jenen des isolierten ersten Arbeiter-und-Bauern-Staates zusammenfiel. Das gemeinsame Interesse bestand darin, daß die deutsche industrielle Technik zum Aufbau der sowjetischen Rüstungsindustrie herangezogen werden konnte, zum anderen darin, daß die Reichswehr in beschränktem Umfang die Möglichkeit erhielt, in der Sowjetunion Techniken auszuprobieren, die sie in Deutschland, ohne bei den Westmächten Verdacht zu erwecken, nicht ausprobieren konnte.

So kam es seit 1921 zu Arbeitsaufträgen für deutsche Industriewerke, die in der Sowjetunion Flugzeuge, Geschütze und U-Boote herstellten, ganz im Rahmen der von der Sowjetregierung durchgeführten Politik der Erteilung von Konzessionen an ausländische Firmen. Als Gegenleistung erhielten einige deutsche Offiziere Ausbildungsmöglichkeiten in Rußland. Mehr war es nicht. Der Reichswehr war es unmöglich, auf Grund dieser wenigen Kontakte Einblick in das sowjetische Verteidigungspotential zu erhalten.

Für die Kommunisten bestand die Aufgabe darin, die Gegensätze unter den Imperialisten auszunutzen. Das ZK der Bolschewiki hatte schon 1918 über diese Frage diskutiert. Damals standen sich zwei Auffassungen gegenüber: Die einen hielten den Waffenkauf auch bei den Imperialisten für die Verteidigung der Revolution für zweckmäßig; die anderen stemmten sich gegen jede Art von Beziehungen zu den Imperialisten, also auch dagegen, daß man von ihnen Waffen kaufe. Lenin war in der Sitzung nicht anwesend, hatte aber seine Stellungnahme schriftlich zugesandt: „Ich bitte meine Stimme dafür zu zählen, daß man von den Räubern (es ging damals um den französischen Imperialismus) Kartoffeln und Waffen annimmt." Die nach der Aussprache angenommene Resolution des ZK der KPR (B) besagt: „Als Partei des sozialistischen Proletariats, das an der Macht ist und den Krieg gegen Deutschland führt, wenden wir vermittels der Staatsorgane alle Mittel an, um unsere revolutionäre Armee aufs beste mit allem Notwendigen auszurüsten, das wir dort holen, wo es nur möglich ist, auch bei den kapitalistischen Regierungen. Dabei bewahrt die sozialdemokratische Partei Rußlands ihre völlige Unabhängigkeit in bezug auf ihre Außenpolitik, verpflichtet sich den kapitalistischen Regierungen gegenüber zu nichts und betrachtet in jedem einzelnen Falle ihre Vorschläge unter dem Gesichtspunkt der Zweckmäßigkeit."

Aber nicht nur die sowjetischen Kommunisten, auch die deutschen sahen in dieser Frage klar und scheuten sich nicht, darüber öffentlich zu sprechen. Sofort nachdem die Enthüllungen des „Manchester Guardian" in der sozialdemokratischen Presse breitgetreten worden waren, sprach Wilhelm Pieck in der Sitzung des Preußischen Landtags vom 9. Dezember 1926 freimütig über das Problem der militärischen Kontakte: „Natürlich, die Sowjetunion als der einzige von allen kapitalistischen Staaten bedrohte Arbeiterstaat hat ein Interesse daran, die Verteidigung des Landes so vollkommen wie möglich zu machen. Wenn man im Völkerbund eine Kommission eingesetzt hat, die beraten soll, in welchem Umfang im nächsten Krieg auch die Giftgase zu verwenden sind, wollen Sie es da der Sowjetunion verargen, wenn sie versucht, sich auf diesem Gebiet ebenfalls mit gleichen Mitteln zur Wehr zu setzen? Soll sich die Sowjetunion etwa von den Staaten des Völkerbundes vergiften lassen? Nein! Kommunisten werden jederzeit dafür eintreten, wenn der Versuch im Bunde mit den Sozialdemokraten unternommen werden sollte, über die Sowjetunion herzufallen, sie etwa zu vergasen, daß denjenigen, die das unternehmen, das Gas ausgeht. Daher ist die Beschaffung solcher Kampfmittel für die Sowjetunion ein Gebot der Notwendigkeit, der Selbstverteidigung. Wenn dann außerdem noch ausländische Staaten hinüberkommen und der Sowjetunion helfen, diese Selbstverteidigung zu vervollkommnen, ja, sollten wir darüber weinen?"

Der Leitartikler der „Weltbühne" war in seinem berechtigten Haß gegen die Reichswehr solchen taktischen Erwägungen unzugänglich. Aber sosehr er gegen die Zusammenarbeit der deutschen und sowjetischen Militärs eingenommen war, so überwogen in seinem Rußlandbild doch die positiven Elemente. Er klagte über den Terror, doch verschloß er sich nicht völlig dem Bemühen, die besonderen Umstände zu verstehen, die ihn ausgelöst hatten. Nach der Ermordung des sowjetischen Gesandten in Warschau Wojkow – es war im Sommer 1927 – charakterisierte Ossietzky die Reaktion Moskaus: „Sie ... sind ... verfallen der Psychose der Belagerten ... Das Bild hat sich seltsam gewendet. Aus der Weltverschwörung des Bolschewismus ist die Weltverschwörung gegen den Bolschewismus geworden." (WB 24/27.)

Das geistige Ringen um die Wahrheit über die Sowjetunion durchzieht das gesamte publizistische Werk Ossietzkys. Als Ende 1927 der Kampf Stalins gegen Trotzki die Weltöffentlichkeit beschäftigte, nahm Ossietzky im Gegensatz zu der Mehrzahl der linksbürgerlichen Intelligenz scharf gegen

Trotzkis weltrevolutionäres Phrasentum Stellung. Die Opposition, prophezeite Ossietzky, würde Rußland ins Unglück kutschieren. Ossietzkys Einsicht in die historische Notwendigkeit und praktische Möglichkeit des einzigen sozialistischen Landes in einer feindlichen Umwelt führte ihn „zu dem unbedingten Wunsch, Stalin möchte sich behaupten". Zugleich beklagte er „Stalins jähen Cäsarenwahn". Daß der Westen hoffte, Trotzki werde der rückläufigen Bewegung den Weg frei machen, war ihm klar: „Von Trotzki zurück zu einem neuen Kerenski, von dem zu Miljukow, von da, nach Putschen, ausländischen Interventionen, gewährten und zurückgezogenen amerikanischen Anleihen ... zu einem neuen Zaren. Moskaus Feinde witterten das sehr wohl: obgleich Trotzki sehr radikal spricht, setzen sie überall auf ihn und am höchsten in England, dem er vor ein paar Jahren erst in einem großartigen Pamphlet die blutigste soziale Revolution vorausgesagt hat." (WB 46/27.)

Immer wieder richten sich seine kritischen, aber verstehenden Blicke nach dem neuen Rußland. „Das schlampigste Land von einst ist zum klassischen Exempel konstruktiver Neuordnung geworden, in der jeglicher tätig eingespannt ist. Ein ökonomischer Furor hat sie alle ergriffen, Bauern, Arbeiter, Bürger, und selbst das parasitäre Soldatengeschöpf schwitzt über Schreibtafel und Rechenmaschine." (WB 16/28.) Was ihm ganz und gar mißfällt, ist die schönfärberische Propaganda. „Es ist, was Rußland betrifft, so etwas wie eine freundliche Kriegsberichterstattung eingerissen: der Horizont erglänzt rosenrot, Schwierigkeiten mögen vielleicht da sein, aber sie sind – spätestens morgen – überwunden ... kurz: Ganghofer in Moskau." Das Lackieren der Wirklichkeit mißfällt dem kritischen Realisten. Es wird gegen Rußland von allen Seiten gehetzt, aber ebendeshalb sei es notwendig, die Gutgesinnten auch mit den noch vorhandenen schwersten und unüberwindlichen Schwierigkeiten des russischen Staates und der russischen Gesellschaft vertraut zu machen. Alles Gewordene habe Schlacken, müsse Schlacken haben. (WB 47/27.)

Aus der Klage über die „fehlende Freiheit" und dem Hymnus auf das Arbeitsethos erwächst, den Widerspruch überwindend, die kühne Vision, es sei möglich, daß Rußland von 1917 das Frankreich von 1789 in der Führung Europas ablösen werde. (WB 45/27.)

Nach und nach weicht der Nebel der klaren Sicht.

In Genf tagte zum vierten Male der vorbereitende Ausschuß der Abrüstungskonferenz, zwei Jahre nachdem sie einberufen. Obwohl die Sowjetunion dem Völkerbund nicht angehörte, war sie eingeladen worden, an der Abrüstungskonferenz teilzunehmen. Dem endlosen Palaver setzte die sowjetische Delegation, als sie am 30. November 1927 in Genf eintraf, den Text einer Konvention über totale Abrüstung entgegen. In dem Memorandum, das die Sowjetdelegation, an deren Spitze Litwinow stand, vorlegte, waren die Leiden geschildert, die der Krieg 1914–1918 verursacht hatte, und die Schrecken ausgemalt, die ein neuer Krieg mit sich bringen würde. Die Sowjetabordnung forderte Regierungen und Völker auf, dem Wahnsinn des Wettrüstens ein Ende zu setzen.

Litwinow erntete mit seiner beschwörenden Rede nur Spott und Hohn. Der französische Delegierte Paul Boncour machte sich im Namen des Präsidiums über das „allzu einfache" Sowjetprojekt lustig.

Während in Genf die Abrüstung totgeredet wurde, gaukelte die westliche Diplomatie den Völkern das Trugbild eines ewigen Friedens ohne Abrüstung vor: der Briand-Kellogg-Pakt zur Ächtung des Krieges als ein Mittel zur Regelung internationaler Streitfragen wurde von allen Staaten, auch von Deutschland, unterzeichnet, bedeutete doch die Unterschrift nicht mehr als eine Deklaration edler Absichten. Die Sowjetregierung, obwohl zu den Verhandlungen nicht eingeladen, trat dem Pakt bei, nicht ohne auf die Nutzlosigkeit einer verbalen Kriegsächtung bei Fortführung des Wettrüstens hinzuweisen. Das neoimperialistische Deutschland setzte auf der Bühne von Genf eine Biedermannsmaske auf: wir sind entwaffnet, nun ist die Reihe an euch ...

Aus dem Chor der gelenkten Publizistik erhebt sich die reine Stimme Ossietzkys: „Es ist allzu billig zu sagen, Moskau habe nur bluffen wollen, Litwinow habe das radikale Entwaffnungsprogramm nur entwickeln können, weil er vor einer ernsten Zustimmung, geschweige denn Annahme sicher war. Gut. Aber Pazifismus, verehrte Locarnisten, bedeutet doch Abrüstung. Die von Rußland proponierte gründliche Entwaffnung – Entwaffnung bis zur Schleifung von Festungswerken – das nennt man gemeinhin doch Pazifismus, also das, was ihr zu treiben vorgebt... In die verfahrenen, verheuchelten Abrüstungsdebatten hat die russische Radikalforderung einen neuen Klang gebracht." (WB 49/27.)

Als ein Jahr später die sowjetischen Vorschläge von den Großmächten endgültig abgelehnt wurden, griff er das Thema von neuem auf: „Welcher Art die Motive (der Sowjetunion) auch sein mögen, nicht vergessen werden kann ein Satz wie der: ‚Im Laufe von vier Jahren nach dem Inkrafttreten dieses Übereinkommens werden alle organisatorischen Einheiten und der ganze Personalbestand der Landheere, Kriegsmarinen, Luftstreitkräfte, sowohl in den Mutterländern wie in den überseeischen Besitzungen, aufgelöst und ihre Existenz in Zukunft nicht mehr zugelassen, weder in offener noch in versteckter Form.' So und nicht anders wird die Schlußformel der Generalabrüstung einmal aussehen." (WB 14/28.)

Der sowjetische Abrüstungsvorschlag begeistert den Friedensfreund, die Briand-Kelloggsche Kriegsächtung reizt nur seinen Spott: „Die Welt hat ein feierliches Dokument mehr. Der Krieg ist exkommuniziert, gehört jetzt den Vögeln in der Luft, den Fischen im Wasser. Die Kriegsministerien aller Länder werden schon dafür sorgen, daß dieser Outlaw heil und nicht allzu hungrig über den ersten Schrecken kommt." (WB 36/28.) Während die westlichen Diplomaten den „Höflichkeitsakt" unterzeichnen, „denkt man nirgends an Abrüstung, überall sucht man Schutz in Sonderverträgen und Allianzen".

Ossietzky glaubt nicht mehr recht an seine Jugendideale von Völkerbund und Schiedsgerichtsbarkeit. Die Hoffnungen sind zertreten worden, die sich an die Abrüstungskonferenz geknüpft hatten. „Die Verschwörung der alten Mächte hat das junge Vertrauen aus den Tagen von Locarno und Thoiry schnell verdorren lassen." (WB 25/27.) Die alte imperialistische Machtpolitik hat sich pazifistisch maskiert, und sogar die deutschen Militaristen, die ganz offen von der Revision der Ostgrenze sprechen, haben sich die Terminologie der Menschenrechte angeeignet. „Das Rüstzeug des Vorkriegspazifismus erweist sich jetzt, wo es endlich umgeschnallt werden soll, als rostig." (WB 37/27.)

Die Enttäuschung ist um so größer, als auch das lang verehrte Idol Aristide Briand in leerer Rhetorik steckengeblieben ist. Der Mann, der vor einem Jahr noch mit grandioser Geste gefordert hatte, „die Mitrailleusen zu zerschlagen", hat sich als Schönredner entpuppt. Schon als er es sagte, war der kritische Geist Ossietzkys bereit zu fragen, „was wohl geschehen würde, wenn seine Landsleute in blauen Blusen damit Ernst machten". (WB 37/27.) Aber noch hielt Ossietzky fest an der Utopie, „Deutschland und Frankreich eng liiert, bilden einen Schutzwall quer durch Europa, groß genug, um östliche wie westliche Eingriffe auszuschließen". Das richtete sich in erster Linie gegen das konservative England, dessen Chamberlain eine europäische Allianz gegen Rußland zustande zu bringen suchte. Wenn Ossietzky Stresemanns Schaukelspiel unterstützte, so deshalb, weil er ihm gerne zutrauen möchte, wie Bismarck, aus Deutschland den neutralen Ausgleicher zu machen, nur sei das, solange er an die Rechte gekettet ist, eine Chimäre. Auf die britischen Avancen eingehen bedeute letzten Endes, daß deutsche Soldaten für fremde Interessen verbluten, „beurlaubte Tote des nächsten europäischen Krieges". (WB 28/27.)

Doch konnte sich Ossietzky noch immer nicht ganz lossagen von seinen pazifistischen Jugendträumen. Das Frankreich der Französischen Revolution und der Menschenrechte, die kühnen Wortgefechte in der Pariser Kammer, das Schlagwort der deutsch-französischen Verständigung – das alles besaß noch seinen einlullenden Reiz. Zwischen Kapitalismus und Sozialismus hatte er längst die Entscheidung getroffen. Zwischen Ost-Orientierung und West-Politik schwankte er in lähmender Ambivalenz, jegliche Frontstellung gegen die sowjetische Gesellschaftsordnung verwerfend. Was er in jenen frühen Jahren suchte, war im Grunde eine deutsche Mission des Friedens in einem von Unrast geschüttelten Europa, das kaum von einem Weltkrieg erholt, schon einem neuen entgegenfieberte. So inkonsequent, ja konfus seine aktuell-politischen Vorstellungen immer noch gewesen sein mögen, auf lange Sicht begeisterte er sich an dem Zukunftsbild eines Deutschland, das dem Militarismus für immer abgeschworen hat.

Kühn ist seine Vision der kommenden Dinge. Europa, Deutschland – er sieht es im Lichte der Hoffnungen, die damals die Besten erfüllte.

„Dieses Europa ist gewiß fragwürdig konstruiert und voll von Gebresten. Aber ein Kindskopf nur kann annehmen, es würde gesünder werden, wenn Danzig, wenn Eupen-Malmedy wieder ans Reich zurückfielen. Ein sozialistisches Deutschland dürfte mit Recht die Zahlungen verweigern, die Schuldscheine zerreißen, denn das Arbeiterdeutschland würde ein höheres Prinzip gegenüber den bürgerlich-kapitalistischen Siegermächten verkörpern, an keine Vergangenheit gebunden sein. Aber dieses bürgerlich-kapitalistische Deutschland hat kein sittliches Anrecht auf Vertragsbruch gegenüber Mächten, die aus dem gleichen Stoff gemacht sind, nicht einmal ein Recht auf das ewige moralische Lamento. Was ist denn geschehen? Die Generale der französischen Fabrikanten haben sich talentierter erwiesen als die der deutschen. Folglich müssen die deutschen Fabrikanten zahlen. Warum der fürchterliche Krakeel? Wenn einmal die rote Fahne über Europa aufsteigt, werden sie sich doch vertragen.“ (WB 37/30.)

Aus der Entfremdung zwischen Ossietzky und dem Bürgerpazifismus wurde Gegnerschaft, als dieser unter wachsendem

Einfluß der SPD in die antisowjetische Front einschwenkte. Der Meinungsstreit um die Stellung zur Sowjetunion war schon früher gelegentlich aufgeflackert. Auf der Generalversammlung der Deutschen Friedensgesellschaft in Erfurt (7. bis 9. Oktober 1927) brach er in voller Schärfe aus.

Die Gruppe um Friedrich Wilhelm Foerster, die das in Wiesbaden erscheinende Blatt „Die Menschheit“ beherrschte, hatte sich völlig der von Poincaré und Chamberlain geschürten Rußlandhetze verschrieben. Die Gruppe Revolutionärer Pazifisten mit Helene Stöcker und Kurt Hiller an der Spitze trat dem antisowjetischen Kurs entgegen. Der Westdeutsche Landesverband, dessen Organ „Das Andere Deutschland“ Fritz Küster redigierte, nahm eine Mittelstellung ein. Einerseits wurde „Das Andere Deutschland“ von Foerster finanziell unterstützt, andererseits beteiligten sich seine Mitglieder an der Unterschriftensammlung für die Kriegsdienstverweigerung. Die Gruppe hatte sich sogar an die KPD um Unterstützung gewandt. Als aber die Kommunisten eine Formulierung vorschlugen, die die Verpflichtung enthielt, „*jeden* imperialistischen Krieg mit allen zu Gebote stehenden Mitteln, einschließlich der Arbeitsverweigerung, zu bekämpfen“, lehnte Küster ab, mit einer Begründung, die den Einfluß der antisowjetischen Propaganda deutlich machte.

In dieser überhitzten, unguten Atmosphäre wurde, mit Unterstützung der Wiesbadener, Quidde zum Vorsitzenden der Deutschen Friedensgesellschaft wiedergewählt. Auch Rechtssozialisten, wie Paul Löbe, unterstützten die antisowjetischen „Friedensapostel“. Ossietzky aber hatte sich endgültig von dem Getriebe zurückgezogen; er erschien in Erfurt nicht mehr.

Zwei Jahre später rechnete er unter dem vielsagenden Titel „Unselig sind die Friedfertigen“ mit dem pazifistischen Gezänk ab, nicht ohne ein letztes Mal die Fahne der Hoffnung aufzupflanzen: „Soll das wirklich das Ende sein? Es wäre traurig, wenn nicht doch noch einmal zum Sammeln gerufen würde. Aber dann müßte auch ganz neu angefangen werden, ohne Traditionen, einerlei, ob liberale oder radikale, ohne

Abb. 19

mitgeschleppte Wolkenkuckucksheimereien. Die Pazifisten sind immer sauber gewesen und oft hervorragend mutig, aber, die Wahrheit zu sagen, noch öfter gradezu bestialisch unbegabt. Es ist schon schlimm genug, als Friedfertiger über das verheißene Erdreich wandeln zu müssen, das einstweilen noch den reißenden Wölfen gehört. Das Unternehmen wird aussichtslos, wenn man noch dazu dumm ist.“ (WB 8/29.)

Zwei Monate, nachdem diese bittere Absage geschrieben war, betrat Ossietzky die Bühne im Großen Schauspielhaus, um Seite an Seite mit Kommunisten für die Opfer der Polizeimassaker vom 1. Mai 1929 zu zeugen. Der Bruch mit dem bürgerlichen Pazifismus war vollzogen.

Literarischer Hochverrat

Ich weiß genau, daß, wenn ich am 15. März vor dem höchsten deutschen Gerichtshof, dem Reichsgericht, stehe, es am wenigsten um meine Person geht. Dieser Prozeß ist auch nur ein Teil des Generalangriffs, den die wiedererstarkte Bourgeoisie auf allen Fronten gegen das Proletariat führt. Ein Teil des Proletariats sind auch wir, wir proletarisch-revolutionären Schriftsteller, Dichter und Künstler. Wir haben uns zur Aufgabe gestellt – leider ist sie uns nur zu einem sehr geringen Grad bisher gelungen – der Stimme des Proletariats Ausdruck zu verleihen, seine Sehnsüchte, seine Not, seinen Kampfwillen in unseren Werken zu verkörpern und zu gestalten, die Teile des Proletariats, die resigniert oder klassenunbewußt dahinleben, aus ihrer Dumpfheit zu erwecken und zu erheben. Man hat mich aus der großen und täglich größer werdenden Schar unserer Schriftsteller-Genossen herausgegriffen. Heute ist es der, morgen der. Die Tatsache allerdings, daß unsere Werke verboten und wir verfolgt werden, zeugt dafür, daß die Kunst wieder lebendig geworden ist, daß unsere Wege die richtigen sind. Und so werde ich mich vor dem Reichsgericht keineswegs, wie es die „Helden" von rechts zu tun belieben, ausreden und herausschwindeln – ich werde wissen, was ich dem Ehrennamen eines proletarisch-revolutionären Dichters schuldig bin: Ich werde als Kommunist auftreten und anklagen.

Johannes R. Becher

Senatspräsident Lorenz, der den Prozeß gegen den Genossen Becher führt

Genosse Johannes R. Becher

Abb. 2

Abb. 21

WEG mit dem
ES LEBE DER KRIEG!
Schmutz und Schund=
Gesetz!
POLIZEI
AUSSTELLUNG
DER VEREINIGUNG LINKS GERICHTETER VERLEGER
Abteilung
VERBOTENE LITERATUR
Ordnung muß sein!

Abb. 22

Im Jahre 1927 beginnt der Zweikampf zwischen dem gepanzerten Goliath und dem David mit der Schleuder im roten Umschlag. Ossietzky führt den Angriff gegen den Militarismus mit offenem Visier, die Angegriffenen setzen die Justizmaschine gegen den Angreifer in Bewegung.

Das Zusammenspiel zwischen Reichswehr und Justiz ist ein Lieblingsthema glossierender Betrachtungen Ossietzkys. „Zwei feine Familien" nennt er die beiden Organisationen (WB 8/27). Während Stresemann in Genf um das Vertrauen Europas wirbt, hätten sich zum gemeinsamen Zuschlagen „Justizreaktion und Militarismus vereint: durch das Medium der Justiz holt der Militarismus die seit 1914 versäumten Siege nach" (WB 11/27). Der Angriff zielt gegen Generalstab und Oberreichsanwalt. Zwei Feinde schweren Kalibers, und der sie herausfordert, ist nur ein Zeitungsschreiber.

Noch ist der Schlag nicht unmittelbar gegen die „Weltbühne" gerichtet. Berthold Jacob und „Das Andere Deutschland" sind wegen eines Artikels über die Schwarze Reichswehr des Hochverrates beschuldigt. Aber Ossietzky weiß, daß er selbst bald das gejagte Wild sein wird, und er ist zum Waffengang bereit.

Schon Anfang des Jahres, am 10. Februar 1927, fand ihn das Schöffengericht Berlin-Mitte schuldig, Offiziere und Mannschaften des Kreuzers „Hamburg" beleidigt zu haben. Das brachte eine Geldstrafe von 500 Mark. Die Beleidigung war in einem Gedicht Erich Weinerts enthalten, das im „Montag Morgen" erschienen war, einer Zeitung, für die Ossietzky zeitweilig verantwortlich zeichnete. Ein Strafbefehl wegen eines Pressedelikts folgte. Gleichfalls ohne Belang. Als aber Ossietzky im Sommer dieses fatalen Jahres begann, sich mit dem Korvettenkapitän beim Stab der Marineleitung Wilhelm Canaris zu beschäftigen, glaubte der Oberreichsanwalt, den großen Schlag wagen zu dürfen. Er eröffnete gegen Ossietzky ein Verfahren wegen Verrats militärischer Geheimnisse. Doch zur Eröffnung der Anklage war ein positives Gutachten des Reichswehrministeriums erforderlich. Die Anfrage an die zuständige Abteilung, ob die Aufsätze „Das Geheimnis um Canaris“ (WB 34/27) und „Das Märchen von den Canarischen Inseln“ (WB 47/27) Nachrichten preisgegeben hätten, die zum Wohle des Reichs geheimzuhalten gewesen wären, beantwortete der Chef der Abteilung Oberst von Schleicher negativ: „Die in den Artikeln enthaltene Behauptung ist unwahr, aber selbst wäre sie wahr, brauchte sie keineswegs im Interesse der Landesverteidigung geheim zu bleiben.“ Das Verfahren wurde eingestellt. Wäre nicht der spätere Reichskanzler aus Gründen, die unbekannt sind, dem Oberreichsanwalt in den Arm gefallen, hätte der Landesverratsprozeß gegen Ossietzky vor dem Reichsgericht drei Jahre früher stattgefunden.

Noch ein zweites Mal versuchte es der Oberreichsanwalt, und wieder ging es schief. Der Artikel „Frontwechsel des Jungdo“ (WB 31/27) hatte ein Verfahren wegen Landesverrats zur Folge. (Der Jungdeutsche Orden war einer der halbmilitärischen Verbände, aus deren Reihen die Schwarze Reichswehr rekrutiert wurde.) Ossietzky wurde vom Untersuchungsrichter des Reichsgerichts verantwortlich vernommen und, wäre nicht bald darauf das Gesetz über Straffreiheit vom 14. Juli 1928 verkündet worden, hätte Ossietzky wegen dieses Artikels vor einem Senat des Reichsgerichts als Angeklagter erscheinen müssen.

Der Oberreichsanwalt hatte im Jahre 1927 Ossietzky nicht zu fassen bekommen, aber die Herren im Reichswehrministerium verschmähten auch kleinere Anklagen gegen ihren Widersacher nicht. Ein Artikel Berthold Jacobs, „Plädoyer für Schulz“, in der „Weltbühne“ vom 22. März 1927 war der Anlaß. Die pausenlose Kampagne der „Weltbühne“ gegen die

Fememörder (Enthüllungen von Carl Mertens und Kommentare von Ossietzky) hatte die Schwurgerichtsprozesse gegen die Schuldigen an dem spurlosen Verschwinden von Schwarzen Reichswehrsoldaten im Küstriner Moor ins Rollen gebracht. Zugleich aber die Offiziere im Reichswehrministerium nervös gemacht.

Ein Oberleutnant Schulz war zum Tode verurteilt worden, weil ihm ein Fememord nachgewiesen werden konnte. Die „Weltbühne" schrieb: „Schulz hat Anspruch auf den ordentlichen Richter, aber der soll nicht außer acht lassen, daß der Oberleutnant nur erteilte Befehle ausgeführt habe und daß man neben ihn auf die Anklagebank mindestens den Hauptmann Keiner und den Obersten von Beck, wahrscheinlich aber auch den Oberst von Schleicher und den General von Seeckt setzen müßte." Die Genannten (mit Ausnahme von Seeckt) fühlten sich in ihrer Ehre verletzt, und in ihrem Namen stellte der Reichswehrminister Geßler den Strafantrag wegen verleumderischer Beleidigung gegen Berthold Jacob als Verfasser und Ossietzky als verantwortlichen Redakteur.

Vor dem Schöffengericht Berlin-Charlottenburg wurde am 16. und 17. Dezember 1927, unter dem Vorsitz des bösartigen Landgerichtsdirektors Dr. Crohne – unter Hitler sollte er die Volksgerichte organisieren –, die Verhandlung durchgeführt. Erregte Szenen spielten sich ab. Die Zeugen, unter ihnen Major Buchrucker, der Führer des Schwarzen Reichswehrbataillons in Küstrin, unterstützten die Verantwortung der Angeklagten. Sogar der Staatsanwalt war beeindruckt und glaubte angesichts der die Reichswehr belastenden Zeugenaussagen es mit einer Geldstrafe bewenden lassen zu müssen. Aber Landgerichtsdirektor Dr. Crohne, Schaum vor dem Munde, verurteilte Jacob zu zwei Monaten, Ossietzky zu einem Monat Gefängnis. In der Urteilsbegründung gab der Richter seiner Überzeugung Ausdruck, daß eine Geldstrafe gar nicht in Frage kommen konnte angesichts der „ungeheuerlichen Schwere und Tragweite der Beleidigung". „Zur Erhaltung der Autorität maßgebender Reichsbehörden sei es Pflicht der Gerichte, von den Möglichkeiten des Strafgesetzbuches, das bei öffentlichen Beleidigungen auch Gefängnis vorsieht, Gebrauch zu machen."

In dem Augenblick, als der Richter die Gefängnisstrafe für Ossietzky verkündete, ertönte aus dem Zuhörerraum ein lautes „Pfui!" – „Wer war das?" brüllte Crohne. Ein Mann erhob sich auf der Bank der Zuhörer. „Ich war es." Der Justizdiener flüsterte dem Richter ins Ohr: „Es ist ein Kriegsblinder." Crohne brüllte: „Raus damit!"

Einige Monate später hob die Große Strafkammer des Landgerichtes III das Urteil auf und verhängte über Ossietzky eine Geldstrafe von 600 Mark. Den Angeklagten wurde zugebilligt, daß sie sich „um die Aufdeckung eines Krebsschadens bemüht haben". Schließlich ist die Strafe auf Grund der Amnestie zur Gänze erlassen worden. Das hinderte aber den 4. Strafsenat des Reichsgerichtes im Jahre 1931 nicht, bei der Strafbemessung das Urteil von Landesgerichtsdirektor Dr. Crohne als Erschwerungsgrund heranzuziehen.

Noch ein Strafbefehl des Amtsgerichts Charlottenburg aus dieser Zeit ist zu vermerken. Ossietzky erhielt eine Geldstrafe von 50 Mark wegen Vergehens nach Paragraph 110 des Strafgesetzbuches, weil in der „Weltbühne" unter seiner Verantwortung ein Artikel erschienen war, in dem Zeugen empfohlen wurde, in Gesinnungsprozessen Zeugnis und Eidesleistung zu verweigern.

Der Mann, der Woche für Woche den wiedererstandenen Militarismus attackierte, mußte früher oder später in diesem Kampf mit den erbittertsten Feinden des deutschen Militarismus in eine gemeinsame Frontstellung kommen, auch wenn er weit davon entfernt war, sich einzureihen. In der Kampagne der KPD für ein Volksbegehren gegen den Bau des Panzerkreuzers A im Jahre 1928 kam es zum erstenmal zu einer solchen Konstellation.

Am 14. Januar 1928 trat Reichswehrminister Otto Geßler zurück; er hatte sich in geheime Finanzgeschäfte der Reichswehr verstrickt, die aufzudecken ein Anliegen der „Weltbühne" gewesen war. An seine Stelle trat auf Drängen Hindenburgs Generalleutnant Wilhelm Groener, seinerzeit Ludendorffs Nachfolger als Generalquartiermeister. Groener übernahm von seinem Vorgänger den Haß gegen Ossietzky und den Willen, den Unbequemen zu vernichten.

Die Bürgerblockregierung unter dem Zentrumskanzler Marx und die Wahl vom 20. Mai 1928 brachten der SPD einen bedeutenden Stimmen- und Mandatsgewinn. Diesen Erfolg verdankte die SPD in erster Linie ihrer Wahllosung „Kinderspeisung oder Panzerkreuzer?". Die Sozialdemokraten machten sich die antimilitaristische Stimmung der Bevölkerung zunutze. Kaum aber war die neue Regierung unter dem Sozialdemokraten Hermann Müller gebildet, unterstützten die SPD-Minister den Panzerkreuzerbau, denselben, den sie in der Wahlbewegung bekämpft hatten. Der neue Reichswehrminister Groener bezeichnete mit besonderem Nachdruck die Gesetzesvorlage zum Bau des Panzerkreuzers als einen Antrag der Gesamtregierung und nicht nur des Reichswehrministers. Die Fraktion der SPD bejahte im gleichen Atemzug den Etat der Reichswehr, stimmte aber gegen die Raten für den von den SPD-Ministern beschlossenen Panzerkreuzerbau. Sie konnte sich dieses Doppelspiel leisten, denn sie wußte, daß eine ausreichende Mehrheit ohnehin vorhanden sein würde.

Für Ossietzky war die Wehrfreudigkeit der SPD-Führung das große Ärgernis. Die auf dem Parteitag von Magdeburg beschlossenen „Richtlinien zur Wehrpolitik" (28. Mai 1929) beruhten auf der Wunschvorstellung, die Reichswehr mit „wahrhaft republikanischem Geist zu durchtränken". Ossietzky kommentierte bitter: „Die Wehrwölfe rechts blicken lächelnden Auges auf die braven Wehrschafe in schwarzrotgoldener Wolle und freuen sich auf die Mahlzeit." (WB 8/29.)

Während die SPD ihr Doppelspiel trieb, setzte die KPD ein Volksbegehren gegen das Vorhaben durch. Die Sozialdemokratische Partei war natürlich gegen das Volksbegehren, ebenso wie die meisten linksbürgerlichen Politiker und Publizisten, hielten sie doch eine nur von den Kommunisten unterstützte Aktion für aussichtslos.

Ossietzky im Alleingang erhob seine Stimme zugunsten des Volksbegehrens. Ob aussichtsvoll oder nicht, zunächst müßten die vier Millionen Stimmen aufgebracht werden, die nach dem Gesetz notwendig sind, denn diese Sache sei nicht eine Sache der Kommunisten allein.

„Es geht darum, endlich jenen perfiden Militarismus zu treffen, der, tausendmal bankrott und kompromittiert, immer wieder den Weg durch die Seitentüren gefunden hat. Er schoß als Mörder aus dem Hinterhalt, er wütete in Geßlers schwarzer Klapprothgarde, er lächelte verständnisinnig um Seeckts versiegelte Lippen . . ., er übertölpelte, mit dem harmlosen Papier eines parlamentarischen Mehrheitsbeschlusses gedeckt, ein paar kompromißselige sozialistische Minister. Vielgestaltig und gut maskiert hat er sich immer wieder in die erste Reihe gespielt, vernünftige Handlungen verhindert, dem Staat das Odium der Unehrlichkeit und des Vertragsbruches verschafft und eine Krise nach der andern verschuldet. In zehn Jahren ist er die geheime Krankheit, der Tumor am Hirn der Republik gewesen. Wir haben ihn oft entlarvt, seine Schliche aufgedeckt, seine Finten durchkreuzt. Wir haben ihn oft zum Rückzug gezwungen, aber nie wirklich getroffen. Zum erstenmal sind wir ihm ganz dicht an der Gurgel. Wer zögert da?"

Ossietzky beschwört die Antimilitaristen in allen Lagern, „die einzige und unwiederbringliche Gelegenheit" zu nützen. „Das Referendum gegen die Panzerkreuzer wird den deutschen Friedenswillen mächtiger bekunden als eine Unterschrift in Locarno oder Paris." Der Kampf um den Bau des Panzerkreuzers zeigt, „daß Deutschland nicht eine Renaissance seiner Militärmacht will, daß es die Wiederkehr einer Gott sei Dank versunkenen Glorie nicht einmal im Miniaturformat wünscht". (WB 37/28.)

Das Volksbegehren erhielt nicht genug Stimmen, um den Volksentscheid zu erzwingen, doch wog das Ereignis schwer im Bewußtsein Ossietzkys. Wieder, wie in den ersten Nachkriegsjahren, fühlte er die Ohnmacht eines Antimilitarismus, der nicht von der einigen Arbeiterklasse getragen wird. Wieder überkam ihn die Gewißheit, daß ein Erfolg gegen Militarismus und Reaktion von der Einheit der Arbeiterklasse abhänge, die Spaltung den Keim der Niederlage in sich trage. Fehlte ihm auch ein tieferes Verstehen des Gegensatzes zwischen reformistischer und revolutionärer Arbeiterpartei, so wehrte er dennoch – von Jahr zu Jahr nachdrücklicher – die billigen Schlagworte des Antikommunismus ab.

Schon 1926, als der Volksentscheid für die Fürstenenteignung trotz hoher Stimmenzahl durch antikommunistische Stimmungsmache zum Scheitern gebracht wurde, schrieb er: „Ich wende mich durchaus nicht gegen eine Zusammenarbeit mit den Kommunisten in weiteren Aktionen.“ (WB 25/26.) Und seitdem er die „Weltbühne“ leitete, war es in ihren Blättern zur Norm geworden, für die Rote Hilfe Spenden zu sammeln.

Immer drängender wurden die Mahnungen Ossietzkys zur Einheit, seine Besorgtheit um die heraufziehende faschistische Gefahr. Im Gegensatz zu manchen seiner Mitarbeiter, deren Überheblichkeit die Ratschläge entwertete, die sie freigebig ausstellten, beschied sich Ossietzky auf wortkarge Hinweise, fast immer verbunden mit der Warnung vor dem Ausrutschen ins Antikommunistische. Gegen die Absicht, den Roten Frontkämpferbund aufzulösen als Ausgleich für das Einschreiten der Preußenregierung gegen einen Stahlhelm-Aufmarsch, erhob er bereits 1927 seine Stimme: „Man weiß aus Erfahrung, daß jede gegen Rechts betätigte Courage durch einen verdreifachten Hieb gegen Links wieder wettgemacht wird. Das ist des Landes so der Brauch.“ (WB 19/27.)

Und in dem Augenblick, da es nicht mehr auf Worte ankam, sondern auf die Tat, stellte er sich ohne Zögern mit seiner ganzen Person dem antikommunistischen Ansturm entgegen.

Abb. 23

7 DIE FEUERPROBE

Die Wahlen zum vierten Reichstag der Republik am 20. Mai 1928 brachten der SPD einen Zuwachs von 21 Mandaten; aber die Kommunistische Partei hatte ebenfalls zugenommen, wenn auch nicht im gleichen Maße. Zusammen erreichten die beiden Arbeiterparteien 42,1 Prozent aller Reichstagssitze, fast soviel wie die SPD und USPD in der Nationalversammlung von Weimar. Aber eine solche Rechnung war sinnlos. Zwischen den beiden Parteien hatte sich ein Abgrund aufgetan, der unüberbrückbar schien. Die Führer der SPD waren zutiefst der konservativen Republik verhaftet und mit jenen Kräften verfilzt, die Deutschland auf den Weg der beschleunigten Aufrüstung drängten. In ihren Augen waren die Kommunisten, die bei den Wahlen mehr als drei Millionen Stimmen erhalten hatten, Agenten einer fremden Macht. Mit solcher Blindheit geschlagen, wurden die sozialdemokratischen Führer Werkzeuge der Finanzoligarchie, deren Interessen das Anliegen der Republik geworden war. Hermann Müller durfte das Staatsschiff steuern, den Kurs bestimmten andere.

Ossietzky war vorerst einverstanden. Nach seinem republikanischen Kinderglauben schien die neue Regierung den demokratischen Spielregeln zu entsprechen. „Die Stunde der Sozialdemokratie", nennt er seinen Kommentar zum Wahlergebnis, „Ihr sollt regieren", heiße das Votum der Wähler. Freilich, die Taten blieben abzuwarten. Die Erwartung ist zugleich Mahnung zum Handeln, eine skeptische Erwartung. Mit dem Ende der Ära Hermann Müller sieht er die Erwartung enttäuscht, die Skepsis bestätigt.

Der Zeitpunkt ist, sieht man die Ereignisse vom Gesichtspunkt einer bedacht manövrierenden Reaktion, gut gewählt. Schwierige Jahre standen bevor. Die Krise war noch nicht da, aber sie war im Kommen. Die Klassengegensätze verschärften sich, und sie würden sich weiter verschärfen. In dem bitterkalten Winter 1928/29 stieg die Zahl der Arbeitsuchenden auf über drei Millionen. Die Rechtsparteien griffen mit Vehemenz die Arbeitslosenversicherung an, eine der wenigen Errungenschaften der Novemberrevolution, die noch nicht preisgegeben war. Eine radikale Herabsetzung der Massenkaufkraft und eine Abwälzung der Krise auf die Schwächsten – das war das Rezept der Bürgerparteien. Der Youngplan, der nach dem Scheitern des Dawesplans die Abgeltung der Reparationen „endgültig" regelte, mußte dem Volk mundgerecht gemacht werden, sollte es doch letztlich die Rechnung bezahlen.

In solcher Lage waren die Kommunisten ein ärgerliches Hemmnis. Sie stellten sich schützend und kämpfend vor die Notleidenden, denen man zumutete, noch mehr Not zu leiden. Mögen ihre Forderungen manchen radikal erschienen sein, sie waren, auf der Waagschale der Geschichte gewogen, gerechte Forderungen. Sie riefen zum Kampf gegen die Republik der Reichen, gegen die Polizei der Arbeiterfeinde, gegen die Politik der Aufrüster.

Zur Kraftprobe kam es, als die sozialdemokratische Preußenregierung den traditionellen Maiaufmarsch in der Hauptstadt Deutschlands verbot. Das war etwas Neues, und zur Beruhigung trug es nicht bei. Ein sozialdemokratischer Innenminister und ein sozialdemokratischer Polizeipräsident verboten den Berliner Arbeitern, was sie seit der Aufhebung des Sozialistengesetzes gewohnt waren zu tun: am Feiertag der Arbeit auf die Straße zu gehen.

Bei den Zusammenstößen zwischen Demonstranten und Polizisten in den blutigen Maitagen 1929 waren dreiunddreißig Arbeiter von Polizeikugeln getötet und mehr als einhundert verletzt worden. Drei Tage lang währte der Straßenkampf in Neukölln und am Wedding.

Gegen die wütenden Attacken der Polizei verteidigten sich die Arbeiter hinter rasch aufgeworfenen Barrikaden.

Das Blutbad wurde begleitet von einem Haßfeldzug gegen die Kommunisten. Was war geschehen? Hatte die KPD, wie man in den Polizeiberichten lesen konnte, den bewaffneten Aufstand geplant? Die Kommunisten, ihre Toten beklagend, bestritten, was ihnen in die Schuhe geschoben wurde. Die Arbeiter seien über das undemokratische Demonstrationsverbot erbittert gewesen, sie seien dem Verbot zum Trotz auf die Straße gegangen, die Polizei hätte, um dem Verbot Geltung zu verschaffen, das Massaker angerichtet, die Arbeiter hätten sich nur verteidigt. Mehr noch: die Provokation hätte zum Ziele gehabt, für ein Ausnahmegesetz gegen die Kommunisten Stimmung zu machen; so stände dann der Reaktion der Weg frei, ihre volksfeindlichen Pläne durchzuführen.

Ossietzky nahm ohne Zögern Stellung. Aufgewühlt von der Brutalität einer Ordnungstruppe unter sozialdemokratischem Befehl gegen Arbeiter, die ihr Fest feiern wollten, erhob Ossietzky bereits am 7. Mai die Stimme: „Zörgiebel ist schuld!" (So hieß der Polizeipräsident von Berlin.)

Vorerst: warum überhaupt dieses Verbot? „Einen durch jahrzehntelange Tradition fast sakral gewordenen Aufzug, eine letzte Erinnerung an die alte sozialistische Weltgemeinschaft kurzerhand zu verbieten, das bringt kein Bourgeois fertig, dazu gehört schon einer jener wohlzugeschnittenen Parteisozialisten, deren Energie sich ausschließlich im Abbau der alten sozialistischen Werte und Riten betätigt. Herr Zörgiebel, der sich durch nichts für sein jetziges Amt qualifiziert hatte, zählt zu jenen aus dem Geiste der Ochsentour empfangenen Würdenträgern, die sich für ganz verteufelte Realpolitiker halten, wenn sie das, was sie gestern anbeteten, heute mit den Stiefelspitzen traktieren."

Und dann, nach dem Blutbad, der antikommunistische Schwindel? „Ich frage, Herr Polizeipräsident, wo ist die Verlustliste Ihrer Beamten? Ich frage nicht aus Zynismus so, denn ich freue mich über jeden, welche Farbe er auch trage, der mit heiler Haut aus dem häßlichen Spiel der Waffen herauskommt, ich frage nur zur Ergründung der Wahrheit nach der Verlustliste Ihrer Beamten. Wenn bei einer angeblich so wilden Insurrektion nur die Insurgenten Verluste haben oder nur die Unvorsichtigen und die Schlachtenbummler erlegt werden, dann handelt es sich hier entweder um einen typischen Kriegsbericht, in dem immer die Andern zerschmettert werden, während von den Unsern kein Mann verletzt ward – eine Übertreibung, zu der hier kein Anlaß vorliegt, im Gegenteil! –, oder die Geschichte von der Insurrektion ist ein aufgelegter Schwindel, nur ersonnen, um die breite militärische Entfaltung zu rechtfertigen." (WB 19/29.)

Eine Woche später forderte der Leitartikel der „Weltbühne": „Abdankung, Herr Polizeipräsident!" Und noch eine Woche später zeigt er in dem Artikel „Kommunistengesetz?" die Absicht hinter der Provokation.

Aber Ossietzky geht diesmal weiter, viel weiter. Jetzt ist er wieder der unerschrockene Angreifer gegen das, was er als Unrecht ansieht, wie 1919, als er auf die Straße ging mit der Losung „Nie wieder Krieg". Seine Scheu vor dem Lärm der Versammlungen weicht dem unbändigen Trieb, ohne Rücksicht auf die Folgen für die Wahrheit mit der ganzen Person einzustehen.

Der Entschluß ist diesmal folgenschwerer als vor einem Jahrzehnt. Die Wahrheit ist auf seiten der Kommunisten, der Geächteten. Er ist gewiß kein Kommunist, jedermann weiß es, er hat immer mit ihnen gestritten und wird es weiter tun. Man wird ihm die Zusammenarbeit mit den Kommunisten auch dann zum Vorwurf machen, wenn die Sache, um die es geht, gerecht ist. Er ist sich der Folgen bewußt, aber ohne Zögern tut er, was er für seine Pflicht hält, als Citoyen, dem die Demokratie mehr ist als eine Gebetsformel für Sonn- und Feiertage.

Einige linksbürgerliche Publizisten, Juristen und Ärzte hatten sich gemeinsam mit zwei kommunistischen Mandataren wenige Tage nach dem blutigen Sieg der Ordnung in einem Zimmer des Reichstags zusammengesetzt. Der „Ausschuß zur öffentlichen Untersuchung der Maivorgänge" hatte sich spontan gebildet. Im Mittelpunkt stand Rechtsanwalt Dr. Apfel, ein zäher Streiter gegen obrigkeitliches Unrecht. Da waren Stefan Großmann, Herausgeber des „Tage-Buch“, der Romancier Alfred Döblin, der Kunstkritiker Herwarth Walden, Otto Nuschke, Chef der „Berliner Volks-Zeitung“, der Neuköllner Stadtrat und Arzt Dr. Schminke, der kommunistische Reichstagsabgeordnete Geschke und einige mehr. Ossietzky war bei der Konstituierung des Ausschusses nicht anwesend. Ein Aufruf klebte an den Litfaßsäulen mit der Aufforderung, Zeugen mögen sich in einem Büro in der Friedrichstraße melden – die Wahrheit über den blutigen 1. Mai müsse ans Licht kommen.

Am 15. Mai waren zu einer geschlossenen Sitzung des Ausschusses im Lehrervereinshaus, wo über das weitere Vorgehen beraten werden sollte, bereits vierzig Personen erschienen. Natürlich auch ein Spitzel der Polizei. Seinen Auftraggebern berichtete er, die Grundtendenz der Beratung sei „kommunistisch“ gewesen, was allerdings von den Rednern „mit auffälliger Hartnäckigkeit bestritten würde“. Wortführer bei dieser Beratung war Stefan Großmann, der den Austritt Nuschkes aus dem Komitee und den Eintritt Heinrich Manns bekanntgab. Sittlich und gerecht denkende Männer, sagte Großmann, hätten sich spontan zusammengeschlossen, um die historische Wahrheit über den Blutmai festzustellen. „Ich brauche nicht zu sagen, daß ich nicht Kommunist bin und es auch nicht zu werden beabsichtige. Ich habe mich jedoch freudig diesem Ausschuß beigeordnet, weil ich einer von den Tausenden bin, die durch diese Maitage einen inneren Ruck bekommen haben, die eine entscheidende Wendung in sich spürten.“ Die Polizeibrutalität verglich er mit dem Geschehen am 15. Juli 1927 auf der Wiener Ringstraße, wo hundert demonstrierende Arbeiter auf dem Pflaster blieben, an die tausend in die Spitäler eingeliefert werden mußten. So furchtbar sei die Opferbilanz in Berlin nicht gewesen, aber auch dreiunddreißig Tote forderten Gerechtigkeit. Um die Wahrheit unparteiisch festzustellen, wäre es wünschenswert, wenn die Polizei durch einen Vertrauensmann an den Arbeiten des Untersuchungsausschusses teilnehmen, aber auch, daß die KPD ihr gesamtes Material über die Vorbereitung des 1. Mai, einschließlich interner Rundschreiben, dem Ausschuß vorlegen würde. Sofort erklärte sich ein Vertreter der KPD bereit, dieser Aufforderung nachzukommen: das Gewissen der Kommunisten sei rein, die Leichenöffnung habe ergeben, daß alle Getöteten Opfer von Polizeikugeln waren.

Im Polizeipräsidium nahm man den Ausschuß anfangs nicht sehr ernst. Die politische Polizei, fest in der Hand der SPD, hielt es mit dem „Vorwärts", ihrem Zentralorgan, der den Ausschuß lächerlich zu machen suchte. Das änderte sich mit einem Schlag, als bekannt wurde, der Maiausschuß bereite eine öffentliche Zeugenvernehmung im Großen Schauspielhaus vor. Der Reichsinnenminister Severing hatte den Roten Frontkämpferbund aufgelöst, die „Rote Fahne" war verboten, die bürgerliche Presse gleichgeschaltet. Von dieser Seite war man sich keiner Attacke gewärtig. Die Kundgebung im Großen Schauspielhaus aber machte die Herren nervös; um so mehr als es hieß, Ossietzky, der Zörgiebel in der „Weltbühne" pausenlos angriff, ihn für das vergossene Blut verantwortlich machte, sei dem Ausschuß beigetreten und werde im Präsidium der Kundgebung Platz nehmen.

Am 6. Juni war Gerichtstag in Anwesenheit von dreitausend leidenschaftlich erregten Berlinern. Hunderte von Zeugen warteten auf ihre Vernehmung, aber nur wenige kamen zu Wort. Am Tisch des Präsidiums saß Ossietzky. In seiner Eröffnungsrede wiederholte Stefan Großmann die Versicherung, daß nicht kommunistische Parteizugehörigkeit die Ausschußmitglieder zusammengebracht hätte; auch der Herausgeber der „Weltbühne" wäre alles andere als ein Kommunist; wollte man ihn als einer Partei zugehörig betrachten, könnte man höchstens sagen, er gehöre der Partei von Ossietzky an.

Wilhelm Pieck, aufgefordert, sich zu den Beschuldigungen der Polizei zu äußern, ergriff das Wort. Die Blutschuld auf die KPD abzuwälzen, sei der übliche Haltet-den-Dieb-Trick. Am 1. Mai in den Lustgarten! Das sei den Arbeitern von Berlin seit vierzig Jahren zur Tradition geworden. Auch in diesem Jahre sollte demonstriert werden: für den Achtstundentag, gegen Kriegsrüstung. Demonstrieren, das heißt, auf die Straße gehen. Die Polizei aber habe den Aufmarsch verboten, dazu hatte sie nach der Verfassung kein Recht. Die KPD habe das ungesetzliche Versammlungsverbot nicht anerkennen können, habe die Arbeiter zu überzeugen gesucht, das Verbot zu durchbrechen – aber von einem Aufstand könne keine Rede sein. Die Partei hätte die Arbeiter nicht bewaffnet, den Barrikadenbau nicht angeordnet – das alles wäre spontan geschehen, in Notwehr gegen die Attacken der Schupo.

Die Ausschußmitglieder nahmen Pieck ins Verhör, Zeugen sagten vor dem Mikrophon aus, ein Film von den Kämpfen wurde gezeigt. Es war Gerichtstag, ein in Deutschland nie vorher erlebtes öffentliches Tribunal. Der Ausschuß stellte fest: die Blutschuld treffe die Polizei, Zörgiebel müsse zurücktreten. Ossietzky gab zu bedenken, daß die Polizeiverfolgung gegen die Kommunisten nur *ein* Ergebnis haben könne: „Davon profitieren vor allem die Nationalsozialisten, die den Straßenrandal zu höchster Vollendung ausgebildet haben, und davon profitieren die völkischen Studenten, die neulich die Universität in einen Paukboden verwandelt haben. Wenn die Maidemonstranten am Bülowplatz oder Hermannplatz Ähnliches versucht hätten, so würde das Polizeipräsidium vom Gruppenkommando der Reichswehr wahrscheinlich ein paar Feldhaubitzen angefordert haben." (WB 52/29.)

In der Folge wiederholte der Maiausschuß die öffentliche Abrechnung mit der schuldig gesprochenen Polizei, so am nächsten Tag in den Pharussälen, diesmal unter dem Vorsitz von Ossietzky. Der Polizeibericht vermerkt: „Der sonst etwa 1000 Personen fassende Saal war von mindestens 1500 Personen besucht." Ossietzky kann auch hier die sarkastische Tonart nicht ablegen. In seiner Eröffnungsrede bezieht er sich auf die Pressekommentare zur Kundgebung im Großen Schauspielhaus. Keine Zeitung, stellt Ossietzky fest, habe diese ernste öffentliche Auseinandersetzung über Berlins tragische

Tage so bösartig entstellt wie der „Vorwärts". Mit dem Verlesen des Artikels aus dem Zentralorgan der SPD brachte Ossietzky die Zuhörer zu Äußerungen des Unmuts, aber auch zum Lachen. Abschließend faßte Ossietzky den Willen der Versammelten zusammen:

1. Sofortige Amtsenthebung des Polizeipräsidenten Zörgiebel.
2. Verbot des Gebrauchs von Schußwaffen seitens der Polizei.
3. Freilassung aller wegen der Maivorgänge Verhafteten.
4. Entschädigung der Hinterbliebenen.

Ehe die Menge nach dem Absingen der Internationale auseinanderging, forderte Ossietzky auf: „Gebt den Sammlern der Roten Hilfe am Saalausgang euer Scherflein!"

Auch die dritte und vierte Versammlung des Mai-Ausschusses am 19. und 21. Juni fanden unter dem Vorsitz von Ossietzky statt. In einem der Polizeiberichte über das öffentliche Auftreten Ossietzkys im Rahmen dieses Feldzuges ist zu lesen: „Zu Anfang der Versammlung machte Ossietzky die Mitteilung, daß dem Ausschuß vorgeworfen werde, er sei kommunistisch eingestellt. Er wies diese Anschuldigung weit von sich und brachte zum Ausdruck, daß er diesmal mit den Kommunisten zusammengearbeitet habe, obwohl sie morgen oder übermorgen sich feindlich gegenüberstehen können." Im schlechtesten Polizeideutsch ist hier der Standort Ossietzkys in der Frage der Zusammenarbeit mit den Kommunisten skizziert. Er selbst hatte es besser ausgedrückt: „Wir haben in kommunistischen Politikern, mit denen wir in der Vergangenheit manchmal die Klinge gekreuzt haben und denen wir in Zukunft gewiß wieder auf einem andern Felde begegnen werden und die in der Phantasie geängstigter Spießer den moskowitischen Schrecken personifizieren, ruhige und verantwortungsbewußte Männer gefunden." (WB 24/29.)

Zum erstenmal seit 1923 war die Arbeiterklasse mit der Staatsgewalt in einen bewaffneten Konflikt geraten. Darin zeigte sich die ungeheure Verschärfung der Gegensätze. Die rechten sozialdemokratischen Führer, in dem Wahn befangen, die nationalistische Rechte dadurch zu überspielen, daß sie sich an die Spitze des Kampfes gegen die Radikalisierung der Arbeiterschaft stellten, schwächten so die Kräfte des Widerstandes. Die Preußenregierung führte ihren Hauptstoß gegen die KPD und plante deren Verbot. Das verbitterte begreiflicherweise jene Arbeiter, die ihr Vertrauen der KPD schenkten, und erklärte die Heftigkeit ihrer Gegenwehr. „Es war notwendig und richtig, daß die Arbeitermassen gegenüber dem Polizeiterror zu Selbstschutzmaßnahmen übergegangen sind", urteilte Walter Ulbricht wenige Tage später in seiner Rede auf dem Weddinger Parteitag über den Charakter der Kämpfe. Freilich die Erkenntnis, daß die Hauptgefahr der Faschismus sei, war noch nicht der Leitgedanke der Vorhut der Arbeiterklasse, und der Zorn über Zörgiebel verleitete manche dazu, die sozialdemokratischen Arbeiter den Führern der SPD gleichzusetzen, für den großen Zörgiebel die „kleinen Zörgiebels" verantwortlich zu machen.

Ossietzky war kein Kommunist, die komplizierten Probleme der Strategie und Taktik des Klassenkampfes waren ihm fremd. In seinem Kopf hatten sich die politischen Ereignisse bisher in den Kategorien des Humanismus gespiegelt. In der Rechtsentwicklung der Republik sah er den Verlust ihrer Stabilität. Als er sich an die Spitze des Maiausschusses stellte, hatte er bereits einen Vorbehalt abgelegt, an dem seine Gesinnungsfreunde festhielten. Nicht allein der humanistische Gerechtigkeitssinn ließ ihn in diese Abenteuer stürzen, es war mehr: Ossietzky glaubte in jenem Stadium seiner politischen und geistigen Entwicklung, daß der Schutz der Republik in der Hand der kämpfenden Arbeiterklasse liege. Nur von ihr erwartete er Rettung vor der militaristischen und faschistischen Bedrohung; freilich, von einer im Gleichschritt marschierenden Arbeiterklasse. Ossietzky hatte keine Illusionen über die sozialdemokratischen Führer, er sah, daß sie die

Macht falsch gebrauchten. In törichter Auslegung der Demokratie öffneten sie, wenn auch nicht willentlich, dem Faschismus das Tor. Dennoch, nicht von ihnen, sondern vom Faschismus drohte der Untergang. Ossietzky wies die scheinheilige Theorie – ihr wortreichster Verfechter war Severing – leidenschaftlich zurück, daß die Republik von den zwei „extremen“ Parteien, der extremen Rechten und der extremen Linken, bedroht sei. In dieser Symmetrie-Politik sah Ossietzky von Jahr zu Jahr deutlicher die Erbsünde der SPD. Aber ebenso weigerte er sich, die Schädlichkeit der rechten sozialdemokratischen Führer der faschistischen Bedrohung gleichzusetzen. Er warnte vor der Unterschätzung der Gefahr, die von rechts drohte. In erster Linie glaubte er an die Notwendigkeit und an die Möglichkeit einer Aktionseinheit der beiden Arbeiterparteien, freilich ohne zu beachten, daß diese nicht durch Wünsche und Beschwörungen herbeigezaubert werden könne.

Zu den Großtaten des vorwärtsweisenden Publizisten gehörte sein früher Feldzug gegen die „törichte Bolschewistenfurcht“. Es ist kein Wunder, daß Ossietzky den Keulenschlag gegen die antikommunistische Hysterie im Anschluß an die Erfahrung des 1. Mai führte. Sein Artikel „Die Internationale der Angst“ (WB 33/29) ist am 13. August 1929 erschienen; noch war die Erregung über den Zörgiebel-Mai nicht abgeebbt. Der internationale Kampftag gegen den Krieg, der 1. August, hatte Tiefe und Umfang der antikommunistischen Agitation sichtbar gemacht, von der nur die Kolonnen des Faschismus profitierten. Ossietzky machte sich lustig über die Angst der guten Bürger vor dem Bolschewismus. Die Wurzel der Angst, die in der bürgerlichen Gesellschaft vorherrschte, lag klar vor seinen Augen.

„Es bebt eine tiefe Unruhe in der kapitalistischen Welt, die niemals wieder aufhören wird. Der Begriff des Besitzes ist fragwürdig und unpersönlich geworden. Die Expropriation hat innerhalb der bürgerlichen Gesellschaft lange begonnen. Der große Mammonismus hat die vielen kleinen Geldschränke und Truhen lange konfisziert und lange den letzten Sparstrumpf ausgeleert. Der Kapitalismus hat sich selbst isoliert, seine eigenen Glieder abgestoßen und sich in eine raumenge, wenn auch gewaltig armierte Festung zurückgezogen. Er ist nervös und fürchtet Überrumpelung."

Weniger als ein Jahr wird vergehen, und der Durchbruch der NSDAP auf der parlamentarischen Front hat sich vollzogen. Die sozialdemokratischen Führer wollen es nicht wahrhaben, für sie ist der Kommunismus Staatsfeind Nummer eins. Ossietzky sah das Unheil kommen, und er warnte vor der selbstmörderischen Stoßrichtung der republikanischen Autorität. Als zu Beginn des Jahres 1930 das neue Republikschutzgesetz vor den Reichstag kam, vorgelegt von einer Regierung unter sozialdemokratischer Führung, war Ossietzky schier verzweifelt. Eine Rede des preußischen Innenministers Grzesinski kommentierend – dieser wird im Exil Gelegenheit haben, über die Fehler seiner Amtszeit nachzudenken –, wettert Ossietzky: „Herr Grzesinski hat verraten, daß er in dem Gesetz nicht etwa ein Instrument gegen Rechts erblickt, sondern ausschließlich ein Ausnahmegesetz gegen die Kommunistische Partei. Hier spricht, wie so oft, nicht der Staat, sondern ein Parteiminister, für den die in seinen Händen ruhende erhebliche Autorität grade gut genug ist, um als genehme Waffe gegen eine lästige Konkurrenzpartei verwendet zu werden." (WB 4/30.)

Im gleichen Atemzug verteidigt er das Zentralorgan der Kommunistischen Partei, die „Rote Fahne", gegen Polizeiwillkür. Sie gefällt ihm nicht, die „Rote Fahne", der Ästhet fühlt sich abgestoßen von der rauhen Sprache, aber der Demokrat kämpft verzweifelt für Meinungsfreiheit. „Die Konfiskation der ‚Roten Fahne' hat zwar kein Blut gekostet, nur ein bißchen Pressefreiheit ist dabei unter den Polizeistiefel geraten, und das verfassungsmäßig verbriefte Recht der freien Meinungsäußerung ist durch einen unqualifizierten tölpelhaften Eingriff verletzt worden." (WB 4/30.)

Was hatte die kommunistische Zeitung verbrochen? Der Artikel sei von harter Sachlichkeit, enthalte lediglich die Versicherung, daß die Anhängerschaft der KPD den Massenkampf weiter betreiben und sich das Recht auf die Straße nicht nehmen lassen werde, das Proletariat werde sich nicht von der Bourgeoisie provozieren lassen, die sehnlichst wünsche, es vorzeitig zum Aufstand herauszulocken. Und das sollte nicht gesagt werden dürfen? Über der ganzen Aktion stehe kein hehres, unverrückbares Gesetzeswort, sondern das alte wilhelminische „Die janze Richtung paßt mir nicht!" Und wenn über „Hetze" geklagt wird, so sei zu bedenken: „So arg die Hetze sein mag, sie kann niemals so arg sein wie die Zustände, deren Kind sie ist."

Es ist, als sähe Ossietzky das Unheil herankommen. Stellt der Faschismus die Hauptgefahr dar, so ist logischerweise der „Rotkoller" der Hauptfehler. Durch die meisten europäischen Länder gehe eine Kommunistenjagd, wie seit Jahren nicht mehr. Und in Deutschland denke man ernsthaft daran, „den Rotkoller zu stabilisieren und in gesatztes Recht zu verwandeln". Das sei Severings Ausnahmegesetz gegen die Kommunistische Partei, fälschlich genannt „Gesetz zum Schutze der Republik". Das neue Gesetz sei schlimmer als das alte, nach dem Rathenaumord beschlossene und dann wieder fallen gelassene. Wohin das führen werde, darüber ist sich Ossietzky klar:

„In der Praxis wird jede einzelne Ziffer zu einer hartkantigen Waffe gegen kämpfende Arbeiterparteien werden, die nicht nur in die Politik, sondern auch in den gewerkschaftlichen Alltag hineinschlagen wird, indem jeder Arbeiter daraufhin abgeurteilt werden kann, der bei irgendeiner Lohnbewegung ein etwas zu populär gehaltenes Flugblatt verteilt. Das ist eben das Hinterhältige an diesem Gesetzentwurf, daß er abwechselnd mit den Begriffen ‚republikfeindlich' und ‚staatsfeindlich' operiert. Der Sozialist und Kommunist ist weder republik- noch staatsfeindlich, er tritt nur für eine andere Güterverteilung innerhalb des republikanischen Staates ein, und das ist ganz gewiß nicht verboten – ob diese Forderung nun ein Einzelner erhebt oder ob sie eine Klasse zu ihrem vornehmsten Programmsatz erklärt. Soll aber der Emanzipationskampf der Besitzlosen allein für strafwürdig gelten, so führt das Gesetz einen falschen Namen. Dann hat es nichts mit Republikschutz zu tun und müßte von Rechts wegen ‚Gesetz zum Schutz des Geldsacks' heißen." (WB 8/30.)

Es war nur natürlich, daß die heftige Reaktion linksbürgerlicher Intellektueller auf das Blutbad vom 1. Mai das Problem „Arbeiter und Intellektuelle" zum aktuellen Gesprächsthema machte. In den Blättern der „Weltbühne" ging die Diskussion hin und her. Haben die Intellektuellen 1918 versagt? Tucholsky, in einer Replik, antwortete: „Wir hatten kein Programm – wir haben niemals beansprucht, die Führer der Arbeiterklasse zu sein, die Intellektuellen haben kaum einen Anteil an den Geschehnissen." Ein kommunistischer Autor, der in dieses Wortgefecht eingriff, stellte Ossietzky als Modell des linken Intellektuellen, der den Kontakt mit der Arbeiterklasse sucht, den überheblichen Allesbesserwissern entgegen.

Der Blutmai war jedoch nur ein Symptom, nicht die Krankheit. Eine Ära ging zu Ende, und eine neue kündigte sich an. Der „Schwarze Freitag" an der New Yorker Börse (24. Oktober 1929) löste ein Erdbeben aus, das nicht wenige Bankpaläste der kapitalistischen Welt zum Einsturz brachte. Stresemann, der die Neugeburt des deutschen Imperialismus mit frommen Sprüchen begleitet und dafür, zusammen mit seinem französischen Gegenspieler Aristide Briand, den Friedensnobelpreis erhalten hatte, starb zu dieser Zeit. Ossietzky hatte ihm Erfolg bescheinigt, nicht nur politische Begabung. Aber die Jahre, da man in Deutschland das Programm der Rechten mit den Stimmen der Linken durchführte, waren endgültig vorbei. Man brauchte sie nicht mehr, die sozialdemokratischen Handlanger, sie hatten das ihre getan, sie konnten gehen. Auch war das Risiko zu groß, daß die enttäuschte und radikalisierte Arbeiterschaft dem Ruf der Kommunistischen Partei in immer größeren Massen folgen und schließlich die Einheit nicht im Verzicht, sondern im Kampf verwirklichen werde, zumal mit der Annahme der Youngplan-Gesetze die Verelendung nur noch schlimmer zu werden drohte.

So bereitete die deutsche Herrenklasse mitten im Rennen den Pferdewechsel vor. Die Magnaten der Schwerindustrie setzten weniger auf die Beschwichtigungsversuche der SPD als auf die Prügelgarden Hitlers. Hatten sie sich auch noch nicht für den Gefreiten entschieden, so waren sie doch auf der Suche nach dem „starken Mann“. Im März 1930, bei einer Arbeitslosenzahl von drei Millionen, wird Hermann Müller aus einem fadenscheinigen Anlaß zum Rücktritt gezwungen, die Große Koalition zerfällt, der Notverordnungskanzler Brüning, von Schleicher dem Reichspräsidenten vorgeschlagen, löst den Reichstag auf, und die Wahlen vom 14. September 1930 machen die NSDAP mit 107 Mandaten zur zweitstärksten Fraktion.

Verzehnfachung der Stimmen- und Mandatszahl der NSDAP, das war die neue Situation, die Ossietzky vorausgesehen und vor der er unausgesetzt gewarnt hatte. Unter dem Eindruck des Erdrutsches notiert Ossietzky: „Die Demokratie verschwindet tief unten. Der Aufstieg in die Stratosphäre beginnt ... Das deutsche Bürgertum hat für seine Entrechtung und Erniedrigung, für den Faschismus Adolf Hitlers optiert.“ (WB 38/30.) Das war freilich nur zur Hälfte wahr. Das deutsche Großbürgertum hat in der Tat für Adolf Hitler optiert, Entrechtung und Erniedrigung aber sollte es jenen Handlangern der ersten Stunde bringen, die sich seinen Plänen zu widersetzen suchten.

Der Faschismus habe das Rennen gemacht, schreibt Ossietzky, und es ist der Faschismus des „halbverrückten Schlawiners, der Deutschland vor der ganzen Welt blamiert“. Goebbels nennt er „ein armes, seelisch verquetschtes Luder“. (12. August 1930.) Eine neue Irrtumsserie eröffnet sich in Ossietzkys Zeitbekenntnissen, eine fatale Mischung von Erkennen und Verkennen, die sich erst im Gefechtslärm der wenigen Jahre, die der Republik von Weimar noch verbleiben, klären wird.

Schwarz in schwarz sieht ein Ernst Toller die nächste Zukunft. „Geschieht heute nichts, stehen wir vor einer Periode des europäischen Faschismus, einer Periode des vorläufigen Untergangs sozialer, politischer und geistiger Freiheit, deren Ablösung nur im Gefolge grauenvoller, blutiger Wirren und Kriege zu erwarten ist." (7. Oktober 1930.) Ossietzky aber nährt noch die Hoffnung, daß etwas geschehen werde, nur versteht er besser als die meisten seiner intellektuellen Weggefährten, was da vorgeht. Er erkennt, vielleicht als einer der ersten im Lager der linksbürgerlichen Intelligenz, die schwerindustriellen Hintermänner Hitlers. Doch widerstrebt seinem Geschmack und seinem Geist die Vorstellung, die geschmacklosen und geistlosen Tiraden von Hitler und Goebbels könnten jemals Macht über die Köpfe gewinnen.

Auf die Rundfrage einer von Kommunisten herausgegebenen Zeitschrift zum Thema des Tages: „Faschistische oder proletarische Diktatur?" äußerte Ossietzky seine Meinung über die Dauerhaftigkeit der nationalsozialistischen Erfolge: die Bewegung habe eine geräuschvolle Gegenwart, aber gar keine Zukunft. Mit solcher Unterschätzung, die im Widerspruch steht zu dem sorgenvollen Appell zur Gegenaktion, stand Ossietzky damals nicht allein im Lager der Linken. Man ist mitten im Kampf, und es geht nicht an, den Feind als unbesiegbar darzustellen, zumal er es auch gar nicht ist. Gerade mit dem Mythos der Unbesiegbarkeit – es steht in den Sternen geschrieben – errang Hitler seine Erfolge.

Ossietzky hielt Hitler für besiegbar. In seiner Antwort auf die Rundfrage schreibt er: „Adolf Hitler mag in seinen Anfängen in ehrlicher Verbohrtheit gehandelt haben. Heute ist er nur noch eine Kreatur der Industrie. Oder bildet sich jemand ein, die Gebieter von Kohle und Eisen würden ihr schönes Geld hergeben für einen Verein, dessen Ziel ist, sie zu enteignen und zu Ehren der teutonischen Götter an den nächsten Laternenpfahl zu hängen? Das Rezept der Hitlerei stammt vom italienischen Fach, und man muß zugeben, daß es ein wahrhaft grandioser Volksbetrug ist: man gibt den unzufriedenen und unruhigen jungen Leuten die Symbole und das Tempo der Revolution und führt sie in die Reaktion. Der Einzelne in der dicht gedrängten Marschkolonne von stürmischen Zurufen und einer begeisternden Musik beflügelt, weiß nicht, nach welcher Richtung es geht."

So treffend diese Analyse war, so unzutreffend freilich war die Schlußfolgerung: „Diese Bewegung hat keine Idee und kein Prinzip, und deshalb wird sie nicht leben können." Es mußte sehr viel Blut fließen, bis sie schließlich verendete. Ossietzky ging von der geistig-moralischen Absurdität des nationalsozialistischen Wortschatzes aus, und aus solcher Höhensicht übersah er in der Hitze der Agitation das Nächstliegende, die Bereitschaft des Bürgertums, dem Gefreiten das Kommando zu überlassen.

Bedeutete der Wahlsieg der NSDAP den Auftakt faschistischer Diktatur? Noch verneinte Ossietzky die Frage. „Das ist der Fluch dieser in allem Sachlichen ganz nebelhaften Bewegung, daß sie zwar das Maul aufreißen, aber nichts unternehmen darf, was ihre großindustriellen Konnexionen trüben könnte." (WB 39/30.) Der so schreibt, weist auf den Widerspruch zwischen der Abhängigkeit Hitlers von den Kapitalisten und der antikapitalistischen Stimmung seiner sechs Millionen Wähler. Daß Hitler aus taktischen Gründen bereit sein werde, den Legalitätseid zu leisten, wie er es tatsächlich bald darauf getan hat, steht für Ossietzky außer Zweifel, aber daß die antikapitalistischen Stimmungen sehr bald in antisemitische Mordinstinkte umschlagen werden, das war dem deutschen Humanisten, der mit Goethe und Heine aufgewachsen war, zu diesem frühen Zeitpunkt unvorstellbar.

Die Frage, wie es dennoch möglich geworden ist, wird noch im Moorlager von Esterwegen den Schwergeprüften mehr quälen als Prügel, Hunger und Kälte.

Die zwei Jahre zwischen der Reichstagswahl 1930 und der Präsidentschaftswahl 1932 waren für Ossietzky Lehrjahre, angefüllt mit neuen Erfahrungen. Seit dem Durchbruch der

NSDAP bei den Septemberwahlen ist die faschistische Gefahr für Ossietzky das Phänomen, mit dem er sich in erster Linie auseinandersetzt. Anfangs ist seine Haltung mehr von Hohn über die Geistesarmut der neuen Bewegung bestimmt als von politischer Analyse. Thomas Mann hatte es anders gedeutet. Die große Macht des Nationalsozialismus als „Massen-Gefühls-Überzeugung“ sei aus geistigen Quellen zu erklären, meinte der Romancier. „Mit dem wirtschaftlichen Niedergang der Mittelklasse verband sich eine Empfindung, die ihm als intellektuelle Prophetie und Zeitkritik vorangegangen war: die Empfindung einer Zeitwende, welche das Ende der von der Französischen Revolution datierenden bürgerlichen Epoche und ihrer Ideenwelt ankündigte.“ Thomas Mann sah in der nazistischen Ideologie in erster Linie die „Abkehr vom Vernunftglauben“, begriff sie „als ein irrationalistischer, den Lebensbegriff in den Mittelpunkt des Denkens stellender Rückschlag“.

Ossietzky beschäftigte sich selten mit der Ideologie des Nationalsozialismus, ja er bestritt, zu Unrecht, die Existenz einer solchen. „Ein paar Millionen Deutsche werden von einer Handvoll Narren gegängelt.“ (WB 12/31.) Dagegen war es Ossietzky von Anfang an klar (was Thomas Mann erst viel später begriff), daß die Hitlerei hauptsächlich als Rettungsaktion für die Konzernbourgeoisie zu verstehen sei. Immer wieder wies er auf die Hintermänner Hitlers, oft mit den gleichen Worten wie die Wortführer der Kommunisten. So rief um diese Zeit in einer Massenversammlung der KPD in der „Neuen Welt“ Walter Ulbricht aus: „Die Führer der NSDAP stehen im Bündnis mit den Trustherren, Großagrariern, Bankfürsten und Großpensionären.“ Ossietzky hatte es nicht viel anders gesagt.

Während des ganzen Jahres 1931 glaubt Ossietzky an die Möglichkeit eines erfolgreichen Widerstandes, sofern nur die linken Organisationen ihre Kräfte konzentrierten. Erst als es zu Ende des Jahres, im Anschluß an die Harzburger Tagung der sogenannten Nationalen Opposition, zu vertraulichen Gesprächen zwischen Hitler und Hindenburg, zwischen Hitler und der Schwerindustrie, zur gemeinsamen Plattform mit den konservativen Deutschnationalen kommt, erhebt Ossietzky die bange Frage: „Kommt Hitler doch?" (WB 50/31.)

Gewiß sind die Lehrjahre Jahre der Unentschiedenheit, des Wegsuchens, des Schwankens. Aber Ossietzky schwankt nicht etwa zwischen Sozialdemokratie und Kommunismus, sondern zwischen besorgter Kritik an der Taktik der revolutionären Partei und vorbehaltloser Zustimmung zu ihrer strategischen Aufgabenstellung. Doch schon ein Jahr später, bei den Präsidentenwahlen, zog Ossietzky die Schlußfolgerung aus dem praktischen Lehrgang der Krisenjahre und entschied sich für Thälmann.

Eigenartig sind in dieser Übergangszeit Ossietzkys zwiespältige Gefühle gegenüber dem Phänomen einer Massenpartei, die auftrumpft und kriecht, abwechselnd Morddrohungen und Legalitätseide von sich gibt, um die Macht herumschleicht und zögert, sie zu ergreifen. Ossietzky hat nicht verstanden, daß Hitler Brüning gegenüber Abnutzungspolitik betrieb. Hitler wußte, daß mächtige Kräfte am Werk waren, um, im gegebenen Augenblick, die nationalsozialistische Trumpfkarte auszuspielen; so brauchte er keine Risiken auf sich zu nehmen. Ossietzky unterschätzte die Entschlossenheit der Clique um Hindenburg, im Bunde mit der Schwerindustrie Hitler in die Regierung hineinzukompromittieren, in der Absicht, ihn „zu zähmen". Ossietzky sah im „deutschen Duce" „eine feige, verweichlichte Pyjamaexistenz". Seine Anhänger würden ungeduldig werden und die Erfüllung der Versprechungen einfordern. „Brutus muß sich beeilen." Mit Genugtuung verweist Ossietzky auf die sich rührenden Gegenkräfte. „Die Nationalsozialisten sind in letzter Zeit wiederholt dort geschlagen worden, wo sie zu Haus sind: auf der Straße. Ihre Terrorherrschaft ist nicht mehr unangefochten." (WB 5/31.) Der „Hammergott der deutschen Faschisterei" erschien Ossietzky als ein „Winterkönig . . ., der mit dem Schnee dahinschmilzt". (WB 7/31.)

In dem Regime der Notverordnungen erkannte Ossietzky die letzten Axtschläge an die Wurzel der parlamentarisch-demokratischen Ordnung. Indem er die durch die Notverordnung vom 28. März 1930 außer Kraft gesetzten Grundrechte aufzählt, greift Ossietzky auf die Geschichte zurück: „Man muß in der Geschichte weit zurückgehen, um außerhalb des Kriegszustandes auf eine so rigorose Aufhebung aller verfassungsmäßigen Garantien zu stoßen. Man muß schon zurückgehen auf die berüchtigten Ordonnanzen des Ministeriums Polignac vom 26. Juli 1830, die das Volk von Paris zwei Tage später ... mit der Julirevolution beantwortete. Die Ordonnanzen des republikanischen Hindenburgministers Brüning sind nicht minder einschneidend als die des ultrakonservativen Bourbonenministers Polignac, aber der Aplomb ist geringer. Die Sozialdemokraten zucken die Achseln und erklären, daß man zur Bekämpfung der faschistischen Gefahr halt Opfer bringen muß, und insgeheim hoffen sie dabei auch noch auf größtmögliche Schädigung der kommunistischen Konkurrenz." Damit aber, daß sich der Reichstag dies widerspruchslos gefallen lasse, degradiere er sich selbst „zu einem würdelosen Figurantentum". (WB 14/31.)

Noch schien der Waagebalken zu schwanken, aber wie lange? Die deflationistischen Maßnahmen Brünings beschleunigten die Verelendung der Arbeiter, proletarisierten den Mittelstand, vergrößerten die Zahl der Arbeitslosen. Die Notverordnungen verordneten die Not. Die Radikalisierung der Volksmassen war die natürliche Begleiterscheinung einer Politik, die nur darauf bedacht war, die Privilegien der Privilegierten – Schlotbarone und Junker – zu festigen, auf Kosten der Besitzschwachen und Besitzlosen, die aber die Mehrheit bildeten. Fromme Sprüche konnten diesen Sachverhalt nicht mehr verhüllen, auch wenn sie von sozialdemokratischen Sonntagspredigten begleitet waren.

Ossietzky durchschaut die Demagogie, die in dem Regime der Notverordnungen das kleinere Übel zu sehen vorgab. „Wäre es der Regierung Brüning mit der Abwehr des Faschismus ernst, so würde sie beherzigen, daß in seinem Existenzkampf gegen eine Umsturzwelle der Staat nicht als Abstraktum über den Wolken schweben kann, sondern sich auf organisierte Volksmassen stützen muß. Aber grade das wird von dem heutigen Regime mindestens ebenso verabscheut wie der leibhaftige Bolschewismus." (WB 43/31.)

Im Reich regierte der Zentrumskanzler Brüning mit Unterstützung der SPD, aber in Preußen war die „schwarz-rote Koalition" in Amt und Würden. Sie repräsentierte das Regime. Als die rechte Opposition die Auflösung des preußischen Landtags durch Volksentscheid zu erzwingen versuchte, unterstützte die KPD, freilich aus diametral entgegengesetzten Motiven, das Verlangen nach einer Änderung in Preußen. Zur Zeit, da dieser Beschluß gefaßt wurde, gab es nicht wenig Gründe, ihn für richtig zu halten. Führte nicht die Preußenregierung den Hauptstoß gegen die KPD und plante deren Verbot? Dennoch hat Jahre später die KPD die Unterstützung des Volksentscheids als einen „strategischen Fehler" bezeichnet, weil dieser Schritt die Schaffung einer Einheitsfront gegen den Faschismus erschwerte.

Während sich die sozialdemokratische und liberale Presse in Haßausbrüchen gegen die KPD nicht genugtun konnte, zeigte Ossietzky erstaunlich tiefes Verständnis für die Haltung der Kommunisten. Während er der Sympathie, die von kommunistischer Seite dem inzwischen zum Kommunismus bekehrten Leutnant Scheringer entgegengebracht wurde, verständnislos gegenüberstand (WB 25/31), scheute er sich nicht, öffentlich die Motive der KPD, wenn schon nicht ihre Entscheidung, zu billigen. Er schreibt:

„So bedauerlich das Ja der KPD für den Volksentscheid der Faschisten auch ist, es kommt nicht überraschend und ist auch in keiner Weise absurd. Die Zentrale hat kaum anders handeln können. Die Verantwortung dafür fällt auch auf die sozialdemokratischen Minister, deren Verständnislosigkeit es den Kommunisten unmöglich gemacht hat, eine anständige Neutralitätsformel zu finden. Erwartet man wirklich, daß die

KPD eine Regierung retten soll, die sie seit Jahren unter Ausnahmerecht stellt? Erwartet man von den Kommunisten wirklich die Bereitschaft, Braun und Severing zu tolerieren, so wie die Sozialdemokratie Brüning und Groener toleriert? Nämlich ohne Gegenleistung!" (WB 30/31.)

Der Volksentscheid entschied nichts. Auf der Regierungsebene blieb alles beim alten. Aber der Molekularprozeß der Zersetzung schritt rasch vorwärts. Die Initiative lag in den Händen der Manager der Reaktion. Schon zeichnete sich die Perspektive einer Sammlung aller rechten Elemente im Zeichen des Hakenkreuzes ab. Die Harzburger Front – Nazipartei, Deutschnationale, Stahlhelm – war eine programmlose Zusammenfassung aller reaktionären und faschistischen Organisationen, mit dem Ziel, Hitler im Rahmen einer Koalition an die Macht zu bringen. Hindenburg kapierte das und empfing Hitler mit Verständnis für seine Ziele. Es war die erste Begegnung. Der Feldmarschall und der Gefreite – eine rührende Lesebuchszene: Wachablösung der Weltkriege.

Was hinter den Kulissen gespielt wurde, blieb dem kundigen Beobachter der Szene nicht verborgen. „Hitler regiert nicht, aber er herrscht ... Er tut nichts, aber andre laufen für ihn." (WB 47/31.) Die Beziehung Kapital und Hitler hat Ossietzky durchschaut. Aber die Wirkung der sozialen Demagogie in einer Gesellschaft, die sich in Auflösung befindet, unterschätzte er.

An der Jahreswende 1931/32 wurden die Weichen gestellt, über die Hitlers Panzerzug ans Ziel gelangen sollte, um die deutschen Monopolherren vor den Folgen der Wirtschaftskrise zu retten und den Massenwiderstand gegen die Diktatur des Kapitals niederzukartätschen.

Ossietzky sah es und warnte. Was anderes konnte er tun? Nicht ohne Ergriffenheit liest man seinen Artikel „Völker ohne Signale".

„Die Menschen torkeln zwischen Trümmern eines Systems, ratlos, kopflos. Ein paar Generationen haben die Hymne gesungen von den ‚Signalen', auf die die Völker hören sollen,

Abb. 24

und dann den Vers vom ‚letzten Gefecht'. Es ist wohl kein Zweifel, daß wir heute mitten in diesem letzten Gefecht stehen. Aber die Signale sind verstummt. Fast scheint es, als ob der Weltbankrott die Teilhaber der einzelnen Nationalpleiten eher beruhigt als revolutioniert. Aber vielleicht ist das nur die Ermüdung des Augenblicks, und morgen kann der Menschheit schon die Schlachtmusik der Zukunft in die Ohren dröhnen." (WB 39/31.)

Die Entscheidung lag in der Schwebe. Noch war alles möglich – auch der Sieg und dieser vor allem. Freilich, unter den bürgerlichen Intellektuellen war die Zuversicht nicht groß. Nicht wenige – auch im Umkreis der „Weltbühne" – hatten die Hoffnung aufgegeben. Tucholsky lebte im Ausland, in freiwilligem Exil. Um den guten Ausgang für möglich zu halten, mußte man an die Arbeiterklasse glauben, als der einzigen geschichtsträchtigen Kraft in Deutschland.

An diese Kraft glaubte Ossietzky auch jetzt noch.

Abb. 2

Hilferding
Crispien
Noske
Das Friedensintrument der grossen Koalition
Panzer-Kreuzer „A"

Abb. 2

Schwerste Belastung
der klagenden Offiziere.
Schulz gegen „das spitzfindige Drumherum
Reichswehr und Schwarze Reichswehr
waren eng verbunden!
Sensationelle Enthüllungen des Oberleutnants Schulz
im »Weltbühnen«-Prozess.
Heute dreht es sich nach wie vor darum: Konnten die Leute, die die Fememorde ausführten, glauben, daß man sie höherenorts still-
Der der Reichswehrbeleidigung angeklagte Schriftsteller Carl von Ossietzky
einer Selbstjustiz Vorschub zu leisten?

Abb. 27

Abb. 28

Abb. 28 a

„Gehenkt wird doch!“

so kündigte der Berliner Naziführer Goebbels den Blutterror als Inhalt der Justiz des 3. Reiches an.

111 Jahre Zuchthaus beantragte der Staatsanwalt im Leipziger Sprengstoff-Prozess.

Justizterror über Deutschland!

Zuchthaus gegen antifaschistische Arbeiter, Zuchthaus wegen Verleumdung Hitlers im Abel-Prozess, Verbot gegen Arbeiterpresse und „Vorwärts“. Das sind die Meilensteine der Justiz auf dem Wege ins Hitlerreich.

Dr. Kurt Rosenfeld, Berlin

der Verteidiger im Sprengstoffprozess, rechnet ab mit Reichsgericht und Rechtsregierung

am Montag, den 11. Juli 1932, 20 Uhr
in öffentlicher Versammlung in den „Reichshallen“

Eintritt:
10 und 20 Pfg.

Erscheint in Massen!

Volkmarsdorf, Elisabethstr.

Sozialistische Arbeiter-Partei Deutschlands / Leipzig-Ost

[illegible] 00059

[illegible] Morgen

Nr. 67 [illegible] 1929.

Gerichtstag

O. T. Heute wird im Großen Schauspielhaus eine öffentliche Sitzung des Ausschusses zur Untersuchung der blutigen Maiereignisse stattfinden. Diese Sitzung wird ein öffentliches Gericht sein, wie es bisher in Deutschland noch nicht da war. Es handelt sich nicht um eine Kundgebung, in der einzelne prominente Redner oder politische Parteiführer zu Worte kommen sollen. Es ist keine Versammlung im gewöhnlichen Sinne des Wortes, es ist eine öffentliche Gerichtsverhandlung!

Mehr als dreihundert Zeugen werden dort anwesend sein und wenn sie auch nicht alle zu Worte kommen können, so sollen doch die wichtigsten Zeugen vor dem Forum der Oeffentlichkeit ihre Wahrnehmungen an den Maitagen dieses Jahres bekunden. Die Zeugen werden vor dem erschienenen Publikum vernommen werden und das Publikum selbst wird der Richter sein.

Aber nicht nur die Zeugen werden sprechen. Aus den zahlreichen Protokollen, die über die Maivorgänge aufgenommen worden sind, werden eine Anzahl verlesen werden.

Ein Film, der von der Zensur sogar genehmigt wurde, der inmitten der Vorgänge an den ersten Maitagen aufgenommen wurde, wird zur Illustration der mündlichen Berichte beitragen. So wird vor einem großen Publikum ein großer Prozeß stattfinden, in welchem die Frage der Schuld an den Vorgängen der Maitage geklärt werden soll.

Es soll hier hervorgehoben werden, daß die Kommunistische Partei ihr gesamtes Material über die Vorbereitung des 1. Mai an den Untersuchungsausschuß ausgeliefert hat. Aus diesem Material läßt sich erweisen, ob es wahr ist, was in einem großen Teil der bürgerlichen Presse behauptet wurde, daß die Kommunistische Partei nicht nur zu einer unbewaffneten Demonstration aufgerufen, sondern darüber hinaus blutige Zusammenstöße mit der Polizei gewünscht und provoziert habe. Wir sind überzeugt, daß die Untersuchung dieses Materials ergeben wird, daß die KPD. lediglich zu einer unbewaffneten Demonstration am 1. Mai aufrief, an dem Weltfeiertag der Arbeiter aller Länder, und daß alle blutigen Geschehnisse darauf zurückzuführen sind, daß ein in der bürgerlichen Republik zu Amt und Würden gelangter Sozialdemokrat entgegen allen Traditionen der Arbeiterbewegung diesen Maiaufmarsch verbot und es deshalb zu den blutigen Ereignissen kam.

Im Gegensatz zu diesem Verhalten der Kommunisten steht das Verhalten der Polizei. Der Polizeipräsident hat durch einen Erlaß an alle unteren Organe angeordnet, daß jede Aussage verweigert werden muß. Gewiß kann er sich darauf berufen, daß dieser Untersuchungsausschuß keine gesetzliche Grundlage habe. Aber der Ausschuß hat eine moralische Grundlage, die, wie uns dünkt, stärker ist, als die jeglicher deutscher Gerichtsbarkeit. Der Polizeipräsident Zörgiebel hat nicht nur seinen unteren Organen jegliche Aussage verboten, er hat auch den Versuch gemacht, die Tätigkeit des Untersuchungsausschusses zu unterbinden. Das aber ist ihm nicht gelungen.

Der Ausschuß setzt sich zusammen aus einer Reihe von Persönlichkeiten, die der großen Oeffentlichkeit bekannt sind und von denen man weiß, daß sie nichts mit einer Partei zu tun haben. Es gehören diesem Ausschuß Männer an wie Heinrich Mann, Stephan Großmann, Karl v. Ossietzki, Dr. Alfred Döblin, Dr. Alfons Goldschmidt, Rechtsanwalt Dr. Apfel usw.

Was sich heute im Großen Schauspielhaus und Freitag in den Pharussälen, Müllerstraße, abspielen wird, ist ein Vorgang, der weit über alle Parteischranken hinwegreicht. Als in Amerika Sacco und Vanzetti auf dem elektrischen Stuhl hingerichtet werden sollten, da erhob sich in der ganzen Welt ein Sturm, der bewies, daß die Gewissen der Menschen wohl abgestumpft sein können, daß sie aber plötzlich auch wieder wach werden, wenn ein ungeheures Unrecht an ihnen rüttelt. Ein solches Unrecht ist in den Maitagen an denen geschehen, die auf den Friedhöfen liegen und denen, die trauernd an den Gräbern weinen.

Heute und morgen wird ein großes Publikum auf Grund der zahlreichen Zeugenaussagen und der aufgenommenen Protokolle sein Urteil fällen können. Es wird kein gesetzliches Urteil sein. Es kann sich hier nur um ein Urteil handeln, das aus der tiefsten Menschenseele entspringt, weil sie und soweit sie empfinden kann, wie tief in diesen Tagen die Menschenwürde verletzt wurde.

Heute und morgen wird Gerichtstag sein. Das Urteil wird das Volk fällen, das auf dem Wege ist, mündig zu werden.

Abb. 28 b

Ossietzky war sich des Risikos bewußt, das sein Kampf gegen die Generalsrepublik mit sich brachte. Aber er glaubte fest an das demokratische Recht auf Kritik. Im Kampf gegen die geheimen Rüstungen sah er eine patriotische Tat. Niemand zu Nutze außer dem deutschen Volk, dessen ärgster Feind, wie er es sah, diejenigen waren, die im geheimen zum Revanchekrieg rüsteten. Sollte der Kampf erfolgreich sein, mußte er von ehrlichen Deutschen verstanden, ja gebilligt werden. Daß man im Ausland von den geheimen Rüstungen in Deutschland wußte und alle Vorgänge, die damit in Verbindung standen, scharf beobachtete, war vorauszusetzen. Aber das konnte jene Deutschen vom Kampf gegen ihre eigene friedensfeindliche Regierung nicht abhalten, die mit heißem Herzen Deutschlands wahres Interesse vor Augen hatten – und sonst nichts.

Für Ossietzky war der Kampf gegen die Seuche des Militarismus die patriotischste aller Aufgaben – den Verrat verabscheute er. Als der belgische Kriegsminister de Broqueville in einer polemischen Rede gegen Deutschland sich eines geheimen Schriftstückes bediente, schrieb Ossietzky verächtlich: „Irgendein schlichter Ehrenmann wird es ihm still in die Hände gespielt haben.“ An die Episode knüpfte er Grundsätzliches über den Landesverrat: „Um die kalte Mordatmosphäre der Militärkabinette lauert Lüge und Verrat, und wer die Wahrheit weiß, sage sie, sage sie im eigenen Lande, ehe sie, von schmutzigen Fingern transportiert, auf dem Wege über die Grenze abermals zur Lüge wird.“ (WB 31/27.)

Hier ist alles gesagt: die Pflicht, die Wahrheit auszusprechen, das Risiko solcher Pflichterfüllung und der kalte Abscheu vor dem Verrat.

Am 12. März 1929 erschien in der „Weltbühne" unter dem Pseudonym Heinz Jäger ein Artikel, der die deutsche Zivilluftfahrt einer wohlunterrichteten Kritik unterzog. Der Verfasser des Artikels „Windiges aus der deutschen Luftfahrt" war offensichtlich ein Fachmann. Er geißelte zunächst die Verkehrspolitik der Deutschen Lufthansa im Ausland, auch die allzu hohen Gehälter ihrer Direktoren, kritisierte die Subventionspraxis des Reiches auf dem Gebiet der Flugzeugindustrie und deutete an, daß die Marineleitung gewissen Flugzeugfabrikanten erhebliche Gelder zukommen lasse, obwohl deren Produktion von der Verkehrsfliegerei gar nicht abgenommen werde. Den Haushaltsausschuß des Reichstages forderte der Verfasser auf, die Frage zu untersuchen, in welchem Verhältnis die den Flugzeugfirmen gewährten Subventionen zu ihren Leistungen ständen.

Das war legitime Etatskritik. Es folgte ein Abschnitt, der sich mit Manipulationen der Marineleitung beschäftigte, die eine ihrer Seeversuchsanstalten als harmlose Abteilung der Deutschen Lufthansa tarnte. Die sogenannte „Küstenflugabteilung der Deutschen Lufthansa" sei nichts anderes als eine Falschmeldung; dahinter verberge sich eine Institution der Marine. Den Abschluß des Artikels bildet ein mit „Abteilung M" überschriebener Absatz, der im Wortlaut wiedergegeben werden muß:

„Ähnliche Kapriolen wurden auch auf dem Flugplatz Johannisthal-Adlershof gemacht. Auf der Adlershofer Seite bestand als besondere Gruppe der Deutschen Versuchsanstalt für Luftfahrt eine sogenannte Abteilung M. Als beim vorjährigen Luftfahrtetat der sozialistische Abgeordnete Krüger im Haushaltsausschuß die Regierungsvertreter um Auskunft bat, zu welchem Zweck die Abteilung M da sei, bekam er keine Antwort, denn sonst hätten die Behörden darauf aufmerksam machen müssen, daß ‚M' auch der Anfangsbuchstabe des Wortes Militär ist. So schwieg man lieber. Aber auch hier arbeitet Groeners findige Vernebelungstaktik. Um bei einer erneuten Anfrage sagen zu können: eine solche Abteilung M gibt es nicht mehr, mit diesen Schweinereien haben wir aufgeräumt, wurde diese Abteilung auch aufgelöst, kam auf die Johannisthaler Seite des Flugplatzes und heißt jetzt ‚Erprobungsabteilung Albatros', zum Unterschied von einer Versuchsabteilung, die Albatros bereits besitzt. Diese ‚Erprobungsabteilung Albatros' ist zu Lande dasselbe, was an der See die ‚Küstenflugabteilung der Lufthansa' darstellt. Beide Abteilungen besitzen je etwa dreißig bis vierzig Flugzeuge, manchmal auch mehr. Aber nicht alle Flugzeuge sind immer in Deutschland ..."

Im Reichswehrministerium glaubte man endlich die juristische Handhabe zu besitzen, um die „Weltbühne" unschädlich zu machen. Groener schlug zu. Was ihm bisher nicht gelungen war, den lästigen Schmutzaufwirbler zum Schweigen zu bringen, jetzt mußte es gelingen. Er ließ sich von seinen Juristen ein Gutachten fabrizieren, in dem umständlich dargelegt wurde, daß der Artikel „Windiges aus der deutschen Luftfahrt" und insbesondere der Unterabschnitt „Abteilung M" die Tatbestandsmerkmale des Verrates militärischer Geheimnisse aufweise. Das Gesetz gegen den Verrat militärischer Geheimnisse vom 3. Juni 1914 ist mit Strafbestimmungen ausgestattet, die einen Mann, und heiße er Ossietzky, vernichten können.

Der Verfasser des Artikels war der Schriftsteller Walter Kreiser. Dieser hatte im Krieg als Artilleriebeobachter bei der Feldfliegerei Dienst getan und bemühte sich nach dem Krieg, Flugzeugtechnik zu studieren. Auch betätigte er sich praktisch im Flugwesen. Nachdem seine Eltern ihr Vermögen durch die Inflation verloren hatten, mußte er sein Studium aufgeben; der junge Mann ging zum Journalismus über, schrieb, meist über sein Lieblingsthema Luftfahrt, Artikel für verschiedene Zeitungen.

So war er auch Anfang März 1929 zu Ossietzky gekommen. Der Leiter der „Weltbühne" beförderte den Artikel Kreisers zum Druck. In einem Brief an den Verfasser gab er der Meinung Ausdruck, „daß ein Bedürfnis für diese Art gepflegter Kritik vorhanden ist, schon aus dem Grunde, weil sie nirgends sonst gefunden wird". Er ermunterte Kreiser, einen zweiten Artikel über das Thema zu schreiben. Dieser erschien auch am 23. April 1929 unter dem Titel „Atemnot der Luftfahrt". Noch deutlicher als der erste zeigte dieser Artikel, daß es dem Autor und der Zeitschrift in erster Linie darauf ankam, die Öffentlichkeit über die Mißwirtschaft bei den Reichsbehörden aufmerksam zu machen, die Riesenbeträge in allerlei lichtscheue Projekte steckten, letztlich, um der Kontrolle des Reichstages zu entgehen. Was der Feldzug gegen die Fememörder enthüllt hatte, sollte so eine minder tragische Fortsetzung erfahren. Die geheimen Aufrüster mordeten nicht nur, sie verschwendeten auch öffentliche Mittel.

Walter Kreiser war der Verfasser, aber Ossietzky der vor dem Gesetz verantwortliche Redakteur. Es war für Ossietzky selbstverständlich, daß er, sobald die Voruntersuchung eingeleitet worden war – der Untersuchungsrichter hieß Braune – die volle Verantwortung für den Beitrag Kreisers übernahm.

Die Sache hatte jedoch einen Haken. So einfach wie das Reichswehrministerium sich es vorstellte, war die Strafverfolgung Ossietzkys keineswegs. Das Hindernis hieß Auswärtiges Amt. Man stand mitten in heikelsten Unternehmungen. In Genf mußte Stresemann zu dem Plan Briands, eine europäische Gemeinschaft mit Einschluß Deutschlands zu bilden, Stellung nehmen. Der Youngplan zur endgültigen Liquidierung der Reparationsfrage stand vor dem Abschluß. Deutschland hatte allen Grund, in der internationalen Arena vorsichtig aufzutreten. Ob man den Friedensbeteuerungen Stresemanns Glauben schenkte oder nicht – davon hing vieles ab, vor allem die Räumung des Rheinlandes. Das Koalitionskabinett Hermann Müller mußte, was die Rüstungsbestimmungen des Versailler Vertrages anbelangte, auf der Stelle treten, zumal die Abrüstungskonferenz in Genf vorbereitet wurde. Groener aber pochte auf seinen Schein: den Landesverräter ins Kittchen!

Die Doppelzüngigkeit der Weimarer Reichspolitik wurde in grotesker Weise deutlich. Der Artikel, der schließlich zur

Anklage und Verurteilung führte, war am 12. März 1929 erschienen. Das reichsgerichtliche Urteil gegen Ossietzky und Kreiser trägt das Datum vom 23. November 1931. Mehr als zweieinhalb Jahre vergingen zwischen Einleitung der Voruntersuchung und Abschluß des Strafverfahrens. Große Veränderungen in der außen- und innenpolitischen Lage der Republik mußten eintreten, ehe das Rachebedürfnis des Militärs befriedigt werden konnte. Dazwischen liegt der Kampf zwischen dem Auswärtigen Amt und dem Reichswehrministerium, ein makabrer Kampf, der scheinbar um Verfahrensfragen geführt wurde, in Wirklichkeit aber das politische Tauziehen zwischen einer verlogenen Diplomatie und einer brutalen Generalität bloßstellte. Gegenstand dieser Auseinandersetzung war das Landesverratsverfahren gegen Ossietzky.

Die Reichsführung stand vor einem Dilemma: Stimmten die Anschuldigungen der „Weltbühne" oder nicht? Waren echte militärische Geheimnisse an die Öffentlichkeit gebracht worden oder unechte? Verurteilte man Ossietzky wegen der Preisgabe echter militärischer Geheimnisse, entsprach der Artikel in der „Weltbühne" den Tatsachen, dann mußte befürchtet werden, daß eine Verurteilung Ossietzkys den außenpolitischen Schaden, die die Veröffentlichung angerichtet haben konnte, nur noch vergrößerte. Dann würde man im Ausland sagen: also stimmt es, daß Deutschland insgeheim aufrüstet und seine militärischen Vorbereitungen tarnt. Dann würden diejenigen Recht bekommen, die erklären, man dürfe Deutschland nicht trauen. Handelt es sich jedoch um Geheimnisse, die in Wirklichkeit gar keine sind, wie sollte Ossietzky dann wegen Verrats militärischer Geheimnisse verurteilt werden?

In dieser Frage gingen die Meinungen auseinander, so daß es schließlich notwendig wurde, die höchsten Stellen, General Schleicher, Leiter des Ministeramtes im Reichswehrministerium, und Staatssekretär Joël vom Justizministerium einzubeziehen und eine Sprachregelung auszuarbeiten, die eine Verurteilung Ossietzkys dem Ausland annehmbar machen sollte, ohne eine Handhabe dafür zu bieten, daß Deutschland des Vertragsbruches beschuldigt werden konnte.

Die Akten des Reichsjustizministeriums erzählen die sonderbare Geschichte des Bürostreites um die Gutachten im „Landesverratsprozeß Ossietzky und Genossen". Weniger als eine Woche hatte das Reichswehrministerium zur Ausarbeitung seines ersten Gutachtens gebraucht (18. März). Am 4. Mai folgte dem eilig zusammengestoppeltem Schriftstück ein zweites, gründlicheres Rechtsgutachten. Das Auswärtige Amt war immer noch nicht gefragt worden. Am 8. Mai richtete der Oberreichsanwalt von sich aus an das Auswärtige Amt die Anfrage, was man dort von der Sache halte. Am 30. Juni 1929 zog sich Staatssekretär Bülow mit dem salomonischen Spruch aus der Affäre, das Auswärtige Amt habe keinen Anlaß, der Rechtsauffassung des Reichswehrministeriums entgegenzutreten.

Es verging ein Jahr, das ereignisreiche Jahr 1929. Eine neue Ära hatte für Deutschland begonnen, die Ära der Notverordnungen, der Weltwirtschaftskrise, der drohenden faschistischen Diktatur.

Am 13. Juni 1930 richtete der Oberreichsanwalt, auf Antrag der Verteidigung, eine neuerliche Anfrage an das Auswärtige Amt. Die Anwälte Ossietzkys hatten geltend gemacht, daß die Geheimnisse keine Geheimnisse seien – was die „Weltbühne" der Öffentlichkeit bekanntgegeben habe, sei in anderen Veröffentlichungen bereits enthalten gewesen. Vier Anwälte hatten die Verteidigung der Angeklagten in Händen. Professor Dr. Max Alsberg galt als der brillanteste Kopf des Berliner Barreaus, seine Rechtskundigkeit war seiner forensischen Redekunst ebenbürtig. Dr. Kurt Rosenfeld, einst preußischer Justizminister, fungierte als politischer Anwalt, er gehörte zum linken Flügel der SPD; mit scharfem Blick übersah er die politischen Weiterungen der prozessualen Taktik. In Dr. Alfred Apfel begegnen wir dem vielfach bewährten Rechtsfreund Ossietzkys, der ihn schon in früheren Prozessen vertreten hatte. Schließlich war da der zum intimen Freundeskreis zählende

Rudolf Olden, der seine publizistische Tätigkeit – er war lange Zeit Leitartikler beim „Berliner Tageblatt“ – aufgegeben hatte, um politisch Verfolgte vor den Übergriffen der Justizreaktion zu schützen.

Es war das beste politische Verteidigerteam, das Berlin stellen konnte, und es ging in den ungleichen Kampf mit dem Mut, den die gute Sache verleiht, mit der Klugheit, die ein politischer Prozeß erfordert, und mit der Wärme, die einem Ossietzky auf der Anklagebank zukommt.

Am 11. November 1930 hatte das Auswärtige Amt sein früheres Gutachten eingeschränkt. Es ist aus den Akten des Reichsjustizministeriums nicht ersichtlich, in welchem Sinne. Keineswegs war das Auswärtige Amt jedoch bereit, einen Gutachter persönlich zur Verhandlung zu entsenden, wiewohl der Oberreichsanwalt die Anklageschrift bereits fertiggestellt und darin neben einem Major aus dem Reichswehrministerium „einen noch zu benennenden Beamten des Auswärtigen Amtes“ als Sachverständigen berufen hatte.

Damit war der Konflikt reif, von einer höheren Stelle entschieden zu werden. Das Reichsjustizministerium rief eine Besprechung der drei beteiligten Ressorts – Auswärtiges Amt, Reichswehrministerium und Reichsjustizministerium – ein, um sowohl für das Verfahren gegen die „Weltbühne“ als auch grundsätzlich „für das künftige Verfahren in politischen Strafsachen“ eine Vereinbarung zu treffen. Aus einer „Aufzeichnung für die Besprechung mit General Schleicher und Staatssekretär Joël“ vom 9. Mai 1931 geht hervor, daß das Auswärtige Amt es nach wie vor ablehnte, das schriftliche Gutachten vom 11. November 1930 in der Hauptverhandlung mündlich zu vertreten. Allerdings, so meinte das Reichsjustizministeriums, werde sich das Auswärtige Amt der Entsendung eines Vertreters nicht entziehen können, wenn das Reichsgericht auf einer Vertretung des Gutachtens besteht.

So formalrechtlich, ja bürokratisch das klingen mag, es ging um sehr handfeste Dinge. Es ging um den Widerspruch zwischen Innen- und Außenpolitik.

Anfang Mai 1931 schien es soweit zu sein: die Verhandlung wurde für den 8. Mai vor dem 4. Strafsenat angesetzt. Knapp vor dem angesetzten Termin wurde die Verhandlung jedoch mit der Begründung vertagt, der Sachverständige des Auswärtigen Amtes wäre an diesem Tag verhindert. Die öffentlich gegebene Begründung war eine glatte Lüge. In Wirklichkeit hatte das Auswärtige Amt abgelehnt, einen Sachverständigen zur mündlichen Verhandlung zu entsenden, eine Haltung, die den Oberreichsanwalt in Bestürzung versetzte. Er hatte eben erst auf der Benennung des Sachverständigen mit der Begründung beharrt, „daß sich die Hauptverhandlung auch mit Fragen zu befassen haben werde, die die auswärtigen Beziehungen des Reiches zum Gegenstand haben“. Die Verteidigung hatte darauf bestanden, daß ein solcher Sachverständiger gehört werde, „damit den Experten des Reichswehrministeriums, deren fast übersinnlicher Einfluß auf den 4. Strafsenat ja hinreichend bekannt ist, eine andere amtliche Mitteilung entgegengestellt wird, die sich mit der in der Bendlerstraße vertretenen nicht immer zu decken pflegt“. Das Auswärtige Amt jedoch blieb dabei, es trage „ernste Bedenken, dem Ersuchen stattzugeben“. (Schreiben vom 20. Juni 1931.) Am 30. Juni 1931 kamen die drei Ressortvertreter im Reichsjustizministerium endlich zusammen. Ergebnis: kein persönlicher Gutachter des Auswärtigen Amtes zur Hauptverhandlung.

Die peinliche Frage der Verteidigung, „ob der Artikel Nachrichten enthalte, deren Geheimhaltung einer anderen Regierung gegenüber für das Wohl des Deutschen Reiches erforderlich war“, zu beantworten, überließ das Auswärtige Amt, ohne eigene Stellungnahme, dem Reichsgericht.

Obwohl Ossietzky mit Rücksicht auf die Bestimmungen des Gesetzes vom 3. Juni 1914 (Spionagegesetz) Gefahr lief, wegen einer Stellungnahme zu dem hinter den Kulissen schwebenden Ressortstreitigkeiten neuerdings belangt zu werden, verstand er es, „einige grundsätzliche Bemerkungen“ aus Anlaß der Vertagung zu veröffentlichen, die an Deutlichkeit nichts zu wünschen übrigließen. Er verwies auf „die ungeheuerliche Tatsache, daß jeder Deutsche, der sich für eine unbedingte Respektierung des Friedensvertrages einsetzt, in Gefahr läuft, als Verräter abgeurteilt zu werden. Trotzdem befindet sich der Missetäter dabei in Gesellschaft der Reichsregierung, die eben dasselbe behauptet. Das Reichsgericht bringt also die ihm übergeordnete Reichsregierung ständig in den Verdacht der Illoyalität. Ein beträchtlicher Teil des Mißtrauens gegen Deutschland in der ganzen Welt ist auf diese Judikatur des höchsten deutschen Gerichtes zurückzuführen. Wir haben es hier nicht mehr mit Rechtsprechung zu tun, sondern mit einem Komplott zwischen Reichswehrministerium und Reichsanwaltschaft zur Niederhaltung der oppositionellen Presse und zur Aufrechterhaltung einer Sonderstellung der Herren Militärs." (WB 19/31.)

Der angeklagte Ankläger faßt zusammen: die militärpolitischen Selbstverständlichkeiten von heute seien immer die militärischen Geheimnisse von gestern. Heute werde die Frage der Zeitfreiwilligen, der Schwarzen Reichswehr, der Feme in dem reaktionärsten Provinzblatt offen diskutiert. Was aber das Landesverratsverfahren gegen die „Weltbühne" aus der gewohnten Praxis heraushebe, das ist der Umstand, „daß der Oberreichsanwalt in seine Anklage auch noch den Spionageparagraphen hineingebaut hat und das aus keinem andern Grund, als um die öffentliche Erörterung zu verhindern, denn mit diesem freundlichen Paragraphen ist ein Schweigegebot verknüpft. Das ist in der Tat ein Ausnahmegesetz gegen die Presse, die sich weigert, nach der Militärmusik zu tanzen, und die so dreist ist, früher aufzustehen als die patriotisch verschlafenen Herren Minister. Es hat bisher kein sogenanntes militärisches Geheimnis gegeben, das nicht im Ausland von vornherein bekannt gewesen wäre, auch ohne das Zutun von Pazifisten. Woran den Herren in der Bendlerstraße und der ihnen freiwillig subordinierten Reichsanwaltschaft liegt, das ist nicht die Sorge vor dem Ausland. Viel wichtiger ist ihnen, daß der deutsche Staatsbürger, der deutsche Steuerzahler nichts von Extragängen erfährt, deren materielle und moralische Konsequenzen er zu tragen hat." (WB 19/31.)

Ossietzky hielt auch, während gegen ihn die Untersuchung wegen Landesverrats lief, mit seiner Meinung über das Reichsgericht nicht hinter dem Berge. Er schrieb: „Diese unsre höchste Instanz ist die festeste Zitadelle der Reaktion." Und er fügte prophetisch hinzu: „Wir Publizisten von der Linken kennen das Reichsgericht und wissen auch, daß unser aller Weg einmal nach Leipzig führt." (WB 29/30.)

Noch schärfer ging er mit den Männern zu Gericht, die die Justizgewalt der Republik verkörperten, als Hitler am 25. September 1930 vor dem Reichsgericht als Zeuge im Prozeß gegen die Ulmer Reichswehroffiziere, die angeklagt waren, NSDAP-Zellen gebildet zu haben, erschien und seinen berühmten Legalitätseid ablegte, allerdings verbunden mit der Drohung, „es werden auch Köpfe rollen". Der zukünftige Angeklagte schrieb über seinen zukünftigen Richter – es war derselbe Reichsgerichtsrat Baumgarten vom 4. Strafsenat: „Das Reichsgericht ahnt den Herrn von Morgen. Keine Ironie unterbricht den Mumpitz der Programmerklärung, und wie ironisch können Richter sonst sein! Kein Verweis schneidet die blutrünstigen Bravaden ab, ungestört entwickelt das heroisch tapezierte Stück Malheur mit dem Diktatorenfimmel seine Guillotinenphantasie. Was Hitler, mit einem spinnenwebdünnen Tuch von Legalität umkleidet, vor dem höchsten Gericht verkündete, hieße bei Politikern, die nicht Koalitionsfreunde des Reichsjustizministers sind: Vorbereitung zum Mord." (WB 40/30.) Er griff das Reichsgericht an, nicht nur mit dem geschriebenen, sondern auch mit dem gesprochenen Wort. In einer Kundgebung der Liga für Menschenrechte zum Reichswehrprozeß in Leipzig trat Ossietzky neben Rudolf Olden als Redner auf, der Tatsache nicht achtend, daß auch gegen ihn selbst ein Untersuchungsverfahren des Reichsgerichts im Gange war.

Die Männer in der roten Robe hatten eine erprobte Hand in der Handhabung der Justizmaschine gegen links – und vor allem gegen Feinde der Aufrüstung. Indem sie die Verhandlung für nichtöffentlich erklärten und allen Beteiligten strengste Schweigepflicht auferlegten, schirmten sie ihren Spruch vor unbequemer Kritik und, worauf es zuallererst ankam, vor diplomatischen Folgen ab. Ein geheimes Urteil ist unangreifbar, niemand kennt mehr als den Urteilsspruch und das Strafmaß. Das Wichtigste, die Begründung, bleibt Geheimnis. So wurden Ossietzky und Kreiser, nach einer dreitägigen Verhandlung, wegen Verbrechens gegen den Paragraphen 1, Absatz 2 des Gesetzes gegen den Verrat militärischer Geheimnisse zu je 18 Monaten Gefängnis verurteilt. Doch hat der 4. Strafsenat (Vorsitzender: Reichsgerichtsrat Dr. Baumgarten, Beisitzer: die Reichsgerichtsräte Driver, Dr. Sonntag, Drechsler und Landesgerichtsdirektor Dr. Hertel) Tatbestand und Rechtsgründe der Öffentlichkeit vorenthalten.

Liest man aus der Sicht des Chronisten den Text des Urteilsspruches vom 23. November 1931, dann versteht man die Gründe für dessen Geheimhaltung; für die Zeitgenossen wäre das eine schwer zu ertragende Lektüre geworden.

Das Urteil beruht auf dem Sachverständigenzeugnis des Reichswehrministeriums, wonach alle Behauptungen in dem Artikel vom 12. März 1929 über die Tarnung militärischer Einrichtungen vollinhaltlich der Wahrheit entsprechen. Gerade deshalb habe ihre Geheimhaltung im Interesse des Reiches gelegen und die Preisgabe des Geheimnisses sei – Verrat gewesen. Dem Dilemma, was dem Reich mehr schade, die Lüftung einer Tarnbezeichnung oder das Eingeständnis, daß Deutschland, im Widerspruch zu den Beteuerungen seiner Diplomaten, zum Krieg rüste, wich das Reichsgericht aus, indem es die Urteilsbegründung zum Staatsgeheimnis erklärte. Darüber öffentlich zu sprechen bedeutete eine neue strafbare Verratshandlung.

Das Auswärtige Amt wusch seine Hände in Unschuld. Es war nicht dabeigewesen. Folglich konnten Deutschlands Vertreter auf der Abrüstungskonferenz im Brustton der Überzeugung behaupten, Deutschland habe abgerüstet.

Bei seiner ersten Vernehmung vor dem Untersuchungsrichter – es war am 27. August 1929 – hatte Ossietzky den Vorwurf des Landesverrates weit von sich gewiesen. Der mit „Abteilung M“ betitelte Abschnitt des Kreiserschen Artikels hätte vornehmlich den Zweck gehabt, „die verantwortlichen Stellen des Reichswehrministeriums rechtzeitig zu warnen, ehe durch eine offene Diskussion der Angelegenheit von anderer Seite daraus etwa ein öffentlicher Skandal werden würde“. Aus diesem Grunde sei dieser Abschnitt von Ossietzky selbst im Manuskript gekürzt und bearbeitet worden, so daß er „für das nicht orientierte Publikum im ganzen unverständlich sein wollte“. Der Aufsatz sei von ihm nicht als militärpolitischer Artikel aufgefaßt worden, die Vorwürfe sollten weniger politischer als budgetärer Natur sein.

In der Hauptverhandlung – Anklagevertreter war Reichsanwalt Dr. Nagel – hielt der Angeklagte diese Erklärung aufrecht. Die Verteidiger bemühten sich, dem Gericht zu beweisen, daß von einer Geheimhaltungspflicht schon deswegen nicht gesprochen werden könne, da nichts mitgeteilt wurde, was nicht zahlreichen Persönlichkeiten, vor allem Fachleuten des Luftfahrtwesens, ohnehin bekannt war. Eine Liste von neunzehn Personen, darunter auch einige Ausländer, wurde dem Reichsgericht vorgelegt, mit dem Antrag, diese als Zeugen darüber anzuhören, daß die vom Ankläger als „geheim“ bezeichneten Mitteilungen vor dem Erscheinen des Artikels allgemein bekannt waren.

Der 4. Strafsenat hat diesen Beweisantrag, wie alle sonstigen Anträge der Verteidigung, als irrelevant abgelehnt. Die Richter stützten sich ausschließlich auf die eidliche gutachtliche Aussage des Zeugen und Sachverständigen Major Himer vom Reichswehrministerium und des Sachverständigen Ministerialrat Dr. Wegerdt von der Luftfahrtabteilung des Verkehrsministeriums. Diese Beamten bekundeten, daß die in dem Artikel erwähnten und unter Anklage stehenden Mitteilungen der Wahrheit entsprechen; „ihre Geheimhaltung war im Interesse der Landesverteidigung, wie auch für das Wohl des Deutschen

Reiches erforderlich". Auch das schriftliche Gutachten des Auswärtigen Amtes vom 24. August 1931 wurde insofern herangezogen, als es bestätigte, die Behauptung, Deutschland verstoße gegen Artikel 198 des Versailler Vertrages, könnte leicht unerwünschte außenpolitische Folgen haben.

Entscheidend waren die Ausführungen des militärischen Sachverständigen. Dieser hatte zugegeben, daß die Abteilung M eine vom Reichsministerium geleitete und mit dessen Mitteln unterhaltene Versuchsanstalt für die Erprobung von Flugzeugen sei. Die in dieser Abteilung tätigen Flieger hätten der militärischen Kommandogewalt unterstanden, und die fliegerischen Übungen hätten unter militärischen Gesichtspunkten zu militärischen Zwecken stattgefunden. Die Abteilung wäre der Befehlsgewalt eines Hauptmanns zugeordnet gewesen, der allerdings immer in Zivil auf dem Flugplatz Johannisthal-Adlershof aufgetreten sei. Die Bezeichnung „Erprobungsabteilung Albatros" wie auch die Verlegung des Flugplatzes auf die Johannisthaler Seite, auch die Zivilkleidung des diensthabenden Hauptmanns hätten den Zweck gehabt, diese Abteilung zu tarnen, „das heißt zu verhindern, daß sie als militärische Einrichtung der Heeresleitung von Außenstehenden erkannt werde". Das sei im Interesse der Landesverteidigung notwendig gewesen. Der beanstandete Artikel habe diese Tarnung, dieses Geheimnis gelüftet und die wahren Tatsachen bekanntgemacht. Das habe ausländischen Nachrichtendiensten, die sich für die deutsche Aufrüstung interessierten, Anhaltspunkte gegeben, ihre Agenten anzusetzen. Das Gericht nahm als erwiesen an, daß dies geschehen sei. „Feindliche Heeresleitungen" – man war mitten im Frieden – „erhielten die Möglichkeit, ihre Angriffs- und Abwehrmittel so zu ändern und zu verstärken, daß die deutschen militärischen Maßnahmen in ihrer Wirkung herabgesetzt oder gänzlich entwertet würden."

Rechtlich, so argumentierten die Verfasser des Urteils, müsse die Handlungsweise der Angeklagten als ein vollbrachter Verrat militärischer Geheimnisse (§ 1, Absatz 2 des Gesetzes vom 3. Juni 1914) beurteilt werden und nicht als Landesverrat nach § 92, Absatz 1, Ziffer 1 des StGB., weil, sofern es sich um militärische Geheimnisse handle, Gesetzeseinheit vorliege und nach allgemeinem Rechtsbrauch in einem solchen Fall das spezielle Gesetz anzuwenden sei und nicht das allgemeine.

Was aber ist geheim? Das Reichsgericht kam in dem Bemühen, die Einwände der Verteidigung zu entkräften, zu dem erstaunlichen Schluß, daß auch etwas Bekanntes als geheim angesehen werden könne. „Der Begriff des Geheimseins ist nur ein relativer, das heißt, es kommt ausschließlich darauf an, daß die Nachricht einer fremden Regierung oder in ihrem Interesse tätigen Personen im Interesse der eigenen Wehrmacht verborgen zu halten ist.“ Ob es kleinere oder größere Personenkreise gäbe, sei es im Inland oder Ausland, für die die mitgeteilte Nachricht nicht geheim ist, ändere nichts daran, daß sie im Sinne des Verratsgesetzes als geheim anzusehen und ihre Bekanntgabe strafbar sei.

Der Senat ging noch weiter. Die Angeklagten hätten mit Vorsatz gehandelt, denn sie müssen gewußt haben, daß diese Geheimhaltung im Interesse der Landesverteidigung erforderlich sei, daß ihre Handlung geeignet sei, die Sicherheit des Reiches zu gefährden, und daß ihre Nachrichten an eine ausländische Regierung oder an eine Person, die im Interesse einer ausländischen Regierung tätig ist – also an eine Spionagestelle –, gelangt seien.

Worauf stützen die Richter ihre Annahme, daß der dreifache Vorsatz bei Ossietzky vorhanden war? Genau das Gegenteil ist der Fall. Ossietzky hat es sogar abgelehnt, über seine Militärdienstzeit Aussagen zu machen. Er wollte mit diesem Gericht nicht über seine Gesinnung oder über seine politische Haltung diskutieren. Das Reichsgericht hat ihm das übel angerechnet. Es hat gerade aus der Tatsache, daß Ossietzky ein Pazifist war, was aus seiner ganzen Tätigkeit, die das Gericht untersucht hatte, hervorging, auf seinen Vorsatz geschlossen. Aus dieser Weltanschauungsfrage, heißt es zwar in dem Urteil, soll keine Stellung zuungunsten des Angeklagten genommen werden. „Sie rechtfertigt aber psychologisch den Schluß, daß der Angeklagte mit dem fraglichen Artikel ‚antimilitärisch' wirken wollte, und unter diesem Gesichtspunkt ergibt sich zwanglos der Wille des Angeklagten, etwas von der Militärverwaltung Geheimgehaltenes aufzudecken."

Dieser Schluß war also dennoch zuungunsten des Angeklagten ausgefallen. Aus ihm ergab sich ja die Verurteilung Ossietzkys als Mittäter im Sinne des § 47 StGB, „denn er hat im Bewußtsein und gewolltem Zusammenwirken mit Kreiser gehandelt". Das ging sogar über die Vorstellungen des Oberreichsanwalts hinaus, der Ossietzkys Verantwortung nur aus dem Pressegesetz begründet sehen wollte.

Das Reichsgericht hatte aber noch weitere Gründe, Ossietzkys Vorsätzlichkeit zu konstruieren. Gegen ihn war im Jahre 1927 wegen des Artikels „Frontwechsel der Jungdo" in der „Weltbühne" vom 2. August 1927 ein Verfahren wegen Landesverrats eingeleitet worden (vgl. S. 119). Ossietzky ist sogar einmal im Zuge dieses Verfahrens vom Untersuchungsrichter des Reichsgerichts vernommen worden. Das Verfahren ist letztlich vom Reichsgericht eingestellt worden; aber der 4. Strafsenat fand darin einen Grund mehr, anzunehmen, daß Ossietzkys Bewußtsein im Hinblick auf die Strafbarkeit seines Tuns besonders „geschärft" gewesen sein mußte. Endlich, letztes Glied der reichsgerichtlichen Erwägungen, hatte Ossietzky in seinem Brief an Kreiser vom 20. April 1929 dessen Kritik das Zeugnis ausgestellt, daß „sie nirgends sonst gefunden werde". Auch das deute darauf hin, daß Ossietzky bewußt geheimzuhaltende Sachen an die Öffentlichkeit bringen wollte.

Daß der Artikel ein völkerrechtswidriges Verhalten rügen wollte, ließ das Reichsgericht, sich auf die Treuepflicht zum eigenen Staat berufend, nicht gelten. Mildernd bei der Strafbemessung wurde eingerechnet, daß es nicht ehrlose Beweggründe gewesen sind, die Ossietzky drängten zu handeln, wie er gehandelt hat; erschwerend, daß durch derartige Indiskretionen nicht nur für die Heeresverwaltung, sondern für die

Lebensinteressen des deutschen Volkes bedeutender, ja unabsehbarer Schaden entstehen kann, „zumal bei der großen Bedeutung, die bei einem etwaigen zukünftigen Krieg die Luftfahrt hat und bei der – worauf die beiden Sachverständigen übereinstimmend hingewiesen haben – großen Aufmerksamkeit, mit der das Ausland unsere Entwicklung auf allen Teilgebieten der deutschen Luftfahrt verfolgt".

„Unbekümmert um die Interessen ihres Vaterlandes in schwerer Zeit und unter deren bewußten Nichtachtung haben die Angeklagten aus Sensationsbedürfnis das Maß einer sachlichen Kritik weit überschritten", heißt es zum Abschluß des Urteils, dessen Veröffentlichung seine Urheber allen Grund hatten zu verhindern. Sie taten sich viel zugute, daß sie auf Verhängung einer Zuchthausstrafe verzichteten und es mit 18 Monaten Gefängnis bewenden ließen.

Ossietzkys Haltung vor seinen Anklägern und Richtern war unerschrocken. Einer der Verteidiger schreibt über ihn: „Je mehr wir alle erkannten, daß das Gericht die Angeklagten verurteilen würde, um so energischer wurde Ossietzky, um so kräftiger trat er auf. Nicht eine Minute überlegte er, was danach kommt. Er verteidigte sich, indem er angriff. Er nötigte selbst diesem, den ‚Landesverrätern' immer besonders feindlichen Gericht Respekt ab. Eigentlich war nicht Ossietzky der Hauptangeklagte, da er ja nur dem inkriminierten Artikel in seiner Zeitschrift Raum gegeben hatte. Der Hauptsünder war der Verfasser des Artikels. Aber dieser trat im Verlauf der Verhandlungen immer mehr in den Hintergrund, während Ossietzky durch seine energische Verteidigung zum Hauptangeklagten wurde. Statt sich auf die Erklärung zu beschränken, er habe nur in gutem Glauben und im Vertrauen auf die Person des Verfassers dessen Artikel abgedruckt, machte er sich jedes Wort zu eigen, das in dem Aufsatz stand, und verteidigte jeden Buchstaben mit Klauen und Zähnen. Ossietzky wußte, daß er mit dem Artikel über die Aufrüstung Deutschlands die deutsche Regierung und vor allem das Reichswehrministerium, also die Stelle der Republik traf, gegen die anzugehen am gefährlichsten war. Er wußte, daß sein Eintreten für das Recht der Veröffentlichung eines solchen Artikels das Reichsgericht, das schon immer seine nationale Pflicht verstanden und erfüllt hat, zum Äußersten reizen mußte. Aber deshalb wich er doch nicht um einen Millimeter von seinem Standpunkt ab. Er hatte sich die Aufgabe gestellt, im Interesse des deutschen Volkes die Geheimrüstung aufzudecken und zu bekämpfen, und diese Aufgabe erfüllte er, solange er sprechen konnte. Das Schlußwort gestaltete sich zu einer großen Abrechnung mit den militärischen Kräften."

Das Urteil war gesprochen. Die Zeitungen durften nur die Tatsache der Verurteilung und das Strafmaß mitteilen. Die „Weltbühne" veröffentlichte den amtlichen Teil „nach Redaktionsschluß" und fügte lakonisch hinzu: „Die Arbeit der ‚Weltbühne' wird fortgesetzt." Zwei Tage später äußerte sich Ossietzky in einem Zeitungsaufsatz, dem er den ironisch-herausfordernden Titel „Ich, ein Landesverräter" gab: „Ich würde keinen Tintenspritzer an einen Widerspruch verwenden, wenn das Urteil des 4. Strafsenats die erste Kraftanstrengung des Dritten Reiches darstellen würde. Noch leben wir aber in der demokratischen Republik, auf deren Grundsätze ich schwöre und die ich vom Tage ihrer Geburt an verteidigt habe. Noch leben wir im Zustand verbürgter Meinungsfreiheit, noch immer in einem Staate, in dem das Militär den zivilen Gewalten unterworfen ist. Deshalb werde ich weiter dafür einstehen, daß der Geist der deutschen Republik nicht durch eine mißverstandene Staatsraison verfälscht wird."

Das hieß: Der Kampf geht weiter.

Der Gegenangriff zielte vor allem auf den Reichswehrminister Groener, der, gestützt auf den „Weltbühnen"-Prozeß, ein Sondergesetz gegen Pazifisten und Antimilitaristen forderte. Der Reichswehrminister war offenbar von dem Umfang der Protestaktion gegen das „Weltbühnen"-Urteil alarmiert und sah darin eine Gefahr für die Politik der Wiederaufrüstung. Der Verurteilte, keineswegs eingeschüchtert, vielmehr in seinem Recht bestärkt, trat mit einem Offenen Brief an Reichswehrminister Groener den Machenschaften der Militärkamarilla scharf entgegen. Er erinnerte an den Dreyfus-Prozeß, aber auch an die reaktionären Angriffe gegen Groener, als dieser 1919 gegen Wahnsinnsakte der Freikorps auftrat. Als „Gegner, aber kein ungerechter“ will Ossietzky vor dem Wahnsinn warnen, diejenigen zu verfolgen, die mit der Feder gegen die militaristische Reaktion kämpfen. Ein Ritter, der den Drachen zum Turnier herausfordert...

Im Ausland hatte man, auch ohne Kenntnis der Urteilsgründe, eine ziemlich klare Vorstellung von dem, was da geschehen war. Die Abrüstungskonferenz stand bevor. War die Verurteilung vom Standpunkt der Reichsführung klug? Die „New York Evening Post“, eine reaktionäre Zeitung, schrieb:

„Deutschland hat seine Stellung auf der bevorstehenden Abrüstungskonferenz heute erheblich geschwächt. Das Reichsgericht in Leipzig hat durch eine Verurteilung wegen Landesverrats die Behauptung, daß die Organisation der Handelsluftfahrt dieses Landes eine Umgehung des Versailler Vertrages darstellt und die Basis für eine schnelle Umwandlung in einen militärischen Flugdienst schaffen soll, tatsächlich bestätigt.“

Es heißt weiter in dem Artikel: „In zweierlei Hinsicht ist das Urteil des Reichsgerichtes außerordentlich bemerkenswert:

1. Es stellt das härteste Urteil dar, das jemals über einen nichtkommunistischen Redakteur verhängt wurde, und ist typisch für die rigorose Behandlung, die die deutschen Richter jetzt geneigt sind, jedem angedeihen zu lassen, der mit der gegenwärtigen Tendenz einer Rückkehr zum Vorkriegsmilitarismus Deutschlands nicht sympathisiert.

2. Es ist ein Urteil, das die Regierung selbst, oder jedenfalls das Auswärtige Amt, kaum billigen könnte. Denn es weist vor aller Öffentlichkeit auf einen Zustand hin, der sonst hätte vergessen oder übersehen werden können, daß nämlich Deutschland, dessen Argumentation vor der Abrüstungskonferenz darauf hinauslaufen sollte, daß es abgerüstet und den Versail-

ler Vertrag in jeder Hinsicht erfüllt habe, jetzt aufgefordert werden kann, sich gegen den Vorwurf zu verteidigen, daß es die Klauseln des Vertrages verletzt, die ihm die Unterhaltung eines Militärflugdienstes oder irgend etwas, was ihm nahe kommt, verbiete."

Noch schärfere Töne kamen aus Paris. Im „Quotidien" schrieb der Abgeordnete Henri Guernut: „Wenn diese Verfolgungen, diese Verurteilungen auch zugelassen sind, so sind sie doch rechtlich unzulässig. Man darf doch die Aufdeckung eines Verbrechens nicht selbst zum Verbrechen stempeln. Schließlich ist eine geheime Aufrüstung unter Bruch internationaler Verträge ein Verbrechen. Es ist sogar ein doppeltes Verbrechen: einerseits gegen Treu und Glauben zwischen den Völkern, andererseits ein Verbrechen gegen den Frieden." Der französische Politiker forderte seine Regierung auf, in Genf vorzuschlagen, daß in das Abrüstungsabkommen eine Bestimmung aufgenommen werde, wonach jedermann das Recht hat, Verletzungen der vereinbarten Abrüstungsbestimmungen zu signalisieren, ohne Verfolgung befürchten zu müssen.

Nahezu die gleiche Forderung erhob der Deutsche Ausschuß für Abrüstungspropaganda in einem von Quidde unterzeichneten Brief an Reichskanzler Brüning. Quidde und seine Freunde beschworen Brüning, dem Reichspräsidenten zu empfehlen, daß er Ossietzky begnadige. In das StGB sollte eine Bestimmung eingefügt werden, wonach die Aufdeckung der Verletzung von Gesetzen, insbesondere internationalen Verträgen, niemals als Landesverrat bestraft werden kann. Aufgabe der Abrüstungskonferenz sollte es sein, eine entsprechende Vorschrift zum Schutze der Abrüstungsbestimmungen für alle Länder zu vereinbaren. Brüning, dem zahlreiche Protesttelegramme zugegangen waren, übersandte das Schreiben der Pazifisten an den Reichswehrminister und an das Auswärtige Amt, mit dem Bemerken, das eine Antwort nicht erteilt worden sei. Das Auswärtige Amt schickte eine Abschrift an das Reichsjustizministerium, nicht ohne hinzuzufügen, daß „eine weitere Veranlassung nicht beabsichtigt sei".

Das entsprach jedoch nicht den Tatsachen. Am 2. Januar 1932 – genau einen Monat vor der Eröffnung der Abrüstungskonferenz – bat das Auswärtige Amt in einem vertraulichen Schreiben das Reichsjustizministerium um die Entsendung eines Vertreters zu einer Besprechung, die Reichsjustizminister Dr. Joël und Staatssekretär von Bülow vereinbart hatten, um „genau formulierte Erklärungen für den Fall vorzubereiten, daß auf der Abrüstungskonferenz von gegnerischer Seite die kürzlich in Breslau und Leipzig stattgehabten Landesverratsprozesse (in Breslau war ein Landesverratsprozeß gegen „Das Andere Deutschland" durchgeführt worden – B. F.) zu Angriffen gegen angebliche deutsche Geheimrüstungen benützt werden sollten".

Wenige Tage später fand die Beratung statt. Es kam eine „Aufzeichnung zur Regelung der Sprache für die Abrüstungsdelegation bei Angriffen wegen der Landesverratsprozesse" zustande. An dem Begriff der „erlaubten Rüstungen", die aber dennoch geheim sind, übten die Ministerien ihren Witz.

Das Reichsgericht hatte da vorgearbeitet. Der Widerspruch zwischen den Beteuerungen der Regierung und den Taten des Militärs mußte zu Konflikten führen; sie in der verschlüsselten Sprache des Juristen vorweggenommen zu haben, ist das Verdienst von Ossietzkys Verteidiger Prof. Dr. Max Alsberg. In seinem Plädoyer tauchte der Rechtsgelehrte in die Tiefe der Handlungsmotive seines Klienten. Hier klaffte der Widerspruch zwischen dem materiellen Tatbestand und dem zu schützenden Rechtsgut. Das Staatswohl soll durch das Gesetz gegen den Verrat militärischer Geheimnisse geschützt werden – aber was denn sonst als das Staatswohl im höchsten Sinne hatte Ossietzky im Auge, als er die Tat beging, deren er angeklagt wurde? Der Verrat militärischer Geheimnisse ist ein politisches Delikt, sagte Alsberg, aber im Bereich politischer Delikte wird für die strafrechtliche Qualifikation die Nützlichkeit oder Schädlichkeit eines Verhaltens danach bestimmt, ob seine günstigen oder ungünstigen Folgen überwiegen. Unterstellt man selbst, daß im Interesse der Landesverteidigung geheimzuhaltende Nachrichten preisgegeben wurden, so ist – Alsberg zitiert das Schrifttum – „zu erwägen, ob nicht vorübergehende Benachteiligung einziges Mittel zum nützlichen Enderfolg, ob nicht ungünstige Teilwirkung durch günstige Gesamtwirkung weit übertroffen wird, ob nicht die taktische Einbuße strategischer Gewinn bedeutet".

Mit einfachen Worten: Ossietzky hat formal einem Verbot zuwidergehandelt, durch das bestimmte Interessen geschützt werden sollen, aber letztlich diente seine Handlung eben diesen Interessen. Brach Ossietzky das Gesetz, das geschaffen wurde, um Volk und Staat zu schützen, so tat er es, weil er Volk und Staat gegen die größte aller Gefahren schützen wollte: gegen die Gefahr, in einem neuen Krieg unterzugehen.

Ossietzkys Verteidiger legte seine im Plädoyer entwickelten Gedanken in einem Brief an den Reichsjustizminister nieder. Inzwischen war durch Dr. Apfel das Begnadigungsgesuch bei Hindenburg eingereicht worden. Alsberg, einfallsreich, verwies auf den Rechtsfall, der zu so grundsätzlichen Erwägungen Anlaß gegeben hatte. Es war eine groteske Enthüllung. Beispielhaft war die feine, aber notwendige Unterscheidung zwischen formeller und sachlicher Verbotüberschreitung im Beleidigungsprozeß des einstigen Reichspräsidenten Ebert gegen den Schriftsteller Rothard getroffen worden. Das Magdeburger Schöffengericht hatte 1925 den Landesverrat Eberts als erwiesen angenommen, weil er im Munitionsarbeiterstreik im Januar 1918 eine führende Rolle gespielt hatte. Ebert jedoch hatte eingeworfen, daß er sich an die Spitze des Streikkomitees gesetzt habe, um den Streik abzuwürgen, also um jenem Staatswohl zu dienen, dessen Schädigung ihm vorgeworfen wird. Das Gericht hatte Eberts Motive als historisch bemerkenswert, aber strafrechtlich belanglos erklärt. Diese Formulierung hatte in Juristenkreisen schärfsten Protest ausgelöst. Ist Landesverrat, wenn auch nicht formell, so doch materiell ein Absichtsdelikt, folgerte Alsberg, dann kann man bei Ossietzky nicht über seine Absicht hinwegsehen, dem deutschen Volk durch die Veröffentlichung des Kreiserschen Artikels zu nützen. Tatsächlich hat ja das Reichsgericht anerkannt, daß Ossietzky nicht aus ehrlosen, das heißt also aus ehrenhaften Motiven gehandelt hat. Niemals ist der Formalismus juristischen Denkens paradoxer in Erscheinung getreten als in der Gleichsetzung des Absichtsdelikts bei Ossietzky und Ebert: die Absichten der beiden „Landesverräter" waren einander genau entgegengesetzt.

Kurioserweise hatte Ossietzky vor Jahren, als der liberale Abgeordnete Graf Bernstorff im Reichstag während einer „völkerbundgläubigen Rede" auf die geheimen Rüstungen hinwies, sich zu dieser Art „Landesverrat" stolz bekannt. Im Jahre 1927, als Stresemann und Poincaré einander sonntägliche Rededuelle über die Grenze hinweg lieferten, tauchte in der außenpolitischen Debatte im Reichstag das heikle Thema auf, über das vor wenigen Jahren noch kaum in vertrautesten Kreisen gesprochen werden durfte. Ossietzky vermerkte es mit Genugtuung, zugleich mit prophetischer Voraussicht kommender Risiken. „Wir ‚Landesverräter' haben doch eine große Pionierarbeit geleistet. Das von uns zutage geförderte Material wird auch von den mildesten Demokraten nach Belieben verwendet. Hüten wir uns sorgfältig vor dem Hochmutsteufel. Nichts ist gefährlicher in Deutschland, als gegen alle Ressourcen der nationalistischen Politik einer Wahrheit dennoch zum Durchbruch verholfen zu haben."

Ebendeshalb kam es der Militärkamarilla und ihrem Instrument, dem Reichsgericht, darauf an, ein Exempel zu statuieren und, in hochnäsiger Mißachtung der ehrenhaften Absicht, aus den formalen Merkmalen der Tat das ehrlose Verbrechen zu konstruieren.

Das wichtigste Argument Alsbergs in seinem Brief an den Reichsjustizminister ist der Nachweis, daß der 4. Strafsenat am 23. November 1931 ein Urteil fällte, das in krassem Widerspruch zu einem anderen steht, daß der 1. Strafsenat kurz vorher, nämlich am 20. Oktober 1931 gefällt hatte. Der 1. Strafsenat, ebenfalls in einer Landesverratssache, verlangte, ganz im Geiste des Alsbergschen Plädoyers, „das gesamte Verhalten daraufhin zu prüfen, ob nicht der durch die Tat erzielte Nutzen größer sei als der Schaden. Es dürfen nicht einzelne Handlungen aus dem Zusammenhang gerissen und für sich betrachtet werden, es muß vielmehr das Gesamtverhalten ins Auge gefaßt werden. Ergibt sich, daß das Gesamtverhalten durch das Ziel beherrscht wird, vom Deutschen Reich größere Nachteile abzuwenden und nur zu diesem Zweck die geringer benachteiligenden Handlungen in Kauf zu nehmen, dann fehlt eben in bezug auf das Gesamtverhalten, von dem jene tatbestandsmäßigen Einzelhandlungen nur untrennbare Teile sind, das Bewußtsein und der Wille der Benachteiligung."

Die komplizierte Sprache der Juristen verdeckt einen einfachen Sachverhalt: Ossietzky wurde vom 4. Strafsenat im Widerspruch zu anderen Entscheidungen des Reichsgerichts verurteilt. Das Urteil ist ein Racheurteil, das ohne Bedacht auf die außenpolitischen Folgen dem Reichswehrministerium gab, was dieses verlangte: Ossietzkys Einkerkerung.

Ossietzky glaubte noch immer an den Rechtsstaat, noch war er nicht geheilt von dem Glauben an den „Geist der deutschen Republik". Doch hatte ihm die Republik die Gerechtigkeit verweigert, indem sie Recht sprach. Das Urteil des Reichsgerichts konnte mit rechtlichen Mitteln nicht angefochten werden. Es war rechtskräftig. Das einzige Mittel, seine Folgen abzuwenden, war ein Gnadenakt des Reichspräsidenten. Es ist begreiflich, daß Ossietzky Hemmungen hatte, von dieser Möglichkeit Gebrauch zu machen, wie es nicht minder begreiflich ist, daß ihm seine Freunde, und vor allem seine Rechtsfreunde, zusetzten, Skrupel zurückzustellen. Dr. Apfel verfaßte die Eingabe an den Reichspräsidenten, nicht ohne die historisch-politischen und menschlich-persönlichen Aspekte dieses Falles zu beleuchten. Ossietzky willigte schließlich ein, unter der Voraussetzung, daß das Gnadengesuch zum Gegenstand einer der Sache und nicht der Person dienenden Massenaktion gemacht werde. Der Kampf gegen das Urteil wurde aufgenommen. Schon wenige Tage nach seiner Verkündung hatten sich auf Einladung der Deutschen Liga für Menschenrechte dreitausend Menschen in einem Berliner Versammlungssaal zu einer Protestkundgebung gegen den Spruch von Leipzig eingefunden. Die Zeitungen der Linken setzten sich mit bemerkenswertem Elan für die Sache ein.

Kreiser war bald nach der Urteilsverkündung ins Ausland geflohen. In einer der reaktionärsten Zeitungen von Paris veröffentlichte er Enthüllungen über den Verlauf des Prozesses. Damit hatte sich der Mitangeklagte Ossietzkys zum Handlanger der französischen Nationalisten gemacht. Gerne hätten die deutschen Gegenspieler der Militaristen jenseits des Rheins auch Ossietzky in der Rolle Kreisers gesehen. Warum Ossietzky von der Möglichkeit zu fliehen keinen Gebrauch machte, das erklärte er selbst an dem Tag, an dem er sich zum Strafantritt meldete. Der „Landesverräter" war in Wirklichkeit ein glühender Patriot. So wurde der Kampf um die Nichtvollstreckung des Urteils ein Kampf um Ossietzky.

Der Verlag der „Weltbühne" veröffentlichte eine Broschüre, in der die Stimmen des Protestes aus dem In- und Ausland gesammelt wurden. Unter diesen Stimmen, die zur Unterstützung des Gnadengesuches von Dr. Apfel auch der Regierung unterbreitet wurden, befanden sich nicht wenige von nationalem und internationalem Ruf.

Albert Einstein aus Pasadena in Kalifornien schrieb: „Dieses Urteil muß die deutsche Gerichtsbarkeit in den Augen des deutschen Publikums herabsetzen und bedeutet außerdem eine neue Quelle des Mißtrauens für das Ausland gegenüber Deutschland in politischer Beziehung." Thomas Mann sah mit Bitterkeit die schwarze Wolke des Faschismus über Deutschland aufziehen. „Es ist eine furchtbare und demütigende Vorstellung, in einem Lande zu leben, wo über Erscheinungen der Unordnung gewaltsam mit Hilfe der Justiz Stillschweigen gebreitet werden soll, und ich meine, man sollte die Mundtotmachung der öffentlichen Kritik der faschistischen Diktatur vorbehalten, unter der dann, was in einem freien Volk offen ausgesprochen wird, heimlich und feige von Mund zu Mund geht." In der gleichen Art warnte Arnold Zweig: „Jedes Kul-

•b. 29

turvolk hat ein brennendes Interesse daran, daß vor irgendwem, ohne Rücksicht und Furcht, das freie Wort gehandhabt werde, zuchtvoll und im Dienste einer echten Überzeugung. Wir Schriftsteller wissen, daß der Schaden, den ein allzu kühnes Wort schlimmstenfalls anrichten kann, vorübergehender Natur ist, verglichen mit dem dauernden, immer tiefer fressenden Schaden, den ein Volk erleidet, das nicht mehr von unabhängigen Schriftstellern gewarnt und gespornt werden kann, weil eine strenge Handhabung von Gesetzen die Ausübung schriftstellerischer Kritik beengt." Man solle die Warnsignale Ossietzkys und der „Weltbühne", die so gesehen Ventile sind, nicht ersticken, beschwor Arnold Zweig die Regierung, und indem er, ohne es zu wissen, den juristischen Gründen Alsbergs literarische Form gab, schrieb er: „Das Deutsche Reich kann von einer Zeitschrift nicht gefährdet werden, die den echten Patriotismus ausübt – kritische Liebe." Thomas Mann ehrte Ossietzky als einen Mann des „principiis obsta", weil er „dem Anfang des Bösen, dem bösen Anfang zu widerstehen versuchte".

Am 21. April 1932 berichteten die Zeitungen, der Reichspräsident habe das Gnadengesuch in Sachen Ossietzky abgelehnt.

Die Weltbühne

Begründet von Siegfried Jacobsohn

Unter Mitarbeit von Kurt Tucholsky geleitet von Carl von Ossietzky

28-11-31

Lieber Herr,

vielen Dank für beide Briefe. Der Witz mit dem General war sogut, dass ich versuchen werde, ihn drucken zu lassen. Im übrigen habe ich den Klamauk schon richtig verstanden. Also:

Ich habe mit Ossn telephonisch gesprochen. Er war sehr ruhig und gefasst - er ist meines Erachtens viel zu anständig gewesen, das wird sich nicht rentieren. Ich hätte das Schweigegebot gebrochen, und ich wäre geflohen. Nur keinen falschen Stolz... Na, nun versuchen die Herren Advokaten, die Strafe in Festungshaft umzuwandeln... ich kann nicht übersehn, ob ihnen das gelingt. Wir haben über Vertretung und alles gesprochen, die Sache sieht nicht gar so mulmig aus, wie es den Anschein hat. Es ist eine Gemeinheit, die man kaum kommentieren kann, höchstens mit Fusstritten. Dieses Pack hat die Gelegenheit benutzt: der Junge sitzt für meine grosse Schnauze mit, das ist kein Zweifel. Sie haben sich gerächt, mit Justiz hat das allesnichts zu tun. Von hier aus kann ich natürlich nicht hereinreden, die Anwälte und so - ich hätte das agressiver gefingert. Nur wer brüllt, kann auf Recht, nein, auf weniger grosses Unrecht hoffen. Na - wollen weiter sehn.

BERLIN-CHARLOTTENBURG 2, KANTSTRASSE 152 · TELEGRAMME: WELTBÜHNE
FERNSPRECHER: STEINPLATZ C 1, 7757 · POSTSCHECK-KONTO: BERLIN 11958

Abb. 30

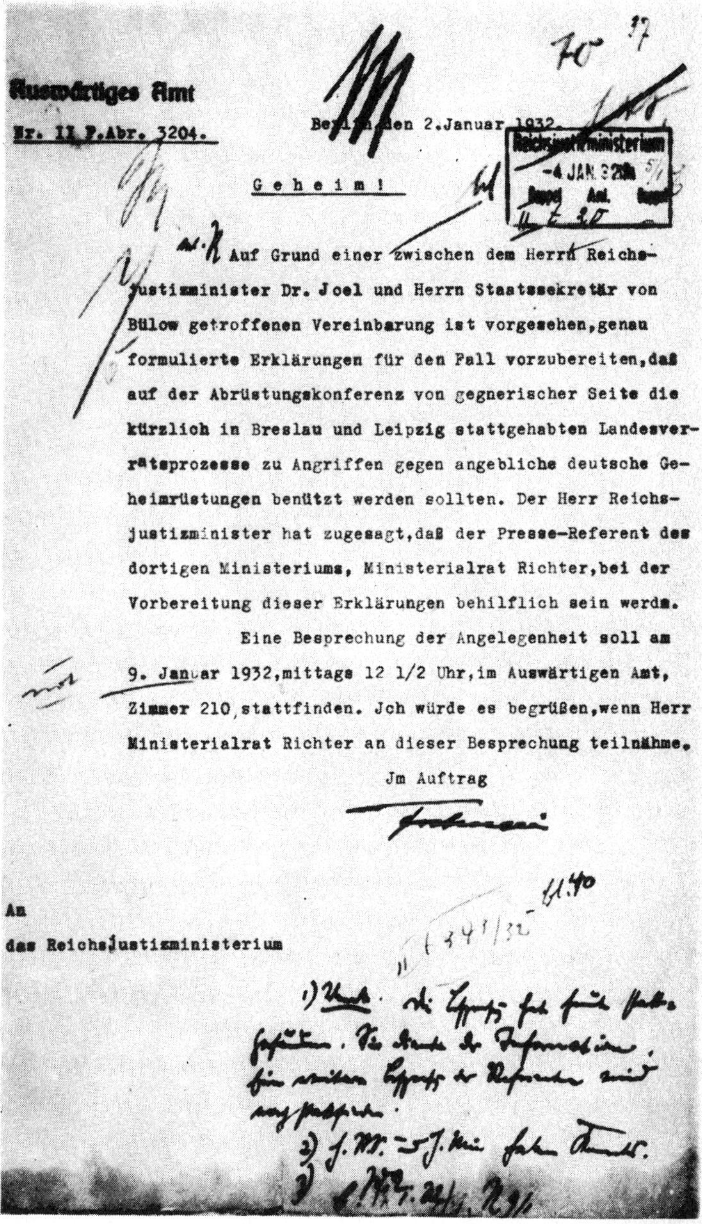

Auswärtiges Amt

Nr. II F.Abr. 3204.

Berlin, den 2. Januar 1932.

Reichsjustizministerium
-4 JAN 32

Geheim!

Auf Grund einer zwischen dem Herrn Reichsjustizminister Dr. Joel und Herrn Staatssekretär von Bülow getroffenen Vereinbarung ist vorgesehen, genau formulierte Erklärungen für den Fall vorzubereiten, daß auf der Abrüstungskonferenz von gegnerischer Seite die kürzlich in Breslau und Leipzig stattgehabten Landesverrätsprozesse zu Angriffen gegen angebliche deutsche Geheimrüstungen benützt werden sollten. Der Herr Reichsjustizminister hat zugesagt, daß der Presse-Referent des dortigen Ministeriums, Ministerialrat Richter, bei der Vorbereitung dieser Erklärungen behilflich sein werde.

Eine Besprechung der Angelegenheit soll am 9. Januar 1932, mittags 12 1/2 Uhr, im Auswärtigen Amt, Zimmer 210, stattfinden. Jch würde es begrüßen, wenn Herr Ministerialrat Richter an dieser Besprechung teilnähme.

Jm Auftrag

An
das Reichsjustizministerium

Abb. 30 a

Arnold Zweig
BERLIN-GRUNEWALD
ZIKADENWEG 59

12. Januar 1932

58

Herrn
Rechtsanwalt
Dr. Apfel
Berlin W. 8.

Friedrichstr. 59/60.

Sehr geehrter Herr Rechtsanwalt,

Ich wünschte sehr, dass die Argumente Eindruck machten, die Sie in Ihrem Gnadengesuch vortragen. Jedes Kulturvolk hat ein brennendes Interesse daran, dass von irgendwem, ohne Rücksicht und Furcht, das freie Wort gehandhabt werde, zuchtvoll und im Dienste einer echten Ueberzeugung. Wir Schriftsteller wissen, dass der Schaden, den ein allzu kühnes Wort schlimmstenfalls anrichten kann, vorübergehender Natur ist, verglichen mit dem dauernden, immer tiefer fressenden Schaden, den ein Volk erleidet, das nicht mehr von unabhängigen Schriftstellern gewarnt und gespornt werden kann, weil eine strenge Handhabung von Gesetzen die Ausübung schriftstellerischer Kritik beengt. Carl von Ossietzky und die "Weltbühne" sind, so gesehen, Ventile, deren schrilles Warnsignal nicht erstickt werden sollte. Das Deutsche Reich kann von einer Zeitschrift nicht gefährdet werden, die den echten Patriotismus ausübt - kritische Liebe. Gerichte mögen diese Betrachtungsweise ablehnen; die höchsten Behörden eines Landes haben den Beruf, allseitig zu bewerten und das auszugleichen, was im Für und Wider eines schwebenden Verfahrens zu einseitigem Uebergewicht führen kann. Ich glaube, solche Ueberlegungen würden eine Begnadigung eines so noblen und aufrechten Kritikers, wie Carl von Ossietzky es ist, vor jedem Forum der Welt rechtfertigen.

In ausgezeichneter Hochachtung

Arnold Zweig.

Abb. 30 b

Siebenmal gingen im Jahre 1932 die Wähler zur Urne – das war der parlamentarische Aspekt der Selbstauflösung der Weimarer Republik. Der außerparlamentarische Aspekt war das Blut, das in den Straßen floß. Es gab nur ein Mittel, Deutschland vor dem Abgrund zurückzureißen: gemeinsamer Kampf zur Verteidigung der Reste der Demokratie.

1932 ist das Jahr, in dem die KPD, wenn auch spät, doch nicht zu spät, ihre kämpferischen Anstrengungen gegen die drohende faschistische Diktatur konzentrierte. Es ist das Jahr, in dem Ossietzky aus seinen Erfahrungen mit der Weimarer Demokratie die Konsequenzen zog, die ihn, mitten im Kampf, an die Seite der Kommunisten stellte. 1932 ist das Jahr der größten öffentlich vollzogenen Annäherung Ossietzkys an die KPD, logischer Abschluß einer jahrelangen, schrittweisen, oft widerspruchsvollen Entwicklung.

Im Jahre 1932 lief die Amtszeit Hindenburgs ab. Die Versuche, durch eine Verfassungsänderung die Präsidentschaft Hindenburgs zu verlängern, waren rasch gescheitert. Hitler, gestützt von der Schwerindustrie, fühlte sich stark genug, ohne Rücksicht auf die Harzburger Vereinbarungen, Hindenburg entgegenzutreten. Die SPD-Führer, innerlich längst zur Kapitulation entschlossen, verzichteten auf eine selbständige Kandidatur und reihten sich in die Hindenburgfront ein. Die Kommunisten, die Thälmann aufgestellt hatten, erklärten dem deutschen Volk: „Wer Hindenburg wählt, wählt Hitler." Daß weniger als ein Jahr vergehen sollte, bis diese Losung sich wortwörtlich bewahrheitete, konnte im Februar 1932 niemand voraussehen. Doch wurde sie für Ossietzky zu dem geistig-moralischen Stoß, der ihn den Rubikon überschreiten ließ. Ossietzky, der Pazifist, der linke Bürger, der Intellektuelle, entschied sich – nicht ohne innere Kämpfe – für Thälmann.

Schon im Januar, als die SPD-Führer ihr Einschwenken in die Hindenburgfront durch die Gründung der sogenannten Eisernen Front mit Trompetenblasen und Trommelschlagen zu verschönern suchten, erkannte Ossietzky die Impotenz der republikanischen Neugründung des „Reichsbanner-Duce Karl Höltermann".

„Der neue Reichsbanner-Duce glaubte nicht an den Demos, aber er hat trotzdem seine Götter. Die heißen Hindenburg, Brüning, Groener, Dietrich. An diesen Vorbildern soll die republikanische Renaissance sich bilden. Das ist Höltermanns verhängnisvoller Irrtum. Denn Hitler ist nicht mit politischer Ideologie zu schlagen, sondern mit der sozialen Realität. Das ist nur möglich durch sozialen Kampf, in dem der Faschismus gezwungen wird, seine Arbeiterfeindlichkeit und seine kapitalistische Hörigkeit zu entlarven. An diesem Punkt aber werden nicht nur Höltermanns bürgerliche Hilfsvölker streiken, sondern mehr noch jene hohen Amtsstellen, unter deren Patronat er seine Aufgebote gern stellen möchte." (WB 2/32.)

Die Kritik geht tiefer; sie räumt auf mit der sozialdemokratischen Vorstellung, es sei Aufgabe der Arbeiterschaft, dem Kapitalismus auf die Beine zu helfen. „Herr Höltermann", schreibt Ossietzky, „... gehört zu jenen Sozialdemokraten, die, pessimistisch geworden, den Glauben an das Proletariat als Klasse verloren haben. Es ist zu einfach, diese Haltung als Gesinnungslosigkeit zu denunzieren. Die Führerschicht, unter ganz andern Verhältnissen gebildet und gereift, steht müde und weise vor einem Wirtschaftswirrwarr, der die gewohnten Klassengrenzen verwischt und die erlernte Marxfibel scheinbar ad absurdum führt. Herr Hilferding zum Beispiel konstatiert allgemeine Körperschwäche des Kapitalismus, folgert daraus aber nicht etwa die Notwendigkeit, den Patienten baldigst abzusägen, sondern fordert vielmehr die Arbeiter auf, ihn hochzupäppeln, damit sie wieder mehr verdienen. Hilferding ist gewiß ein Mann von starkem theoretischem Fundament und Befähigung zu weitem weltpolitischem Blick, aber so, ohne Ziel und ohne Feuer, gleicht er allzusehr einem hochgebauten Leuchtturm, auf dem nur eine kleine Stearinkerze steht. Der Glaube an die geschichtsbildende Kraft des Proletariats ist dahin, die eigne Mutlosigkeit der Führerkaste wird auf die ganze Klasse projiziert.“ (WB 2/32.)

Aber mit dem bloßen Nein zur Hindenburgparole konnte Ossietzky weder seine Gewissensnot beruhigen noch seine Leser befriedigen. Der Wahltag des 13. März machte eine Entscheidung unaufschiebbar. Die Leser drängten. Ein Brief Ossietzkys vom 6. Februar zeugt für dieses seelische Ringen, aber auch für seine Umsicht und Bedachtheit angesichts der zu treffenden Entscheidung.

„Augenblicklich ist die Situation so, daß die Torheit der Linksparteien uns vor die unmögliche Alternative stellt, Hindenburg oder einen Nationalsozialisten. Es gilt bis auf weiteres, das Unmögliche dieser Situation und die Verantwortlichkeit dafür festzustellen. Erst wenn die Nominierung erfolgt ist, wird man weitersehen können. Wahrscheinlich wird der Effekt der Hindenburg-Kandidatur sein, daß Unzählige, die den Linksparteien angehören, nicht zur Wahlurne gehen werden. Ich verstehe das Gefühl und wüßte auch nicht, wie man es ausreden sollte.“

Offenbar ist Ossietzky mit dem Problem noch nicht fertig. Er ringt mit sich. Der Entschluß fällt ihm schwer. Aber er wird gefaßt. Am 1. März erscheint der Artikel „Gang eins“. Nun hat er mit der „fatalen, entmutigenden Politik des ‚kleineren Übels‘“ innerlich und äußerlich Schluß gemacht. Er hat sich entschieden. Die Stellungnahme ist vorerst bedächtig, einschränkend, bedauernd sogar, aber sie wird, in dem Maße, wie die Fronten sich klären, fester, entschiedener, eindeutiger.

„Gern hätte ich als parteiloser Mann der Linken für einen akzeptablen Sozialdemokraten wie Paul Löbe oder Otto Braun gestimmt. Da kein sozialdemokratischer Kandidat vorhanden ist, muß ich schon für den kommunistischen stimmen. Wahrscheinlich werden viele, die ähnlich denken, ebenso handeln.

Man muß festhalten: die Stimme für Thälmann bedeutet kein Vertrauensvotum für die Kommunistische Partei und kein Höchstmaß von Erwartungen. Linkspolitik heißt die Kraft dort einsetzen, wo ein Mann der Linken im Kampfe steht. Thälmann ist der einzige, alles andre ist mehr oder weniger nuancierte Reaktion. Das erleichtert die Wahl."

Es sei ein Unsinn, schreibt Ossietzky, die Kandidatur Thälmanns als eine bloße Zählkandidatur hinzustellen. Wahrscheinlich werde Thälmann eine überraschend hohe Stimmenzahl erzielen können. Das werde übrigens heute schon von bürgerlichen Politikern in privaten Unterhaltungen geäußert. Je besser Thälmann abschneide, desto deutlicher werde demonstriert, welch einen Erfolg eine sozialistische Einheitskandidatur hätte haben können, was für Möglichkeiten noch immer bestehen. Auf diese Lektion komme es an. Die Hindenburg-Koalition zwischen ausgedienten Hofdamen der Monarchie und kommenden Höflingen der diktatorialen Republik sei ein Produkt von Parteibüros, die das Tastgefühl für die Schwankungen der Wählerschaft verloren haben. Deutschland habe in diesen Jahren zu viel gelitten, zu viel gehungert, um sich in seinen Entscheidungen von Pietät bestimmen zu lassen. Die meisten hätten nichts zu gewinnen, wohl aber eine verlorene Existenz zu rächen. (WB 9/32.)

Ein so schwerwiegender Entschluß bedarf ständiger Überprüfung, Begründung und Vertiefung. Ossietzky hat nicht aus müder Laune einen Schritt getan, der ihn von seinen Freunden trennen mußte. Er ist auch keineswegs ein Kommunist geworden, er hat nur in seiner Sprache den Gedanken ausgedrückt, den Walter Ulbricht vor dem zweiten Wahlgang in seiner Sprache formuliert hatte: „Daß Hindenburg und Hitler Kandidaten der Kapitalistenklasse sind, haben schon Millionen erkannt. Manche Arbeiter sagen aber, der Arbeiterkandidat wird ja im zweiten Wahlgang doch nicht gewählt. Das ist nicht die Frage. Mit dem Stimmzettel in der Hand kann man das kapitalistische System nicht beseitigen und keinen kapitalistischen Reichspräsidenten oder Trustdirektor absetzen. Die

Wahlen sind vielmehr ein Mittel zur Mobilisierung der Massen zum Kampf gegen das kapitalistische System. Je stärker die Massenmobilisierung in der Wahlbewegung, je aktiver gerade in der Wahlbewegung durch die Aufrüttelung der Massen der Kampf um Brot, Arbeit und Freiheit geführt wird, um so schneller wächst die Welle des Massenwiderstandes gegen Hunger und faschistische Unterdrückung."

Ossietzky sagt es anders, und es ist dasselbe: „Wir haben im vorigen Heft aufgefordert, für Thälmann zu stimmen, weil jeden Sozialisten und aufrichtigen Republikaner die Alternative ‚Hindenburg oder Hitler?' wie eine Perversität anmuten muß. Die Losung für die Kandidatur Thälmann schafft klarere Verhältnisse, in dem sie alle zu sammeln trachtet, die sich weigern, die Ergebnisse von republikanischer und sozialdemokratischer Unfähigkeit wie eine Schicksalsfügung hinzunehmen. Eine möglichst große Stimmenzahl für Thälmann bedeutet nicht Sieg, wohl aber Ausblick. Die sozialistische Arbeiterschaft, an den Kinderwagen der Bonzokratie gewöhnt, muß von neuem gehen lernen.

Unsere republikanischen Freunde heben warnend den Pädagogenfinger und fragen: Was wird, wenn durch Thälmanns Sonderkandidatur etwa Hitler gewählt wird? Wir stellen eine andre Frage: Was wird, wenn Hindenburg gewählt wird?

Die Sozialdemokraten nehmen es als allzu selbstverständlich an, das bedeute die Beibehaltung des von ihnen tolerierten gegenwärtigen Zustandes. Geht aber Hindenburg mit den Hilfsvölkern des Stahlhelms in den Sieg, so bedeutet das wohl einen persönlichen Erfolg für ihn, jedoch eine Niederlage der Republik." (WB 10/32.)

Was Ossietzky kummervolle Nächte bereitet, ist die Dringlichkeit der einheitlichen Aktion gegen den Faschismus. Eine andere Rettung, so sah er es, gibt es nicht. Aber ist sie möglich? Die Frage martert sein Hirn, führt ihm die Feder. Die KPD hatte in ihrem Bemühen um Sammlung manche Erfolge aufzuweisen, aber reichte das aus? Ossietzkys Meinung über die KPD ist sehr nuanciert:

„Die KPD steht heute sehr isoliert, aber sie hat allen anderen Parteien das eine voraus, noch immer eine reine Klassenpartei zu sein. Alle anderen Parteien sind nicht klassenmäßig gefügt, sondern frisch nebeneinandergesetzte Farbkleckse, von einem schwachen ideologischen Fixativ mühsam gebunden. Von dem großmächtigen Hindenburgblock, der ohne Programm und Geist durch nichts zusammengehalten wurde als durch die gemeinsame Verehrung für den Herrn Reichspräsidenten, ist zum Beispiel heute nichts mehr übrig; jetzt, im preußischen Wahlkampf, schlagen sich schon die einzelnen Konsorten munter die Pantoffel um die Ohren.

Die KPD ist noch keine Partei der Gestaltung, sondern der Erwartung. Wann sie an die Spitze treten und die historische Mission der Arbeiterklasse weiterführen wird, kann bei den fließenden und stürzenden Wirtschaftsverhältnissen dieser Epoche niemand voraussagen.“ (WB 16/32.)

Im ersten Wahlgang erhielt Hindenburg 18,6 Millionen Stimmen, Hitler 11,3 Millionen, Thälmann 5 Millionen. Im zweiten Wahlgang wurde Hindenburg mit 53 Prozent der Stimmen gewählt, nachdem die deutschnationale Sonderkandidatur Düsterberg zurückgezogen worden war. Aber es vergingen nur ein paar Wochen, und den betrogenen Hindenburgwählern wurde die Rechnung präsentiert. Der Reichspräsident wollte nach rechts marschieren, und so war ihm die „linke“ Gefolgschaft unerwünscht. Hindenburg und seine stockreaktionäre Umgebung hatten ihre Hoffnung auf einen gehorsamen Hitler gesetzt, der die Herrschaft der Junker und Schlotbarone gegen das aufsässige Volk zu garantieren hatte. Niemand unter den linken Intellektuellen sah das klarer als Ossietzky. In einem offenen Brief an den Chefredakteur der „Vossischen Zeitung“, Georg Bernhard, weist Ossietzky auf die vorausgesagten und nun eingetroffenen Folgen der Hindenburgwahl:

„Lieber Herr Bernhard, Sie haben uns neulich hart gerüffelt wegen unserer Parole für Thälmann. Und doch war das die einzige Möglichkeit, um herauszukommen aus dem fatalen Wechselspiel von intellektuellem Opfer und Enttäuschung, das sich republikanische Politik nennt. Wir haben die Situation vorausgesehen, wo die sozialistischen und republikanischen Hindenburgwähler mit leeren Händen dastehen würden. Wir haben uns rechtzeitig und freiwillig ausgekreist, denn wir hatten von vornherein keine Neigung, die Schar der Leidtragenden bei dem Begräbnis der Illusionen zu vergrößern. Herr von Hindenburg hat volle Handlungsfreiheit, und ihn kann auch kein Vorwurf treffen. Er hat nichts versprochen, denn die Sozialisten und Republikaner haben ihm kein Versprechen abverlangt. Während Goebbels ‚Ware für sein Geld' verlangte, war für euch die Kandidatur Hindenburgs eine Sache des Glaubens und Gemütes.

Heute gibt es nichts zu fordern. ‚Allzulange ist die Politik derer betrieben worden, die, wie sich gezeigt hat, doch Hitler wählen. Jetzt verlangen die Hindenburgwähler ihr Recht', so schreibt Bernhard, und gewiß stimmen dem viele Hunderttausende zu. Einen Dreck wird man euch geben. Gearbeitet habt ihr pour le roi de Prusse, pour le président du Reich. Es kommt auf eins heraus." (WB 11/32.)

Es ist gekommen, wie Ossietzky vorausgesagt hatte: „Die Hindenburgwähler torkeln ins Ungewisse" (WB 10/32), und der „Dank vom Hause Hindenburg" (WB 17/32) blieb nicht aus.

Von seinen junkerlichen und militaristischen Ratgebern gedrängt, auf der Straße nach rechts weiterzugehen, entließ Hindenburg, der republikanischen Wahlgefolgschaft nicht achtend, den finsteren Brüning und berief Franz von Papen, Mitglied des reaktionären „Herrenklubs", zum Reichskanzler. Dieser spielte mit dem Staatsstreich nicht nur, er führte ihn aus. Nachdem die Wahlen zum Preußischen Landtag die Machtverhältnisse im Kernland des Reiches über den Haufen geworfen hatte – die Nazifraktion war von 8 Mandaten auf 162 angeschwollen –, warf Papen die geschäftsführende, aber legale Preußenregierung mit einer Handvoll Soldaten einfach hinaus und trieb das Land, unter Bruch der Verfassung, in die Fesseln der Präsidialdiktatur.

Gleich nach der Preußenwahl, bevor noch Papen zugeschlagen hatte, schrieb Ossietzky den denkwürdigen Artikel „Ein runder Tisch wartet". (WB 18/32.) Der Schreiber ist kein Anhänger jener Symmetrie, die wahr und falsch auf die gleiche Stufe stellt. Ossietzky fordert Gehör für die vernünftigen Vorschläge der KPD.

Absurd findet der Verfasser den Gedanken, die Kommunisten, von deren Stimme im neuen Landtag die Entscheidung abhängt, „jetzt plötzlich als ein vorübergehend abhanden gekommenes Anhängsel der Koalition von Weimar behandeln zu wollen, nachdem man jahrelang in ihnen nicht mehr gesehen hatte als eine Kolonie für Galgen und Rad, gut genug, vom Vierten Strafsenat ihrer natürlichen Bestimmung zugeführt zu werden". Nein, so gehe es nicht. Selbst wenn die Kommunisten vorübergehend zu einer parlamentarischen Nothelferschaft gewonnen werden sollten, „so müßte auch das von tiefgreifendster Wirkung auf die gesamte Arbeiterbewegung werden". Und Ossietzky zitiert in der „Weltbühne" den in der „Roten Fahne" veröffentlichten Aufruf zur einheitlichen Aktion.

„Wir sind bereit, mit jeder Organisation, in der Arbeiter vereinigt sind und die wirklich den Kampf gegen Lohn- und Unterstützungsabbau führen will, gemeinsam zu kämpfen! Wir Kommunisten schlagen euch vor: Sofort in jedem Betrieb und in jedem Schacht, auf allen Stempelstellen und Arbeitsnachweisen, in allen Gewerkschaften Massenversammlungen der Arbeiter einzuberufen, die drohende Lage zu überprüfen, die gemeinsamen Forderungen aufzustellen, Kampfausschüsse und Streikleitungen der kommunistischen, sozialdemokratischen, christlichen und parteilosen Arbeiter zu wählen und entschlossen den Massenkampf und den Streik gegen jeden Lohn- und Unterstützungsabbau vorzubereiten und durchzuführen."

„Niemals", meint Ossietzky, „war die Gelegenheit zu einer Annäherung der beiden großen sozialistischen Parteien günstiger, niemals aber auch sprach die Notwendigkeit diktatorischer.“ Im Gegensatz zu manchen intellektuellen Romantikern sah Ossietzky nüchtern die Grenzen dessen, was möglich war. „Nicht um die Verschmelzung beider Parteien handelt es sich, sondern um ein operatives Zusammengehen zur Verteidigung der Arbeiterklasse.“ Ossietzky glaubte, daß die revolutionäre Gärung in Deutschland nicht von einer um Aufstieg kämpfenden Arbeiterschaft herrühre, sondern von einem Bürgertum, das sich gegen sein Versinken krampfhaft zur Wehr setzte. In dieser Lage, so drängte Ossietzky, komme es nicht mehr darauf an, recht zu behalten, „sondern sämtliche Teile der sozialistisch organisierten Arbeiterschaft von der Vernichtung zu retten“, den „Fundus der Arbeiterschaft, ihre Presse und Gewerkschaftshäuser und schließlich ihr lebendes Fleisch und Blut, das hoffen und vertrauen und kämpfen will“.

Und mit einer bei ihm seltenen Pathetik schließt der Warner: „Ich frage euch, Sozialdemokraten und Kommunisten – werdet ihr morgen überhaupt noch Gelegenheit zur Aussprache haben? Wird man euch das morgen noch erlauben?“

Am 20. Juli 1932 hat die KPD mit einem Aufruf zum Generalstreik die Bereitschaft zur einheitlichen Aktion kundgetan. Die Antwort der SPD-Führer war Hohn und Spott. Die alarmierten Anhänger wurden auf das Eingreifen der Reichsjustiz vertröstet.

3. Jahrgang Nr. 12 Dezember 1931

DIE LINKS-KURVE

ZUM FALL OSSIETZKY/KREISER

A. NORDEN

Carl v. Ossietzky, Herausgeber der „Weltbühne", und Walter Kreiser, Mitarbeiter dieser Zeitschrift, sind wegen Landesverrats zu je anderthalb Jahren Gefängnis verurteilt worden.

Dieses barbarische Urteil ist eine Schande; es fordert leidenschaftliche Abwehr heraus. Was hier als Landesverrat qualifiziert wird (will übrigens der Staatsanwalt nicht gleich die ganze KPD. unter Anklage stellen? Sie „verrät" doch täglich die Interessen der agierenden kapitalistischen Klasse gerade des eigenen Landes), ist nichts anderes, als eine Durchleuchtung des sehr dunklen Etats der deutschen Luftfahrt, die seit Versailles zwar keine Militärflugzeuge mehr halten darf, aber ... Wer also die dunkle Reaktion ans Tageslicht zerrt, die da gerade in der deutschen Luftfahrt sich breit macht, verrät etwas, was seit Versailles verboten ist?

Abb. 30 c

Das ist einfach nicht wahr. Wir revolutionären Marxisten sind bekanntlich keine Verteidiger, sondern erbitterte Feinde des Räuberdiktats der Clemenceau und Lloyd George, und als Adolf Hitler noch biederer Sozialdemokrat war, haben wir schon den „Friedensvertrag" bekämpft. So sehr wir jede echte Kampfbewegung gegen die von aus- und inländischen Kapitalisten dem werktätigen deutschen Volk aufgezwungenen Fesseln begrüßen und unterstützen — was da in der deutschen Luftfahrt geschieht und von der „Weltbühne" beschrieben wurde, hat mit Kampf gegen Versailles nicht das geringste zu tun; es sind die Machenschaften eines reaktionären Klüngels, der mit den französischen Imperialisten längst seinen Frieden gemacht und mit ihnen einen gemeinsamen Feind hat: die Revolution.

Fast alles, was die „Weltbühne" zu diesem Thema schrieb, und noch viel mehr, ist Gegenstand öffentlicher Reichstagsverhandlungen gewesen. Tausende Zeitungen des In- und Auslandes haben davon Notiz genommen. Von Landesverrat selbst im bürgerlich-juristischen Sinne kann also gar keine Rede sein. Trotzdem dieser Prozeß! Trotzdem dieses Urteil! Dafür gibt es nur eine Erklärung: Die Klassenrichter von Leipzig wollen die Reaktion schützen und unbequeme politische Kritiker treffen.

Darum kämpfen wir gegen dies Urteil. Ossietzky ist nicht unser Mann. Ganz im Gegenteil. Er kann das zweifelhafte Verdienst für sich in Anspruch nehmen, durch seine Artikel zahlreiche radikalisierte Intellektuelle vom letzten Schritt zum Kommunismus abgedrängt zu haben und heute noch abzudrängen. Aber er hat nach dem Blutmai 1929 seine Zeitschrift und sich selbst der Kampfbewegung gegen das Zörgiebel-System zur Verfügung gestellt, und als nach der Erschießung der zwei Polizeioffiziere am Bülowplatz im August dieses Jahres eine Flut von Schmutz und Verleumdung gegen die Kommunistische Partei anbrandete, da war Ossietzky es, der, allerdings reserviert und mit manchem Wenn und Aber, Front gegen die Progromhetze machte. Das und vieles andere hat die Reaktion, auch die der Justiz, ihm nicht vergessen.

Wir werden ,ohne unsere schweren Differenzen mit Ossietzky im geringsten zu vertuschen, nicht die anarchistische Verrücktheit des „ni l'un ni l'autre (weder den einen noch den anderen, in diesem Falle also weder den rechtsbürgerlichen faschistischen Klassenrichter noch den linksbürgerlichen Ossietzky) mitmachen und uns etwa als desinteressiert erklären, weil die Verurteilten uns fernstehen. Als revolutionäre Marxisten nehmen wir für uns die Ehre in Anspruch, als Vorderste in der Front gegen die Justizbarbarei zu stehen.

Nur uns steht das moralische Recht des Protestes auch im Falle Ossietzky-Kreiser zu, und nicht jener liberalen Presse, die jetzt plötzlich aufschreit, während sie die allwöchentlichen Verurteilungen von Redakteuren der kommunistischen Parteipresse ganz oder fast kritiklos notiert oder auch, wie z.B. im Fall des „Ruhr-Echo"-Redakteurs Feller, einfach verschweigt. Dabei handelt es sich ja allemal um so exorbitant hohe Strafen, daß sie, etwa im kaiserlichen Deutschland gegen Sozialdemokraten verhängt, einen Protestorkan ausgelöst haben würden.

Man kann die Heuchelei jener schwarzrotgoldenen Patentrepublikaner nicht scharf genug brandmarken, deren Gewissen ihnen zu schweigen erlaubt, wenn 6000 Arbeiter und Schriftsteller der revolutionären Front eingekerkert werden, und die jetzt plötzlich entdecken, daß ihr Herz gegen die Klassenjustiz schlägt, natürlich nur im Fall „Weltbühne". Nein, gegen die Justiz der Reaktion zu protestieren ist nur der befugt, der seinen Protest gegen das Urteil an Ossietzky und Kreiser einordnet in den Rahmen der großen Befreiungsaktion für die Legion der proletarisch-politischen Gefangenen.

Monat des proletarischen Buches: Jeder arbeite mit!

Abb. 30 d

„... Groener hat den Ehrgeiz, gleichzeitig an den zwei großen politischen Hochzeiten teilhaben zu wollen. Ich bin nicht geneigt, Herrn Groeners Rundungen Unrecht widerfahren zu lassen, aber um zugleich bei der Republik und beim Faschismus zu sitzen, dazu langt nicht einmal der dickste deutsche Ministerarsch. Groener wird bald zwischen die Stühle plumpsen, und niemand sollte den Sturz aufhalten.“ (WB 14/32.)

Ossietzkys Mahnungen, sich an den runden Tisch zu setzen, ehe es zu spät sei, waren kaum erschienen, da mußte der Warner die Strafe antreten, die das Reichsgericht über ihn verhängt hatte. Das Gnadengesuch der Anwälte war abgelehnt worden. Eine Unterschriftenaktion, von der Liga für Menschenrechte und dem PEN-Club ins Leben gerufen, hatte innerhalb von acht Wochen 43 624 Namen unter einer Erklärung vereinigt, in der die Bestrafung Ossietzkys „als ein schweres Unrecht“ gebrandmarkt wurde. „Ein Mann von solcher untadeliger Gesinnung, der aus nur politischen und lauteren Motiven gehandelt hat, durfte nicht zu einer solchen Strafe verurteilt werden.“ Der Reichspräsident möge die Strafe durch einen Gnadenakt abkürzen oder sie zumindest in eine Festungsstrafe umwandeln. Doch blieb auch diese Initiative, von vielen Großen, so auch von Thomas Mann, unterstützt, ohne Erfolg.

Am 10. Mai 1932 begleiteten Freunde, Kollegen und Verehrer den Mann, der dem deutschen Militarismus Krieg angesagt hatte und hierbei in die Gefangenschaft des Feindes geraten war, zum Tegeler Gefängnis. Einige hundert Männer und Frauen hatten sich trotz des geltenden Demonstrationsverbots zu einem Zug formiert, auch die Farben der Republik fehlten nicht an den Wimpeln der Wagen, die am Waldrand hielten. Ossietzky, umgeben von seinen Anwälten, wurde zum Mittelpunkt einer improvisierten Versammlung. In kurzen Ansprachen gaben Ernst Toller den Gefühlen der Freunde Ausdruck, Erich Mühsam ihrem Zorn. Eine Aktentasche unter dem Arm, den Regenmantel aufgeschlagen, antwortete Ossietzky unpathetisch und doch zündend. Dank an die Weggefährten. Kein Sonderrecht und keine Sonderstellung. Ins Gefängnis gehe er als einfacher Genosse der tausend unbekannten Soldaten der Freiheit, jener Freiheit, die von der Republik hinter Schloß und Riegel gehalten werde. Dieser Kämpfer Los zu teilen sei Selbstverständlichkeit. Aber auch, mit ihnen zusammen Anklage zu sein! Versprechen an der Schwelle des Kerkers: aus ihm „ungebessert" entlassen zu werden. Sodann schritt Ossietzky, von den Anwälten in die Mitte genommen, mit seinem Hut fröhlich winkend, zum Gefängnistor, das sich hinter ihm rasch schloß. Alfred Polgar hielt die Szene für die Nachwelt fest. Seiner Frau schrieb Ossietzky sogleich nach Haftantritt: „Dieser Tag, der der traurigste hätte werden können, ist für mich der stolzeste meines Lebens geworden."

In der „Weltbühne" war an diesem Tag der Abschiedsartikel „Rechenschaft" erschienen. Ein menschliches und politisches Dokument von erregendem Bekennermut, Zwischenbilanz auf der Höhe des Lebens, von wo man die zurückgelegte Strecke überblickt und am gesteckten Ziel mißt; aber auch das letzte Wegstück, das beschwerlichste, kann im Nebel der Zukunft erahnt werden. Etwas von dem Lutherschen „Hier stehe ich! Ich kann nicht anders!" ist in diesen Zeilen spürbar. Hatte der Verfasser nicht einst zur neuen deutschen Reformation aufgerufen? In seiner Zelle wird er jetzt über Luther zu schreiben Gelegenheit haben, den rebellischen Mönch, der seine Phantasie immer schon beschäftigt hatte.

In seiner „Rechenschaft" beantwortet Ossietzky auch die Frage, warum er nicht geflüchtet sei. „Ich gehe nicht aus Gründen der Loyalität ins Gefängnis, sondern weil ich als Eingesperrter am unbequemsten bin.“ Als „Insasse einer preußischen Strafanstalt“ wolle er eine lebendige Demonstration sein. „Diesen Protest lebendig zu erhalten, das bin ich allen denen schuldig, die für mich eingetreten sind, obgleich die Umstände es verweigerten, ihnen genaue Kenntnis von der Materie zu geben. Das bin ich auch den namenlosen proletarischen Opfern des Vierten Strafsenats schuldig, um die sich niemand außer den Parteifreunden gekümmert hat.“

Ein Weiteres kommt dazu: „Der politische Publizist kann auf die Dauer nicht den Zusammenhang mit dem Ganzen entbehren, gegen das er kämpft, für das er kämpft, ohne in Exaltationen und Schiefheiten zu verfallen. Wenn man den verseuchten Geist eines Landes wirkungsvoll bekämpfen will, muß man dessen allgemeines Schicksal teilen.“ Als Deutscher im Ausland gegen den deutschen Militarismus kämpfen, Mundstück fremder Propaganda sein, das lehne er ab.

Es geht ihm auch hier weniger um sich selbst als um Deutschland. Der Autor hat die Summe seiner Erfahrungen und Erkenntnisse über die Erbsünde der Weimarer Republik zusammengefaßt. Die Generalswirtschaft, die Überbewertung des Militärischen, das ist das zentrale Thema des publizistischen Meisterwerkes. Hellsichtig und gutgelaunt schließt die Epistel mit der testamentarischen Verfügung: „Item bitte ich das deutsche Volk, einig in allen seinen Stämmen, sich nicht gegenseitig ausrotten zu wollen, damit es der ‚Weltbühne‘ nicht an Stoff fehlt. Ich glaube, es wird in den nächsten achtzehn Monaten nicht langweilig sein in Deutschland.“

Hellmut von Gerlach übernahm die Redaktion. Nur „Platzhalter“ wolle er sein, versicherte der Freund. Zwei Tage, nachdem sich die Gefängnistore hinter Ossietzky geschlossen hatten, wurde Groener, der die Verfolgung Ossietzkys am hartnäckigsten betrieben hatte, von General Schleicher gestürzt. Dieses Ereignis hatte Ossietzky bereits im April vorausgesagt.

Im Gefängnis konnte der Unermüdliche arbeiten, ja es gelang sogar, das eine oder andere Manuskript für die „Weltbühne“ hinauszuschmuggeln. So erschien, während Ossietzky in Tegel saß, seine noble Studie über den Antisemitismus, eine tödliche Abrechnung mit jenen literarischen Pogromisten, die den Schlägerkolonnen Hitlers eine ekelhafte Wortmusik machten.

Am 1. Juli, noch waren keine zwei Monate seit dem Strafantritt vergangen, wurde Ossietzky aus der Haft dem Schöffengericht Charlottenburg als Angeklagter in einem neuen Strafprozeß vorgeführt. Wieder war es ein Strafantrag Groeners. Als Reichswehrminister verlangte er die Bestrafung Ossietzkys wegen Beleidigung der Armee. In einer Glosse zu der Friedensbotschaft des Papstes Benedikt XV. vom 28. Juli 1915, von der „Weltbühne" als Dokument zum Jahrestag des Kriegsausbruchs veröffentlicht (4. August 1931), hatte der Autor, Kurt Tucholsky, Soldaten „Massenmörder" genannt. Tucholsky, von Freunden bedrängt, lehnte, nach peinlichem Abwägen des Für und Wider, ab, sich dem Gericht zu stellen. Der Verbitterte lebte in Frankreich und empfand sehr wohl, daß sein Nichterscheinen „etwas von Desertion" an sich habe, aber praktische Erwägungen überwogen, in erster Linie die Angst, nicht mehr aus Deutschland herausgelassen zu werden. „Die Strafe für Ossietzky", argumentierte Tucholsky, „wird keinesfalls schärfer, wenn ich nicht komme." Die Möglichkeit eines Freispruchs kam dem Frühexilierten, der Deutschland längst abgeschrieben hatte, nicht in den Sinn.

Was Benedikt XV., als er die Kriegführenden beschwor, dem Völkermord ein Ende zu bereiten, gesagt hatte, war den Deutschen nur in der entschärften Fassung bekannt, in der die Exhortatio 1915 veröffentlicht worden war. Diese aber war eine Fälschung gewesen. Nun hatte die „Weltbühne" zum erstenmal den Wortlaut in deutscher Sprache gedruckt. Tucholsky aktualisierte die Papstworte, gewiß nicht in milden Ausdrücken. Die schärfsten Sätze lauteten: „Da gab es vier Jahre lang ganze Quadratmeilen Landes, auf denen war der Mord obligatorisch, während er eine halbe Stunde davon entfernt ebenso streng verboten war. Sagte ich: Mord? Natürlich Mord. Soldaten sind Mörder."

Reichswehrminister Groener hatte gegen Ossietzky als verantwortlichen Redakteur Strafantrag gestellt. Zuerst bockte der Justizschimmel. Das Schöffengericht Charlottenburg lehnte den zögernd gestellten Antrag der Staatsanwaltschaft auf Eröffnung des Hauptverfahrens ab. Ossietzky sei des Vergehens der öffentlichen Beleidigung beschuldigt, sagte das Gericht, „aber er ist dieser Tat nicht hinreichend verdächtig. Der von ihm eröffnete Aufsatz Ignaz Wrobels betrifft die Reichswehr nicht."

Erst nachdem der öffentliche Ankläger auf höhere Weisung gegen diesen Beschluß Beschwerde erhoben hatte, entschied die Strafkammer, das Hauptverfahren sei gegen den Beschuldigten zu eröffnen. Und so wurde Ossietzky dem Gericht aus der Haft vorgeführt.

Wieder, wie schon vor dem 4. Strafsenat, fochten die Rechtsfreunde Dr. Apfel und Dr. Olden mit dem Degen des Arguments gegen den militaristischen Knüppel. Es begann damit, daß Apfel die Verlesung des Urteils von Leipzig verlangte. Ossietzky sei wegen des Verbrechens gegen das Gesetz zum Schutz militärischer Geheimnisse verurteilt, aber dem Verurteilten seien lautere Motive zugebilligt worden. „Tausend- und abertausendmal ist der Krieg Mord, sind Soldaten Mörder genannt worden. Es ist nichts davon bekannt, daß irgendwann und irgendwo eine Armee, auch nicht die Reichswehr, sich dadurch beleidigt gefühlt hätte. Warum gerad hier, warum gerade durch Ossietzky? Hier ist ein politischer Prozeß, ein Politiker wird verfolgt, aus persönlichen Gründen wird er verfolgt. Warum er schon früher und mit welchen guten und schlechten Gründen er verfolgt worden ist, kann für das Gericht nicht gleichgültig sein. Es ist die Frage, ob er vernichtet werden soll und mit welchen Mitteln, ist es so, man das erreichen will."

Die Verteidigung hatte mit einem Angriff begonnen. Das Gericht zog es vor, als wahr zu unterstellen, daß Ossietzky das, wofür er bestraft wurde, aus lauteren Motiven getan habe.

Dann sprach Ossietzky. Zum erstenmal hat er Gelegenheit,

in öffentlicher Verhandlung den großen Streit grundsätzlich vorzutragen, seinen Standpunkt dem der Verderber Deutschlands entgegenzusetzen. Er spricht, wie er geschrieben hat, „ebenso schroff, ebenso maßvoll". Der Mann kommt aus der Zelle, und er geht wieder in sie zurück – er weiß nicht, ob am Ende etwa für eine zusätzliche Spanne Zeit. Aber er ist nicht niederzuwerfen. Seine Worte:

„Ich betrachte die in Aussicht stehende Amnestie nicht als eine Hintertür, durch die ich entschlüpfen möchte. Aber es findet in diesen Tagen eine Konferenz in Genf statt, in der die deutsche Regierung sich über die Abrüstung zu entscheiden hat. Es kann dies ein Wendepunkt des deutschen Schicksals sein. Und während die deutschen Vertreter in Genf erklären, daß ihnen der Abrüstungsvorschlag von Hoover nicht weit genug geht, wird in der Heimat ein Prozeß geführt, in dem der Vertreter der Anklage den Soldatenstand nur verherrlichen kann. Ich fürchte von diesem Prozeß schlimme außenpolitische Folgen; ebenso wie sie durch das Urteil des Reichsgerichts im Weltbühnenprozeß eingetreten sind. Der Prozeß kann zu größeren Schädigungen des deutschen Ansehens führen, als die ganze Sache wert ist.

Seit 1912 habe ich den Krieg bekämpft. Ich gehörte schon vor dem Krieg einer pazifistischen Organisation an. Ich bin kein Novembersozialist oder -pazifist. Was ich im Krieg gesehen, hat meine Meinung über ihn und das Kriegshandwerk durchaus bestätigt. Den Artikel in der ‚Weltbühne', der ja nicht von mir selbst stammt und wegen dessen ich hier angeklagt bin, vertrete ich vollständig. Ich habe niemals lieber vor dem Gericht gestanden als grade wegen dieses Artikels, der ganz meiner Auffassung entspricht. Doktor Tucholsky, den Verfasser, habe ich 1919 in Berlin in einem Kreise kennengelernt, aus dem die alljährlich im August stattfindenden ‚Nie-wieder-Krieg'-Demonstrationen entstanden sind.

1919 erschienen auch in der ‚Weltbühne' die ersten pazifistischen Glossen von Tucholsky. Aus jener Zeit stammt die Abneigung des Reichswehrministeriums gegen die ‚Weltbühne'.

Später waren wir geradezu der Gegenpol der Politik des Reichswehrministeriums.

Wir Anhänger des Friedens haben die Pflicht, immer wieder darauf hinzuweisen, daß der Krieg nichts Heroisches bedeutet, sondern daß er nur Schrecken und Verzweiflung über die Menschheit bringt. Grade weil wir wissen, daß die machtpolitische Situation für uns im Augenblick nicht günstig ist, grade deshalb müssen wir eine lapidare Sprache führen. Aber diese lapidare Sprache geht von Laotse über die Bibel und Kant durch die ganze Literatur. Alle haben den Krieg als Mord und das Soldatenhandwerk als Mörderhandwerk gekennzeichnet. Das Wort Mörder wird hier nicht in einem juristischen, sondern in einem sittlichen Sinn gebraucht. Seit zweitausend Jahren streitet man sich um diese Dinge herum. Es scheint sich hier um eine Frage der Quantität zu handeln. Das ist der ewige Zwiespalt zwischen der Staatsmoral und dem Individuum. Man kann das auf die Formel bringen: dem kleinen Mörder schlägt man den Kopf ab, dem großen setzt man einen Lorbeerkranz auf.

Wir sind keine Fanatiker und keine Bilderstürmer, aber wir halten es für nötig, daß eine deutliche Sprache geführt wird. Wenn die Anhänger des Kriegs gegen uns aufmarschieren, dann heißt es auch Verräter, Feigling, und der Pazifist gilt als zuchthauswürdig. Wir aber, die wir in einem ständigen Angriff gegen den Krieg stehen, müssen uns der Terminologie bedienen, die seit zweitausend Jahren vorliegt.

Wir vertreten heute keine isolierten Gedanken mehr. Seit einigen Jahren besteht der Kelloggpakt, durch den die Reihe der Mittel, die die Staaten gegeneinander anwenden dürfen, beschränkt worden sind und der den Krieg out of law stellt.

Ich fasse den Prozeß als ein Kesseltreiben des Reichswehrministeriums gegen Pazifisten auf. Es ist auch kein Zufall, daß keine der großen Frontsoldatenorganisationen mit ihren Hunderttausenden von Mitgliedern sich beleidigt fühlt; jeder Frontsoldat würde den Vorwurf ruhig einstecken. Höchstens die Offiziere können sich beleidigt fühlen, die in den

Krieg einen Ehrbegriff hineingetragen haben, der nicht hineingehört.

Ich habe eben einen der merkwürdigsten Augenblicke meines Lebens gehabt, als in das Plädoyer meines Verteidigers von der Straße die Klänge der Militärmusik hereintönten. Ich weiß nicht, ob man darin ein bedenkliches Symbol sehen soll oder einen belanglosen Zufall. Aber vielleicht ist durch diesen Klang der Staatsanwaltschaft von heute die Stimme ihres Herrn mitgeteilt worden.

Ich bin vielleicht der einzige hier im Saal gewesen, der über den Strafantrag auf sechs Monate Gefängnis nicht erstaunt gewesen ist. Denn es bleibt für mich bestehen, daß eine bestimmte Denkrichtung verfolgt werden soll. Es ist aber falsch, wenn man annimmt, daß es sich in dem Weltbühnenartikel um die Diffamierung eines Standes handelt, es handelt sich um die Diffamierung des Krieges. Wir greifen aber hier nicht nur an, sondern wir verteidigen das Recht auf Leben. Was nützt den Toten des Weltkriegs die Ehre, die hier angeblich geschützt werden soll? Was nützen Denkmäler des unbekannten Soldaten den Gefallenen? Erst muß der Mensch leben, dann kann seine Ehre geschützt werden!

Der Antrag des Staatsanwalts beweist, wie sehr die Staatsanwaltschaft unter den Einfluß des Nationalismus geraten ist, der sich einbildet, die wahre deutsche Nation zu verkörpern.

Ich wende mich an das Gericht mit der Beteuerung, daß ich durch zwanzig Jahre eine gute und anständige Sache vertreten habe. Eine Gesinnung kann man nicht unter Beweis stellen. Hier muß geglaubt werden. Ganz gleich, wie das Urteil ausfällt, ich werde mit allen mir zur Verfügung stehenden Mitteln für die Idee weiterkämpfen, die ich für Recht erkannt habe." (WB 27/32.)

Nach Ossietzky kommt der tote Papst zu Wort. Die Exhortatio Benedikt XV. an die Kriegführenden wird von Ossietzky verlesen, ein Stück Weltgeschichte im Beweisverfahren eines Moabiter Strafprozesses. Der Staatsanwalt wand sich unter dem moralischen Gewicht der Causa, gegen die er anzukämpfen hatte. Wenn seit Tausenden von Jahren, sagte er, der Krieg dem Mord, die Krieger den Mördern gleichgesetzt worden sind, so ginge das die Richter so wenig an, wie wenn dem Gericht, das gegen einen Dieb verhandle, bewiesen werde, daß schon andere gestohlen haben. In analoger Anwendung der Notverordnungen, die nach der „Tat" verkündet wurden, beantragte er sechs Monate Gefängnis.

Die Verteidiger gingen zum Gegenangriff über. Apfel, gestützt auf Urteile des Reichsgerichts, bestritt die Aktivlegitimation der Reichswehr. Ein großes Kollektiv kann sich nach der Rechtsprechung des Reichsgerichts nicht beleidigt fühlen, es sei denn, ein genau umschriebener Kreis sei von dem Beleidiger gekennzeichnet worden. Die Juden hätten nie eine Verurteilung erreicht, wenn sie als Rasse oder Religionsgemeinschaft beleidigt wurden. Was für die Juden gelte, müsse, soll Recht Recht bleiben, auch für die Armee gelten.

Olden betrat den Pfad der literaturgeschichtlichen Beweisführung. An Material fehlte es nicht. Laotse, Erasmus, Friedrich II., Voltaire, Kant, Goethe, Klopstock, Herder, Schubart, Hoffmann von Fallersleben, Rosegger, Kaiser Friedrich III., Victor Hugo, Raabe. Der Staatsanwalt zuckte jedesmal zusammen, sooft ihm die unter Anklage stehenden Worte aus Schriften und Äußerungen der Großen vorgehalten wurden. Zum Abschluß seines „Zeugenaufmarsches" erzählte Olden, wie Hindenburg einmal durch die Straßen Hamburgs gefahren sei, an seiner Seite der Oberbürgermeister. In die Beifallsstürme der Menge habe sich plötzlich der Ruf „Massenmörder" gemischt. Der Oberbürgermeister habe zu stammeln begonnen: „Es sind Irrsinnige." Hindenburg aber soll gebrummt haben: „Das ist Ansichtssache." Soldaten seien immer wieder Mörder, Henker, Schlächter genannt worden, nie habe eine Armee deshalb Strafantrag gestellt, nie ein Staatsanwalt angeklagt, nie ein Gericht verurteilt, sagte Olden. Ossietzky aber solle bestraft werden, weil er den Mächtigen im Staate, den Herren vom Militär, unbequem ist.

Und am Ende der Freispruch – ein Berliner Gericht wagte

es, ein halbes Jahr vor dem Untergang der Weimarer Republik, drei Wochen vor dem Staatsstreich Papens, den Generälen zu trotzen. Für einen kurzen Augenblick wurde der latente Widerstand gegen die unaufhaltbar scheinende Kapitulation der Republik sichtbar. Die Richter, die den Gefangenen der Reichswehr, von der Anklage der Beleidigung der Reichswehr freisprachen, legten nicht nur das Recht aus, sie brachten auch ihren Protest gegen die Generalsdiktatur zum Ausdruck.

An seinem 43. Geburtstag (3. Oktober) durfte Ossietzky im Besuchszimmer des Tegeler Gefängnisses einen Strauß roter Nelken aus Freundeshand entgegennehmen. Auch Bücher waren dabei, Material für verschiedene Arbeiten. Freund Rowohlt schickte Lesestoff. Feierliche Anlässe waren dem nur der Sache Dienenden unerwünscht. Ansprachen machten ihn verlegen. ein Witz war ihm lieber.

Auch im Gefängnis behielt dieser Mann seine Rolle als Überlegener, obwohl die äußeren Umstände dazu angetan waren, ihn zu beugen. Das Gefängnis in Tegel ist, wie Ossietzky selbst in einem Gespräch geschildert hat, ein sternförmiger Bau nach dem Muster von Sing-Sing. Von einer Zentrale aus kann man alle Gänge und Treppen beobachten. Die Zelle war klein und schlecht gelüftet, und es war gerade diese Enge, die auf dem Gefangenen lastete. Vier Schritte hin, vier Schritte her, das schnürt einem die Brust zu – Ossietzky hat im Gefängnis zwanzig Pfund abgenommen. Sein Magen revoltierte gegen die Gefängniskost, aber am meisten quälte ihn der Entzug der geliebten Zigarette. Der halbstündige Spaziergang im Hof brachte keinen Ausgleich für die gespannten Nerven. Dennoch konnte Ossietzky sein Hochgefühl bewahren, indem er die Zeit fruchtbar ausfüllte mit Lesen und Schreiben. Er fühlte sich nicht als Prominenter, nicht als Sondergefangener, vielmehr tat er alles, um den anderen Häftlingen gleich zu sein. Wie nachhaltig die Wirkung des großen Charakters in dieser Umwelt gewesen ist, dafür zeugt der Oberstrafanstaltsdirektor selbst in einem an den Enthafteten gerichteten Schreiben, worin er seinen Dank ausspricht „für die Weihnachtsspende an Zigarren und Zigaretten, die nicht verfehlen werden, Eindruck auf unsere Gefangenen zu machen, und sie werden ihrer alle dankbar sein".

Am 22. Dezember, der Weihnachtsamnestie teilhaftig, verließ Ossietzky nach 226 Tagen seine Zelle. „Im Gefängnis gewesen zu sein, das ist ein großes Erlebnis, das kein politischer Mensch aus seinem Dasein streichen kann", schrieb er. Ein „Würgen im Halse" quälte ihn, „so etwas wie schlechtes Gewissen, weil ich heimkehren durfte und die anderen blieben". Die ersten in Freiheit geschriebenen Worte waren allen jenen gewidmet, „die durch Wort und Schrift, durch öffentliche Zustimmung und politische Handlung" seine Freilassung unterstützt haben, allen, die Zeichen von Sympathie in seine Zelle gelangen ließen. Ihnen stattete er seinen Dank ab. Der Kampf hatte der Sache gegolten, nicht der Person. „Die Sitzung geht weiter."

Aber auch jetzt konnte er die ihm eigene Selbstironie nicht verleugnen. In einer „Antwort" (so hieß die Briefkasten-Rubrik der „Weltbühne") schrieb er:

„Carl v. Ossietzky dankt allen, die ihn zu seiner Rückkehr aus dem Gefängnis beglückwünscht haben, aufs herzlichste. Mehr die Umstände als die Neigungen haben ihn genötigt, in seinem Leben mehr Unfreundliches als Freundliches zu sagen; er steht also vor soviel Sympathie etwas beschämt und verwirrt und weiß nicht recht, womit er sich das verdient hat. Er kommt sich schon beinahe wie Gerhart Hauptmann vor. Alles das ist sehr gegen sein Prinzip, er quittiert nochmals mit einem verlegenen Kratzfuß und versichert zugleich, daß alles, was ihm jetzt an Nettigkeiten zuteil wurde, gleich für das nächste Mal mit gelten soll." (WB 2/33.)

Als ob nichts geschehen und nichts zu befürchten wäre, setzte sich Ossietzky zu Beginn des neuen Jahres an seinen Schreibtisch. Ahnte er, daß seiner Welt noch zwei Monate bleiben würden und daß dann die Barbarei begänne und mit ihr das Martyrium? Es ist eine seltsame Luft, die um die letzten Artikel Ossietzkys weht, eine künstliche Atmosphäre, zusammengesetzt aus widerspruchsvollen Elementen. Sie sind mit einem zerrissenen Gemüt geschrieben, einer leichtfertigen Geringschätzung der Gefahr und einer tiefen Ahnung der Katastrophe. Der Schreiber gibt sich den Anschein gelassener Ruhe, doch der Leser spürt die Erregung zwischen den Zeilen. Ossietzky wollte der Panik in den Reihen der Linken entgegenwirken, vielleicht glaubte er auch (oder wollte glauben) an den Niedergang der faschistischen Hochflut, ja, im letzten Augenblick, an den Aufbruch der Kräfte des Widerstandes.

An der Wende 1932/33 neigte die öffentliche Meinung (mit Ausschluß der Kommunisten, die nicht aufhörten, vor der faschistischen Gefahr zu warnen) zu der Annahme, das Schlimmste sei überstanden. Bei den Novemberwahlen hatte die NSDAP zwei Millionen Stimmen verloren. Die Zahl ihrer Reichstagsmandate ging auf 196 zurück. Die KPD brachte es von 89 auf 100 Mandate. Schleicher, der Papen als Kanzler gefolgt war, schien gute Chancen zu haben, gestützt auf die Reichswehr, im Kampf der Cliquen der Stärkere zu bleiben. In der Wirtschaft ginge es (so predigten die Offiziellen), wenn auch langsam, wieder vorwärts, wiewohl es immer noch sechs Millionen Arbeitslose gab. Hindenburg erklärte bei einem Neujahrsempfang, „daß die härteste Notzeit überwunden" sei, faselte von einem „Weg aufwärts". Die „Frankfurter Zeitung" kam in ihrem Neujahrsartikel zu der Feststellung: „Der gewaltige nationalsozialistische Angriff auf den Staat ist abgeschlagen." Und Goebbels selbst notierte am 23. Dezember in seinem Tagebuch: „Das Jahr 1932 war eine einzige Pechsträhne. Man muß es in Scherben schlagen. Draußen geht der Weihnachtsfrieden durch die Straßen. Ich sitze ganz allein zu Hause und grüble über so vieles nach. Die Vergangenheit war schwer, und die Zukunft ist dunkel und trübe, alle Aussichten und Hoffnungen vollends entschwunden."

Der republikanischen Euphorie ist auch Ossietzky erlegen, allerdings nicht ohne Einschränkungen. In seinem Neujahrsartikel spricht auch er von der Krise der Nazipartei, sie scheint ihm vor allem eine finanzielle zu sein. Innere Widersprüche müßten den Koloß sprengen, hofft er. Die plebejischen und kleinbürgerlichen Anhänger erwarten von Hitler materiellen Gewinn. „Daß eine Partei, die vor ein paar Monaten noch alles forderte und nach ihrem Umfang auch fordern durfte, sich heute schon in Krämpfen windet und offen die künftigen klassenmäßig bedingten Teilungsschnitte zeigt, ist natürlich ein einzigartiges Schauspiel."

Soweit die frommen Wünsche. Aber ganz blind, ganz verblendet von den trügerischen Anzeichen ist der analytische Kopf nicht. Er ist gewiß ohne Kenntnis der Vorgänge und Absprachen, die zur Ablösung Papens durch Schleicher führten. Er weiß nicht, daß die Männer der Schwerindustrie und der Hochfinanz Hindenburg ein Memorandum übersandt hatten, dessen einziger Zweck darin bestand, die Notwendigkeit einer Berufung Hitlers zum Kanzler darzulegen. Bekannt war ihm, was die Fama über den Druck der junkerlichen Gutsnachbarn auf Hindenburg und über die Herrenklubintrigen Papens erzählte. Ohne Wissen um die Vorgänge hinter den Kulissen knüpfte Ossietzky an die frommen Wünsche die realistische Warnung: „Dennoch scheint es uns angebracht zu sein, vor überspannten Erwartungen zu warnen. Die wirtschaftliche Grundlage ist noch immer dazu angetan, Desperados zu züchten. Nur eine neue allgemeine Konjunktur wäre imstande, den Nationalfaschismus gründlich zu entblättern, und auch die voraussetzungslosesten Optimisten wagen das nicht in nahe Aussicht zu stellen." (WB 1/33.)

Hinter den realpolitischen Erwägungen Ossietzkys wird die Quelle seines Denkens sichtbar. Die Hitlerpartei dürfe nicht mit hergebrachten Normen gemessen werden. „Würde sie heute jäh in Atome zerspringen, so bliebe doch das Faktum bestehen, daß sie noch vor kurzem 15 Millionen Wähler gefunden hat. Sie muß also nicht nur einem politischen Bedürfnis, sondern auch einer speziellen deutschen Gemütslage entsprechen. Ihre Brutalität, Großmäuligkeit und Hirnlosigkeit haben nicht abschreckend, sondern anziehend gewirkt und bedingungslose Gefolgschaft gefunden. Das bleibt eine nicht leicht zu beseitigende Tatsache." (WB 1/33.) Dies sei keineswegs ein neues Phänomen. Im deutschen Bürgertum war der nationalistische Fusel schon seit langem wirksam. „Der ökonomische Zusammenbruch hat die innere Roheit, die plumpe Geistfeindlichkeit, die harte Machtgier bürgerlicher Schichten ... offen bloßgelegt. Nur einmal haben nationalistischer Blutrausch und politische Hilflosigkeit so bedenkenlos Hochzeit gefeiert, und das war zu Kriegsbeginn. Insofern ist die Nationalsozialistische Partei der in Permanenz erklärte 4. August."

Es bleibt vorerst bei der seltsamen Synthese von wunschnaher Unterschätzung und realistischer Einschätzung der faschistischen Gefahr. Die Illusion freilich, von den republikanischen Parteien einschließlich der Sozialdemokratie fleißig genährt, Schleicher sei besser als Papen, Gregor Strasser besser als Hitler, teilte er nicht. „Das Prinzip ist immer das gleiche. Es heißt immer Autorität und Militarismus gegen Demokratie, Sozialismus, Republik, es heißt immer Herrenschicht gegen Volk, einerlei ob diese offen durch Agrar- und Industriefeudalismus repräsentiert oder von Hitler- und Seldte-Kohorten maskiert wird. Alle diese Männer, die durch persönlichen Ehrgeiz oder reale Gruppeninteressen getrennt sind, bilden doch Stücke einer ideologischen Front. Sie kämpfen für reaktionäre Mächte." (WB 2/33.)

Das war auch die Meinung der Kommunisten.

War denn wirklich schon alles verloren? Ossietzky wollte nicht daran glauben. Er teilte nicht den Optimismus derjenigen, die da meinten, „es werde schon nicht so schlimm sein", aber auch nicht die Schwarzseherei der Kapitulationsbereiten. In beiden Haltungen sah er Passivität, seinem Aktivismus zutiefst fremd. Ossietzky konnte sich nicht vorstellen, daß die Machtergreifung Hitlers ohne Widerstand gelingen könnte. Er war in seiner politischen Entwicklung nunmehr so weit fortgeschritten, daß er von der Notwendigkeit und Möglichkeit erfolgreicher Massenaktionen überzeugt war. Er baute auf die spontane Abwehr im letzten Augenblick. Er rechnete mit dem Bürgerkrieg.

„Der Teufel des Bürgerkriegs tobt nicht mehr frei herum, man hat ihn eingefangen und in eine notdürftig versiegelte Flasche gesperrt. Aber wird das Siegel halten und wird nicht doch einmal eine von einem fanatisierten Hirn geführte Hand die Flasche einfach zu Boden werfen? Dann wird der verschlossene Geist ausströmen und sich groß und schrecklich erheben, und die Gefahr wird nicht geringer, weil sich so viele heute in dem Glauben schaukeln, sie wäre längst vorüber und alles wieder halbwegs normal.“ (WB 2/33.)

Noch offener äußerte Ossietzky seine Hoffnung auf spontane Massenaktionen gegen den Faschismus, nachdem Hindenburg am 30. Januar Hitler, der sich im Hotel Kaiserhof als Triumphator feiern ließ, zum Reichskanzler ernannt hatte. Immer noch mit gelassenem Spott die innere Unruhe kaschierend, analysierte Ossietzky am Tage nach der Bildung des Kabinetts Hitler-Papen die Lage. Die Kamarilla um den Reichspräsidenten berufe sich auf den „staatlichen Notstand“. Der Mann, der vier Wochen später ein Häftling in Spandau sein wird, ist bereit, den staatlichen Notstand als gegeben anzusehen – nur heiße er Hindenburg und nicht anders.

„Wird nicht sofort und bedingungslos der Weg zur Verfassung wieder angetreten – und dazu gehört vor allem der Rücktritt des Reichspräsidenten –, so wird die außerparlamentarische Regierungsweise von oben mit außerparlamentarischen Abwehrmethoden von unten beantwortet werden. Denn es gibt auch ein Notrecht des Volkes gegen abenteuerliche experimentierende Obrigkeiten. Die deutsche Geduld trabt oft lange dahin, ohne zu fragen, wer ihre Flanken drückt. Sollte aber eine Clique, die nicht zwei Prozent der Nation hinter sich hat, Sporen und Peitsche fühlen lassen, so wird auch dieses sanfte Reittier endlich bocken.

Die Generalstreikparole geht um. Sie wirkt fort, wenn es auch vermessen wäre, über das Tempo aussagen zu wollen. In revolutionären Situationen taktieren die Massen und nicht die

Führer. Was denken sich diese Hugenberg, Papen, Schacht, Stülpnagel, diese plötzlich sichtbar werdenden Mitglieder der Kamarilla, die so konfliktsüchtig nach vorn dringen? Welch ein frivoler Mut! Der Acheron schäumt. Die Herren seien zu einer Kahnfahrt freundlichst eingeladen.“ (WB 5/33.)

Ossietzky erwartet offenbar von der Generalstreikparole der Kommunisten die Rettung. Aber die SPD, die am 20. Juli, als sie noch die preußische Polizei gesetzmäßig im Griff hatte, das Reichsgericht um eine Entscheidung anbettelte, war auch jetzt wieder von dem Legalitätsversprechen der neuen Reichsregierung geblendet, die ankündigte, sie werde die Wahlen nach dem alten Wahlgesetz durchführen. Das genügte, um in den Augen der SPD-Führer Hitler als demokratischen Republikaner zu legitimieren.

Ossietzky gehörte nicht zu jenen, die der Täuschung erlagen. Er war vielmehr ein Opfer der entgegengesetzten Illusion. Er glaubte an die sozialen Widersprüche innerhalb der Nazipartei, die zur Explosion drängten. Der angekündigte Wahlkampf, meinte er, sei „weniger ein Appell ans ganze Volk als vielmehr eine interne Auseinandersetzung der Harzburger Koalition“ (WB 7/33). Das heißt, Hitler versuche, den Ballast seiner Verbündeten loszuwerden.

Das war richtig gesehen. Illusionär war freilich zu glauben, Hitler und seine Hintermänner würden der Arbeiterschaft Zeit lassen, auf die Erfüllung der sozialen und wirtschaftlichen Versprechungen zu warten. Nicht illusionär war die Annahme, daß ein Widerstand noch möglich sei.

In der Tat erscheint die Krise der Nazipartei im Herbst 1932 als eine Folge des von der KPD vorangetriebenen antifaschistischen Widerstandes. Gerade dieser Niedergang, ausgelöst durch den antifaschistischen Massenkampf, war die Ursache, daß die Betriebsamkeit der Industriekapitäne, Hitler an die Macht zu bringen, Ende 1932 fiebrig wurde. Sie waren darauf bedacht, dem weiteren Aufschwung der antifaschistischen Aktion zuvorzukommen. Im Wettlauf zwischen Konterrevolution und Revolution siegte die Konterrevolution – in erster Linie deshalb, weil sich die SPD dem Drängen nach einer einheitlichen Gegenaktion entzog.

Widerstand wäre also möglich gewesen. Der Bürgerkrieg, von Ossietzky erwartet, lag in der Luft. Aber über die Sabotage der rechten SPD-Führer hinweg diese Aktion in Gang zu setzen, dazu reicht die Kraft nicht aus. Und so geschieht nichts. Es geht dem Ende zu. Ossietzky weiß es. „Die Republik hat diese Bataille verloren", stellt er Anfang Februar fest, „weil es ihr an dem notwendigen Lebenswillen fehlte, über den die Rechte in hohem Maß verfügt." Dafür habe das Volk eine gute Witterung. „Die Gegenrevolution hat kampflos die Höhen besetzt. Sie beherrscht das Tal, und wir leben im Tal. Minister a. D. laufen mit verdattertem Gesicht herum und schwelgen in Radikalität. Hohe Funktionäre schwärmen plötzlich für die ‚rote Einheit', die sie sonst mit Maßregelungen prämiiert haben. Es ist schwer, ihre späte Erleuchtung hinzunehmen, ohne grob zu reagieren. Es ist schwer, daran zu glauben, daß sie einmal bessere Kämpfer werden können. Wir werden wohl mit neuen Menschen wieder beginnen müssen." (WB 6/33.)

Die letzten Artikel – die Knebelung der Presse hatte bereits eingesetzt – sind getarnt als Betrachtungen zur Kunst und Literatur. Statt über Hindenburg und Hitler schreibt Ossietzky über Richard Wagner und Walter Bloem. Hier wird ausgesprochen, was offen nicht mehr gesagt werden konnte. Ossietzky umschreibt das Wesentliche, und immer noch erwartet er die befreiende Tat. Er sieht in Wagner, anders als Thomas Mann, den „genialsten Verführer, den Deutschland gekannt hat". Bei ihm sei nicht nur das ganze Inventar des nationalistischen Schwertglaubens enthalten, sondern auch, immer neu variiert, die angenehme Vorstellung, der Mensch könne von allen Übeln erlöst werden, ohne daß er dafür etwas zu tun brauche. „Es erübrigt sich, näher auszuführen, was für eine Rolle in Deutschland der Wunderglaube spielt und das Verlangen nach einem Hexenmeister, der mit einem Hokuspokus Verschwindibus alle Kalamitäten für ewig beseitigt."

Sein Verstand sieht, daß alles aus ist, aber sein Herz fügt sich nicht der Realität. „Zum zweitenmal soll aus Deutschland eine Wagneroper werden; Siegmund und Sieglinde, Wotan, Hunding, Alberich und der ganze Walkürenchor und die Rheintöchter dazu sind –

Heiajaheia!

Wallalaleia heiajahei!

über Nacht hereingebrochen mit der Forderung, über Leiber und Seelen zu herrschen ... Wir werden also etwas unternehmen müssen, da nicht zu erwarten ist, daß eine reine Jungfrau, um uns zu erlösen, ins Wasser springt." (WB 8/33.) Die Mannschaft muß das deutsche Schiff retten, kein germanischer Mythos, kein hakenkreuzbemalter Hexenmeister wird ihr die Pflicht zu handeln abnehmen. Und er schreibt: „Das neue politische und soziale System wird kommen, aber die Folgen Hitlers werden auferstehen, und spätere Generationen werden noch zu jenem Gürtelkampf antreten müssen, zu dem die Deutsche Republik zu feig war."

In dieser letzten Not der staatsbürgerlichen Freiheit genügte Ossietzky nicht mehr das geschriebene Wort. Wieder, wie in den ersten Nachkriegsjahren, wie nach dem blutigen 1. Mai 1929, trat er, seine Abneigung gegen Rednertribünen überwindend, mit dem gesprochenen Wort vor die Öffentlichkeit. Er sollte als Referent in einer Kundgebung der Liga für Menschenrechte „Gegen die Kulturreaktion" sprechen. Die Versammlung war für den 3. Februar angesetzt. Zwei Stunden vor Beginn erhielten die Veranstalter ein Schreiben des Polizeipräsidenten Bredow mit der lakonischen Mitteilung, daß die Kundgebung verboten sei.

Ähnliches war schon einmal geschehen, im Jahre 1931, nachdem Ossietzky vom Reichsgericht verurteilt worden war. Damals hatte der Sozialdemokrat Grzesinski das Verbot ausgesprochen; vielleicht hielt er solche Strenge für staatspolitisch klug. Jetzt freilich war Hitler Reichskanzler ...

Zwei Wochen später, die Gefahr war immer fühlbarer geworden, bekam Ossietzky doch noch Gelegenheit, öffentlich zu sprechen. Die Kundgebung der Berliner Ortsgruppe des Schutzverbandes Deutscher Schriftsteller am 17. Februar 1933 in den Teltower Kammersälen von Berlin ist als die letzte Manifestation der linksbürgerlichen Intelligenz gegen den faschistischen Ungeist in die Geschichte eingegangen. Es war das letzte öffentliche Wort Ossietzkys. Sein Vermächtnis.

Die Kundgebung galt dem freien Wort, dem Protest gegen seine Unterdrückung. Die da unter den Augen der Polizeispitzel zur Ehre des deutschen Geistes sprachen, waren Tote auf Urlaub; nicht einer hat die Jahre der Schmach überlebt: Erich Mühsam, Rudolf Olden, Ernst Toller, Carl v. Ossietzky.

Ossietzky sprach ohne Konzept, die wenigen Sätze bedächtig formend, mit leiser Stimme, als wolle er die innere Bewegung nicht aufkommen lassen, doch grenzte der Ernst seiner Sprechweise ans Feierliche, ganz gegen die Art, die man von ihm gewöhnt war.

Die dem Redner mit heißem Herzen lauschten, prägten sich die denkwürdigen Worte ein; einige hielten sie auch schriftlich fest.

Der Herausgeber der „Weltbühne" sagte:

„Ich gehöre keiner Partei an. Ich habe nach allen Seiten gekämpft, mehr nach rechts, aber auch nach links. Heute jedoch sollen wir wissen, daß links von uns nur noch Verbündete stehen. Die Flagge, zu der ich mich bekenne, ist nicht mehr die schwarz-rot-goldene dieser entarteten Republik, sondern das Banner der geeinten antifaschistischen Bewegung. Und ich, der Pazifist, reihe mich nun ein in das große Heer, das für die Freiheit kämpft."

Zehn Tage später brannte der Reichstag.

Die Stimme, die Deutschland erwecken sollte, verstummte. Der Ruf „Deutschland erwache" hatte sie abgelöst.

Die „Weltbühne" vom 7. März, zusammengestellt von den Zurückgebliebenen, ist zu einem Zeitpunkt erschienen, da Ossietzky sich bereits in Spandau befand. Redaktion und Verlag versicherten, „daß sie und ihr Rechtsbeistand Kurt Rosenfeld

Abb. 31

alles tun werden, was im Rahmen des heute noch Möglichen liegt, um Carl von Ossietzky die Freiheit wieder zu verschaffen."

Noch glaubten die Ahnungslosen, mit der Terrorwahl vom 5. März sei „die erste Periode in der Geschichte der Deutschen Republik abgeschlossen, mit ihnen beginnt ein neuer Abschnitt dieser Geschichte". Noch glaubten sie versichern zu können: „Trotzdem; es wird weitergearbeitet, denn der Geist setzt sich doch durch."

Diese Nummer war die letzte.

Bei EDITIONS DU CARREFOUR

Paris VI, 169 Boul. St. Germain

erschien

Das Braunbuch

ÜBER REICHSTAGSBRAND UND HITLERTERROR

400 Seiten stark mit 80 Abbildungen

Preis brosch. 18·—, geb. 24 Frs.

IN DEUTSCHLAND VERBOTEN

IM AUSLAND IN FÜNFZEHN SPRACHEN ERSCHIENEN

Von der deutschen Ausgabe sind in drei Monaten außerhalb Deutschlands

70.000 Exemplare

verkauft worden

Gesamtauflage aller Ausgaben über EINE HALBE MILLION

Trotz des Verbots in Hitler-Deutschland in vielen tausend Exemplaren verbreitet

DER OPPOSITIONELLE SCHRIFTSTELLER

An alle Ortsgruppen des SDS **Berlin, Februar 1933** **Nr. 2**

An alle Oppositionellen im Verband!

Die Ortsgruppe Berlin des SDS ist im Verlaufe von zwei Jahren Mittelpunkt aller fortschrittlichen Bestrebungen innerhalb des Schutzverbandes deutscher Schriftsteller geworden. Deshalb wurde sie vom Hauptvorstand ununterbrochen und mit allen Mitteln unterdrückt, verfolgt, gespalten und zum Schluß sogar „aufgelöst". Nichtsdestoweniger lebt und arbeitet die Ortsgruppe weiter, nichtsdestoweniger ist sie das Zentrum der Opposition geblieben.

Was die Opposition will, wissen die fortschrittlichen Schriftsteller im ganzen Reiche. Sie will, daß der Schutzverband zu einer Gewerkschaft werde, die die Interessen der Schriftsteller — die materiellen ebenso wie die geistigen — tatsächlich vertritt.

Verteidigung der materiellen Interessen bedeutet ständigen Kampf gegen alle Formen der Ausbeutung der Schriftsteller; Eintreten für die geistigen Belange heißt Kampf gegen jede Unterdrückung des freien Wortes. Beide Seiten des Kampfes hängen aufs engste zusammen: Zensur und Verbote verelenden das Schrifttum, das verelendete Schrifttum beugt sich vor Zensur und Verboten. Es ist überflüssig, Phrasen darüber zu dreschen, was der Faschismus für den freien Schriftsteller bedeutet, wohin das Monopol des faschistischen „Gedankens" führt. Den freien Schriftsteller erwartet: körperlich der Hunger, geistig die Verdummung.

Deshalb rufen wir alle Ortsgruppen des SDS im Reiche auf, die Freiheit des Wortes und damit die letzten Bissen des Brotes aller fortschrittlichen, vor dem Faschismus nicht kapitulierenden Schriftsteller zu verteidigen und den SDS in ein Kampfinstrument des aufrechten deutschen Schrifttums umzuschmieden.

Es ist die letzte Stunde; wer heute schweigt, wird morgen den Mund nicht mehr aufmachen können.

Wir ersuchen nicht nur die oppositionellen, sondern auch alle fortschrittlich gesinnten Kollegen, alles zu unternehmen, um ihre Ortsgruppen auf-

Montag, den 20. Februar, abends 8 Uhr, in den Kammersälen, Teltower Straße 1—4 (U-Bahn Hall. Tor): **Mitgliederversammlung** der Ortsgruppe Berlin, mit geladenen Gästen:

„Ueber allen Gipfeln ist . . ."

Redner: Carl v. Ossietzky, Dr. Ludwig Marcuse, Bernard v. Brentano.

Anschließend Diskussion.

Abb. 32

11 DAS GESTAPO-KOMPLOTT

Der 27. Februar 1933 war ein Montag. Ossietzky hatte vormittags in der Redaktion gearbeitet. Er war müde. In den letzten Stunden war die nervliche Anspannung nahezu unerträglich geworden. Die Freunde drängten. Die Gefahr war körperlich greifbar. Ein geheimer Befehl des SA-Oberführers Ernst war bekannt geworden, die Männer mögen sich bereit halten; am Wahltag, oder schon vorher, werde man sie brauchen. Die Reichsregierung hatte verlauten lassen, mit dem Tode würde bestraft werden, wer Mitteilungen über Vorgänge bei der SA an das Ausland gelangen lasse; umlaufende Gerüchte über Umsturzpläne seien falsch, wurde beruhigend vermerkt. Im „Angriff" war ein seltsamer Artikel erschienen, verfaßt von Goebbels; da prasselte und zischte und flammte es.

Um die Mittagsstunde bestürmte Walter Mehring Ossietzky: es sei höchste Zeit abzureisen. Ossietzky sagte weder ja noch nein, er wich der Entscheidung aus. Doch ließ er es geschehen, daß für ihn eine Auslandsfahrkarte telefonisch bestellt wurde. Dann kam Gerlach. Ossietzky holte sich bei dem Freund Rückenstärkung gegen das Drängen Mehrings. Gerlach sagte: „Jetzt wird hier keine Panik gemacht. Na, also ich jedenfalls bleibe." Ossietzky atmete auf. Er ging wieder an die Arbeit.

Tatsächlich schien es, als ob die gewohnte Tätigkeit am Schreibtisch, die Berührung der täglich gebrauchten Gegenstände, der Klang der vertrauten Stimmen das überreizte Gemüt beruhigten.

Nichts hatte sich geändert. Im Lichte der Tischlampe lagen Manuskripte, um ihn war die Wirklichkeit aller Tage. Gegen sieben Uhr nahm Ossietzky Hut und Mantel und verließ das Büro.

Man hatte vereinbart, sich abends in der Wohnung von Frau Jacobsohn im Grunewald zu treffen. Gerlach war schon da, sichtlich verändert. Er erzählte, Harry Graf Keßler sei von seinem Diener, einem SA-Mann, gewarnt worden. Es gehe gegen die Kommunisten. Frau Jacobsohn drängte. Es werde nicht bei den Kommunisten bleiben. Gerlach und Ossietzky, die am meisten Gefährdeten, müßten sofort abreisen.

Ossietzky sträubte sich mit wechselnden Gründen. Vorerst versuchte er technische Hindernisse vorzuschieben: die Polizei hätte seinen Paß beschlagnahmt. Als jemand nachdrücklich darlegte, jetzt sei die Flucht noch möglich, morgen vielleicht nicht mehr, und ein anderer von der Tochter zu sprechen anfing, die nicht minder gefährdet sei als der Vater, stand Ossietzky auf. Mit fester Stimme wiederholte er, was er vor dem Antritt der Gefängnisstrafe im Jahre 1932 gesagt hatte: Fliehen hieße bekennen, daß man unrecht habe, hieße, jenen den moralischen Triumph gönnen. Kein Freundeswort konnte ihn umstimmen. Man blieb bis gegen halb zehn Uhr beisammen. Jemand hatte die Nachricht gebracht: der Reichstag brennt. Frau Jacobsohn reiste noch in dieser Nacht ab. Gerlach gelang es bald darauf, ohne Paß von Berlin über München und von da auf abenteuerliche Weise in die Schweiz zu flüchten. Ossietzky ging nach Hause. „Carl, du mußt doch jetzt fliehen!" empfing ihn die Gattin in äußerster Erregung. Er blieb ruhig. „Nein, ich warte noch drei Tage."

Um halb vier Uhr morgens klingelte es. Zwei Kriminalbeamte standen in der Tür. Es war zu spät.

Im Columbia-Haus ließ sich Rudolf Diels, den Göring kurz zuvor zum Leiter der Gestapo ernannt hatte, über die Einlieferung Ossietzkys berichten. So hektisch es an diesem Tag im Hauptquartier der Gestapo zuging, Ossietzky war ein Prominenter, und der dreiunddreißigjährige ehemalige Marburger Korpsstudent, der sich in der Politischen Polizei Severings bis zum Leiter der Abteilung IA im Berliner Polizeipräsidium hinaufgeturnt hatte, witterte die Spur.

In diesen ersten Stunden der Menschenjagd hatte man diejenigen, deren man habhaft werden konnte, in eine Massenzelle im Keller des Polizeipräsidiums am Alex getrieben. Als Ossietzky dort eintraf, wurde er von Egon Erwin Kisch und Ludwig Renn mit Hallo begrüßt. Auch der spätere Angeklagte von Leipzig, der Reichstagsabgeordnete Ernst Torgler, war da. Bald darauf wurden die Häftlinge auf Zellen verteilt und später in die alte Festung Spandau überführt. Das ging noch verhältnismäßig urban vor sich. Noch versahen die alten Polizeibeamten den Dienst.

Der Name dafür war „Schutzhaft". Am 24. März hatte Hitler vom Reichstag, der im Feuerschein des großen Brandes gewählt worden war, diktatorische Vollmachten erhalten, das sogenannte Ermächtigungsgesetz. Über Deutschland war die Nacht hereingebrochen. Ossietzky war der Rache jener ausgeliefert, gegen die er bis zum letzten Tag gekämpft hatte. Sie waren entschlossen, ihn zu vernichten – aber langsam.

Die Untersuchung über den Reichstagsbrand lag in der Hand von Gestapochef Diels. Den van der Lubbe hatte er am Tatort gefangen, kein Wunder, hatten ihn doch die von Göring geschickten Brandstifter zu ebendiesem Zweck mitgenommen. Das Mitgliedsbuch der Kommunistischen Partei steckte, wie nicht anders zu erwarten, in seiner Tasche. Aber Diels brauchte echte Kommunisten. Am 7. März verhaftete er die drei Bulgaren: Dimitroff, Popoff, Taneff. Torgler saß bereits seit dem 28. Februar in Spandau. Wie, wenn man noch ein paar linke Intellektuelle in die Verschwörung verwickeln könnte? Etwa Ossietzky?

In Spandau befand sich auch Ludwig Renn; er hatte erfahren, die Gestapo beabsichtige, prominente Häftlinge der ausländischen Presse vorzuführen. Es sollte bewiesen werden, daß die Nachrichten über die Mißhandlung der politischen Gefangenen falsch seien. Die Zwangsinsassen von Spandau hatten keine Vorstellung von den Vorgängen außerhalb der Gefängnismauern. Sie waren so naiv, daß sie glaubten, es sei der Augenblick, über schlechte Kost und wirtschaftliche Schädigung zu sprechen. Ossietzky schrieb noch am 27. März, einen Monat nach der Verhaftung, in rührender Einfalt seiner Frau aus Spandau: „... Ein klares Bild von der Zukunft habe ich natürlich nicht, aber ich fürchte, daß ich in der nächsten Zeit noch nicht mit völliger Bewegungsfreiheit rechnen kann. Deshalb müssen alle diese Dinge draußen und ohne mich geregelt werden. Ich möchte Dich gewiß nicht erschrecken, aber wir müssen uns auf eine längere Zeit von Ungewißheit vorbereiten. Das ist bitter, nicht nur im Hinblick auf die wirtschaftlichen Konsequenzen – wir müssen darüber hinwegkommen. Kopf hoch! Bleibe gesund, mein armes Kind, das ist zunächst das Wichtigste. Was macht Baby? Hast Du von ihr gehört? Grüße Milly (Zirker – B. F.) recht schön von mir. Bitte das Abonnement der DAZ zu verlängern. Bitte mir mehr Zigaretten schicken. Es ist ja das Wichtigste für mich, und ich habe oft tagelang keine. Die Besorgung von hier aus ist höchst unregelmäßig ..."

Ossietzky, Renn und der angebliche Reichstagsbrandstifter Torgler wurden eines Tages ins Polizeipräsidium zurückgebracht. Diels ließ sich Ossietzky und Torgler in sein Büro bringen. Sie mögen klug sein und ihre Lage nicht durch dumme Reden verschärfen. Dann standen die drei in einem Saal, um sie herum drängten sich Journalisten und Photographen. Diels überwachte die Szene von der Höhe eines Schreibtisches. Um eine Verständigung untereinander zu verhindern, hatte man jeden der drei in eine andere Ecke gestellt. Es gab ein kurzes Frage- und Antwortspiel. Bald kommandierte Diels von der Höhe seines Beobachterpostens: „Schluß! Sie haben genug gefragt!" Renn hatte noch die Möglichkeit zu rufen: „Sie sehen, man läßt uns nicht frei sprechen." Verärgert drängte Diels die Presseleute hinaus. Die Häftlinge wurden abgeführt.

Von dieser grotesken Szene kamen Photos in die Presse. Man sah Ossietzky und Renn zusammen mit Torgler. Mit dem „Reichstagsbrandstifter".

Ob Diels dieses „Amalgam" geplant hatte oder ob ihm der Einfall erst kam, als er das Photo sah, wird niemals aufgeklärt werden. Fest steht nur, daß von diesem Augenblick an die polizeiliche Untersuchung wegen der Reichstagsbrandstiftung auch auf Ludwig Renn und Carl v. Ossietzky ausgedehnt wurde. Was Diels jetzt noch brauchte, waren zum Meineid bereite Zeugen. An solchen fehlte es nicht.

Am 6. April wurde Ossietzky nach dem ehemaligen Zuchthaus Sonnenburg in der Neumark gebracht, das in ein Konzentrationslager umgewandelt worden war. Er war einer der ersten Insassen des Lagers. Das Martyrium nahm seinen Anfang.

Berliner SA-Leute versahen hier unter dem Kommando eines Polizeioberinspektors den Wachdienst. Es waren meist junge Burschen, denen es Vergnügen bereitete, über ältere Menschen Gewalt zu haben. Sie machten von ihr in der Art Gebrauch, die sie bei ihren Vorgesetzten gelernt hatten. Die Gefangenen sinnlos quälen erschien ihnen nicht nur unterhaltsam, sondern auch löblich.

Ossietzky war ihr bevorzugtes Opfer. Der zarte Mann, dem man auf den ersten Blick den Denker anmerkte, schien wie geschaffen, die brutalen Instinkte auf sich zu lenken. Da war ein SA-Mann namens Schmidt, von Beruf Raubtierwärter. Ein anderer berief sich auf seine gerichtlich bescheinigte Unzurechnungsfähigkeit. Straflos töten durften auch die anderen. Dieser aber sozusagen gesetzlich. Der „lebende Tote" (Heinrich Mann) soll, wie mehrfach berichtet wird, gezwungen worden sein, sein Grab zu schaufeln. Welch eine Gaudi!

Ossietzky litt seelisch noch mehr als körperlich. Wer kann das Ausmaß des Leidens ermessen? Ein Mitarbeiter der „Weltbühne", der ihn im Sommer dieses ersten Jahres der Gefangenschaft sah, erschrak bei seinem Anblick zutiefst. Abgemagert bis zum Skelett, die Gestalt vornübergeneigt, das Gesicht erdfahl, die Augen unruhig flackernd, eine gehetzte Kreatur.

Aber ungebrochen war sein Geist. Nie kam ein Klagelaut über die blutleeren Lippen. Mehr noch: der am meisten Gequälte verstand es, anderen Mut und Kraft zu geben. Sorgsam verwaltete er die von den Gefangenen zusammengestoppelte kleine Bücherei. In den Abendstunden, wenn die Gefangenen sich selbst überlassen waren, schlichen sich Gleichgesinnte zu ihm in das Dachgeschoß des Mittelflügels, um ein Buch zu holen, um der tödlichen Vereinsamung zu entrinnen, um in geflüsterten Worten Verständnis und Einverständnis zu suchen.

Da gab es viele, die, bevor die Nacht hereingebrochen war, in Deutschland einen Namen hatten. Da war Erich Mühsam, Freund und Weggefährte, Dichter und Kämpfer. Sie haben ihn zu Tode geschunden. Da waren die Kommunisten Stöcker, Schneller, Geschke, Gruber, Kroh, Steinfurth. Da war der Anwalt der Verfolgten Hans Litten. Da war Professor Paul Östreich. Da war der Wiesbadener Maler Adolf Noetzel. (Auch diesen haben sie später erschlagen.)

Während Ossietzky um eine Krume Brot, um einen Zigarettenstummel, um einen Atemzug Selbstsein kämpfte, mitten in Deutschland auf einer zeitlosen Insel lebend, eingebettet in ein unbekanntes und unvorstellbares Gemisch aus Gemeinheit und Größe, war der Chef der Gestapo eifrig bemüht, ihn zum Mitangeklagten des Reichstagsbrandprozesses zu machen. Der Gefangene von Sonnenburg wußte davon nichts.

Diels träumte davon, neben dem irren Marinus van der Lubbe, neben dem Vorsitzenden der kommunistischen Reichstagsfraktion, neben den drei bulgarischen Kommunisten auch deutsche Antimilitaristen, „Kulturbolschewisten", Zersetzer des Wehrgeistes auf die Anklagebank zu bringen. Vermutlich glaubte der Günstling Görings, auf diese Weise auch das Wohlwollen Goebbels' auf sich zu lenken.

Torgler, der sich, im Bewußtsein seiner Unschuld, am Tage nach dem Reichstagsbrand freiwillig der Polizei gestellt hatte, war in der Brandnacht gegen acht Uhr vierzig abends, aus dem Reichstagsgebäude kommend, zusammen mit dem Abgeordneten Koenen und einer Sekretärin bei Aschinger in der Friedrichstraße eingekehrt. Von dort war er, als er von dem Brande hörte, zum Reichstag geeilt, wurde aber wegen der polizeilichen Absperrung nicht in das Gebäude eingelassen. Von da, sagte Torgler, sei er in Begleitung seines Freundes in die Gastwirtschaft Stawitzki am Alexanderplatz gegangen, wo er mit einigen Genossen zusammentraf.

Damit war die Szene gestellt. Der Gastwirt Stawitzki war ein Polizeispitzel, bereit zu jeder Aussage. Ihm wurde von Diels das Photo von der Pressekonferenz vorgelegt. Selbstverständlich „erkannte" Stawitzki sofort Ossietzky und, wenig sicher, auch Renn als die Männer, die am Abend des Brandes in verdächtiger Weise mit jenen Chauffeuren in Lederjacken verhandelten, die angeblich in seinem Lokal auf Torgler warteten.

Oberreichsanwalt Dr. Werner folgte in seiner Anklageschrift genau den polizeilichen Ermittlungen, ohne freilich gegen Ossietzky die Anklage zu erheben. Er ließ den Polizeispitzel Stawitzki sowie dessen Gehilfen in Leipzig als Zeugen auftreten. Die Verhandlung gegen Dimitroff und seine Mitangeklagten hatte am 21. September begonnen. Am 28. Verhandlungstag rief Gerichtspräsident Dr. Bünger den Zeugen Stawitzki auf.

An einem Tisch gegenüber dem Büfett habe Ossietzky gesessen, sagte der Zeuge, zuerst nur in Gesellschaft des Sekretärs der kommunistischen Reichstagsfraktion Kühne, später seien die Chauffeure in Lederjacken dazugekommen. Wieso er wußte, daß der Wartende Ossietzky gewesen sei? „Man" hätte ihm Bilder vorgelegt, und danach wäre es ihm möglich gewesen, Ossietzky mit Bestimmtheit zu erkennen. Auch das in der „Berliner Illustrierten" veröffentlichte Bild von der Pressekonferenz habe er gesehen. Ossietzky und sein Begleiter hätten sich verdächtig aufgeführt. Wiederholt seien sie aufgestanden, um zu telefonieren. Als die Nachricht vom Brand des Reichstages bekannt wurde, seien alle Gäste aufgesprungen, nur die Verdächtigen nicht. Sie schienen von der Schreckensnachricht gar nicht überrascht. Sie redeten weiter miteinander und spielten Karten. Man hatte den Eindruck, daß die Chauffeure, die mehrmals aus und ein gingen, von den Männern am Tisch, also von Ossietzky und Kühne, Aufträge erhielten.

Torgler klärte das Gericht auf über die Umstände, unter denen das zum Beweis erhobene Lichtbild zustande gekommen war. Die Gruppierung Torgler, Ossietzky, Renn sei Zufall und stünde in keinem Zusammenhang mit dem Reichstagsbrand. Als Torgler noch vorbrachte, daß auf dem Bild auch Diels zu sehen sei, brach der Präsident die Zeugenvernehmung ab. Die Aussage des Spitzels erwies sich als Bumerang. Er wollte Renn zu einem Zeitpunkt in seinem Lokal gesehen haben, als dieser sich bereits in Polizeihaft befunden hatte. Über den Zeitpunkt, da Ossietzky mit Kühne im Lokal aufgetaucht sein sollte, verwickelte sich Stawitzki in Widersprüche. In der Voruntersuchung hatte er acht Uhr angegeben, in der Hauptverhandlung ließ er auch sechs Uhr gelten. Die Intrige erwies sich als allzu plump. Stawitzki hatte einfach wiederholt, was ihm in den Mund gelegt worden war.

Vor den Augen gewitzter Presseleute aus dem Ausland war ein Zipfel des Schleiers gelüftet worden. So also sahen die Zeugen der Anklage aus. Ossietzky in einer Kneipe kartenspielend und lederbejackte Chauffeure instruierend. Gerlach, der im Ausland die Berichte über die Verhandlung vom 30. Oktober zu Gesicht bekam, meldete sich sofort als Zeuge dafür, daß Ossietzky zu der Stunde, da Stawitzki ihn konspirierend in seinem Lokal beobachtet haben wollte, in der Wohnung von Frau Jacobsohn an der letzten Beratung der engeren „Weltbühnen“-Mitarbeiter teilgenommen hatte. Frau Jacobsohn stellte sich gleichfalls zur Verfügung.

In seiner Anklagerede, nach zweiundfünfzig Verhandlungstagen, begnügte sich Oberreichsanwalt Dr. Werner zu sagen: „Ob Ossietzky dort gewesen ist (in der Kneipe am Alexanderplatz), ist in der Verhandlung nicht untersucht worden. Ossietzky hat, wie ich aus Nachrichten der Presse erfahren habe, bestritten, daß er dort gewesen sei. Es spielt auch keine Rolle, ob er dagewesen ist, denn seine Person ist für die Frage, die wir hier zu entscheiden haben, vollkommen gleichgültig.“

Das klang nicht sehr sieghaft, eher resigniert. Der Versuch, Ossietzky zum Teilnehmer der Reichstagsbrandstiftung zu machen, war kläglich gescheitert. Es wurde kein Avancement für Diels daraus.

Inzwischen war es Dezember geworden. Weihnachten im Konzentrationslager. Der Gefangene von Sonnenburg hatte keine Ahnung von dem Getriebe um seine Person. Einmal war ein Beamter gekommen und hatte ihm belanglose Fragen gestellt. Auf dem Aktendeckel lasen seine Augen, ohne Verständnis, das Wort „Reichstagsbrand". Wäre es dem Oberreichsanwalt nicht allzu riskant erschienen, daß neben Dimitroff ein Ossietzky gegen ihn aufsteht, die Welt hätte Ossietzky als Angeklagten von Leipzig wiedergesehen.

Ossietzky hat nichts bestritten, denn er war gar nicht gefragt worden. Die Stimmen seiner Freunde im Ausland hatten genügt, den juristischen Helfershelfern der wahren Brandstifter das Aussichtslose ihres Komplotts zum Bewußtsein zu bringen.

Daß sich die Welt mit Ossietzky beschäftigte, hatte jedoch Folgen. Im Ausland war man auf Sonnenburg aufmerksam geworden. Lagerleiter Pelz, ein preußischer Polizeibeamter, hatte genug: er beschwerte sich über die Eigenmächtigkeiten der SA-Mannschaft. Göring, in seiner Eigenschaft als preußischer Innenminister und oberster Polizeiherr, ließ ihn durch einen gewissen Reschke ersetzen, einen ausgesuchten Rohling. Die Lagerzucht wurde verschärft. Wieder war Ossietzky das bevorzugte Opfer der Menschenquäler. Die Kameraden suchten ihn von den Mißhandlungen abzuschirmen, aber sie konnten nicht verhindern, daß er oft aus Schwäche zusammenbrach. Er ertrug die Quälereien mit übermenschlicher Ruhe. Er schämte sich, daß ihm die Hände zitterten, und nahm die Gewohnheit an, sie in die Ärmel der Häftlingsjacke zu stecken, um das Zittern zu verbergen.

Im Mai 1933 war es einer Gruppe ausländischer Journalisten gestattet worden, das Lager zu besuchen. Unter ihnen war nicht nur der Amerikaner H. G. Knickerbocker, bekannt als

Verfasser vielgelesener Reportagebücher, sondern auch der Korrespondent von Associated Press, Louis P. Lochner, ein ehemaliger Gewerkschaftsjournalist. Geführt von dem Staatsanwalt Mittelbach, der im Berliner Polizeipräsidium Dienst versah, betraten die Fremden den Appellplatz. Die oft geschilderte Szene soll in der unterkühlten Sprache des Amerikaners wiedergegeben werden:

„Unter den Internierten sahen wir Carl v. Ossietzky. Knikkerbocker und ich, die wir Ossietzky seit Jahren kannten, fragten, ob wir mit ihm plaudern dürften. Zum Glück entschloß sich unser intelligenter, universitätsgeschulter Führer von der Preußischen Präsidialkanzlei, bei den anderen besuchenden Journalisten zu bleiben. Er befahl einem besonders dumm aussehenden Wächter, uns zu begleiten und zuzuhören.

Wir fragten Ossietzky, wie er seine freie Zeit verbrächte.

‚Hauptsächlich lesend', antwortete er. ‚Unglücklicherweise ist dieses Lager erst jetzt errichtet worden, so daß es noch keine Gefangenenbibliothek gibt. Darum muß ich mit den Büchern auskommen, die mir meine Frau schickt, soweit der Zensor sie zuläßt.'

‚Wir möchten Ihnen gerne einige Bücher schicken', schlug Knickerbocker vor, ‚welche Art empfehlen Sie?'

Das Lächeln eines Kobolds glitt über Ossietzkys Züge. ‚Ich nehme nicht an, daß es gegen Geschichte Einwände gibt.'

‚Knick' erfaßte schnell. ‚Eine bestimmte Periode der Geschichte?' fragte er mit einem vorsichtigen Blick auf den Wächter.

Ein dankbares Lächeln erhellte Ossietzkys Gesicht einen Moment lang, als er feststellte, daß der amerikanische Journalist die Bedeutung seiner Worte erfaßt hatte. Sein Gesichtsausdruck verändert sich ins Übermütig-Boshafte, als er langsam sagte: ‚Nun, ich denke, die Geschichte des Mittelalters wäre sehr apropos!' "

Ossietzky litt, aber er litt nicht nur; sein Geist blieb ungebrochen. Ungeheuer war das Maß des Leidens, aber ungeheuer war auch das Maß der neuen Gedanken. Diese Wirklichkeit sprengte die Grenzen des Vorstellbaren. Die Gemeinheit war maßlos, aber auch die Menschlichkeit, die Roheit wie die Hilfsbereitschaft. Sonnenburg bedeutete für den feinnervigen Intellektuellen, der in der kühlen Welt der Gedanken gelebt hatte, ein doppelt umstürzendes Erlebnis. Die Bosheit der Horde war etwas, was aus den Urtiefen ausbrach. Deutsche? Aber auch das Erlebnis der Gemeinschaft war etwas Ur-Neues. Auch das waren Deutsche. Das Wort Solidarität, oft dahergesagt, inhaltslos, plötzlich war es lebendige, lebensrettende Wirklichkeit geworden. Ossietzky, der Einzelgänger, der Individualist, wurde zum erstenmal in seinem Leben Glied einer Gemeinschaft.

Alte Sehnsüchte brachen auf. Verdrängte Gefühle bahnten sich einen Weg. Abgebrochene Gedanken drängten zu einem Ende. Der Widerspruch eines Lebens begann sich zu lösen.

Es gibt viele Berichte über die Leidenszeit Ossietzkys in den Konzentrationslagern. Die mit ihm das bittere Brot der Gefangenschaft teilten, legten Zeugenschaft ab über ihren Kameraden. Diese Zeugnisse sind teils zu Lebzeiten Ossietzkys bekannt geworden, teils sind sie viel später gesammelt worden. Sie gehören zu den wichtigsten Dokumenten, aus denen die Persönlichkeit Ossietzkys nachzubilden ist. Sie erst machen es möglich, die Stimme, die am 27. Februar 1933 verstummt ist, zum Sprechen zu bringen. Was waren die Gedanken des von der Außenwelt abgeschlossenen Kämpfers in den fünf Jahren seines Martyriums? Daß er nicht kapitulierte, weiß die Welt, und niemand brachte es zuwege, die Größe dieses Widerstandes anzuzweifeln. Ein Brief von der Folterstatt erreichte den Vorsitzenden des gleichgeschalteten Schutzverbandes Deutscher Schriftsteller Walter Bloem. Briefschreiber war Erich Mühsam. Der Gemarterte in seiner Verlassenheit hoffte, der Berufskollege werde seinen Einfluß zugunsten der gefangenen Schriftsteller geltend machen, „bei aller sachlichen Gegnerschaft menschliche Hilfe gewähren". Vorspiegelung einer naiven Seele. Mühsam bat auch für den Leidensgefährten Ossietzky um „Fürsprache". Er erhielt niemals eine Antwort.

Hatte Ossietzky nur das Nein gegen die Menschheitsfeinde auf den Lippen? Hatte er kein Ja bereit? Hatte der Kopf, der so durchdringend zu denken verstand, aufgehört, eigene Gedanken zu haben? Hat er von sich Rechenschaft gefordert? Und wenn ja, was erschien ihm in einem neuen Licht? Was aus der Vergangenheit hielt der ungeheuren Prüfung stand, und was mußte neu gedacht werden?

Da waren, stöhnend unter den gleichen Schlägen, Kommunisten und Sozialdemokraten. Draußen hatten sie sich nicht einigen können, hier waren sie Brüder, Leidensbrüder. Dem Außenstehenden, dem bürgerlichen Intellektuellen, der keiner Partei angehörte und von keiner Partei das Heil erwartete, erwiesen beide Hilfe bis zur Selbstaufopferung.

Ossietzky war krank geworden. Getreten und geschlagen mußte er in strammer Haltung vor der Tür stehen. Oft brach er zusammen. Sie aber trugen ihn vom Hof und pflegten ihn. Als er zum Roden von Weiden kommandiert wurde, nahmen sie ihm die Arbeit ab und richteten es so ein, daß er Stubendienst versehen konnte.

Nicht immer war es einfach, den Gefährdeten vor den Ausbrüchen der Wilden zu schützen. Ein Schriftsteller, der als Kommunist nach Sonnenburg gekommen war, schilderte eine solche lebensgefährliche Rettung.

Einer der Burschen, in deren Hand die Gewalt über Leben und Tod liegt, brüllt Ossietzky an: „He, du, bist du nicht auch einer von denen, die den lieben Herrgott abschaffen wollen?" Der Angebrüllte schweigt. „Ob du 'ne Religion im Leibe hast, will ich wissen." Ossietzky schweigt. Erst als sein Hintermann, ein Arbeiterfunktionär, ihm zuflüstert, er solle doch antworten, um Mißhandlungen vorzubeugen, antwortet er kurz: „Ich war katholisch." Dümmlich brüllt der Schinder: „Ich war, ich war! Ohne Gott und ohne Vaterland hat so was dahingelebt... Aus welcher Ecke Deutschlands haben sie dich denn ausgespuckt?" Ossietzky würdigt ihn wieder keiner Antwort. „Wo du her bist, sollst du mir sagen." – „Aus Hamburg."

Der Bursche beginnt zu toben. „Das habe ich mir gedacht. Katholisch und aus Hamburg, da kommt so 'ne besonders verkommene Sorte von Katholiken, Juden und Marxistenschweinen her."

„Und was bist du von Beruf?" – „Schriftsteller." Das Gesicht wird heimtückisch. „Was hast du schwarze Katholikensau denn für Hintertreppenromane zusammengeschmiert?"

Ossietzky scheint entschlossen, nicht mehr zu antworten. Mit zusammengebissenen Zähnen blickt er seinen Peiniger an. Dieser kommt langsam auf ihn zu. Seine kleinen Schweinsaugen funkeln böse: „Deutsche Arbeiter hast du vergiftet! Wiederhole: Ich habe deutsche Arbeiter vergiftet ... Na, wird's bald ...?!"

In diesem Augenblick tritt ein Berliner Genosse vor: „Bitte austreten zu dürfen, Herr Wachtmeister."

Der zuckt zusammen. Sekundenlang schaut er den Verwegenen an, der sich so unerwartet vor sein Opfer stellt. Dann faucht er ihm ins Gesicht: „Austreten, austreten willst du Drückeberger? Zieh dein Wasser hoch und spuck's aus!" Darauf jagt er den sich Opfernden einige Male um den Platz herum und vergißt dabei, daß er ja eigentlich Ossietzky hatte quälen wollen.

Im Ostflügel, Station V., wo Ossietzky lag, gab es einen besonderen Wachdienst; Kameraden hatten es übernommen, den Kranken zu schützen. Ging seine Zellentür auf, und die heruntergeleierten Worte der „Meldung" hallten durch den Korridor, sofort öffneten die Nachbarn ihre Türen, um dem Bedrohten zu folgen. Die Schinder konnten seiner nicht mehr allein habhaft werden, zum Privatspaß, wie sie es gewohnt waren. Ossietzky stand unter dem Schutz der Kumpel.

Sie sagten, das sei selbstverständlich. Und er begriff, daß es unter Arbeitern ein Band gibt, das stärker ist als das Trennende, eine Ritterlichkeit, die aus der Gemeinschaft der Klasse kommt. Und er war in diese Gemeinschaft aufgenommen. Wie konnte er es anders als beglückend empfinden.

Abb. 33

Zweimal haben die Machthaber den Versuch unternommen, den Gefangenen von Sonnenburg gegen das Versprechen, ihn freizulassen, zum Widerruf zu bewegen. Der Gauleiter der Kurmark, Kube, war persönlich gekommen, im Auftrag Görings, wie er sagte. Nichts weiter sei nötig, als daß Ossietzky dem Pazifismus abschwöre, und die Tore des Lagers würden sich öffnen. Ossietzky verharrte in Schweigen. Kein Wort kam über seine Lippen. Der joviale Gauleiter verließ kopfschüttelnd das Lager.

Noch ein zweitesmal traten sie an den Gemarterten heran, dessen Name bereits anfing unbequem zu werden. Es war zur Zeit der sogenannten „Göringschen Weihnachtsamnestie". Auch der Beauftragte der Gestapo, der Ossietzky die Freiheit versprach, falls er widerrufe, mußte unverrichteterdinge abziehen. Ossietzky antwortete mit Schweigen. Einem Kameraden, der ihm zuredete, gab er zurück: „Ich kann das nicht."

Es gab politische Diskussionen. Man las gemeinsam. Man sprach über das Versäumte und über das Kommende. Das gemeinsame Leiden, der gemeinsame Feind hatte diese Männer zusammengeführt. Und Ossietzky gehörte zu ihnen. Mit ihnen teilte er, was er von draußen bekam, und sie teilten mit ihm, was ihnen Angehörige geschickt hatten.

Vieles mußte neu überdacht werden. Diese Sozialdemokraten waren anders, als ihre Partei zu sein schien, und diese Kommunisten anders, als er sie bisher gesehen hatte.

Ohne das Eingebettetsein in die Gemeinschaft der Gleichgesinnten wäre das Unerträgliche nicht zu ertragen gewesen. So aber blieb der Wille zu widerstehen ungebrochen. Die Kraft, die der Dulder empfing, setzte er in Beispiel um. Wieder einmal waren ausländische Journalisten gekommen. Eine solche Pressebesichtigung barg Gefahren in sich. Die Rache des Kommandanten drohte all jenen, die seine Erwartungen durch Unvorsichtigkeit oder Unbotmäßigkeit enttäuscht hatten. „Würden Sie sich dem Regime zur Verfügung stellen, falls Sie freigelassen werden?" fragte ein nicht sehr intelligenter Engländer. „Nein", antwortete Ossietzky. Er mußte es büßen. Von seiner Tochter aus England erhielt er eine Postkarte, in der das Kind von dem Glück schrieb, nicht in Deutschland zu sein. Er mußte es büßen.

Aber Ossietzky verstand es auch, in der Schwejkschen Manier aufzutreten. Das zeigt eine Episode, die ein Mitgefangener überliefert hat. Diesem Kameraden flüsterte Ossietzky eines Tages zu: „Jetzt will man mich drankriegen."

„Wieso?"

„Ich soll eine Gruppe übernehmen."

„Du sollst die Kameraden schleifen?"

„Ich weigere mich."

„Das wäre unklug."

„Sonst gibt es keine Lösung."

Doch die Lösung fand sich. „Du übernimmst die neue Funktion, wirst aber konsequent deinen Ton beibehalten." Ossietzky kommandierte: „Die ganze Abteilung, bitte schön, kehrt marsch." „Die ganze Abteilung, bitte schön, rechts abtreten." Die SA-Männer sahen einander verdutzt an. „Lauter brüllen!" Ossietzky wiederholte sein „Bitteschön". Und blieb dabei. Am nächsten Tag wieder: „Die ganze Abteilung, bitte schön, kehrt marsch." Am übernächsten Tag stand Ossietzky wieder in Reih und Glied. Er meinte, zu den anderen gewandt: „Du, wir haben gesiegt."

Es war ein kleiner Sieg, ein sehr kleiner.

Das Jahr neigte sich dem Ende, als unter den Gefangenen von Sonnenburg eine Nachricht von Mund zu Mund ging: Dimitroff ist freigesprochen.

Das war ein großer Sieg.

Abb. 34

Prof. Dr. h. c. Ludwig Renn
Berlin-Kaulsdorf
Am Kornfeld 78

36)

7. November 1962

Lieber Bruno!

Erst heute erhielt ich Deinen Brief vom 31.10. und beantworte ihn sofort.

Das Foto ist echt. Die Situation war so: In der Nacht des Reichstagsbrandes waren wir verhaftet worden und wurden bald darauf in sogenannte Schutzhaft nach Spandau gebracht. Da wir Zeitungen erhielten, las ich, daß Greuelnachrichten – wohl über Oranienburg – verbreitet würden, und daß man drei Häftlinge der ausländischen Presse vorführen würde. Beim Spaziergang des nächsten Tages ging ich zu Ossietzky und Torgler und sagte ihnen: „Die drei sind sicher wir. Wir müssen ausmachen, was wir sagen wollen."

Da Torgler innerlich wohl schon umgefallen war, sagte er nicht und ich schlug ~~ich~~ vor, drei Punkte zu nennen: 1. die Verpflegung ist schlecht. 2. Man ruiniert uns wirtschaftlich. 3. Diesen Punkt habe ich vergessen.

Heute weiß ich, daß diese Punkte sehr schädlich waren, aber wir erhielten nur die offiziellen Nachrichten und wußten fast nichts.

Tatsächlich wurden wir ins Polizeipräsidium geholt und dort in einen Saal mit vielen Menschen gelassen. Der Chef der Gestapo Diels (Diehls?) ließ Ossietzky und Torgler zu sich hineinholen und wird ihnen wohl gesagt haben, sie sollten nicht die Lage der Häftlinge durch Reden verschärfen. Wes-

Abb. 35

halb man mich nicht rief, weiß ich nicht. Dann erschien Diels und stieg auf einen Schreibtisch, um die Sache zu überwachen. Nun zog man jeden von uns dreien in eine andere Ecke, sodaß wir uns gegenseitig nicht hören konnten. Ich sagte den mich umringenden Journalisten meine drei Punkte, wobei ich bemerkte, wie sich ein untersetztes Individuum hinter mir löste und Diels etwas zuflüsterte, worauf Diels herunterrief: „Herr Torgler! Herr Renn sagt, die Verpflegung wäre unzureichend. Stimmt das?"

Nach kurzem Schweigen antwortete Torgler: „Nein, das stimmt nicht."

Darauf Diels: „Sie sehen, meine Herrn, daß Herr Renn lügt!"

Das ärgerte mich sehr. Nun bat mich ein Journalist um meine Unterschrift, um beweisen zu können, daß er mich wirklich gesehen hätte. Ich beschloß, das zu tun, denn was konnte es schaden? Darauf reichten viele Visitenkarten oder sonst etwas her, um meine Unterschrift zu bekommen. Wieder ging das Idividuum eilig zu Diels. Der wurde nervös und rief: „Schluß! Sie haben genug gefragt!"

Da war der Moment meiner Rede gekommen, und ich sagte laut: „Meine Herrn, Sie sehen man läßt uns nicht frei sprechen!"

Diels blickte mich entgeistert an. Er hatte ja eine große Dummheit begangen. Entschlossen rief er nun die Journalisten zu sich herein und hat ihnen vermutlich gesagt, sie sollten mit Rücksicht auf die Häftlinge den blamablen Ausgang nicht berichten.

Mehr weiß ich nicht.

Ich grüße Dich herzlich, lieber Bruno

Dein

Ludwig Renn

Mitte Februar 1934 wurde Ossietzky in das Moorlager Papenburg-Esterwegen überführt. Eine im Horizont verlaufende Ebene, eine kahle, baumlose Landschaft – das Emslandmoor. Wenige Straßen durchziehen die Weite. Die nächstgelegene Stadt, beiderseits eines ehemaligen Moorkanals, ist Papenburg. Der Kanal verläuft, siebzehn Kilometer lang, durch die Stadt und von ihrem Rand weitere fünf Kilometer bis zum Gelände des Lagers. Hier schleppten sich die Häftlinge mit ihren Habseligkeiten unter dem Geschrei der SS-Leute bis zum Lagertor Esterwegen. Dort im Sumpfgebiet an der Ems, unweit der holländischen Grenze, schien der unbequeme Gefangene der Neugier der Zeitungsleute entrückt. Glaubte die Gestapo, Ossietzky werde mit den Jahren dem Gedächtnis der Zeitgenossen entschwinden?

Körperlich ging es rasch bergab. Die schwere Arbeit im Torf, bei Frost und Unwetter, zerbrach die schwachen Kräfte des Gefangenen. Das aus drei Lagern bestehende Kombinat, ursprünglich unter SA-Kommando, unterschied sich von Sonnenburg durch seine Weiträumigkeit und Weltabgeschiedenheit. Hier lebten die Gefangenen in Baracken, umzäunt von vierfachem Stacheldraht. Im Mai wurde Ossietzky krank, so daß ihm die schwere Arbeit nicht mehr zugemutet werden konnte. Nach einigen Wochen im Spital befreite ihn ein Arzt, in dem noch nicht alles Menschliche erstorben war, von dem täglichen Marsch ins Moor. Er durfte im Lager bleiben, Kartoffeln schälen, Stuben fegen, Staub wischen, in der Werkstatt aushelfen. Aus der Baracke, von wo die Moorsoldaten allmorgendlich zur Fron marschierten, übersiedelte er in eine andere, in der das Zusammengepferchtsein weniger schwer zu ertragen war.

Alle Zeugnisse aus dieser Zeit stimmen darin überein, daß Ossietzky mit ungebrochener Energie, wenn auch im Gespräch vorsichtig, um politische Klarheit rang. Kommunisten waren seine Freunde. Eng hatte er sich an den Reichstagsabgeordneten Theo Neubauer angeschlossen, einen alten Arbeiterführer, der 1920 mit der Mehrheit der unabhängigen Sozialisten zur KPD gekommen war. Der um ein Jahr jüngere war Ossietzky an politischer Klarheit überlegen, sein Einfluß auf ihn war groß. (Neubauer ist im Februar 1945 hingerichtet worden.) Beide sah man, zwischen den Baracken auf und ab gehend, im Flüstergespräch, an dem sich auch der eine oder andere der politisch Aktiven anschloß. Es mag erstaunlich klingen, aber Ossietzky konnte vorübergehend eine Zeitung halten, doch die Vergünstigung, Briefe empfangen oder schreiben zu dürfen, wurde ihm von Zeit zu Zeit entzogen. Sie fürchteten – und nicht mit Unrecht –, daß Ossietzky selbst in den harmlosesten Text eine Andeutung einzuschmuggeln verstünde. Von den Augen der Wache sorgfältig abgeschirmt, gab es sogar einen politischen Kursus. Die Gefangenen konnten sich so aus den gesiebten Nachrichten der Presse ein ungefähres Bild der Vorgänge in der Welt machen. Es ging in den Gesprächen um das Vergangene und das Kommende, um Deutung und Berichtigung, um die Fehler und die Versäumnisse. An diesem Höllenort war Ossietzky unter den Leidensgenossen der geachtetste und der beliebteste.

Eine Zeitlang wurde er zu Handgriffen in der Lagerwerkstatt herangezogen. Später, arbeitsunfähig geschrieben, sah man ihn in der Kartoffelschälkolonne. Er hatte Zigaretten, und das hieß viel; die Nazimarke „Der Trommler" freilich lehnte er ab. Ein Kamerad, mit dem Verkauf von Zigaretten an die Häftlinge beschäftigt (für Rechnung eines Angehörigen der Wache), besorgte ihm die Marke, die er haben wollte. War auch das eine Demonstration? Einmal wurde Ossietzky im Krankenrevier angebrüllt, weil er extra breite Hosenträger trug. Mit melancholischem Spott meinte er: Wenn das Tragen von breiten Hosenträgern staatsgefährlich sei, dann müsse man schlimmer Zeiten gewärtig sein. – Einmal im Monat durfte er an die Familie schreiben, das war die am meisten gefährdete Vergünstigung.

Wer immer dreißig Jahre später von ihm spricht, tut es voller Hochachtung. Einzelne Aussprüche sind auf uns gekommen, wie eben dem einen dies, dem anderen jenes im Gedächtnis haftengeblieben ist. „Die Gegend hier ist so trostlos, daß ein Hase von einem Kohlkopf zum anderen sich Blutblasen läuft", sagte Ossietzky einmal. Selbst dem primitiven Geist prägte sich ein, daß hier einer war, der nicht nur an Schläge dachte und an den Eßnapf. Ossietzky suchte und fand sogar in der SA-Wachmannschaft Menschengesichter. Das Wort „Barbaren" lag den Gequälten auf den Lippen. Ossietzky aber sagte zu einem still in sich Hineinfluchenden: „Solange noch ein Stück Eisen zur Vernichtung von Menschenleben verwandt wird, leben wir im Zeitalter der Barbarei. Wie denkst du darüber, Kamerad?" Das war ein rechtes Pazifistenwort – doch Ossietzky bemühte sich um die volle Wahrheit. Wie weit er darin fortgeschritten ist, wird ewig unbekannt bleiben. Wohl aber ist verbürgt, daß seine Sympathie den Kommunisten galt, die vor der Katastrophe, wenn auch vergeblich, gewarnt hatten.

„Ich gehöre keiner Partei an", sagte er zu einem von ihnen. „Ihr wißt es, aber ich habe erkannt, daß ihr in vielen Dingen richtig gesehen habt."

Nach dem Röhm-Putsch und dem Blutbad vom 30. Juni 1934 wurde die SA abgelöst, und SS kam nach Papenburg-Esterwegen. Der neue Kommandant Loritz zog die Zügel straff. Er befahl das Kahlscheren der Häftlinge. Eine Lagerordnung wurde erlassen, in der für Gehorsamsverletzung Erschießen, für „Greuelpropaganda" der Strick – „kraft revolutionären Rechts" – in pedantische Paragraphen gefaßt war. Das Prügeln mit der Drahtpeitsche vor versammelter Mannschaft wurde wieder zum alltäglichen Brauch. Für Ossietzky war das Mitansehen der Tortur fast ebenso nervenzerrüttend wie das Erleiden. Mehr als alles quälte ihn die Entwürdigung des Menschen durch den Menschen. Er vergrub es in sich und wurde schweigsam.

Ossietzkys Körperkraft war gebrochen, nicht sein Widerstand. Selbst im Inferno gab es Gelegenheit für witzige Wendungen. Ein blutjunger SS-Mann hatte Ossietzky herangerufen und ihn angeschrien: „Na, du Landesverräter, was hast du in deinen Artikeln eigentlich geschrieben?“ Ossietzky antwortete gelassen: „Ich bin in nichtöffentlichem Verfahren vom Reichsgericht verurteilt worden; es ist mir vom Gericht strengste Schweigepflicht auferlegt worden.“ Die Kameraden schmunzelten. Von diesem verfallenden Leib gingen Ströme von Kraft aus.

Zu Ende des Jahres 1934 war Ossietzky, zum Skelett abgemagert, krank an Leib und Seele, nur noch das Wrack eines Menschen. Er kam ins Krankenrevier. Die Kameraden, die ihn besuchten, sahen ein wachsbleiches Gesicht mit dem Ausdruck völliger Abgeschlossenheit gegenüber der Umwelt. Die Gesichtszüge belebten sich, die Augen bekamen erst Glanz, wenn das Gespräch aus der Lagerroutine ins Politische wechselte. Ossietzkys Anschauungen zeigten eine Mischung von naivem Optimismus und realistischer Klarheit. Im März hatte Hitler die allgemeine Wehrpflicht proklamiert. Ossietzky wollte es nicht wahrhaben, daß die Westmächte dem Spiel mit dem Feuer tatenlos zusehen würden. Besonders unwahrscheinlich erschien ihm, daß England die Aufrüstung des Reichs dulden würde. Und doch wurde wenige Monate später der britisch-deutsche Flottenvertrag unterzeichnet, der Hitler die Bestätigung lieferte, daß man in London den deutschen Expansionsplänen wohlwollend gegenüberstand.

In seiner Isoliertheit naiv gegenüber der imperialistischen Großintrige, die Hitler zum Krieg gegen die Sowjetunion ermunterte, sah Ossietzky die deutsche Tragödie mit einem durch das Leiden geschärften Blick. Der Untergang der Weimarer Republik, meinte Ossietzky, habe begonnen, als sie gegründet wurde: im Jahre 1918. Damals sei die Entscheidung gefallen. Statt mit den Kräften der Reaktion gründlich aufzuräumen, statt den deutschen Militarismus auszurotten, was die Einheit der revolutionären Kräfte zur Voraussetzung gehabt hätte, seien die alten Mächte, dank der Spaltung der Arbeiterklasse, imstande gewesen, von der Republik in dem Augenblick Besitz zu ergreifen, als sie geboren wurde.

Man diskutierte am Krankenlager. Zu Ossietzky kamen die Genossen der Sozialdemokratie, Julius Leber, Theodor Haubach; sie wiederholten die alten Argumente: die Kommunisten hätten die SPD unterstützen sollen, dann wäre Hitler nicht zur Macht gekommen. Ossietzky wies das Gerede mit der letzten Kraft, die ihm geblieben, zurück. Aber er war auch nicht bereit, die Meinung jener Besucher zu teilen, die jeden Schritt der KPD in den vierzehn Jahren der Weimarer Republik vorbehaltlos verteidigten. Er hielt fest an der Meinung, die er oft genug geäußert hatte: angesichts der tödlichen Gefahr des Faschismus hätte eine gemeinsame Aktion der Linken gegen Reaktion und Militarismus rechtzeitig einsetzen müssen.

Eine makabre Situation: An der Pritsche des kranken Ossietzky stehen die Wortführer der geschlagenen Arbeiterparteien, allesamt Gefangene Hitlers. Sie blicken zurück auf den fehlerhaften Weg und suchen die Schuld. Wenige werden von dem Gespräch am Krankenbett Ossietzkys im Lager von Papenburg-Esterwegen Zeugnis ablegen können. Die meisten werden die Befreiung Deutschlands nicht erleben. Aber das Zeugnis ist vorhanden, und es ist glaubhaft. Ossietzky sah die historische Verantwortung, wie bereits in den Aufsätzen konstatiert, in der kapitulantenhaften Politik der SPD, aber er hielt auch die Taktik der KPD für fehlerhaft. Gegenüber beiden forderte er die antifaschistische Einheit, die vordringlich sei. „In dieser Hinsicht“, schließt der vertrauenswürdige Zeuge seinen Bericht, „war er uns allen überlegen, denn er war ein Mann der Zukunft.“

Auch mit Bernhard Bästlein, einem kommunistischen Reichstagsabgeordneten, kam es zu politischen Gesprächen. Das war im Frühjahr 1936. Der Lautsprecher auf der Lagerstraße hatte die Maifeier im Berliner Lustgarten übertragen, jene herausfordernde, die Gefühle der Arbeiter verhöhnende Veranstaltung, auf der Robert Ley, seines Zeichens Führer der Deutschen Arbeitsfront, wohl in volltrunkenem Zustand, vor dem versammelten Volk in den Lautsprecher gebrüllt hatte: „Der Mai ist gekommen, mein Führer!"

Das war Anlaß genug zu einem tiefschürfenden, Vergangenheit und Zukunft überschauenden Gespräch. Für Ossietzky gab es keine Zweifel: Die Nazis haben es auf einen großen Krieg abgesehen, und es wird in erster Linie auf das deutsche Volk ankommen, den Krieg zu verhindern. Ob es die Kraft dazu aufbringen werde? Als man einmal auf die Volksfront in Frankreich zu sprechen kam, meinte Ossietzky: „Das hätten wir bei uns haben müssen!" Freilich, es fehlte auch nicht an irriger Einschätzung der Lage. So hielt es Ossietzky zeitweise für möglich, daß Hitler im Bunde mit Polen gegen die Sowjetunion marschieren werde.

Doch muß ein tiefer Glaube an den Sieg des Lebens in ihm gewaltet haben, sagte er doch einmal, als von den sich häufenden Selbstmorden gesprochen wurde, dem Sinne nach: „Ob wir überleben, ist weder sicher noch die Hauptsache. Wie man aber später von uns denken wird, ist ebenso wichtig wie daß man an uns denken wird. Darin liegt unsere Zukunft. Danach müssen wir hier leben, solange ein Atem in uns ist. Ein Deutschland, das an uns denkt, wird ein anderes Deutschland sein . . ." Mitunter kam auch die ironische Ader zum Vorschein, den unmenschlichen Umständen zum Trotz. Beim Anhören einer Führer- oder Unterführerrede sagte er (so wird überliefert): „Wenn es nach mir ginge, dann müßten sie erst richtig Deutsch lernen – und das lebenslänglich!"

Der Welt blieb der alarmierende Zustand des Kranken nicht verborgen. Ein Ruf ging von Land zu Land: „Rettet Ossietzky!"

Seine Freunde und Mitstreiter, denen es gelungen war, ins Ausland zu fliehen, empfanden den Gedanken an den Märtyrer in Esterwegen als eine schier unerträgliche Gewissenslast. Von Prag, Paris, London, New York und Moskau aus kam es fast gleichzeitig zu jener Initialzündung, die den mächtigen Strom der Solidarität für Ossietzky auslösen sollte. Anfangs ahnte wohl kaum einer, daß diese Bewegung innerhalb weniger Jahre dazu führen werde, den machttrunkenen Herren Deutschlands die größte moralische Niederlage nach der Befreiung Dimitroffs zuzufügen.

Der Kampf schien zuerst aussichtslos. Unter den westlichen Staatsmännern hatte Hitler mächtige Freunde. Einflußreiche Kreise, besonders in England, bereiteten die Öffentlichkeit auf jene Befriedung des Landräubers vor, die später in München Wirklichkeit werden sollte. Für einen Gefangenen Hitlers die Trommel zu rühren, stieß auf den Widerstand jener, die geschäftliche oder diplomatische Beziehungen zum Dritten Reich anstrebten.

Unter den Freunden Ossietzkys war man keineswegs einhellig der Meinung, man müsse die Trommel rühren. Es gab Leisetreter, die fürchteten, die Kerkermeister würden durch den Lärm gereizt, ihr Opfer noch härter anfassen, jedenfalls dessen Los nicht erleichtern. Es zeugt für die politische Reife der Männer und Frauen, die zu entscheiden hatten, daß sie dem Rat der Ängstlichen kein Gehör schenkten. Hellmut von Gerlach und Berthold Jacob in Frankreich, Kurt R. Grossmann in Prag, Johannes R. Becher in Moskau, sie alle plädierten für Trommeln.

Ernst Toller unternahm es, im Hinblick auf den gefangenen Freund, mit dem Herausgeber des „Manchester Guardian" zu sprechen. Toller gehörte zu jenen, die von der Gewinnung bedeutender Persönlichkeiten mehr erwarteten als von der Massenbewegung. Ja, er wollte zu Chamberlain und Henderson gehen, nur war es ihm aus Zeitgründen nicht mehr möglich.

Der Kampf mußte, um erfolgreich zu sein, organisiert werden. 1934 formierten sich die ersten Gruppen, die den Feldzug für Ossietzky politisch und nicht karitativ zu führen entschlossen waren. Die nach Frankreich emigrierten deutschen Schriftsteller, vor allem die Pariser Gruppe des Schutzverbandes Deutscher Schriftsteller mit Rudolf Leonhard an der Spitze, stießen frühzeitig den Notruf des Gewissens aus: „Hilfe für Ossietzky, Hilfe für Ludwig Renn. Hilfe für die in den Klauen Hitlers gebliebenen Kollegen!“ Großes leistete die Liga für Menschenrechte; aber sosehr Schriftsteller und Menschenrechtler die französischen und angelsächsischen Intellektuellen für den Gefangenen von Papenburg zu interessieren vermochten, ihre Kraft reichte nicht aus, eine Weltbewegung in Gang zu setzen. Um mit dem Namen Ossietzky einen Druck auf die Regierung in Berlin ausüben zu können, dazu bedurfte es einer größeren Kraft, als es der SDS und die Liga für Menschenrechte waren.

Erst im Oktober 1935, als die Brüsseler Konferenz der KPD beschloß, den Namen des Friedenskämpfers, zusammen mit dem Thälmanns, zur Fahne einer internationalen Kampagne zu machen, wurde der Kampf für Ossietzky zum Anliegen von Millionen. Die Losung „Für die Befreiung von Thälmann, Mierendorff, Ossietzky sowie aller anderen eingekerkerten Antifaschisten“, verbreitet von den Komitees, die sich damals vor allem in Paris gebildet hatten und weltweite Verbindungen besaßen, wurde aufgenommen von den Metallarbeitern in Paris, von den Autobusschaffnern in London, von den Dockern in Australien, von den Studenten der Moskauer Universität, von den Malern im New Yorker Greenwich-Village. Die Losung erschien auf Fabrikwänden und Bretterzäunen, auf Treppen von Metrostationen und an den Ufern der Schweizer Seen. Der Name Ossietzky wurde neben dem Thälmanns zu einem Symbol, nicht nur für den Kampf gegen den Hitlerterror, sondern zum Appell, die Welt von dem Alpdruck des Hitlerreiches zu befreien.

So verstand es auch die Regierung in Berlin. Die diplomatischen Vertretungen Deutschlands erhielten den Auftrag, überall dort zu protestieren, wo versucht werde, wegen der politischen Gefangenen die öffentliche Meinung gegen das Dritte Reich aufzubringen. Der Kampf um Ossietzky wurde zu einem bedeutsamen Element der weltweiten Bewegung gegen den deutschen Faschismus.

Während die Drohung, die von der Umwälzung in Deutschland ausging, die politisch wache Öffentlichkeit beschäftigte, vor allem die organisierte Arbeiterschaft, blieb die große Masse in den westlichen Ländern, auch in Frankreich und England, eingelullt von falschen Propheten, befangen in der Traumwelt der Sicherheit. Die Beschwichtiger hatten das Ohr des Volkes. Die Liebespaare im Luxembourggarten von Paris genossen ihre Stunde, und die Aperitiftrinker auf den Caféterrassen ließen sich nicht stören. Es war Frieden, wer mochte sich den Krieg vorstellen? Die Deutschen in Paris? Luftterror über London? Die wußten, was Hitler bedeutet, warnten und ließen nicht locker und schrien es den Bequemen und Besserwissern in die Ohren: Dort, in den Lagern Hitlers, wird einer gemartert, weil er die Stimme des „Anderen Deutschland" ist, die Stimme der Deutschen, die mit ihren Nachbarn in Frieden leben wollen. Diese Stimme fürchtet der Tyrann, der die Macht hat, aber zum Verstummen bringen kann er sie nicht.

Gelang es, einen einflußreichen Politiker oder Publizisten zu bewegen, in einer angesehenen Zeitung dieser Stimme Gehör zu verschaffen, so erschien das den unverdrossenen Warnern wie ein Sieg. Es war auch einer. Viele solche Äußerungen bildeten jenen undefinierbaren Druck, den man die öffentliche Meinung nennt, wenn auch Liebespaare im Luxembourg und Aperitiftrinker auf den Terrassen der Pariser Cafés an die Gefahr des Krieges nicht glauben wollten. Unbeschadet der Gleichgültigkeit der Phantasielosen, deren Überzahl den Krieg möglich machte, schwoll der Strom der Beunruhigten, der Aufgewühlten, der Protestierenden, vor allem in der Arbeiterschaft und in der Intelligenz, überall, wo die Trommel gerührt wurde, so mächtig an, daß die Machthaber in Berlin es zu spüren bekamen. Der Name Ossietzky wurde, nachdem er, an der Seite des Namens von Thälmann, die Völker ergriffen hatte, zu einer politischen Kraft.

Am 23. Januar 1934 war in der Londoner „Times" ein von

dem angesehenen Publizisten Wickham Steed gezeichneter Brief an den Herausgeber erschienen. Steed, einer der profiliertesten Gegner des Naziregimes in England, beschrieb das tragische Los des deutschen Dreyfus. „Wenn es zuviel ist, zu hoffen, daß seine Freilassung erwirkt werden kann, so sollte sein Anspruch auf die Sympathie der zivilisierten Welt nicht ungehört bleiben."

Man sprach in der Welt von Ossietzky. Es gab sogar Versuche, mit dem Gefangenen von Esterwegen in Verbindung zu treten, die freilich einseitig blieben. Besonders tat sich eine Gruppe holländischer Menschenfreunde hervor, die sich anläßlich eines Prozesses gegen deutsche Hitlergegner (des sogenannten Wuppertaler Prozesses) zu einem Hilfskomitee zusammengefunden hatten. Das Zentrale Wuppertal-Komitee, das seinen Sitz in Amsterdam hatte, nahm den unweit der holländischen Grenze hinter Stacheldraht Schmachtenden unter seinen Schutz. Einer Delegation der Amsterdamer gelang es, in das KZ Esterwegen Einlaß zu erhalten. Das Komitee schickte Ossietzky auch Geld, das dieser allerdings erst später quittieren konnte, als man ihm, auf dem Höhepunkt der Weltkampagne, in einem Berliner Krankenhaus dahinzuvegetieren gestattete.

Wäre um Ossietzky nicht gekämpft worden, so wäre er, nach dem Plan seiner Verfolger, wie tausend andere in dem Massengrab der Namenlosen verschwunden: „Auf der Flucht erschossen." Glaubwürdig ist, was ein aus Esterwegen Entlassener nach seiner Flucht ins Ausland erzählte: „Am liebsten möchte ich dir den Gnadenstoß geben", hatte ein Folterknecht seinem stummen Opfer zugebrüllt, „aber über dich wird gesprochen."

Einer, und es war ein Berufener, einer, der Kraft seiner internationalen Stellung stärker war als die Gestapo, hat Ossietzky in Esterwegen gesehen. Das Zeugnis des Völkerbundkommissars für Danzig, Carl J. Burckhardt, ist für die Märtyrergeschichte Ossietzkys von so großer Bedeutung, daß es im Wortlaut festgehalten werden soll.

„Der kritische Augenblick meines Besuches trat um 3 Uhr nachmittags ein. Wir hatten auf mein Begehren in der Kantine der Sträflinge etwas zu uns genommen, dann hatten wir weiter besichtigt. Um 3 Uhr nachmittags, mitten auf dem großen Freiplatz zwischen den Baracken, sagte ich zu dem Kommandanten, Standartenführer Loritz: „Jetzt wünsche ich Herrn von Ossietzky zu sehen und zeugenlos mit ihm zu sprechen, den Hamburger Pazifisten und Schriftsteller Ossietzky.'

Die Umstehenden nahmen eine fast drohende Haltung an, Loritz, hochrot im Gesicht, preßte hervor: ,Wen wollen Sie sehen? Wer ist das?'

,Sie wissen es genau!'

,Kein Häftling dieses Namens ist hier.'

,Doch, er ist hier, falls er noch lebt. Wir wollen keine Zeit verlieren', dann lauter, ,falls er nicht mehr lebt, mache ich Sie persönlich verantwortlich.'

Jetzt schrie Loritz: ,Unmöglich, ausgeschlossen, ich weigere mich.' Tamaschke, der Verzweiflung nahe, versuchte, auf mich einzureden. Nun, ein einziges Mal, entschloß ich mich auch zu dem Kasernenhofton.

,Was ist das für eine verdammte Schweinerei, daß hier Befehle nicht durchgehen. Sie kennen Ihren Befehl, ich sehe die Häftlinge, die ich zu sehen wünsche und spreche mit ihnen, Sie wissen, um was es geht.'

Mehr brauchte es bei dem ehemaligen Unteroffizier nicht. Schon lief einer aus dem Gefolge in die hinterste Baracke. Dann standen wir schweigend, wieder schaute ich auf die Armbanduhr: drei Minuten, fünf, zehn.

Nach zehn Minuten kamen zwei SS-Leute, die einen kleinen Mann mehr schleppten und trugen als heranführten.

Ein zitterndes, totenblasses Etwas, ein Wesen, das gefühllos zu sein schien, ein Auge verschwollen, die Zähne anscheinend eingeschlagen, er schleppte ein gebrochenes, schlecht geheiltes Bein.

Ich ging ihm entgegen, reichte ihm die Hand, die er nicht ergriff.

‚Melden!‘ schrie Loritz.

Ein unartikulierter, leiser Laut kam aus der Kehle des Gemarterten.

Ich zu Loritz: ‚Zurück!‘

‚Herr von Ossietzky‘, sprach ich ihn an, ‚ich bringe Ihnen Grüße Ihrer Freunde, ich bin der Vertreter des Internationalen Komitees vom Roten Kreuz, ich bin hier, um Ihnen, soweit uns das möglich ist, zu helfen.‘

Nichts. Vor mir, gerade noch lebend, stand ein Mensch, der an der äußersten Grenze des Tragbaren angelangt war.

Kein Wort der Erwiderung.

Ich trat näher. Jetzt füllte sich das noch sehende Auge mit Tränen, lispelnd, unter Schluchzen sagte er: ‚Danke, sagen Sie den Freunden, ich sei am Ende, es ist bald vorüber, bald aus, das ist gut.‘ Und dann noch ganz leise: ‚Danke, ich habe einmal Nachricht erhalten, meine Frau war einmal hier; ich wollte den Frieden.‘ Dann kam wieder das Zittern. Ossietzky verneigte sich leicht in der Mitte des weiten, leeren Lagerplatzes und machte eine Bewegung, als wollte er militärische Stellung annehmen, um sich abzumelden. Dann ging er, das eine Bein nachschleppend, mühsam Schritt vor Schritt zu seiner Baracke zurück.“

Von Mithäftlingen wird bezeugt, daß die SS Ossietzky nach dem Leben trachtete. Es wäre auch verwunderlich, hätte die Gestapo oder die Reichsführung der SS, nachdem der Mann in Papenburg immer unbequemer geworden war, ihren Schergen nicht Auftrag gegeben, mit Ossietzky kurzen Prozeß zu machen.

1935 war Theodor Haubach und Hans Boyken, beide Sozialdemokraten, zu Ohren gekommen, die SS sei entschlossen, Ossietzky im Moor umzulegen. Beim abendlichen Spaziergang auf der Lagerstraße wurde ein Rettungsplan aufgestellt. Ein zuverlässiger Kamerad, ein Kommunist, sollte das gefährliche Unternehmen ausführen; als Leiter der Malerkolonne schien er der Geeignetste, den Gefährdeten abzusichern.

Abb. 36

Am nächsten Morgen, auf dem Appellplatz, bei der Einteilung der Arbeitskommandos, trat der Malerkamerad vor den Platzmeister, einen SS-Mann: „Wir brauchen einen neuen Häftling für die Malerkolonne."

„Hol dir einen raus."

Es war verabredet, daß sich Ossietzky im dritten Glied an einer bestimmten Stelle einreihen sollte. Der Führer der Malerkolonne ließ den Mann im dritten Glied zwei Schritte zurücktreten und ihn im Laufschritt der bereits formierten Malerkolonne anschließen.

In der Malerwerkstatt wurde Ossietzky damit beschäftigt, Häftlingsnummern, die Neuankömmlingen auf Brust und Rücken genäht werden sollten, zu schablonieren.

So rettete Solidarität, die über Parteigrenzen ging, Carl v. Ossietzky vor dem sicheren Tod.

Ein andermal wurden Ossietzky und der ehemalige kommunistische Reichstagsabgeordnete Theo Neubauer einer Kolonne zugeteilt, die Entwässerungsgräben auszuheben hatte. Die Kolonne zählte etwa dreihundert Mann.Das Arbeitsfeld war mit SS-Posten umstellt. Die schwere Arbeit leisteten Männer, die dazu fähig waren; die beiden Intellektuellen waren aus unerklärlichen Gründen dieser Schwerarbeiterkolonne zugeteilt worden. Sie standen am Rande des noch unberührten Moores herum, dicht vor der Postenkette. Plötzlich rief ein SS-Mann: „He, ihr da! Ich beobachte euch schon lange, wie ihr euch vor der Arbeit drückt. Kommt her, ich werde euch arbeiten lehren!"

Das war die Einladung zum Selbstmord; der Rufer befand sich hinter der Postenkette. Ein Häftling aus Wuppertal, der als Sanitäter der Kolonne angehörte und in der Nähe stand, erkannte die Gefahr. Er jagte die beiden von der gefährlichen Stelle. Beim Einmarsch ins Lager wurden die Geretteten in die Mitte der Kolonne genommen.

Die SS versuchte es noch einige Male, doch der Wachsinn der Kameraden bewahrte den Gejagten vor dem Mordkomplott der SS.

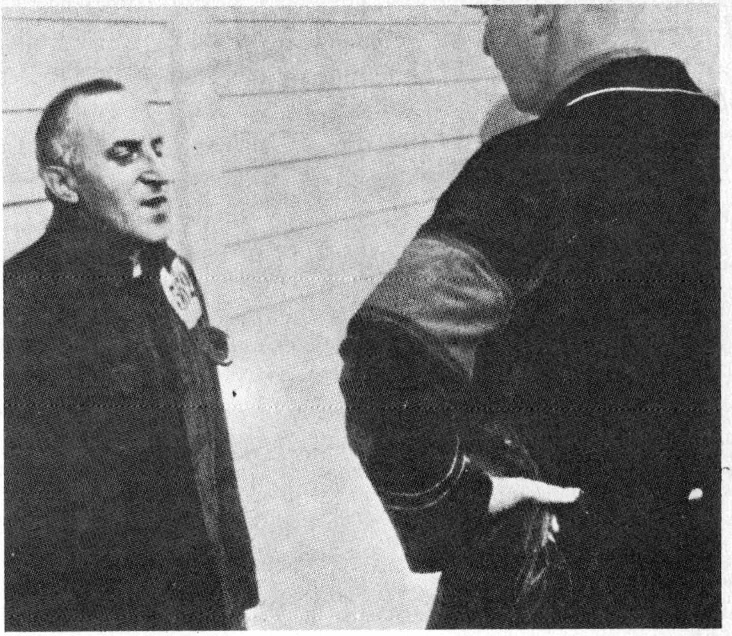

Abb. 37

Wer heute das Emslandmoor aufsucht, begegnet der zivilisierenden Hand der nachfolgenden Geschlechter. Das eigentliche Moor ist Naturschutzgebiet und nur noch Gegenstand der Besichtigung. An der Bundesstraße, die zwischen Hügel und Kanal verläuft, weist eine Tafel zum Friedhof. Seine Ausmaße könnten auf eine nahe Stadt schließen lassen, doch gibt es ringsumher nichts als das Moor. Über zweitausend weiße Kreuze. Sie tragen keine Namen, nur Nummern, dazu ein Schild: „Gräber nach dem Verzeichnis X." Spricht man mit Einheimischen, so erfährt man: „Es gab noch Massengräber, dort lagen die Ausländer drin. Sie wurden aber von ihren Landsleuten exhumiert und in ihre Heimat gebracht."

Hätte nicht 1963 eine Gruppe junger Bergarbeiter aus Essen auf dem Gelände der Toten ein schlichtes Denkmal mit dem Namen Ossietzkys errichtet, nichts deutete darauf hin, daß sich hier die Stätte seines Martyriums befunden hat.

Abb. 38

Abb. 39

Memorandum

(Vertraulich zur Information)

Rettet

Carl von Ossietzky!

Beiträge von: Hermann Budzislawski
André Germain
Kurt Grossmann
Waldemar Grimm
Hellmut von Gerlach
Heinrich Mann
Thomas Mann
Erich Mühsam
Heinz Pol
Gaston Moch
Lion Feuchtwanger
Romain Rolland
Friedrich Stampfer
Arnold Zweig
Peter Kast
Nico Rost
T.N. Hedes
Kurt Rosenfeld
Wickham Steed
Upton Sinclair
und die ungenannten Leidensgenossen.

Dokumente der Anklage!

Nur Manuskript.
Darf nicht veröffentlicht werden!

Herausgegeben vom Freundeskreis Carl von Ossietzkys.
(Das Memorandum ist bereits englisch erschienen.)

Abb. 40

schrift Pol. VI 1015.

utsche Gesandtschaft

A III

Oslo, den 25. Mai 1937.

halt: Stellungnahme des norwegischen Außenministers Koht zu Deutschland.

Bei einem Zusammensein mit dem Staatssekretär im norwegischen Außenministerium, Aubert, brachte ich die Rede auf die Besuche, die in den letzten Tagen Außenminister Koht in Brüssel und Paris gemacht habe, während der schwedische Außenminister Sandler in Berlin dem Herrn Reichsaußenminister einen Besuch abgestattet habe. Aubert erwiderte, daß die Reisennach Brüssel und Paris in erster Linie die Teilnahme an wissenschaftlichen Tagungen (Koht ist Historiker) zum Zwecke gehabt hätten, Koht habe aber natürlich auch die Gelegenheit benutzt, mit maßgebenden Persönlichkeiten dort Fühlung zu nehmen. Koht sei sehr viel daran gelegen, die freundschaftlichen Beziehungen Norwegens zu Deutschland zu pflegen. Wahrscheinlich werde Koht in der nächsten Zeit im Storting, wenn die Wahlen für das norwegische Komitee für die Verteilung des Nobel-Friedenspreises vorgenommen würden, die Gelegenheit benutzen, um die Stellungnahme der Norwegischen Regierung zur Zuteilung des Preises an Ossietzky dahin zu präzisieren, daß die Regierung keinen Einfluß auf die Beschlüsse des völlig unabhängigen Komitees gehabt habe. Es müßte natürlich der Eindruck vermieden werden, als ob diese Erklärung durch irgendwelche Einflüsse von anderer Seite veranlaßt wäre.

gez. Dr. Sahm

Auswärtiges Amt Berlin.

Auswärtiges

E443929

Abb. 41

Abb. 42

13 DAVID UND GOLIATH

Der hellgrüne Kalkanstrich hebt das zweistöckige Palais auf Oslos verkehrsreicher Drammensveien von seiner betriebsamen Umgebung ab. Die Fassade tritt leicht hinter die Baufluchtlinie zurück, als habe der Grundbesitzer andeuten wollen: die hier ihren hohen Auftrag erfüllen, haben nichts zu tun mit der Geschäftigkeit der Straße. „Det Norske Nobelinstitut" ist umgeben von hoheitsvoller Stille. Man betritt den Gang, der zur Bibliothek führt, gleichsam auf Zehenspitzen, bemüht, die vornehme Ruhe nicht zu stören.

Der Abgeklärtheit im Raum widerspricht die Gereiztheit, mit der die leitenden Organe auf die denkwürdige Verleihung des Friedensnobelpreises an einen Staatsfeind namens Ossietzky reagierten. Es ist, als ob die Aufregungen des Jahres 1936 in der Erinnerung noch nachzittern würden. Damals geschah es, daß das vom Storting gewählte Komitee, welches alljährlich den Friedenspreis im Sinne des Testaments von Alfred Bernard Nobel zu verleihen hat, von einer übermächtigen Weltbewegung gezwungen wurde, den deutschen KZ-Häftling Nr. 562 vor allen auszuzeichnen.

Zwei Jahre zog sich der ungleiche Kampf hin; verstaubte Akten erzählen seinen aufregenden Verlauf. Das Häuflein der Aufrechten, einig im Willen, Hitler durch die Erhebung seines gemarterten und gedemütigten Gefangenen eine Niederlage zu bereiten, hatte Zehntausende, ja Hunderttausende auf dem ganzen Erdenrund in Bewegung gesetzt, darunter die erlauchtesten Geister der Epoche. Gegen den politisch-moralischen Ansturm wehrte sich die hochgerüstete, von den westlichen Demokratien verhätschelte, machtgeschwollene faschistische Regierung Deutschlands verzweifelt – und unterlag.

Das Komitee der Fünf im grünen Palais von Oslo mußte doppelten Druck erleiden. Es entschied für Ossietzky. Das ist sein Ruhm, trotz der Peinlichkeiten des Schwankens und Zögerns, die bei so hohem Einsatz unvermeidlich waren.

In den Archiven des Nobelinstituts sind in riesigen Mappen die Tausende von Anträgen und Bittschriften aufbewahrt, die in den Jahren 1935 und 1936 aus der ganzen Welt in Oslo zusammenströmten, bittend, fordernd, beschwörend: „Den Nobelpreis für Ossietzky!“ Hier handelte es sich nicht mehr um die „Rettet-Ossietzky“-Kampagne des Jahres 1934. Daraus war ein weltweiter Appell an das Gewissen der Menschheit geworden.

Ossietzky, den Mann des Friedens, stellte die Welt Hitler entgegen, dem Mann des Krieges. Das gerade machte die Entscheidung für das kleine Norwegen, das dem Drohgriff des Hitlerreiches ausgesetzt war, so schwierig.

Der schwedische Dynamitkönig Alfred Bernard Nobel hatte, als er 1896 starb, unter dem Einfluß Bertha von Suttners in seinem Testament einen hohen, alljährlich zu verleihenden Preis ausgesetzt für diejenige Persönlichkeit, „die die meiste oder beste Arbeit für die Verbrüderung der Nationen, für die Abschaffung oder Reduzierung stehender Heere und für die Abhaltung und Förderung von Friedenskongressen getan hat“. Fünf unabhängige Persönlichkeiten, die das norwegische Parlament auszuwählen hatte, sollten bestimmen, wer der hohen Auszeichnung würdig sei.

Im Juni 1934 gab die exilierte Deutsche Liga für Menschenrechte den Startschuß. In Paris hatte sich um Hellmut von Gerlach ein kleiner Kreis von Eiferern gruppiert. Die ersten Aufrufe, die ersten Unterschriftensammlungen fanden ein schwaches Echo. Übrigens war es für 1934 zu spät. Im November wurde der Preis den Briten Arthur Henderson und Norman Angell zugesprochen.

Am 21. Mai 1935 hatte Hitler im Reichstag sein „Friedensprogramm“ verkündet. Die englische und französische Diplomatie war bemüht, Hitler und Mussolini Freundlichkeiten zu erweisen. Im Juni wurde das deutsch-englische Flottenabkommen unterzeichnet – ein Triumph für den Tyrannen.

Da erwuchs aus der Solidaritätsbewegung jener ungleiche Zweikampf zwischen David und Goliath, der, um den Namen Ossietzky geführt, zwei Jahre lang die öffentliche Meinung in einem Ausmaß beschäftigte, wie man es seit dem Kampf um Dimitroff nicht erlebt hatte. Auf der einen Seite die Staatsmacht eines Reiches, das sich stark genug fühlte, die Welt herauszufordern, auf der anderen Seite eine Handvoll Heimatloser, aber stark im Glauben an den Sieg des Menschenrechts. Dort die Vorbereitung des Krieges, hier der Wille, den bedrohten Frieden zu retten. Im Kampf um die Zuerkennung des Friedensnobelpreises an den Gefangenen Hitlers standen zwei Welten einander gegenüber. Der britische Labour-Führer Harold I. Laski sprach es in einfachen Worten aus: „Die bloße Tatsache, daß Ossietzky in einem deutschen Konzentrationslager gefangengehalten wird, ist ein Beweis für die kriegerischen Absichten des deutschen Reichskanzlers."

Als das Internationale Friedensbüro in Genf, demokratische und sozialistische Parlamentarier in der Schweiz, der ČSR, in Belgien, Frankreich, Norwegen, Schweden, England, Professoren der Sorbonne und von Oxford, die Großen der Literatur sich der Bewegung anschlossen, bekam der Name Ossietzky Weltgeltung. Zur echten Massenbewegung wurde der Ruf „Den Nobelpreis für Ossietzky" schließlich, als die Kommunistische Partei Deutschlands ihre Autorität und ihre Kraft zur Verfügung stellte. In den Archiven des Nobelinstituts werden nicht nur die Anträge, Briefe und Telegramme der vorschlagsberechtigten Persönlichkeiten und Institutionen aufgehoben, sondern auch kistenweise die mit unzähligen Namen bekritzelten Unterschriftsbogen aus aller Welt, die in Hunderten von Versammlungen umhergereicht worden waren.

Namen von Gewicht formten die Internationale des Geistes und Gewissens: Romain Rolland, Heinrich Mann, Thomas Mann, Albert Einstein, J. B. Priestley, H. G. Wells, Lion Feuchtwanger, Virginia Woolf, Bertrand Russell, Norman Angell, Aldous Huxley, Harold I. Laski, Lord Robert Cecil, Léon Blum, Émile Vandervelde, Francesco Nitti.

Berlin schlug Alarm. Im Auswärtigen Amt waren Berichte der deutschen Auslandsvertretungen eingelaufen, die Böses kündeten. Die erste Anzeige kam von der deutschen Gesandtschaft in Stockholm. Es war der 28. September 1934. Verschiedene Organisationen, hieß es, nicht nur schwedische, auch französische, tschechische, spanische, sowie angesehene Parlamentarier schlügen Ossietzky als Kandidaten für den Nobelpreis 1934 vor. Dieser Bericht ist von der Wilhelmstraße sofort an Göring weitergeleitet worden. Der Herr aller Konzentrationslager, ebenso schlau wie brutal, begriff sofort, was für das Regime auf dem Spiel stand. Als erstes ordnete er an, daß die Geheime Staatspolizei einen genauen Bericht abfasse, der im Ausland als Gegenargument verwendet werden könnte. Erst am 2. November hatte er das befohlene Papier in der Hand. Am gleichen Tage schickte er den Gestapobericht an das Auswärtige Amt. Jetzt besaß man ein Schriftstück, das den deutschen Missionen im Ausland als Grundlage für die Aufklärung unbequemer Frager dienen konnte.

Der Bericht des Geheimen Staatspolizeiamtes vom 2. November 1934 stellte Ossietzky vor als einen Mann, der wiederholt wegen Landesverrat gerichtlich belangt worden sei. Alle Prozesse, alle Strafverfahren gegen ihn wurden aufgezählt. Dann wörtlich: „Bei diesem Sachverhalt wäre es bezeichnend für die Hintergründe des Kampfes der Emigranten gegen das nationalsozialistische Deutschland, wenn die Nachricht der ‚Dagens Nyheter' zutreffen sollte, daß Ossietzky von schwedischen, französischen, tschechoslowakischen, spanischen Friedensvereinigungen für den diesjährigen Nobelfriedenspreis in Vorschlag gebracht worden sei. Bereits seit einiger Zeit ist hier allerdings die Beobachtung gemacht worden, daß sich verschiedene namhafte Stellen des Auslandes, unter dem Deckmantel des Kampfes für den Pazifismus, um die Freilassung von Ossietzky aus der Schutzhaft bemühen. Es kann hierbei der Verdacht nicht von der Hand gewiesen werden, daß Ossietzky noch heute zahlreiche Verbindungen zum Ausland besitzt, die ganz offensichtlich ein starkes Interesse daran haben, ihn für eine im sicheren Schutz des Auslandes aufzunehmende Hetzpropaganda gegen das neue Deutschland zu gewinnen. Diese Vermutung besteht um so mehr, als Emigrantenkreise seit längerer Zeit in Prag die ‚Neue Weltbühne' herausgeben.

Im übrigen darf ich bemerken, daß die vor einiger Zeit durch die feindliche Auslandspresse verbreitete Nachricht, Ossietzky sei während seines Aufenthaltes im Konzentrationslager den schwersten Mißhandlungen ausgesetzt, nach den getroffenen Feststellungen jeder Grundlage entbehrt. Abgesehen davon, daß nach einer noch vor kurzem stattgefundenen ärztlichen Untersuchung der Gesundheitszustand von Ossietzky in jeder Richtung zufriedenstellend ist, hat Ossietzky selbst die Erklärung abgegeben, daß er keinen Anlaß habe, sich über die Behandlung im Lager zu beklagen." Gezeichnet: Patschovsky.

Ministerialdirektor Dr. Friedrich Wilhelm Otto Gaus, Leiter der Rechtsabteilung im Auswärtigen Amt, schickte das Zeugnis der Gestapo an die deutsche Gesandtschaft in Oslo, nicht ohne hinzuzufügen: „Falls dort die Kandidatur Ossietzkys als ernsthaft angesehen wird, müßte nach einem geeigneten Weg gesucht werden, die Mitglieder des Nobelkomitees über die Person Ossietzkys und seine nicht friedensfördernde, sondern völkerverhetzende Tätigkeit aufzuklären."

Der deutsche Gesandte in Oslo, Herr Sahm, beeilte sich, seinen Chef zu beruhigen. Auch er habe vertraulich erfahren, daß Ossietzky als Kandidat vorgeschlagen worden sei, aber eine solche Kandidatur komme sicherlich nicht in Frage. „Ich habe Gelegenheit genommen, die Personen, von denen die obenerwähnten Auskünfte stammen, durch einen Mittelsmann auf die landesverräterische Tätigkeit von Ossietzky hinzuweisen."

In Berlin beruhigte man sich keineswegs. Die Deutsche Botschaft in London hatte um die gleiche Zeit über den niederschmetternden Eindruck berichtet, den die Nachricht vom Tode Erich Mühsams in der britischen Öffentlichkeit machte.

Eine Delegation der Quäker war nach Berlin geeilt, um von Hitler empfangen zu werden, allerdings ohne Erfolg.

In einem Brief an den Reichsführer bat der ständige Vertreter der Quäker in Berlin, Corder Catchpool, Ossietzky und Küster mögen nun freigelassen werden. „Mir wird der Tod Mühsams zum Vorwurf gemacht werden“, klagte Catchpool.

Die Amerikanerin Jane Addams, selbst Trägerin des Friedensnobelpreises, schrieb an den deutschen Botschafter in Bern, Baron von Weizsäcker, für Ossietzky müsse etwas geschehen. Von allen Seiten wurde Berlin bedrängt, von Beruhigung konnte nicht gesprochen werden. Göring erwog sogar, ob er nicht persönlich auf eine Intervention des Lord Allen of Hurtwood antworten sollte, eines Hitler wohlgesinnten britischen Peers. (Letztlich wurde der deutsche Botschafter mit der Beantwortung des Schreibens beauftragt – er entledigte sich seiner heiklen Mission mit der Gestapo-Information in der Hand.) Der Chancellor der Glasgow University, Sir D. M. Stevenson, beschwor den deutschen Außenminister Baron von Neurath, für Ossietzky zu intervenieren. Die „Times“ veröffentlichten einen Brief der Fürstin Elisabeth Bibesco, einer Tochter von Asquith, im gleichen Sinne. Schließlich übermittelte die deutsche Botschaft in London dem Auswärtigen Amt einen Bittbrief von Lord Ponsonby of Shulbrede, und dieser war ein Bruder des Hofmarschalls des Königs.

In der Wilhelmstraße wurde man mit jedem ankommenden Kurier nervöser. Was tun? Alle Bittgesuche für Ossietzky leitete das Auswärtige Amt an die Geheime Staatspolizei weiter; möge Göring etwas finden, was die aufgeregten Ausländer zu besänftigen imstande wäre. Das wurde um so dringlicher, als das Reichsministerium für Justiz um eben diese Zeit (25. September 1934) trocken mitteilte, gegen Ossietzky schwebe kein Verfahren wegen Hoch- oder Landesverrat.

Die Gestapo zog sich vorläufig noch aus der Affäre, indem sie dem Auswärtigen Amt die Berichte des Lagerarztes von Esterwegen vorlegte; dieser versicherte in kurzen Intervallen, immer wieder vom Auswärtigen Amt gedrängt, er habe Ossietzky untersucht und gefunden: er sei „gesund und arbeitsfähig, hat hier keinen Unfall erlitten“. Ja, er fühle sich wohl und habe ausdrücklich erklärt, er habe keinen Anlaß, sich über die Behandlung im Lager zu beklagen.

Ob das Auswärtige Amt diesen Berichten Glauben schenkte, ist nicht bekannt; immerhin gab es sie an die diplomatischen Vertretungen weiter. Irgendwelche Skrupel waren hier nicht angebracht. Hatte doch die Gestapo (gezeichnet Diels) zur Zeit, als Ossietzky noch in Sonnenburg gequält wurde, mit eiserner Stirn geschrieben: „Sein Gesundheitszustand hat sich laut Gutachten des Lagerarztes während der Haft in keiner Weise verschlechtert, sondern eher gebessert.“

An der Jahreswende 1934/35 konnte Göring aufatmen: der Ansturm war vorläufig abgewehrt.

Doch die Unermüdlichen trommelten weiter, im Grunde setzte der Feldzug jetzt erst richtig ein.

Ossietzky wurde zum Synonym für das „Andere Deutschland“. Wickham Steed, der bereits vor Jahren die britische Öffentlichkeit auf Ossietzky aufmerksam gemacht hatte, schrieb am 17. Dezember 1936 den Londoner „Times“: „Wir Deutsche und Nichtdeutsche können im Namen jenes Deutschland, das sich erheben wird, wenn die bösen Jahre vorüber sind, im Namen eines Deutschland, dem sein (Ossietzkys) Beispiel zur Geburt verhelfen wird, erklären: Hier ist ein Deutschland, hier ist der Beweis für das, was ein Deutschland sein kann, hier ist wahrer deutscher Charakter und wahre Kultur, ein Beispiel jener Aufrechten und Furchtlosen, die eines Tages für ihr Vaterland einen gesicherten und rechtmäßigen Platz in der Familie der Nationen verlangen und erhalten werden.“

Die Nachrichten über Ossietzkys Gesundheitszustand wurden immer besorgniserregender, die Anfragen bei den deutschen Auslandsvertretungen immer drängender. Im Sommer 1935 mußte die Gestapo dem Auswärtigen Amt melden, Ossietzky, von dem bisher gesagt worden war, es gehe ihm ausgezeichnet, sei wegen eines Herzleidens ins Krankenrevier eingeliefert worden, was jedoch seine Haftfähigkeit nicht beeinträchtige. Es beruhigte die ausländischen Freunde Ossietzkys keineswegs, daß die „Times“ am 31. August 1935 einen Brief von Maud v. Ossietzky veröffentlichten, der die Mitteilung enthielt, sie habe ihren Gatten beim kürzlich erfolgten Besuch vorgefunden „as well as could be expected“. Auch von einer „langwierigen Herzschwäche“ gab der Brief in vorsichtig abgewogenen Worten Kunde, um mit dem alarmierenden Satz zu enden: „The strain of the confinement (now 2 years and 6 months) had naturally a depressing effect.“ Der deutsche Botschafter beeilte sich, die aufsehenerregende Veröffentlichung nach Berlin zu melden.

Von unerwarteter Seite erhielt Berlin in seinen Ängsten eine Entlastung: tschechische Stellen hatten Thomáš Garrigue Masaryk, den Staatsmann und Philosophen, der als Präsident der tschechoslowakischen Republik internationales Ansehen genoß, als Kandidaten für 1935 vorgeschlagen. Nicht wenige glaubten, mit dieser Kandidatur müßte den Ossietzky-Partisanen der Elan gebrochen werden. In der Tat erlitt die Kampagne einen fühlbaren Rückschlag. Masaryk genoß in Kreisen der linksbürgerlichen Intelligenz den Ruf eines großen Humanisten. Vielen wurde das Herz schwer.

Zwei Persönlichkeiten, beide von untadeliger Gesinnung, nahmen zu dem verwirrenden Wettbewerb Stellung.

Hellmut von Gerlach anerkannte, daß ihm die Konkurrenz übermächtig zu sein scheine. Beide, Masaryk und Ossietzky, verdienten gleichermaßen die Ehrung. Masaryk habe das Höchste erreicht, was ein Kämpfer für die Menschheitsideale erreichen kann. „Er ist ein Sieger, ein Vollender, ein Glücklicher.“ Ossietzky dagegen habe das Höchste erstrebt, für das Höchste mit dem Einsatz seiner ganzen Person gekämpft. „Er ist besiegt, ein Gefangener, verurteilt zur niedersten Arbeit, bestimmt zu langsamem Untergang.“

Gerlach schlug vor, das Komitee möge den Friedenspreis zwischen Masaryk und Ossietzky teilen, wie dies in der Vergangenheit schon öfter geschehen sei. Sollte aber Masaryk allein würdig befunden werden, so möge der Preisgekrönte in seiner Festrede beim Empfang der Auszeichnung selber Ossietzky für 1936 vorschlagen.

Thomas Mann wandte sich mit einem längeren Schreiben an die Männer von Oslo. Er nahm keinen Anstand, eindeutig Ossietzky den Vorzug zu geben, mit Gründen, deren politisches und moralisches Gewicht nicht gering war. Der große Deutsche gab offenherzig zu, er wüßte natürlich, welche „pragmatischen Skrupel und Rücksichten das Comité bestimmen könnten, eine neutralere, moralisch weniger scharf akzentuierte Lösung vorzuziehen“. Doch könne das Komitee um die Tatsache nicht herumkommen, daß „die Verleihung dieses Preises unausweichlich und unter allen Umständen ein politischer Akt“ sei und sein Vollzug „des demonstrativen, bekenntnishaften Charakters niemals entbehren“ werde. Diejenigen, denen es obliege, den Preis zu vergeben, würden „es wohl oder übel mit einer Opposition gegen eine Regierung halten müssen“.

Nach solcher Vorbereitung spielte Thomas Mann mit der souveränen Ironie, die ihm eigen, den Norwegern einen Ball zu, den sie nur aufzugreifen brauchten, um das Spiel zu gewinnen. Versichert die deutsche Regierung nicht ständig ihre Friedensgesinnung? „Ein Affront also für die deutsche Regierung sollte es sein, wenn der Friedenskämpfer Ossietzky – der übrigens weder Kommunist noch Jude ist – den Friedenspreis empfinge? Ein Affront wäre es für die deutsche Regierung, wenn man Zweifel in die Aufrichtigkeit ihrer Worte setzte ... Dem armen Ossietzky den Preis vorenthalten, weil die deutsche Regierung die Auszeichnung übel vermerken könnte, hieße ein ehrenrühriges Mißtrauen an den Tag legen gegen ihre heiligen Versicherungen und würde einen ernsten Verstoß gegen die internationale Höflichkeit bedeuten.“

Thomas Mann wartete auf die „befreiende Tat“, auf Florestans Erlösung, „wenn von irgendeiner hohen Zinne unverhofft das Signal erschölle, das die Ankunft der mit königlicher Autorität ausgestatteten Güte und Gerechtigkeit verkündete!“

So hohem Geistesflug war man in Oslo 1935 nicht gewachsen.

Der deutsche Gesandte hatte mit Andeutungen über die üblen Folgen, die eine Brüskierung Deutschlands notwendigerweise nach sich ziehen müßte, nicht gespart. Knapp vor der Jahressitzung des Komitees berichtete er nach Berlin recht zuversichtlich, der stellvertretende Außenminister sowie der Staatssekretär des Äußeren hätten ihm versichert, ihrer Überzeugung nach komme eine Kandidatur Ossietzkys nicht in Frage.

In der Tat veröffentlichte das Nobelkomitee am 21. November eine lakonische Mitteilung: der Preis für 1935 werde nicht zur Verteilung kommen.

Die deutsche Gesandtschaft buchte das natürlich als ihren Erfolg. Da dem Komitee auch der Außenminister Halvdan Koht angehörte, war die Meinung weit verbreitet, jener habe mit Rücksicht auf die deutsch-norwegischen Beziehungen gegen die Kandidatur Ossietzkys gestimmt. Dieser Vermutung gab auch die Gesandtschaft in ihrem Bericht an das Auswärtige Amt Ausdruck.

Strenges Schweigegebot hütete das Beratungsgeheimnis, doch war es klar, daß das Dilemma: Masaryk oder Ossietzky? den Entscheidungswillen der Mitglieder gelähmt hatte. So gewann der Propagandaleiter des Nazireiches eine Atempause, die zu nützen er nicht einen Augenblick zögerte.

Im Goebbelsministerium war man auf die Idee gekommen, der „Emigrantenhetze“, die mit weltberühmten Namen auftrumpft, einen ebenso weltberühmten Namen entgegenzusetzen. Die Aufgabe bestand darin, dem Gestapobericht vom 2. November 1934, den die deutschen Missionen jedem in die Hand drückten, der sich nach Ossietzky erkundigte, durch eine international bekannte Persönlichkeit Gewicht zu verleihen.

Am Tage nach der Veröffentlichung des Kommuniqués über das Remis im Nobelkomitee erschien in zwei norwegischen Blättern („Aftenposten“ und „Tidens Tegn“) ein Artikel von Knut Hamsun, der nicht verfehlte, in der ganzen Welt Staunen zu erregen.

Der Dichter der „Victoria“ fand es beklagenswert, daß Jahr für Jahr Aufforderungen an das norwegische Nobelpreiskomitee gerichtet werden, Ossietzky den Friedensnobelpreis zuzuerkennen. Sodann wörtlich:

„Es ist vielleicht nicht ganz abwegig, daran zu erinnern, daß Herr Ossietzky, bevor der Nazismus zur Macht gekommen war, wie auch nachher, Deutschland hätte verlassen können. Aber das wollte er nicht. Er rechnete damit, daß die Leute aufschreien würden, wenn er festgesetzt würde.“

Knut Hamsun überfiel den Gefangenen mit kaltem Hohn. Warum helfe er nicht mit in der Zeit des schweren Übergangs, da die ganze Welt gegen Deutschlands Regierung die Zähne fletscht? ... „Was will er? Will er, der eigentümliche Friedensfreund, jetzt gegen die deutsche Aufrüstung demonstrieren? Sähe dieser Deutsche lieber, daß sein Land weiterhin zerschmettert und entwürdigt inmitten der Länder läge, französischer und englischer Gnade ausgeliefert?“

Das war hart und überdies schwer verständlich. War der große Norweger zum Handlanger Goebbels geworden? Besonders niederdrückend war dieser Schlag für jene Freunde Ossietzkys, die wußten, daß der Gefangene von Esterwegen kaum einen zeitgenössischen Dichter so verehrte wie Knut Hamsun. Zum 70. Geburtstag des norwegischen Schriftstellers hatte er in der „Weltbühne“ (6. August 1929) einen Glückwunsch ohne Namenszeichnung veröffentlicht:

„Glückwunsch? Würdigung? Uns haben wir zu beglückwünschen, und ihm haben wir zu huldigen. Denn es ist ein Glück zu wissen, daß unter den zwei Milliarden aufrecht gehender Lebewesen, die diese Spottgeburt aus Dreck und Feuer, Erde geheißen, überwimmeln, dieser Mensch ist. Wir dürfen dieses Stück Sternsplitter lieben, weil Hamsun da ist und weil Hamsun es liebt. Weil Knut Hamsun es nicht nur gesprochen, sondern gelebt hat, und vorgelebt hat, das ebenso bescheidene wie stolze Wort, den Ruf des Jubels und des Jammers: ‚Ich bin von der Erde!‘ Wir, die wir es nicht sind, die, wie immer wir sein mögen, es nicht so sind, wie er es ist, uns ist es ein

Trost, ein Elixier, ein Stimulans. Wie es ein Trost ist, ein Elixier, ein Stimulans, den Blick nach Norden zu richten und dabei zu denken: dort wohnt Knut Hamsun."

Später, auf seinem Sterbelager, wird Ossietzky an dem Urteil über den Dichter festhalten, mit einer verzeihenden Geste dessen menschliches Versagen entschuldigen. Diesen aber wird das schlechte Gewissen nicht aufhören zu plagen.

Es stellte sich sehr bald ein. Der Giftspritzer löste in der ganzen Welt, vornehmlich aber in Norwegen selbst, eine wütende Polemik aus. Zweiunddreißig norwegische Schriftsteller protestierten gegen den infamen Streich ihres großen Landsmannes. Einer von ihnen, Nordahl Grieg – 1943 wird er von einem englischen Bombenangriff auf Berlin, an dem er als Kriegsberichterstatter teilnimmt, nicht mehr zurückkehren – focht in seiner Zeitschrift „Veien frem" (Vorwärts) tapfer für Ossietzky. Grieg forderte von der Arbeiterpartei, sie möge Außenminister Koht aus dem Nobelkomitee zurückziehen, damit dieses in seiner Entscheidungsfreiheit nicht durch Regierungsrücksichten beengt werde.

Der deutsche Gesandte mußte nach Berlin berichten: „Die Kundgebung Knut Hamsuns für Ossietzky ist sicherlich von bestem Willen ausgegangen, aber nach Ansicht der Gesandtschaft dürfte Hamsun Deutschland kaum einen guten Dienst erwiesen haben."

Das Böse hatte sich in ein Gutes verwandelt. Die Polemik um Hamsun brachte Ossietzky in den Mittelpunkt der norwegischen Innenpolitik. Der Schmäher sah sich von allen Seiten angegriffen. Verärgert erschien er Anfang Dezember 1935, von seinem Sohn begleitet, in der deutschen Gesandtschaft, um sich über Ossietzkys frühere Tätigkeit näher zu unterrichten. Er sehe sich gezwungen, auf die Anschuldigung zu antworten, der Angriff auf Ossietzky sei zu Unrecht erfolgt. Die deutschen Beamten überreichten dem Dichter die Informationen, die im Gestapobericht vom 2. November 1934 zusammengefaßt waren. Die Auskunft schien Hamsun befriedigt zu haben. Der Gesandte berichtete: „Als besonders wertvoll für die Begründung seines Standpunktes bezeichnete Herr Hamsun den Hinweis, daß es sich bei der Aktion der internationalen Pazifistenkreise zugunsten Ossietzkys tatsächlich um eine Hetze dieser Kreise und ihrer marxistischen und kommunistischen Mitläufer gegen das neue Deutschland, also um einen schmählichen Mißbrauch der Idee des Friedenspreises handelt." Dann wollte Hamsun wissen, ob Ossietzky freigelassen werde; man sagte ihm, es bestünden schwerste Bedenken.

Nach dieser Unterrichtung durch die deutsche Propaganda lieferte Hamsun der Presse („Aftenposten" vom 10. Dezember 1935) noch einmal Argumente gegen Ossietzky. In seinem Interview wies er auf das Reichsgerichtsurteil von 1931 hin als Beweis dafür, daß Ossietzky „in einem Lande mit der freiesten Verfassung der Welt" bereits als Landesverräter verurteilt worden sei.

Dennoch erwies sich der Hamsun-Zwischenfall als Bumerang. Das Jahr 1936 brachte den Höhepunkt der Kampagne für Ossietzky.

Zwei extreme Beispiele für die Weite und Tiefe der Weltbewegung: Die deutsche Gesandtschaft in Bolivien mußte beim Außenministerium in La Paz einen Protest der Reichsregierung vorbringen – wegen der Teilnahme offizieller Persönlichkeiten an der Aktion für Ossietzky. Und in Oslo fand sich eine Frau, die sich der deutschen Gesandtschaft als Geisel für Ossietzky anbot (Brief vom 25. März 1936): „Ich bin in Wien, Österreich, geboren, seit 1921 in Oslo ansässig und heiße Elisabeth Kidr." Die Briefschreiberin ist bereit, sich sofort in der Gesandtschaft zu stellen, um nach Deutschland gebracht zu werden, als Sicherheit dafür, daß der freigelassene Ossietzky im Ausland nichts gegen Deutschland unternehmen werde.

Bis zum 1. November 1936 hatten sich für die Kandidatur Ossietzkys ausgesprochen: 125 schweizerische Parlamentarier, 60 tschechoslowakische Abgeordnete und Professoren, 127 französische Deputierte und Senatoren, 7 Mitglieder des

House of Lords und 86 Mitglieder des Unterhauses, 69 Mitglieder des norwegischen Stortings, 59 Mitglieder des schwedischen Parlaments, sämtliche Mitglieder des Internationalen Friedensbüros. Insgesamt waren in Oslo mehr als tausend Anträge vorschlagsberechtigter Personen und Institutionen zugunsten Ossietzkys eingelaufen.

In Berlin war man nervös geworden; gewiß, es fehlte nicht an außerpolitischen Erfolgen, die Kraftmeierei trug Zinsen, und der Mythos des unwiderstehlichen Führerstaates hörte nicht auf zu wachsen. Nach dem Anschluß des Saarlandes die selbstherrliche Besetzung des Rheinlandes, nach der Einführung der allgemeinen Wehrpflicht der Flottenvertrag mit Großbritannien, weithin sichtbare Demonstration, daß der Versailler Vertrag ein Fetzen Papier geworden war. Und gar erst das Feuerwerk der Olympischen Spiele in Berlin im Sommer 1936! Das Dritte Reich zeigte sich im Sonntagsstaat. Wer wollte noch daran erinnert werden, in welchen Spielen sich die sportgestählten SS-Männer in den Konzentrationslagern übten?

Daneben jedoch dieses pausenlose Trommeln für Ossietzky, es übertönte die diplomatischen Erfolge, es störte die olympische Feststimmung, es enervierte die Führungsgremien in ihren Beratungen. Baron von Weizsäcker berichtete zwar aus Bern, die schweizerische Regierung habe die von 125 National- und Ständeräten unterzeichnete Erklärung zugunsten der Ossietzky-Kandidatur als einen „Schildbürgerstreich" verurteilt, dennoch erbat er weiteres Material über den Mann, von dem die ganze Welt sprach. Die Gesandtschaft in Stockholm beklagte sich über die Protestschreiben schwedischer Organisationen, deren man sich kaum erwehren könne. Das Auswärtige Amt empfahl, bei der Regierung in geeigneter Weise auf die ungünstige Rückwirkung hinzuweisen, die der demonstrative Schritt der sozialdemokratischen Abgeordneten Schwedens zugunsten des Landesverräters notwendigerweise in Deutschland nach sich ziehen müsse. In einem Rundbrief vom 10. Februar 1936 an die deutschen Vertretungen in Paris, Warschau,

Brüssel, Kopenhagen, Helsingfors und Prag weist die Wilhelmstraße ihre Leute an, vor der Unterstützung der Kandidatur Ossietzkys zu warnen und als Gegenkandidaten den französischen Vorkämpfer der Olympischen Spiele, Baron Pierre de Coubertin, zu propagieren.

Der Schauplatz des Dramas teilt sich: hastige Schritte sowohl in Berlin wie in Oslo zeugen für die Unruhe der Verantwortlichen.

Der Druck vom Ausland war so stark geworden, daß die bisher geübte Methode des Abstreitens aufgegeben werden mußte. Göring, in dessen Händen die Fäden zusammenliefen, suchte nach einem Ausweg. Vor allem mußte man sich Gewißheit verschaffen über den tatsächlichen Zustand des Häftlings. Im April und Mai des Jahres 1936 gelangten die neuen Untersuchungsergebnisse der Ärzte in die Hände von Himmler und Göring. An den Reichsführer der SS berichtete der Inspekteur der Konzentrationslager, SS-Gruppenführer Eicke, an den preußischen Ministerpräsidenten der stellvertretende Chef der Geheimen Staatspolizei.

Für Eicke ist der Fall klar: nach Ansicht des Arztes müsse mit einem plötzlichen Ableben Ossietzkys gerechnet werden; trotz des Befundes jedoch ist SS-Eicke dagegen, Ossietzky aus der Schutzhaft zu entlassen. „Der Lagerkommandant ist angewiesen, ihn sorgfältig ärztlich betreuen zu lassen und Aufzeichnungen darüber anzufertigen, um der nach einem etwaigen Ableben des Ossietzky bestimmt einsetzenden Greuelhetze beweiskräftiges Material über die wirkliche Behandlung des Ossietzky entgegenstellen zu können."

Der Bericht der Gestapo ist differenzierter. Auch in der Prinz-Albrecht-Straße klagte man über die vielen Interventionen. „Der Schutzhaftfall von Ossietzky hat vor allem anderen von Anbeginn ein außerordentliches Interesse im Ausland gefunden, das entgegen der in ähnlichen Fällen gemachten Erfahrung im Laufe der Zeit keine Abschwächung, sondern eher eine Verstärkung erfahren hat." Der ärztliche Untersuchungsbefund – mit einem plötzlichen Ableben müsse gerechnet werden – findet Bestätigung, seit Wochen liege Ossietzky im Revier. Auch der Annahme, mit Ossietzkys Tod werde „eine wüste Hetze gegen Deutschland einsetzen", stimmte die Gestapo zu, weshalb eben eine Entlassung nicht in Frage komme. Doch etwas müsse geschehen; entweder sollte Ossietzky aus dem KZ Esterwegen in das Lazarett nach Dachau überführt werden, oder ihm müsse, falls er im KZ Esterwegen bleibt, ein Einzelkrankenzimmer zugewiesen werden.

Göring entschied: sofortige Unterbringung Ossietzkys in einem Staatskrankenhaus, wenn möglich in der Charité Berlin. „Dem Schutzhäftling ist gründliche ärztliche Pflege zuteil werden zu lassen, wobei jedoch in jedem Falle sichere Bewachung gewährleistet werden muß." Dieser Befehl erging am 27. Mai an Heydrich, der die Funktion eines Leiters des Geheimen Staatspolizeiamtes ausübte.

Am nächsten Tage wurde Ossietzky in das Staatskrankenhaus der Polizei in Berlin eingeliefert.

Die Hoffnung auf das rechtzeitige Ableben Ossietzkys hatte getrogen. Er lebte, und die ganze Welt fragte nach ihm. Den Todkranken in Freiheit zu setzen ging nicht an, wollte man nicht das kaum eroberte Reich einer Erschütterung aussetzen. Alle Verfügungen in bezug auf Ossietzky traf Göring persönlich. Er veranlaßte seine Überführung in das Staatskrankenhaus Berlin; er verbot später die Reise nach Oslo. Alle Pläne und Maßnahmen der Gestapo, die Verwahrung der kostbaren Geisel betreffend, mußten Göring vorgelegt werden.

Der Kandidat für den Nobelpreis stand zu dieser Zeit unter doppelter Bewachung. Gewiß, die Schergen Görings hatten ein scharfes Auge auf das Opfer. Aber sie waren nicht allein. Millionen Augen auf dem Erdenrund waren auf den Eingekerkerten gerichtet. Und Göring wußte es.

Das Wuppertal-Komitee hatte Geld nach Esterwegen geschickt; die Empfangsbestätigung kam mit der Unterschrift Ossietzkys zurück: Poststempel Berlin. Also stimmte es: Ossietzky war aus dem Lager entlassen worden. Gleiches hatte eine nach Esterwegen entsandte holländische Delegation erfahren; das Internationale Rote Kreuz in Genf bestätigte ebenfalls: Ossietzky ist „vor kurzem ins Staatskrankenhaus Berlin überführt“ worden. Dies sei geschehen, wurde dem „Service des Recherches et des cas individuels“ in Genf versichert, „um seinen Gesundheitszustand besser beobachten zu können“.

Soviel Fürsorge erregte Mißtrauen. Das Büro der in Paris tagenden Europäischen Amnestiekonferenz zugunsten der politischen Gefangenen des Dritten Reiches unter dem Patronat der Internationalen Roten Hilfe rief kurzerhand in Berlin beim Reichsjustizministerium an. Dort bedauerte man, keine Auskunft geben zu können, zuständig sei die Berliner Gestapozentrale.

Frage: Hier ist die Presseabteilung der Europäischen Amnestiekonferenz. Eliane Brault, Sekretärin der „Alliance Internationale des Partis Radicaux et Démocrates“, möchte gerne wissen, ob die Mitteilung, daß der Kandidat für den Nobelpreis, Carl v. Ossietzky, schwerkrank nach Berlin überführt wurde, auf Wahrheit beruht.

Antwort: Ja, das stimmt. Ossietzky ist sehr krank. Im Augenblick kann ich Ihnen jedoch keine nähere Auskunft geben. In den nächsten Tagen werden Sie über diese Angelegenheit in der deutschen Presse eine offizielle Mitteilung finden.

Frage: Können Sie uns mitteilen, auf Grund welcher Krankheit er nach Berlin überführt wurde?

Antwort: Es handelt sich um Ossietzkys altes Herzleiden.

Frage: Ist die Krankheit gefährlich?

Antwort: Das kann ich nicht beurteilen.

Die Ärzte im Staatskrankenhaus untersuchten den Häftling. Ihre Diagnose lautete: „Schwere offene Tuberkulose mit massenhaft Tuberkelbazillen im Auswurf, sehr stark beschleunigte Senkung der Erythrocyten usw. Der ganze linke Oberlappen ist ergriffen, auch sind deutliche Kavernen zu erkennen.“

Der verantwortliche Polizeiarzt urteilte als Arzt und nicht als Polizist. Ossietzky, so stellte er fest, sei „nicht haftfähig, da sich die Tb mit hoher Wahrscheinlichkeit während der Haft dauernd verschlimmern würde."

Sehr rasch wurde im Ausland bekannt, Ossietzky sei nach Berlin überführt worden: das Deutsche Rote Kreuz, von der Gestapo informiert, gab die Nachricht an das Internationale Rote Kreuz weiter.

So groß die Freude in den Stäben des Ossietzky-Feldzuges war, niemand gab sich einer Selbsttäuschung hin. Nun wurde die Sorge um das Leben des Freundes übermächtig.

Wieder gingen in Berlin aus allen Himmelsrichtungen Anfragen ein: Lebt Ossietzky noch? Ist es wahr, daß er im Sterben liegt? Ist er am Ende gar schon tot?

Herrn von Neurath und seinen Beamten blieb nur übrig, diese Anfragen an die Gestapo weiterzuleiten.

Diese reagierte prompt, aber im Übereifer schoß sie übers Ziel. Das Interview von Hans Wolf-Jürgensen mit Ossietzky, veröffentlicht in der dänischen Zeitung „Berlingske Tidende" am 10. September 1936, entlastete die deutschen Behörden nicht, im Gegenteil, die Ossietzky in den Mund gelegten Äußerungen steigerten das Mißtrauen in jenen Kreisen des Auslandes, die sich für das Schicksal des Staatsgefangenen Hitlers interessierten.

Am 2. Oktober übermittelte die Gestapo, mit ihrem Werk zufrieden, die Übersetzung des von ihr bestellten und organisierten Interviews an das Auswärtige Amt, mit der treuherzigen Versicherung: „Die Ausführungen des Berichterstatters entsprechen der Wahrheit."

Wolf-Jürgensen hatte berichtet, es wäre ihm gelungen, in Begleitung des zuständigen Gestapobeamten, eines gewissen Gottmann, Ossietzky im Staatskrankenhaus zu besuchen. Er habe den berühmten Mann in einem bedeutend besseren Zustand gefunden als 1934 in Sonnenburg, wo er ihn zum erstenmal gesehen. Ossietzky, ein einziges Lächeln, habe sich nicht genugtun können im Lob auf seine neuen Freunde – die Nazis (!). Er habe reichlich zu essen, und seine Frau spare für den bevorstehenden Sanatoriumsaufenthalt. Ob er hoffe, wieder ein freier Mann zu werden? „Ja, das tue ich." Die Gesundheit werde besser von Tag zu Tag, und seine Vorstellungen hätten sich gründlich geändert.

„‚Wo wollen Sie hingehen, wenn Sie herauskommen? Nach Frankreich?'

Ossietzky beugt sich zu mir vor, dann antwortet er mit Betonung auf jedem Wort:

‚Warum sollte ich nach dem Ausland reisen? Ich weiß, wie es vielen meiner Landsleute im Ausland geht. Die veröffentlichen ein Buch oder ein Stück über Deutschland, und dann sind sie im Ausland vergessen; aber gewiß nicht in Deutschland', fügte er mit Lächeln hinzu. ‚Warum versuchen, gegen etwas zu kämpfen, dem sich ein ganzes Volk angeschlossen hat und das eine Tatsache ist? Ich habe die Erlaubnis bekommen, alle deutschen Zeitungen, die ich will, in den letzten Jahren zu lesen, so daß ich gut orientiert bin.'

‚Ich bin Schriftsteller', fährt er fort, ‚und ich glaube und hoffe, daß man, wenn die Zeit kommt, da ich frei sein werde, mir etwas zu tun geben wird. Selbstverständlich werde ich keine politischen Leitartikel schreiben', fügt er mit einem Lächeln hinzu, ‚aber es gibt auch andere Arbeiten für einen Schriftsteller.'"

„Ich habe", spricht Ossietzky durch den Mund Wolf-Jürgensens, „den ehrlichen Willen, ganz von vorn zu versuchen, die neuen Töne, die man in Deutschland hört, zu verstehen, und ich habe die Empfindung, daß die Revolution, die in Deutschland vorgegangen ist, sich möglicherweise auch in meinem Kopf vollziehen wird. Das werden wir sehen."

„Ossietzky senkt den Kopf und bleibt stumm. Gottmann nickt mir leicht zu, die Audienz ist vorbei. Ossietzky folgt mir und drückt mir die Hand und sagt ‚Heil Hitler' als Antwort auf Gottmanns ganz allgemeines ‚Auf Wiedersehen'. In Gottmanns Anweisungen steht, daß er nicht ‚Heil Hitler' zu irgendwelchen Gefangenen zu sagen braucht, sondern einfach mit ‚Guten Tag' oder ‚Auf Wiedersehen' zu grüßen habe. Aber

Ossietzky benutzte den deutschen Gruß, und er tat es freiwillig, sagte Gottmann und nickte anerkennend."

Also mit „Heil Hitler" hatte Ossietzky gegrüßt. Freiwillig. Um die Anerkennung der Gestapo-Männer bemüht.

Das war dumm. Weniger wäre mehr gewesen.

Der Kampagne kam die plumpe Mache zugute, zeigte sie doch, daß die großmächtige Gestapo mit dem Rücken zur Wand kämpfte.

Je näher der 23. November, der Tag der Entscheidung heranrückte, desto unruhiger wurde man in Berlin.

Von seiner vorgesetzten Behörde gedrängt, hatte Dr. Sahm Ende Februar 1936 eine Unterredung mit dem norwegischen Staatssekretär des Äußeren, Aubert. Dieser deutete im Gespräch an, daß die von deutscher Seite wiederholt geltend gemachten Gründe durch den Außenminister zur Kenntnis des Nobelkomitees gebracht worden seien. Das war eine erstaunliche Offenherzigkeit. Doch schwächte der norwegische Diplomat das Gewicht seiner Eröffnung sofort ab: die Mitglieder des Komitees seien bekanntlich zur größten Verschwiegenheit verpflichtet, über ihre derzeitige Stimmung sei er nicht unterrichtet. Immerhin seien sie sämtlich ältere erfahrene Politiker, „die sicherlich die außenpolitische Rückwirkung ihrer Entscheidung gerade in diesem Falle sorgfältig wägen würden". Es gab keinen Grund zu der Annahme, daß sie die Bedeutung der von deutscher Seite vorgebrachten Argumente nicht gebührend würdigen würden, und er sei auch davon überzeugt, daß sie bei ihrem stark ausgeprägten Unabhängigkeitsgefühl sich nicht durch Eingaben einzelner Parlamentsgruppen in ihrem Urteil beeinflussen lassen würden.

Diesen Bericht aus Oslo mußte man in Berlin als ein hoffnungsvolles Zeichen deuten.

Die Zuversicht jedoch wich neuem Zweifel, als bekannt wurde, daß der Außenminister Halvdan Koht von seiner Berufung ins Nobelkomitee zurückgetreten war. Vielen Mißdeutungen war dieser Schritt ausgesetzt. Mußte man nicht annehmen, Koht habe im vergangenen Jahr die Preisverleihung für Ossietzky verhindert? Bedeutete sein Rücktritt grünes Licht für Ossietzky? Handlungen von Staatsmännern, die zum Schweigen verpflichtet sind, werden im Kreuzfeuer der öffentlichen Polemik leicht mißverstanden. In Wirklichkeit war 1935 keine Mehrheit für Ossietzky zustande gekommen, es gab im Komitee keine Einigung; ein Jahr später jedoch war es unmöglich geworden, die Stimme des Weltgewissens zu überhören. Koht hatte gefunden, daß seine Stellung als Außenminister mit der Mitgliedschaft im Komitee unvereinbar sei. Die Zuerkennung des Preises an Ossietzky sollte nicht die Regierung belasten, sondern der freie Entschluß unabhängiger Persönlichkeiten bleiben. Deshalb schied er aus dem Komitee der Fünf – zumindest während der Beratung der Ossietzky-Kandidatur.

Der deutsche Gesandte, die Lage völlig mißverstehend, berichtete nach Berlin, Koht sei ein Gegner der Kandidatur Ossietzkys, sein Rücktritt eine Demonstration seiner Gegnerschaft und somit ein Erfolg der deutschen Diplomatie!

Man war in Berlin mißtrauisch geworden. Die Gestapo, mit dem Zynismus, der ihre Aktionen und ihre Akten auszeichnet, notifizierte dem Auswärtigen Amt, daß Ossietzky am 6. November „probeweise aus der Schutzhaft entlassen" worden sei. Er war an diesem Tage aus dem Staatskrankenhaus ins Krankenhaus Westend geschleust worden – wo er, auf Görings ausdrücklichen Befehl, unter strenger Bewachung der Gestapo verbleiben sollte. Die Maßnahme sollte im Ausland als Entlassung verstanden werden.

Im Propagandaministerium herrschte Panikstimmung. Verantwortlich für alle mit dem Fall Ossietzky zusammenhängenden Entscheidungen war Göring. Also auch für die Folgen, die sich nun abzuzeichnen begannen, für die Bloßstellung, der das Regime entgegensah. Die Sache mußte Hitler vorgetragen werden.

Am 19. November, wenige Tage vor Torschluß, brachte Staatssekretär Funk auf Veranlassung von Goebbels den Fall

Ossietzky vor Hitler. Dieser entschied, daß nichts weiter veranlaßt werden sollte, jetzt müsse man den Dingen ihren Lauf lassen. Sollte aber Ossietzky wirklich den Nobelpreis bekommen, müsse er des Landes verwiesen werden. Es sei eine Verlautbarung zu veröffentlichen, daß künftig kein Deutscher mehr den Nobelpreis annehmen dürfe.

An dem Tag, an dem Hitler um eine Entscheidung angerufen wurde, traf aus Oslo die schüchterne Anfrage Sahms ein, ob eine neue Demarche in der leidigen Sache unternommen werden sollte. Er, Sahm, würde dringend davon abraten. Außerdem berichtete er, daß tags zuvor ein weiteres Mitglied des Nobelkomitees zurückgetreten sei, nämlich Mowinckel. An seine Stelle trat der Vorsitzende der Arbeiterpartei, Tranmael. Der Botschaft war anzumerken, daß ihr Verfasser jegliche Hoffnung auf eine günstige Wendung aufgegeben hatte.

Oberflächlich gesehen schienen die Aussichten für die Gegner der Kandidatur Ossietzkys gar nicht so übel. Wer waren die fünf Männer, die den Weltstreit um den deutschen Friedenskämpfer zu entscheiden hatten? Das Nobelkomitee wird vom Storting gewählt, ist aber nicht ein Komitee des Storting. Seine Entscheidungen unterliegen nicht der Zustimmung des Parlaments. Im Jahre 1936 war der Vorsitzende des Komitees Prof. Fredrik Stang, ein konservativer Gelehrter. Die vier übrigen: Johan Ludvig Mowinckel, ehemaliger Ministerpräsident, Vorsitzender der Demokratischen Partei, Halvdan Koht, amtierender Außenminister (Arbeiterpartei), Schiffsreeder Bernhard Hansen, konservativer Pazifist, und Dr. phil. Christian Lange, liberaler Pazifist.

Nachdem Koht und Mowinckel erklärt hatten, sie würden an der Abstimmung nicht teilnehmen, wurden ihre Stellvertreter einberufen. Für Koht Rechtsanwalt Thallaug, ein Konservativer, und für Mowinckel Redakteur Martin Tranmael, führender Kopf der norwegischen Arbeiterpartei.

Alles in allem: Konservative bildeten im Komitee die Mehrheit.

Die öffentliche Meinung Norwegens war in zwei Lager gespalten. Reaktionäre Kreise, vor allem Männer der Industrie, bestürmten das Nobelkomitee, im Interesse des Landes das mächtige Deutschland nicht zu reizen. Diesen Stimmungen hatte Knut Hamsun in seiner Art, die Boulevardpresse in ihrer Art Ausdruck gegeben. Anders die linksdemokratischen Zeitungen und die der Arbeiterpartei. Auf der außerordentlichen Generalversammlung des norwegischen Schriftstellerverbandes solidarisierte sich die Vorsitzende Sigrid Undset mit dem Protest der Zweiunddreißig gegen Knut Hamsun und drohte mit dem Rücktritt, falls der Schriftstellerverband die Hamsun verurteilende Erklärung desavouierte. Mit 74 gegen 44 Stimmen sprach sich die Generalversammlung gegen Hamsun, für Ossietzky aus. Hart stießen die Fronten aufeinander.

Kaum gelesen, wurde die Depesche Sahms von Ministerialdirektor Gaus beantwortet; nun war man in Berlin zur nackten Drohung bereit. Die Anweisung lautete:

„Verdichten sich gerüchte, daß ossietzky preis bekommt – bitte in dortigen kreisen in geeignet erscheinender weise zum ausdruck zu bringen, daß eine solche verleihung friedenspreises in deutschland als gewollt deutschfeindliche demonstration aufgefaßt werde und entsprechende rückwirkungen haben wird."

Der arme Sahm war am Ende seines Lateins. Er mußte wissen und wußte jetzt, daß Ossietzky den Preis bekommen werde. Man verlangte von ihm Unmögliches. Er war nicht gesonnen, sein persönliches Ansehen für eine verlorene Sache zu opfern, andererseits mußte dem Befehl Berlins Folge geleistet werden. So entschloß er sich zu einem Schritt, der eher als Verspottung denn als Erfüllung seines Auftrages angesehen werden mußte. Er schickte – drei Tage vor der entscheidenden Sitzung – seinen Pressebeirat zum Pressechef des Außenministeriums. Dieser hielt es für zweckmäßig, seinen Besucher zu beruhigen: die Aussichten für Ossietzky seien gar nicht so gut, wie sie zu sein scheinen. Er müsse allerdings bestätigen, daß die Verleihung des Friedenspreises an Ossietzky vom radikalen Flügel der Arbeiterpartei als Demonstration gegen Deutschland gedacht sei.

Diese Arbeiterpartei bildete seit 1935 die Regierung Norwegens.

Und dann geschah es, daß vierzigtausend norwegische Arbeiter und Studenten über die breite Karl Johans Gade am königlichen Schloß vorbei unter die Fenster des hellgrün gestrichenen Palais am Drammensveien marschierten. So etwas war noch nie geschehen. Die Demonstranten waren vom Ostbahnhof aufgebrochen, wo sich die Kolonnen aus den Außenbezirken gesammelt hatten. Im Marschieren erhielten sie weiteren Zuzug. Schweigend bewegten sie sich vorwärts, Männer, Frauen, Jugendliche, als wäre es der 1. Mai.

Am 23. November 1936 gab das Nobelkomitee bekannt, daß der Friedenspreis für 1935 an Ossietzky, der Friedenspreis 1936 an den argentinischen Außenminister Dr. Lamas verliehen worden sei.

Der Chronist ist gegenüber dem Zeitgenossen bedeutend im Vorteil. Er kann mehrere Schauplätze zugleich überblicken und so das Geschehen in seinen Kontrastfarben darstellen. Das Echo auf die Botschaft von Oslo ist in vier Räumen einzufangen: in der freien Welt, im naziamtlichen Deutschland, in Norwegen und in der nur durch ein rasselndes Hüsteln unterbrochenen Stille eines Krankenzimmers in Berlin-Westend.

Im Hauptquartier der Ossietzky-Bewegung in Paris herrschte hochgemute Geschäftigkeit. Die Braven freuten sich der Tat, wie das Goethe-Wort lautet. Von der Plattform der Siegeskundgebung, einberufen vom Thälmann-Komitee, erwiesen die Männer der französischen Linken Ehre dem gefangenen Nobelpreisträger: Leon Jouhaux, wohlbeleibter Gewerkschaftsführer, Jean Perrin, vornehmer Gelehrtenkopf, Henri Torrés, Löwe des Barreaus, der Schriftsteller Jean-Richard Bloch und Vaillant-Couturier, Volkstribun und Mann der Feder. Neben ihnen Egon Erwin Kisch im Namen der emigrierten deutschen Schriftsteller, Tausende von Parisern jubelten den Rednern zu. Als Dimitroff freigesprochen wurde, war die moralische Einkreisung des Hitlerreiches zum erstenmal gelungen; jetzt geschah es zum zweitenmal. Das machte Mut.

Die Ständige Kommission für eine Vollamnestie der politischen Gefangenen in Deutschland stellte ihre Tagung unter den Ehrenvorsitz von Ossietzky und Edgar André. Verärgert über die Publizität, die das peinliche Ereignis in der französischen Öffentlichkeit gefunden, berichtete der deutsche Botschafter in Paris an seine Regierung. Die Nachrichten der Missionschefs – auch Brüssel hatte manches Unangenehme zu melden – wurden vom Auswärtigen Amt an Heß, Himmler, Goebbels und Göring weitergeleitet. Besonders böse vermerkte man in Berlin einen Glückwunsch von Lord Robert Cecil. Der prominente britische Völkerbundspolitiker und Präsident der nationalen Völkerbundliga wies mit Genugtuung auf die nun erwiesene Möglichkeit, mittels einer weltumfassenden Aktion den Opfern des Hitlerterrors Hilfe zu bringen.

Thomas Mann äußerte, jetzt gälte es, Ossietzky ganz freizubekommen, den KZ-Staat unter Druck zu setzen. Der große Deutsche schrieb an die Pariser Tagung der Amnestiekonferenz:

„Der Fortbestand der Konzentrationslager bildet eine der schwersten moralischen Belastungen der gegenwärtigen deutschen Regierung. Sie sollte begreifen, daß sie andere solche Belastungen, die abzuwälzen nicht mehr bei ihr steht, in den Augen der Welt wesentlich abschwächen könnte, wenn sie sich entschlösse, diese Leidensstätten, die für viele Millionen Menschen ein Ausdruck niedriger Rachsucht und brutaler Rechtsverachtung sind, aufzuheben und die darin noch immer eingeschlossenen Gesinnungsmärtyrer endlich der Freiheit wiederzugeben. Ich bin kein Freund der deutschen Machthaber und habe wenig Anlaß, ihnen zum Guten zu raten; aber ihr eigener Grundsatz: ‚Recht ist, was uns nützt', sollte sie zu diesem Schritt bestimmen, und wenn ich Hitler wäre – keine glückliche Vorstellung –, würde ich aus der Weltehrung, die soeben einem seiner Opfer zuteil geworden, die Lehre ziehen und mit den Konzentrationslagern einen Stein des Anstoßes hinwegräumen, der vielleicht mehr als jeder andere dem Glauben Europas an die Wahrhaftigkeit des Bekenntnisses zum Recht und zum Frieden im Wege ist."

Zu Kundgebungen dieser Art kam es in allen europäischen Hauptstädten, wo Hitlergegner öffentlich wirken konnten. So gab in Prag der Professor für evangelische Theologie, Hromadka, der allgemeinen Freude mit den Worten Ausdruck: „Wir hatten das Gefühl, als ob die schwarzen Wolken am Himmel zerrissen und die Sonne plötzlich leuchtete. Im Donner der Kanonen und Maschinengewehre (in Spanien tobte die Schlacht, Einleitung zum zweiten Weltkrieg – B. F.) kam plötzlich die Botschaft des Friedens und der Menschlichkeit."

Ein anderer Redner rief: „Der diesjährige Friedenspreis fand die Taube mit dem Ölzweig in einem Käfig, von der Gestapo gehütet. Doch *ein* Deutscher in Deutschland war würdig. Das rettet unseren Glauben an das deutsche Volk, das rettet unseren Glauben an die Welt."

Harold I. Laski, Führer der Labour-Party, und der englische Kronanwalt D. N. Pritt stimmten aus England in den Freudenchor, während in Moskau ein deutscher Dichter, Erich Weinert, den politisch-moralischen Sinn des Ereignisses in folgende Worte faßte: „Daß ihm, dessen Stimme fast vier Jahre lang hinter Stacheldrähten und Mauern erstickt worden war, der Friedensnobelpreis zuerteilt wurde, das verdankt er seinem Mut, das verdankt er aber vor allem der mächtigen Stimme der antifaschistischen Welt, die zu überhören man sich nicht mehr getraute."

„Hängt die Fahnen heraus! Wir haben einen großen Sieg errungen!" schloß Erich Weinert seinen Gruß.

Die verstaubten Akten in den Archiven von Berlin und Oslo, ans Licht des heutigen Tages gebracht, bestätigen diese Deutung.

Ossietzky war ein machtloser Gefangener – aber diese Auszeichnung offenbarte die Macht der Weltmeinung, und sie verurteilte Hitler. Vergeblich hatte Göring, der die Niederlage kommen sah, nach der Überführung Ossietzkys aus Esterwegen nach dem Staatskrankenhaus Berlin einen letzten Versuch unternommen, den gefährlich gewordenen Gefangenen sei es durch Drohungen einzuschüchtern, sei es durch Gunstbezeugungen zu kaufen.

Die Begegnung mit Göring fand im Geheimen Staatspolizeiamt statt, wohin der Kranke gebracht worden war. Eine Begegnung, die an eine andere erinnert. In Leipzig stand Dimitroff Göring gegenüber, auch jener ein machtlos Mächtiger, Göring jedoch, in der Fülle seiner Macht, ohnmächtig vor der Wahrheit.

Der Ministerpräsident Preußens bemühte sich um seinen Gefangenen. Er drang in ihn, wollte ihn bekehren, wollte ihn, als alles nichts half, als Ossietzky sich dem Großmächtigen gegenüber zu seiner Gesinnung bekannte, bestechen. Verzichte er auf den Nobelpreis, würde ihm bis an sein Lebensende eine Pension von fünfhundert Mark gewährt werden. Der Gefangene wies das Anerbieten ohne Zögern zurück. Der Wortwechsel währte lange und steigerte sich zum Wortgefecht. Göring gab es auf, mit Stimmgewalt Eindruck zu machen. Dieser Mann, vom Tode gezeichnet, ließ sich weder durch Drohungen noch durch Versprechungen in die Knie zwingen. Einer war Zeuge der seltsamen Unterredung, und sie beeindruckte ihn tief. Dr. Werner Best, zu dieser Zeit stellvertretender Chef der Gestapo und Sachbearbeiter für den „Fall Ossietzky", grub den unwahrscheinlichen Vorfall in sein Gedächtnis.

Schlechte Verlierer, ließen die Naziführer ihrer Wut freien Lauf. Vor allem sollte es Norwegen zu spüren bekommen. Am 25. November kabelte Neurath an seinen Gesandten in Oslo:

„Bitte dortiger Regierung in besonderer Demarche mündlich mitzuteilen, deutsche Regierung über Verteilung Friedenspreises an Ossietzky aufs äußerste befremdet. Werde nicht verkannt, daß norwegische Regierung als solche nicht unmittelbar beteiligt. Gleichwohl werde Zuerkennung des Preises durch von Storting gewählten Ausschuß an notorischen Landesverräter hier als eine bewußte und beleidigende Herausforderung Deutschlands empfunden. Die daraus zu ziehenden Schlußfolgerungen müsse sich Reichsregierung vorbehalten.

Neurath."

Vergeblich hatte der arme Sahm unmittelbar nach Empfang der bitteren Nachricht Gaus angerufen, um Berlin zu einer klügeren Haltung zu bewegen. Er schlug vor, den Spieß umzudrehen: der Beschluß des Komitees habe das Ansehen des Nobelpreises in aller Welt herabgesetzt. Sahm meinte, die deutsche Regierung möge den beschleunigten Ausbau der deutschen Walflotte ankündigen, „damit Schiffer und Arbeiter sehen, welchen Schaden marxistische Verblendung dem Volke zufügt". Vor einem richtigen Wirtschaftskrieg freilich warnte der Diplomat, „da norwegische Rohstoffe unentbehrlich und Einfuhr deutscher Waren durch andere Länder, die nur auf die Gelegenheit warten, zum größten Teil ersetzt werden kann".

Zugleich diktierte der beschlagene Vertreter einer schlechten Sache ein langes Schriftstück für Berlin: die Geschichte seiner vergeblichen Interventionen. Es sollte eine Entschuldigung werden, vorbeugende Abwehr wahrscheinlicher Vorwürfe. Noch am 31. Oktober habe er, durch Krankheit verhindert, seinen Gesandtschaftsrat ins Außenministerium geschickt, um neuerdings klarzumachen, Ossietzkys Ehrung müßte als eine Demonstration gegen Deutschland aufgefaßt werden. Staatssekretär Aubert habe Verständnis gezeigt und zugesagt, mit dem Außenminister zu sprechen. Dies sei der Grund, daß er nicht selber in letzter Minute gewarnt habe. Dazu habe er die Zustimmung des Auswärtigen Amtes telefonisch eingeholt. Im übrigen sei er von vielen Seiten in dem Eindruck bestärkt worden, daß sich eine Mehrheit für Ossietzky nicht finden würde. Wenige Tage vor der Entscheidung sei aber durch den Rücktritt von Koht und Mowinckel eine neue Lage entstanden, da Ersatzmänner für sie einberufen werden mußten. Dieser unerwartete Zwischenfall werde noch parlamentarische Folgen haben, deutete Sahm an, vielleicht würde der Beschluß des Nobelkomitees sogar für ungültig erklärt werden. Dem Bericht fügte er Zeitungsausschnitte bei, die beweisen sollten, daß der „nationale Teil des norwegischen Volkes“ in dieser Angelegenheit auf seiten Deutschlands stehe. Zahlreiche angesehene Norweger hätten telefonisch und mündlich ihrer Entrüstung über die Kränkung Deutschlands Ausdruck gegeben.

Doch blieb die Anweisung der Wilhelmstraße bindend. So sprach Sahm am nächsten Tag beim Außenminister Koht vor und gab die von Berlin vorgeschriebene Protesterklärung ab.

Der Außenminister antwortete bündig. Den Protest müsse er zurückweisen. Das Nobelkomitee sei zwar vom Storting gewählt, dennoch in seinen Entschlüssen absolut souverän. Er sehe nicht, wie die norwegische Regierung auf dessen Entschlüsse hätte Einfluß nehmen können. Er behalte sich vor, nach Prüfung der von der Reichsregierung angekündigten Maßnahmen zu diesen Stellung zu nehmen.

Darauf wußte Sahm nichts zu erwidern, gerade noch, daß er auf die Verantwortung des Stortings hinwies, der ja die Komiteemitglieder gewählt hätte.

Die „nationalen Kreise“, die gegen Ossietzky, für Hitler Stellung nahmen, waren unschwer zu identifizieren. Keineswegs spielte Knut Hamsun die Hauptrolle, eher die eines Handlangers. Von einer Zeitung befragt, beschränkte sich der Dichter auf wenige Worte: „Ich habe bereits gesagt, was ich über Ossietzky zu sagen habe. Ich finde, daß weder der Mann noch seine Propheten einer weiteren Rede wert sind. Es ist nur zu hoffen, daß unserem Lande keine weitere Schwierigkeit dadurch entstehe, daß der Nobelpreis auf Abwege geraten ist.“

Während Norwegen in aller Welt für seine mutige Tat gefeiert wurde, sahen Norwegens Großindustrielle in der Preiszuerkennung für Ossietzky einen „Verrat der nationalen Interessen“. Lorenz Vogt, maßgebend im norwegischen Industriellen-Verband, machte in einem Brief an einen deutschen Geschäftsfreund den Sinn der „nationalen Entrüstung“ klar.

Der deutsche Briefempfänger, an der norwegisch-deutschen Schiffahrt interessiert, hatte sich dafür eingesetzt, daß eine deutsche Konkurrenzgründung verhindert werde. Vogt dankt für diese nicht ganz uninteressierte Hilfe und läßt sich sodann über das Ereignis des Tages aus. Entsetzt über die Entscheidung des Nobelkomitees, rät er dennoch von einem Protest ab, würden doch die Gegenstimmen in der Öffentlichkeit überwiegen. „Wie Du aus dem Vorstehenden ersehen wirst, ist innerhalb des Nobelkomitees gewissermaßen eine konservative Mehrheit gewesen, und man weiß also, ohne daß ich die Abstimmung kenne, daß jedenfalls einer, möglicherweise zwei oder vielleicht alle Konservativen für Ossietzkys Kandidatur gestimmt haben. Meiner Ansicht nach macht dies die Sache besser, aber auch schlimmer: es macht sie für uns besser, insofern, als es zeigt, daß nicht die moskau-kommunistische Richtung gesiegt hat, sondern daß andere Betrachtungen entscheidend waren. Schlimmer insofern, als es zeigt, wie weit der sonderbare Gedankengang, der zu Ossietzkys Friedenspreis geführt hat, auch in Kreise gelangt ist, deren politische Überzeugung vom Kommunismus weit entfernt liegt."

Der Briefschreiber wettert gegen den „mißverstandenen Liberalismus", um mit den Worten zu schließen: „Des weiteren hoffe ich, daß alle diejenigen, die ein gutes Verhältnis zwischen Deutschland und Norwegen wünschen, sowohl in Norwegen als auch in Deutschland dafür arbeiten werden, daß diese Episode möglichst an Bedeutung verliere und sie möglichst bald in Vergessenheit gerate."

Dieses aufschlußreiche Schreiben kam dem Auswärtigen Amt, wohl durch den Empfänger, zur Kenntnis. Man beeilte sich, der Gesandtschaft in Oslo eine Abschrift zu übersenden, mit dem Rat, sich bei weiteren Anlässen auf diese „nationalen Kreise" zu stützen.

Den ersten Absatz freilich, wo die deutsch-norwegischen Schiffahrtsinteressen als das Anliegen der „nationalen Kreise" allzu deutlich in Erscheinung traten, unterschlug Berlin in vornehmer Rücksicht auf die Gefühle der Beteiligten.

Der Mann, um den in Massenversammlungen, in Staatskanzleien, in Gesandtschaften gerungen wurde, der Mann, auf dem die Augen von Millionen gerichtet waren, lag in völliger Abgeschiedenheit in einem Berliner Krankenhaus. Mit zitternden Händen nahm er das Telegramm mit der großen Nachricht entgegen. Der Präsident des Nobelkomitees, Fredrik Stang, kabelte: „Ich habe die Ehre, Ihnen mitzuteilen, daß das norwegische Nobelkomitee Ihnen den Friedenspreis Alfred Nobels für das Jahr 1935 zugeteilt hat." Frau v. Ossietzky gab ein Telegramm zur Post, das der Kranke aufgesetzt hatte. Es bestand aus fünf Worten: „Dankbar für die unerwartete Ehrung." Und die Unterschrift.

Welche Emotionen den Leidgeprüften bewegten, sollte die Welt erst später erfahren – und auch dies sollte noch zum Gegenstand haßerfüllten Streites werden.

Gratulationen aus allen Himmelsrichtungen brachten für einen Augenblick Licht und Wärme an das Siechenlager.

Am 10. Dezember, am Todestag Alfred Nobels, findet alljährlich die feierliche Verleihung des Preises statt. Es ist die Regel, daß der Preisträger die hohe Auszeichnung persönlich in Empfang nimmt. Wird Ossietzky nach Oslo kommen? Die ganze Welt stellte die Frage. Verweigert man Ossietzky die Ausreise, dann weiß die Welt, was von den Versicherungen der befrackten Herren in den deutschen Auslandsvertretungen zu halten ist.

Am 1. Dezember ließ Göring Heydrich wissen, „daß Ossietzky die Ausreise vorläufig nicht erlaubt und er nach wie vor zu überwachen ist".

Möglicherweise gab es in der Reichsführung Meinungsverschiedenheiten über die Norwegenreise Ossietzkys. Ein langatmiges Gutachten der Gestapo vom 8. Dezember, an den Generalreferenten Görings, Dr. Gritzbach, gerichtet, untermauert das geplante Ausreiseverbot mit politischen und juristischen Gründen. Ossietzky habe erklärt: „Ich war Pazifist und werde Pazifist bleiben." Daß diese Erklärung das Jürgensen-Interview als Propagandalüge entlarvt, stört den Verfasser des Gutachtens nicht. Er schlußfolgert nicht ohne Berechtigung: „Dieser Ausspruch besagt, daß er auch in dem nationalsozialistischen Deutschland seine bisherige politische Stellung nicht aufgeben werde und könne, d. h., daß er im bewußten Gegensatz zum nationalsozialistischen Gedankengut der Wiederertüchtigung und Wehrhaftmachung des deutschen Volkes steht. Diese seine Einstellung bedingt, daß er auch im Ausland nicht als Freund und Anhänger des nationalsozialistischen Deutschlands gelten und bewertet werden kann. Sein pazifistisches Glaubensbekenntnis legt ihm vielmehr notgedrungen die Verpflichtung auf, in diesem Sinne redend und handelnd aufzutreten. Schon sein erstes öffentliches Auftreten gelegentlich der Überreichung des Nobelpreises wird ihn gezwungenermaßen in einen Gegensatz zum nationalsozialistischen Deutschland geraten lassen."

Es sei vorauszusehen, meint die Gestapo, daß Ossietzky im Ausland gegen Deutschland auftreten werde, „möglicherweise verbunden mit Hetzpropaganda über seine angeblichen Erlebnisse im Konzentrationslager und bei der Geheimen Staatspolizei".

Vom juristischen Standpunkt aus könne dem wegen Landesverrats Verurteilten sogar nach den Gesetzen der Weimarer Republik der Auslandspaß verweigert werden. Einem eventuellen Versprechen Ossietzkys, nach Deutschland wieder zurückzukehren, sei kein Glauben zu schenken. Schließlich verweist der Gutachter, unbeschadet seiner grundsätzlich ablehnenden Stellung, auf die Entscheidung Hitlers, wonach im Falle einer Ausreise Ossietzkys dieser auszubürgern sei; natürlich habe die Gestapo gegen die Möglichkeit einer illegalen Ausreise die nötigen Maßnahmen getroffen.

Zwei Tage vor der großen Feier traf in Oslo ein Telegramm aus Berlin ein. Es bestand nur aus zwei Worten: „Kommen unmöglich." Unterschrift: „Maud von Ossietzky."

Die Ehrengäste versammelten sich am 10. Dezember zur Zeremonie der Preisverteilung. Es geschah zum erstenmal, daß der Preis in Abwesenheit des Ausgezeichneten verliehen wurde. Die laudatio sprach der Präsident des Komitees, Professor Fredrik Stang. Er gab ein recht oberflächliches, von manchen Unrichtigkeiten durchsetztes Bild des Preisträgers, wobei er sich bemüßigt fühlte, in Abwehr der öffentlichen Kritik auch über die Behandlung der Kandidatur Aufklärung zu geben.

„Seine Kandidatur ist auf dieselbe Weise behandelt worden wie alle anderen Kandidaturen und nach denselben Gesichtspunkten entschieden worden. Wenn man einen Blick wirft auf alle Frauen und Männer, denen im Laufe der Jahre der Friedenspreis erteilt worden ist, wird man sehen, daß sie sehr verschiedenen Anschauungen huldigten, daß sie als Persönlichkeit sehr verschiedenartig sind und daß das Leben vieler dieser Menschen von Leidenschaft, von Schmerz und Streit erfüllt gewesen ist. Durch die Verleihung des Friedenspreises an diese verschiedenartigen Persönlichkeiten hat selbstredend das Nobelkomitee weder allen Meinungen beigepflichtet, die sie verfochten haben, noch sich mit ihnen in ihrer ganzen Lebenstätigkeit solidarisch erklärt. Für alle aber gilt es, daß das Nobelkomitee nur das gewollt hat, was seine Aufgabe und seine Pflicht ist: eine Friedensarbeit zu belohnen, dies und nichts anderes. Und wegen seiner ganz freien Stellung hat das Nobelkomitee dies tun können. Das Komitee ist keiner Kontrolle unterworfen, und es bindet nicht andere, nur sich selbst."

Der Redner verlor sich in Betrachtungen, ob Ossietzkys Leistungen im Dienst der Friedensbewegung tatsächlich so groß waren, „ob er nicht mehr ein Symbol des Pazifismus als ein Verfechter desselben" geworden sei. Stang versicherte: „Das Symbol mag seinen Wert haben, aber Ossietzky ist nicht nur ein Symbol, er ist eine Tat, und er ist ein Mann." Ihren rhetorischen Höhepunkt hatte die Rede in den Einleitungssätzen erreicht. Stang suchte nach einer politischen Charakterisierung Ossietzkys. Er sei kein Kommunist, aber auch gewiß kein Konservativer. Ihn einzureihen sei schwierig. Am ehesten würde er in ihm einen Liberalen alter Schule sehen, wobei er nicht an den wirtschaftlichen Liberalismus denke. „Ich verwende das Wort in einem anderen Sinne. Ich denke an die Forderung nach Gedankenfreiheit, Redefreiheit, freiem Wettbewerb auf allen geistigen Gebieten und damit verbunden der Blick eines Weltbürgers, der Achtung hat für die Werte, die andere Völker geschaffen haben. Und als das Ziel, das hinter dem Ganzen schwebt: der Friede."

Festrede und Festakt trugen dem Zwiespalt der öffentlichen Meinung in Norwegen Rechnung. Weder der König noch der Kronprinz waren erschienen. Gespielt wurde nur die norwegische Nationalhymne. Die Regierung war durch den Ministerpräsidenten, den Außenminister und zwei weitere Mitglieder vertreten. Von den Missionschefs fehlten der englische, der dänische, der italienische und selbstverständlich der deutsche.

Dieser beeilte sich in seinem Bericht, auf alle die Bedeutung des Aktes einschränkenden Umstände hinzuweisen, und er fügte den Tratsch hinzu, der König soll geäußert haben, daß er die Verleihung des Nobelpreises an Ossietzky für einen Unsinn halte. In der Rede Stangs, bemerkte Sahm, sei das Bestreben zum Ausdruck gekommen, zu entschuldigen und zu erklären. Mit kritischen Pressestimmen rundete er das Bild ab, seinen Auftraggebern zum Trost.

In der offiziellen Biographie, mit der das Nobelkomitee das Kapitel Ossietzky abschloß, spiegelte sich der konservative Unwille wider. In der falschen Perspektive des Jahres 1936 erschien den Männern im hellgrün gekalkten Palais zu Oslo Ossietzky als ein Frondeur, der, weil er an seinen Jugendidealen festhielt, mit seiner Regierung in Schwierigkeiten geraten war – welch eine absurde Umschreibung des Bekenner-Martyriums! Der unfreundliche Schluß des trockenen Lebenslaufs liest sich wie folgt: „Monsieur Ossietzky plaidait, dans sa revue, la cause de la Paix, dans un style toujours pondéré et distingué. Son action journalistique l'entraina, cependant, dans un conflit aigu avec les autorités de sa patrie." (Herr Ossietzky setzte sich in seiner Zeitschrift in einem stets abgewogenen und distinguierten Stil für die Sache des Friedens ein. Seine journalistische Tätigkeit brachte ihn indessen in einen scharfen Konflikt mit den Behörden seines Vaterlandes.)

In acht bis an den Rand gefüllten Pappkartons, aufgeschichtet im Archiv des Nobelinstituts, verstauben die Zeitungsausschnitte aus der ganzen Welt, die in diesen Tagen in Oslo eintrafen.

In einem parlamentarischen Nachspiel, das grotesker Züge nicht entbehrt, klangen die Wogen der Erregung über die Entscheidung des Nobelkomitees aus. Der Storting beriet – inzwischen war es Juni 1937 geworden – über die doktorale Streitfrage, ob das Nobelkomitee das Recht hatte, ohne den Storting zu fragen, den Rücktritt von Koht und Mowinckel entgegenzunehmen und deren Stimmrecht durch die gewählten Stellvertreter ausüben zu lassen. Das Haus verhandelte über den Jahresbericht des Nobelkomitees, und das Präsidium schien geneigt, die vom Komitee geübte Prozedur zu rügen. So erfuhr die Öffentlichkeit, daß das Nobelkomitee am 16. November 1936 die Frage seiner Zuständigkeit im positiven Sinne entschieden hatte, indem es die Entscheidung der beiden Politiker, ohne den Storting zu informieren, zur Kenntnis nahm. Aus dem Protokoll des Komitees ging hervor, daß Koht wie Mowinckel, nachdem sie ihren Stellvertretern die Aufgabe der Abstimmung überlassen hatten, ihren Sitz im Komitee wieder eingenommen haben.

Das Präsidium des Storting erinnerte das Hohe Haus mit leiser Wehmut an die idyllischen Zeiten, da die Verleihung des Nobelpreises nicht dem Widerstreit der politischen Leidenschaften ausgesetzt war. „Man empfand es als einen nationalen Ruhm, daß der Friedenspreis von Norwegen verteilt wurde, und man versuchte dies so eng wie möglich mit dem Storting zu verknüpfen.“ Jetzt aber stünde es umgekehrt. „So wie die internationale Lage sich entwickelt hat, kann man nicht blind der Gefahr gegenüberstehen, daß die Verteilung des Friedenspreises internationale Kritik auslöst“, weil die Entscheidung des Komitees als eine Art von Regierungshandlung angesehen werde.

Auf Grund der Erfahrung des umstrittenen Vorgangs beschloß das Parlament, daß in Zukunft kein amtierender Ministerpräsident oder Außenminister dem Komitee angehören dürfe, dagegen sei nichts gegen die Teilnahme ehemaliger Regierungsmitglieder an den Entscheidungen des Komitees einzuwenden.

Im Laufe der Aussprache hatte auch Außenminister Koht das Wort ergriffen. Er enttäuschte die Hoffnungen der deutschen Stellen, die auf Grund der Berichte von Sahm angenommen hatten, Koht werde im Interesse der Verbesserung der deutsch-norwegischen Beziehungen von der Ossietzky-Entscheidung abrücken. Vielmehr sagte Koht:

„Immer wieder haben sich die Vertreter fremder Regierungen an das Außenministerium gewandt und bezüglich der Preisverteilung bestimmte Wünsche vorgebracht. Das Ministerium hat immer wieder geantwortet, daß das Nobelkomitee eine vollständig unabhängige Institution sei; das Ministerium trage keine irgendwie geartete Verantwortung dafür, wer den Preis erhielte. Nun konnte vielleicht der Eindruck entstehen, daß die Grenze zwischen Außenministerium und Nobelkomitee etwas unklar sei, da in den letzten Jahren regelmäßig die Außenminister im Komitee saßen. Es war nicht zu vermeiden, daß das Nobelkomitee davon berührt wurde. Daher gilt es jetzt, eine scharfe Grenze zu ziehen zwischen dem Nobelkomitee und unserer Außenpolitik."

Aus diesem Grunde sei er, Koht, aus dem Komitee ausgetreten; nach Annahme der neuen Bestimmungen wären diese Zweifel ein für allemal behoben.

In seinem Bericht über die Beratungen des Storting verhehlte der deutsche Gesandte nicht seine Enttäuschung über die Zurückhaltung des Ministers, doch fand er Trost in Spekulationen über Differenzen innerhalb der Arbeiterpartei. Nach seiner auf Hörensagen beruhenden Darstellung sei Koht dem Druck des radikalen Flügels erlegen. Daß er eher zu den konservativen Kräften zu zählen sei, gehe daraus hervor, daß er im Staatsrat den Vorschlag gemacht habe, das Kriegsschiff „Olav Tryggvason“ zum Schutz der norwegischen Handelsschiffe in die spanischen Gewässer zu entsenden, ein Vorschlag, der von der radikalen Mehrheit der Partei als ein Faustschlag empfunden wurde.

Der Bericht der Gesandtschaft an das Auswärtige Amt schließt: „In unseren Augen sind die Versuche, das Nobelkomitee auch nach außen von der Regierung und dem Storting völlig zu trennen, ein Zeichen dafür, wie unbehaglich die Nachwirkungen der Preisverteilung des letzten Jahres empfunden werden. Wir befürchten, daß noch sehr viel Wasser zum Meere fließen wird, bevor sich diese Nachwirkungen verzogen haben werden.“

In Deutschland wirkte sich der Prestigeverlust in verstärkter Drangsalierung der Gegner des Regimes aus – konnte es anders sein? Am 30. Januar 1937 wurde die Entscheidung Hitlers verlautbart, wonach es deutschen Staatsbürgern in Zukunft verboten sei, den Nobelpreis anzunehmen. Als der Physiologe Prof. Dr. Domagk aus Wuppertal-Elberfeld für seine Leistungen auf dem Gebiet der Prontosil- und Sulfonamid-Forschung den Nobelpreis für 1939 erhielt, dankte der Gelehrte vorerst für die Auszeichnung; doch bald darauf lehnte er die Annahme des Preises ab – mit ausdrücklicher Bezugnahme auf den „Fall Ossietzky“.

Im Augenblick jedoch ging es den Nazibehörden um etwas Wichtigeres: es galt, den Geldwert des Preises für Deutschland sicherzustellen. Daß dies nicht leicht sein werde, wußte man im Hauptquartier der Gestapo nur zu gut. Leicht nicht, aber durchführbar. Die Affäre Wannow bietet Liebhabern von Spannungsliteratur einen Stoff, der durch seine tragischen Begleitumstände das Genre der Kriminalkomödie sprengt.

Abb. 43

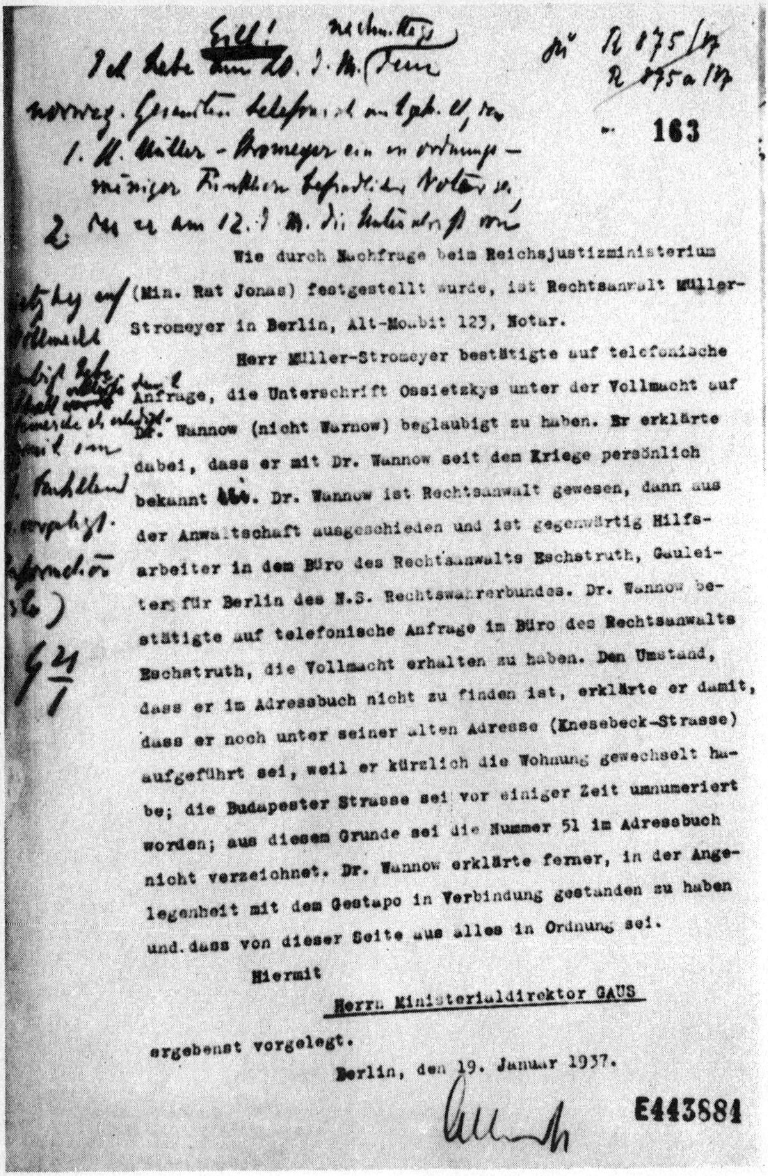

Eilt! nachmittags

Ich habe am 20. d. M. dem norweg. Gesandten telefonisch ... 1. R. Müller-Stromeyer ein in ordnungsmäßiger Funktion befindlicher Notar ist, 2. daß er am 12. d. M. die Unterschrift ...

zu R 875/37
R 875 a/37

163

Wie durch Nachfrage beim Reichsjustizministerium (Min. Rat Jonas) festgestellt wurde, ist Rechtsanwalt Müller-Stromeyer in Berlin, Alt-Moabit 123, Notar.

Herr Müller-Stromeyer bestätigte auf telefonische Anfrage, die Unterschrift Ossietzkys unter der Vollmacht auf Dr. Wannow (nicht Warnow) beglaubigt zu haben. Er erklärte dabei, dass er mit Dr. Wannow seit dem Kriege persönlich bekannt sei. Dr. Wannow ist Rechtsanwalt gewesen, dann aus der Anwaltschaft ausgeschieden und ist gegenwärtig Hilfsarbeiter in dem Büro des Rechtsanwalts Eschstruth, Gauleiter für Berlin des N.S. Rechtswahrerbundes. Dr. Wannow bestätigte auf telefonische Anfrage im Büro des Rechtsanwalts Eschstruth, die Vollmacht erhalten zu haben. Den Umstand, dass er im Adressbuch nicht zu finden ist, erklärte er damit, dass er noch unter seiner alten Adresse (Knesebeck-Strasse) aufgeführt sei, weil er kürzlich die Wohnung gewechselt habe; die Budapester Strasse sei vor einiger Zeit umnumeriert worden; aus diesem Grunde sei die Nummer 51 im Adressbuch nicht verzeichnet. Dr. Wannow erklärte ferner, in der Angelegenheit mit dem Gestapo in Verbindung gestanden zu haben und dass von dieser Seite aus alles in Ordnung sei.

Hiermit

Herrn Ministerialdirektor GAUS

ergebenst vorgelegt.

Berlin, den 19. Januar 1937.

E443881

Abb. 44

The Nation, New-York.

Abb. 45

Abb. 46

14

DAS RÜPELSPIEL

Die Szene wird zum Gleichnis. Während der Todgeweihte in einem Berliner Krankenhaus dahinsiecht, von der Gestapo als gefährliches Staatsgeheimnis beschirmt, brandet der braune Schmutz an das Sterbelager. Der eben von der Welt Gefeierte ist ihr unerreichbar, wie ihm die Welt. Das einzige, was ihm von außen entgegentritt, ist menschliche Verworfenheit – in solcher Bedingtheit das Natürliche. Nach dem Drama die Gangsterkomödie, nach dem Heldenepos das Rüpelspiel.

Die Verlegenheit war groß. Hatten doch die Naiven im Ausland dem Märchen der Gestapo Glauben geschenkt: Ossietzky könne nicht nach Oslo, weil er schwer krank sei – aber er befinde sich in Freiheit. Aus Sorge um sein Leben sei ihm von der Ausreise abgeraten worden. Die „Gesellschaft der Freunde" in England war so gerührt, daß sie dem deutschen Botschafter in London – er hieß von Ribbentrop – ein Dankschreiben überbrachte, Dank für die Freilassung Ossietzkys. Als aber zwei Londoner Ärzte sich anschickten, den „freigelassenen" Ossietzky aufzusuchen, um sich über seinen Zustand ein Bild zu machen, wurden sie höflich, aber entschieden abgewiesen. Hatte doch Göring Mitte Dezember – also nach der Preisverteilung – der Gestapo befohlen: „Ossietzky darf unter keinen Umständen ins Ausland. Er ist ständig unter geschickter Bewachung zu halten, ganz gleich, welchen Wohnsitz er in Deutschland wählen sollte." Das hieß: Ossietzky, dem Schein nach frei, bleibt in Wirklichkeit ein Gefangener.

Der Gestapo schien diese Anordnung schwer durchführbar, widersprach sie doch der Routine. In ihrer Antwort an Göring, überbracht durch einen „besonderen Beamten", wurden die Schwierigkeiten auseinandergesetzt. Ossietzky habe „auf eigenen Wunsch" am 14. Dezember das Krankenhaus Westend verlassen und sich in das Sanatorium Nordend begeben. Eine Überwachung sei dort wegen der Raumverhältnisse außerordentlich schwierig. Das Einzelzimmer, in dem der Kranke liege, habe nur einen separaten Eingang vom Garten aus. Die Beamten, falls sie nicht direkt vor der Tür des Zimmers im Freien stehen wollten, könnten sich nur in einem durch mehrere Türen vom Aufenthaltsraum Ossietzkys getrennten Zimmer aufhalten.

„Obgleich zwar bisher eine Fluchtabsicht weder aus Worten noch aus Taten des Ossietzky erkennbar war, so ist doch mit seiner zunehmenden Erholung und der damit verbundenen Gesundung eine wahrnehmbare Verstärkung seiner alten pazifistischen Gesinnung zu verspüren, und es besteht der Verdacht, daß er später das Reich illegal zu verlassen suchen wird." Dies schrieb die Gestapo am 21. Dezember 1936, zu einer Zeit, da Ossietzky, vom Tode gezeichnet, seinem Ende entgegensiechte.

Auch der Vorwand mußte herhalten, das Leben Ossietzkys sei gegen etwaige Anschläge zu schützen. Und schließlich bringe die ständige Bewachung eines an offener Tbc Erkrankten für die bewachenden Beamten eine erhebliche Ansteckungsgefahr mit sich. Vorschlag der Gestapo: der „freie" Ossietzky soll in die Tbc-Station des Straf- und Gerichtsgefängnisses Glatz überführt werden.

Mit dieser Verlegenheitslösung erklärte sich Göring einverstanden, doch blieb der Plan, aus Gründen, die nicht bekannt sind, unausgeführt. Das Nordend-Krankenhaus in Niederschönhausen erwies sich als gar nicht so ungeeignet, wie es bürokratische Bequemlichkeit darzustellen versuchte. Die Anstalt stand unter Leitung des Arztes Dr. Dosquet, eines Halbjuden, dessen wahre Rolle niemals aufgeklärt worden ist.

Mit wilden Schmähungen hatte die Nazipresse auf die Herausforderung von Oslo reagiert. Sie stellte Ossietzky als abgestraften Landesverräter hin. „Unverschämte Beleidigung Deutschlands", brüllte der „Angriff". „Ossietzky ist vor längerer Zeit aus der Haft entlassen worden und befindet sich in Freiheit." Freilich, das konnte die Stimmung im Ausland nicht sehr beeinflussen. Fragte doch jeder Denkfähige: wenn Ossietzky in Freiheit ist, warum kommt er nicht nach Oslo und hält eine Rede über den Frieden, wie es der Brauch ist?

Den Freunden Ossietzkys in der Freiheit war eine neue Aufgabe erwachsen. Wenn Ossietzky nicht zum Preis kommt, so sollte der Preis nicht zu Ossietzky kommen. Einmal in Deutschland, würde die hohe Summe wahrscheinlich geraubt werden.

Während in Paris die Meinungen hin und her gingen, welcher Weg wohl der beste sei, um das Geld für Ossietzky zu sichern, erreichte die Freunde zu Beginn des Jahres 1937 die niederschmetternde Nachricht, daß der Preis an einen Bevollmächtigten Ossietzkys ausgezahlt worden sei. Über die Hintergründe konnten die Exilierten nichts wissen. Die Nazipropaganda verstand es, die Wahrheit über den Raub des Geldes in immer dichter werdenden Nebel zu hüllen. Heute, da die Dokumente sprechen, können die Vorgänge mit großer Genauigkeit rekonstruiert werden. Dieser Mischung aus Schläue und Brutalität war nur die Gestapo Heydrichs fähig.

„Held" der Tragikomödie ist Dr. Kurt Wannow, ein verkrachter Rechtsanwalt und ehemaliger Stahlhelmmann. Wegen Betruges vorbestraft, hatte er seine Anwaltpraxis aufgeben müssen. Als Versicherungsagent, später als Angestellter einer Rechtskanzlei verdiente er schlecht und recht seinen Lebensunterhalt. Von seiner Familie war er getrennt. Ein hungriger Wolf, der nach Beute späht.

Im Dezember 1936 läuft sie ihm zu. War es Zufall, daß Wannow eines Tages Maud v. Ossietzky, der Frau des schwerkranken Ossietzky, in einem Restaurant begegnete? Über die Vorgänge, die dieser ersten Annäherung folgten, stehen sich widersprechende Berichte der Beteiligten gegenüber. Aber als die Erzählung Wannows nach dem Untergang des Dritten Reiches überprüft werden konnte, entlarvte sie sich als ein einziges Lügengewebe. Heute kann mit Sicherheit behauptet werden: Wannow arbeitete im Auftrag der Gestapo.

Wannow behauptete in seinem Lebenslauf – 1946 geschrieben –, Frau Ossietzky habe ihm, nachdem sie bekannt geworden waren, ihr Leid geklagt: sie wüßte nicht, wie sie es anstellen sollte, damit Ossietzky das Geld aus Oslo tatsächlich erhalte. Er habe sich selbstlos zur Verfügung gestellt und, trotz der zu erwartenden Schwierigkeiten, den Auftrag übernommen, den Preis nach Berlin zu bringen. Es sei ihm gelungen, zu Ossietzky, der streng bewacht gewesen, vorzudringen und von ihm eine notariell beglaubigte, umfassende Vollmacht zu erhalten. Ossietzky habe auf ihn einen schwer leidenden Eindruck gemacht. Seine Art zu sprechen sei zögernd und vorsichtig gewesen. Ossietzky habe auf einen Stapel Bücher gewiesen: „Pflichtlektüre! Erzeugnisse des Eher-Verlages!" – Die Urkunde bevollmächtigte Wannow nicht allein, den hohen Betrag in Empfang zu nehmen, sondern auch, ihn zu verwalten.

Es schien ihm nicht geraten, sich selbst im Ausland zu zeigen, und so habe er seine Sekretärin, eine Frau Kreutzberger, mit Untervollmacht ausgestattet, nach Oslo geschickt. Nachdem das norwegische Generalkonsulat in Berlin die Echtheit der Vollmachtsurkunden bestätigt hatte, habe die Christiania-Bank in Oslo den Betrag in der Höhe von 163 849,12 norwegischen Kronen, umgerechnet 99 875,36 RM, telegrafisch nach Berlin überwiesen. – Die naiven Norweger hatten sich über alle Warnungen hinweggesetzt und das Geld, in der Annahme, es dem Empfangsberechtigten zu geben, seinen Kerkermeistern in die Hände gespielt.

Wannow behauptete weiter, er sei am Tage nach dem Eintreffen des Geldes zur Gestapo vorgeladen und von Heydrich und Diels empfangen worden. Dort habe man ihn gezwungen, Richtlinien für die Verwaltung des Geldes unterschriftlich anzuerkennen:

1. Ossietzky darf nur ein Taschengeld von RM 80.– monatlich erhalten.

2. Jede andere Behebung darf nur mit Genehmigung der Zollfahndungsstelle erfolgen.

3. Die Genehmigung wird nicht erteilt für Zuwendungen an Familienangehörige, Freunde oder ehemalige Angestellte Ossietzkys, ferner nicht für Zahlungen an wohltätige Verbände, vor allem nicht an die Gesellschaft der Quäker.

4. Ossietzky selbst ist von diesen Maßnahmen nicht in Kenntnis zu setzen.

Am nächsten Tag will Wannow von Ossietzky persönlich die Weisung erhalten haben, von dem Gelde alte Schulden zu bezahlen, seiner ehemaligen Sekretärin sowie Verwandten in Hamburg bestimmte Beträge zuzuwenden. Auch die Quäker sollten Geld erhalten, und schließlich mußte sein, Wannows, Honorar liquidiert werden. Der Restbetrag sollte angelegt werden, auf welche Weise sei Ossietzky gleichgültig gewesen.

Nur für die Bezahlung der alten Verbindlichkeiten war eine Genehmigung der Zollfahndungsstelle zu erwirken, nicht für die übrigen Zahlungszwecke. So sei er auf die Idee gekommen, alles Geld mit Genehmigung der überwachenden Behörde nutzbringend anzulegen, um aus den Erträgnissen die Wünsche Ossietzkys zu erfüllen. Dazu habe er sich aus Sympathie für seinen Auftraggeber und in der Absicht, ihm zu helfen, gedrängt gefühlt.

Am gleichen Tage kaufte Wannow die Eden-Lichtspiele, auch an anderen Geschäftsunternehmungen beteiligte er sich mit dem Gelde Ossietzkys. Über die Verwendung der Gelder will Wannow schriftlich abgerechnet haben, nachdem ihm der Zutritt zu Ossietzky nicht mehr gestattet worden war.

Am 10. Juni 1937 – immer nach der Schilderung Wannows – sei er verhaftet und bald darauf nach Sachsenhausen gebracht worden. Einige Monate später, von der Gestapo nach Berlin geholt, sollte er für einen öffentlichen Prozeß präpariert werden. Ihm wurde gesagt, daß er, der Veruntreuung des Nobelpreises angeklagt, mit einer harten Verurteilung rechnen müsse. Zermürbt habe er sich gefügt und gegen das Versprechen, nicht wieder ins KZ gebracht zu werden, zugesichert, sich so zu verhalten, wie ihm befohlen würde.

Ganz anders stellt Frau Maud die Geschichte der Beziehungen Ossietzkys zu Wannow dar. Dieser habe sich in ihr Vertrauen geschlichen, indem er behauptete, Rechtsanwalt zu sein. Daß er diesen Beruf wegen früherer Verfehlungen nicht ausüben durfte, habe er verschwiegen. Wannow habe mit einem jungen Mädchen gelebt, das er als seine Frau ausgab. Anläßlich eines Besuchs in der Wohnung Wannows habe das Fräulein den abgelegten Talar Wannows sowie Aktenstücke, auf denen „Rechtsanwalt und Notar Dr. Kurt Wannow" stand, vorgezeigt. Erst bei der notariellen Beglaubigung der Vollmachtsurkunde hatte es sich herausgestellt, daß Wannow jedenfalls kein Notar sei. Als das Geld eingetroffen war, habe Wannow 20 000 Mark als Honorar behoben. Den Vorschlag des Kinokaufs hatten die Ossietzkys abgelehnt, sie wollten das Geld mündelsicher angelegt wissen. Wannow habe eingewilligt, aber getan, was ihm nützlich erschien. Für eine zweitägige Reise nach Hamburg habe er 10 000 Mark verrechnet; allerdings war die Freundin mit von der Partie. In dem Kino, das nominell Ossietzky gehörte, sei Wannow Geschäftsführer und seine Freundin Süßwarenverkäuferin gewesen. Nach und nach sei es klar geworden, daß da etwas nicht stimme. Dr. Dosquet, der Leiter des Krankenhauses, befragt, was zu tun sei, habe die Polizei verständigt, was zur Verhaftung Wannows führte. – Der Nobelpreis war vertan.

Dieser Darstellung haftet der Eindruck naiver Gutgläubigkeit an. Ist es wahr, daß Wannow ein gewöhnlicher Betrüger war, der ohne Wissen der Gestapo handelte?

Wir wechseln den Schauplatz. Auch in Oslo ist die Verlegenheit groß. Was soll mit dem Preis geschehen?

Zwei Frauen sind in der norwegischen Hauptstadt aufgetaucht, beide wollen das Geld sicherstellen: Frau Kreutzberger, ausgestattet mit der Vollmacht Ossietzkys, drängt, daß das Geld nach Berlin überwiesen werde.

Hilde Walter, Ossietzkys einstige Sekretärin, aus Paris kommend, setzt Himmel und Hölle in Bewegung, um die Überweisung des Geldes nach Deutschland zu verhindern.

Der deutsche Gesandte beschreibt den dramatischen Zweikampf der Frauen in seinem Bericht vom 27. Januar 1937. „Frau Walter", heißt es da, „ist der Gegenpol von Frau Kreutzberger."

Die „Dame aus Berlin" war am 16. Januar 1937 in der deutschen Gesandtschaft erschienen, sie erzählte folgendes: Sie sei Büroangestellte des Rechtsanwalts Wannow. Ihr Mann sei Mitglied der NSDAP und in der Auslandsabteilung der Deutschen Arbeitsfront angestellt. Sie und ihr Mann seien 1935 aus Österreich nach Deutschland übergesiedelt, nachdem sie in Österreich als Nationalsozialisten dauernd Verfolgungen ausgesetzt gewesen seien. Dr. Wannow habe ihr erklärt, er besitze eine Vollmacht von Ossietzky. Er habe sie gebeten, nach Oslo zu fahren, um die Überweisung des Friedenspreises nach Deutschland zu veranlassen. Zur Deckung der Unkosten sollte sie einen Betrag von 1000 Kronen abheben. Sie habe sich bereit erklärt, diesen Auftrag auszuführen, da sie glaubte, im deutschen Interesse zu handeln, wenn sie die Überweisung des Betrages nach Deutschland bewerkstellige.

In der Gesandtschaft war man konsterniert. Man setzte der armen Frau zu, versicherte ihr, daß eine Unterstützung ihres verdächtigen Vorhabens ausgeschlossen sei, und riet ihr, die Hände davon zu lassen.

Frau Kreutzberger war „außerordentlich erschrocken" und versprach, sich noch einmal mit Wannow telefonisch in Verbindung zu setzen. Sie erzählte außerdem, daß die Bank in Berlin eine Bestätigung der Vollmacht einholen wolle.

Die Beamten in der Gesandtschaft konnten sich nicht vorstellen, daß amtliche deutsche Stellen den Plan ausgeheckt oder gefördert hätten, das Sündengeld nach Deutschland zu bringen. So berichteten sie ebenso aufgeregt wie treuherzig über die Auseinandersetzung mit der Abgesandten Wannows an die vorgesetzte Stelle in Berlin.

Inzwischen bestürmte Hilde Walter die norwegischen Behörden, das Geld nicht auszuzahlen, sie sei sicher, daß die Unterschrift Ossietzkys auf der Vollmacht gefälscht sei. Auch ein Schriftsachverständiger wurde bemüht, dieser aber war der Meinung, die Unterschrift sei echt.

„Vor den Augen der erstaunten Norweger", schreibt der deutsche Diplomat, „spielt sich die Groteske ab, daß Frau Walter der Bank gegenüber die amtlichen Erklärungen zweier Außenministerien Lügen straft und die Bank im Zweifel darüber ist, ob sie dieser Frau oder den Erklärungen des norwegischen Außenministers Glauben schenken soll."

In Wirklichkeit spielte sich der Kampf nicht zwischen zwei Frauen ab, sondern zwischen zwei Welten. Es waren immer noch die gleichen, die vor der Preisverleihung einander gegenüberstanden. Hilde Walter konnte sich auf die öffentliche Meinung stützen. Die norwegische Friedensgesellschaft hatte der deutschen Gesandtschaft die dringende Bitte vorgetragen, Ossietzky die Reise nach Norwegen zu gestatten, um den Preis persönlich in Empfang zu nehmen. Auch in Schweden, in England flammte die Bewegung neu auf. Die Freunde Ossietzkys beriefen sich auf die amtlichen Erklärungen, wonach der Nobelpreisträger aus der Schutzhaft entlassen worden sei: als freier Mann müsse er das Recht haben, die ihm zuteil gewordene Ehrung an Ort und Stelle in Empfang zu nehmen. „Im Namen des Friedens: Heraus mit Ossietzky!" schloß das Schreiben.

Auf der anderen Seite stand die Macht des zum Kriege rüstenden Nazistaates.

Die norwegische Regierung hatte sogleich, als die Abgesandte Wannows, ausgerüstet mit der Vollmacht Ossietzkys, in Oslo auftauchte, ihren diplomatischen Apparat in Bewegung gesetzt. Ein Legationsrat der norwegischen Gesandtschaft in Berlin erschien bei Herrn Gaus: „Da in Norwegen gewisse Zweifel bestünden, ob die Vollmachterteilung in Ordnung sei, sei die Gesandtschaft vom norwegischen Außenminister persönlich telefonisch beauftragt worden, durch Vermittlung des

Auswärtigen Amtes die Genehmigung dazu zu erwirken, daß ein Mitglied der Gesandtschaft persönlich mit Ossietzky Rücksprache nehme, um festzustellen, ob die Vollmachterteilung in Ordnung sei."

Selbstverständlich protestierte der deutsche Diplomat gegen solche „Einmischung", dies sei eine „ungewöhnliche und befremdliche Methode", sie zeige „Mißtrauen gegen die Auskunfterteilung durch die deutschen Behörden".

Am nächsten Tag erschien der norwegische Gesandte persönlich in der Wilhelmstraße und modifizierte den Antrag. Er bitte das Auswärtige Amt lediglich um die Mitteilung, ob der Notar, der die Beglaubigung der Vollmacht vorgenommen habe, noch vollberechtigt amtierender Notar sei. Jede Bekundung eines Mißtrauens habe der norwegischen Regierung ferngelegen.

Dieser Intervention ist es zu danken, daß die Hand der Gestapo hinter dem Raub des Nobelpreises aktenkundig wurde. Die norwegische Anfrage ist vom Außenamt an die Gestapo und an das Reichsjustizministerium weitergeleitet worden, mit dem Ergebnis, daß nun mit Sicherheit behauptet werden kann: Wannow war ein Mann der Gestapo.

Ein Aktenvermerk vom 19. Januar 1937 in Erledigung der norwegischen Anfrage spricht eine deutliche Sprache. „Entscheidung der Gestapo Obersturmführer Müller vorgelegt. War bereits im Bilde. Keine Einwendungen." Gezeichnet: Schaumburg.

Völlig klargestellt wird die Manipulation der Gestapo durch die an das Auswärtige Amt gelangte Auskunft des Reichsjustizministeriums vom 19. Januar 1937. Es sei festgestellt worden, heißt es da, daß Rechtsanwalt Müller-Stromeyer, der die Vollmacht Ossietzkys beglaubigt hatte, wohlbestallter Notar sei, „mit Dr. Wannow seit dem Kriege persönlich bekannt". Die dunkle Vergangenheit Wannows wird mit begreiflicher Schonung angedeutet. Dann heißt es: „Dr. Wannow erklärt ferner, in der Angelegenheit mit der Gestapo in Verbindung gestanden zu haben und daß von dieser Seite aus alles in Ordnung sei."

Im Besitz dieses Schreibens, beeilte sich Gaus, der Gesandtschaft in Oslo zu kabeln: „Innere Stellen haben gegen Auszahlung keine Bedenken.“ Dem norwegischen Gesandten versicherte er telefonisch, die Sache mit dem Notar sei in bester Ordnung.

Sie ist nun tatsächlich „in Ordnung“ – der letzte Zweifel ist beseitigt. Der Nobelpreis ist von der Gestapo mittels ihres Vertrauensmannes Wannow nach Deutschland entführt worden.

Damit war der Kampf um die Überweisung entschieden. Wannow betrog Ossietzky, aber er war ein betrogener Betrüger, denn sehr bald mußte er erfahren, daß es nicht ungefährlich ist, mit den Heydrich-Leuten Geschäfte zu machen.

Die Erregung im Ausland über die verdächtige Auszahlung des Geldes an einen „Bevollmächtigten“, die Sorge um das Leben des unfreien „Befreiten“ wurden jedoch nicht geringer, sosehr die Nazibehörden sich auch anstrengten, über dessen wahre Natur hinwegzutäuschen. Da entschloß sich das Promi – so nannte man das Goebbelsministerium im inneramtlichen deutschen Verkehr – zu einer Wiederholung des Jürgensen-Manövers, nur sollte es diesmal geschickter angelegt werden.

Anfang August des Jahres 1937 erschienen in mehreren einflußreichen Zeitungen der USA, Frankreichs, Schwedens, Belgiens und Luxemburgs Berichte über ein Journalistengespräch mit Ossietzky. Von diesem Sammelinterview sind mindestens fünfzehn verschiedene Versionen vorhanden. Der deutsche Botschafter in Washington berichtete nach Berlin, was in der „New York Times“ vom 2. August über die Unterredung veröffentlicht worden war, ebenso verfuhren die deutschen Missionen in den Hauptstädten anderer Länder. „Paris Midi“ berichtete, Ossietzky habe erklärt, er bleibe seinem pazifistischen Ideal treu. Das „Escher Tageblatt“ ließ durchblicken, die Unterredung habe im Beisein von zwei Gestapobeamten stattgefunden. Der „Sozialdemokraten“ in Stockholm griff die nazifreundliche Version im „Stockholms-Tidningen“ an, wo zu lesen gewesen war, Ossietzky habe das Verhalten der Gestapo als korrekt gerühmt. Wie unwahrscheinlich diese Darstellung sei, schrieb das sozialdemokratische Blatt, gehe daraus hervor, daß Ossietzky auch behauptet haben soll, er stünde mit seiner in Stockholm lebenden Tochter Rosalinde in ständiger Korrespondenz, während diese selbst erklärt, ihr Vater habe ihr während der letzten fünf Monate nicht ein einziges Mal geschrieben.

Auch dieses Halbdunkel ist heute, da die Akten sprechen, restlos aufgehellt. Am 10. September 1937 beantwortete der Reichsminister für Volksaufklärung und Propaganda die Anfrage des Auswärtigen Amtes, was es mit diesen Interviews auf sich habe, mit einer trockenen Feststellung: „Auf Veranlassung des Geheimen Staatspolizeiamtes wurde am 2. August sechs Auslandskorrespondenten die Möglichkeit gegeben, Ossietzky in seinem Sanatorium im Norden Berlins zu besuchen.“ Es folgen die Namen der Herren, die der Einladung Folge geleistet haben. „Anwesend waren ferner ein Vertreter des Propagandaministeriums und ein Vertreter der Gestapo, und zwar derjenige Kriminalrat, der sich besonders um die Vermögensverhältnisse Ossietzkys persönlich gekümmert hat.“ Irgendwelche Zwischenfälle seien bei der gemeinsamen Unterredung mit Ossietzky nicht vorgekommen. Die Auslandskorrespondenten hätten in ihren Berichten der Wahrheit gemäß besonders den Umstand betont, „daß von Behördenseite keine Einwendungen dagegen erhoben wurden, als Ossietzky auf Anfrage erklärte, er sei und bleibe nach wie vor Pazifist“.

Die Dummheit des Jürgensen-Interviews zu wiederholen, waren die Goebbelsleute diesmal zu gewitzt. Sie hatten schlechte Erfahrungen gemacht, und so unterließen sie es, Ossietzky zum freundlich lächelnden Renegaten zu stempeln, geglaubt hätte es ihnen ohnedies niemand. Dennoch wurde auch der zweite Versuch, ein für das Regime nützliches Interview zustande zu bringen, zum Bumerang. Ossietzky hatte mit seinen matten Händen das Wurfgeschoß ergriffen und es seinen Bedrängern ins Gesicht geschleudert.

Noch ein letztes Mal bot sich ihm die Gelegenheit, das Gewebe von Lüge und Heuchelei um seine Person vor den Augen der aufhorchenden Welt zu zerreißen. Nun stand er bereits an der Schwelle des Todes. Der Strafprozeß gegen den Betrüger Wannow, von der Gestapo im Ringen um die Weltmeinung mit allen Tricks einer Justizschau ausgestattet, brachte es an den Tag.

Die in Berlin akkreditierten ausländischen Journalisten waren unterrichtet worden, daß Ossietzky in einer öffentlichen Gerichtsverhandlung als Zeuge erscheinen werde. Keinen besseren Beweis für die Lügenhaftigkeit der Emigrantenpresse könne es geben, als das ordentliche Gerichtsverfahren gegen den Mann, der den Nobelpreis veruntreut hatte.

Am 25. Februar 1938 trat das Schöffengericht Berlin-Mitte zusammen, um gegen den des Betrugs angeklagten Kurt Wannow zu verhandeln. Der Gestapokommissar am Zeugenstand ließ die Katze sogleich aus dem Sack. Gegen Wannow mußte vorgegangen werden, da im Ausland behauptet werde, das Geld sei von der Gestapo beschlagnahmt worden, „um es zum Gießen von Kanonen zu verwenden". Niemals habe bei der Gestapo die Absicht bestanden, das Geld zu beschlagnahmen. Erst auf Grund der „Emigrantenhetze" habe man sich mit Ossietzky in Verbindung gesetzt und von ihm erfahren, daß Dr. Wannow den größten Teil des Geldes veruntreut habe. Die Klarstellung sei notwendig geworden, um den Lügenmeldungen im Ausland entgegenzutreten.

Damit war der Zweck des Schauspiels zur Genüge klargestellt. Der Richter stellte aus den Akten fest, daß von den 100 000 Mark nur 16 500 Mark übriggeblieben waren. Wannow hatte den größten Teil des Geldes für sich und seine achtzehnjährige Freundin verwendet. Hätte die Gestapo nicht zugegriffen, plädierte der Ankläger, dann wäre höchstwahrscheinlich auch der Rest des Geldes für Ossietzky verloren gewesen. Die Gestapo, sorgende Mutter ihrer Schützlinge ...

Dann kam es zu dem Auftritt, dessentwegen das Schauspiel inszeniert worden war. Nachdem Frau Ossietzky, als Zeugin vernommen, berichtet hatte, unter welchen Umständen sie Wannow kennengelernt hatte, wurde Ossietzky in den Saal geführt. Alle Augen richteten sich auf den Mann, dessen Namen die Welt buchstabieren gelernt hatte. Ein Sterbender. „Ich betrachte dieses Geld", flüsterte er, „das ich einer unter seltsamen Umständen erfolgten internationalen Ehrung verdanke, nicht als mein direktes Eigentum. Es schwebte mir vor, es für wohltätige Zwecke zu verwenden und nur einen Teil für mich zur Behebung der Krankheit zu behalten."

Nichts war in diesen Worten, was der Herr der Propaganda hätte verwerten können. Gedrängt, sich über seine Gefühle im Zusammenhang mit der Preiszuerkennung zu äußern, schwieg der Nobelpreisträger vorerst. Ossietzky, körperlich verfallen, aber geistig ungebrochen, sah sich im Kreise um. Seinem klaren Verstand entging es nicht, was seine Peiniger vorhatten. Erwarteten sie einen Kniefall, so sollten sie sich getäuscht haben. Die zwei vollbesetzten Bänke der ausländischen Presse waren ein untrügliches Zeichen. Man hatte ihn hergeschleppt, um ihn zur Schau zu stellen. Als er vor dem Reichsgericht der Republik gestanden hatte – wie viele Ewigkeiten war das her? –, hatte er noch Illusionen über den Rechtsstaat. Die Illusionen hatte man ihm gründlich herausgeprügelt. Jetzt wußte er genau, wem er gegenüberstand.

Ossietzky: „Für mich war die Verleihung des Nobelpreises mit einer gewissen Bitterkeit verbunden."

Vorsitzender: „Das verstehe ich nicht so recht."

Ossietzky: „Ich fragte mich wiederholt, bist du diesen Preis wert? Ich glaubte, den Preis nicht ausschlagen zu dürfen. Ich mußte den Eindruck gewinnen, daß die Verleihung eine politische Demonstration bezweckte." Ein unverfänglicher Wortlaut, aber für die Zuhörer auf der Pressebank hatte er einen deutlichen Sinn. Wieder, wie in Sonnenburg, hatte Ossietzky es verstanden, die Schallmauer zu durchbrechen, die zwischen ihm und der Welt lag.

Für die Regisseure waren keine Lorbeeren zu ernten. Wannow sagte aus, wie man es von ihm verlangt hatte. Ein dreifach Vorbestrafter, das Schweigen konnte ihm nur nützen. Ossietzky, zu seiner Frau gewandt, flüsterte: „Er tut mir leid.“ Fräulein Lenz, die jugendliche Freundin und Mitverschworene, von der Gestapo genau instruiert, was sie auszusagen habe, verlor die Nerven. Plötzlich sprudelte sie die Worte hervor: „Die Geheime Staatspolizei war es ja gewesen ...“ Der Richter stoppte den Ausbruch sofort. Der Staatsanwalt erhob sich. „Die Zeugin will offensichtlich den Angeklagten begünstigen. Ich beantrage, von ihrer weiteren Vernehmung abzusehen und sie unvereidigt zu lassen.“ Drei Jahre Zuchthaus beantragte der Staatsanwalt für Wannow, zwei hielt das Gericht für angemessen, den Ehrverlust als Zusatzstrafe.

Die Zeitung des Dr. Goebbels bemühte sich, aus der Gerichtsverhandlung soviel wie möglich herauszuschlagen. „Wie eine Gabe der Wissenschaft mißbraucht wurde“, hieß es da. Und dann die Hauptsache: „Die Verhandlung hatte gezeigt, daß der von der internationalen Hetzpresse so oft totgesagte Ossietzky noch als Zeuge vor Gericht auftreten kann. Außerdem ist die sachliche Klärung des Falles ein Hieb auf die Greuelpropaganda der ausländischen Pflasterpresse, die sich nicht genugtun konnte, die Geschäfte mit dem Nobelpreis für die verlogene Hetze gegen Deutschland auszunützen.“

Die Sprache verriet die Täter. Der „Angriff“ betitelte den Bericht: „Die Nobelpreis-Komödie.“ Das war es.

Im Jahre 1946 hatte Wannow die Stirn, in Berlin als Naziopfer aufzutreten. Man glaubte ihm vorerst, erkannte ihn als „Opfer des Faschismus“ an und nahm ihn in den Stand eines Rechtsanwalts und Notars auf. Die Leichtgläubigkeit der Behörden 1946 war nicht geringer als die Ossietzkys 1937. Allerdings hielt der Trug nicht lange vor. 1949 wurde Wannow entlarvt, die Wahrheit war, zumindest teilweise, ans Licht gekommen. Aus Dokumenten und Zeugenaussagen ergab sich das Bild eines Deklassierten, der betrog und betrogen wurde. Allein die Tatsache, daß die Sperre über das Konto Ossietzkys zwei Wochen nach Eingang des Geldes von der Zollfahndungs-

DIE STÄRKEREN

Abb. 47

stelle, offenbar im Auftrag der Gestapo, verfügt wurde, war ein Beweis dafür, daß Wannows Erzählung von den „Richtlinien“ der Gestapo, die er im Beisein Heydrichs und Diels unterschrieben haben will, ein Märchen ist. Über das Geld hatte die Gestapo (bis auf 1000 Mark monatlich) die Sperre verhängt, und Wannow war nichts weiter als ein Strohmann, freilich einer, der es verstand, in die eigene Tasche zu arbeiten. Als er seinen Auftraggebern unbequem wurde, zertraten sie ihn.

Fern dem Lärm der Welt siechte der Einsame dahin. Das Krankenzimmer, ein schmutziggrauer Winkel, gerade gut genug, um einen Unbequemen ohne Aufsehen verenden zu lassen. Eine hölzerne Wand in halber Zimmerhöhe trennte die Schlafecke ab, wo zwei Betten standen, darunter Koffer und Pappschachteln. Ein Tisch, zwei Stühle und ein weißlackierter Spitalspind vervollständigten die Einrichtung der Zelle. An der Wand hing ein Bücherbrett. Darüber war ein längliches, handgeschriebenes Spruchband befestigt, einziger Zierat des kahlen, engen Raumes.

Besuche waren verboten. Frau v. Ossietzky erhielt täglich eine Mark für Zeitungen und Zigaretten. Die Kosten für Dr. Dosquets Bemühungen wurden aus Paris beglichen. Die Liga für Menschenrechte schickte über eine Zwischenstelle jeden Monat im voraus 60 Francs. Eine Zeitlang pflegte Schwester Hedwig den Kranken, doch als dessen Zustand immer schlimmer wurde, übernahm Pfleger Meinieck die Wartung des Leibes, der langsam verlöschte.

Doch nicht der Geist. Die Gedanken Ossietzkys folgten dem Tumult in der Welt, als ob er seinen Anteil daran nicht aufgeben könnte. Österreich war von Hitler besetzt worden. Ossietzky, noch immer nicht ganz frei von seinem Kinderglauben an die Macht des Menschen- und Völkerrechts, staunte über die Untätigkeit der Westmächte. Wenn sie nicht um der Freiheit willen handelten, warum nicht aus Selbsterhaltungstrieb?

Ostern 1938. Draußen blühte der Schlehdorn, man konnte ihn vom Bett aus sehen, denn die Gartentür stand offen. Klösterliche Stille herrschte im Haus. Der Pfleger hatte die Nachmittagsstunde des Feiertags zum Ausgehen benutzt. Auch von den Wächtern, die im entfernten Korridor herumzulungern pflegten, war niemand zu sehen. Dr. Dosquet war abwesend. Nur Maud v. Ossietzky wachte über den in Gedanken Versunkenen.

Plötzlich öffnete sich die zum Vorraum führende Tür. An der Schwelle stand ein junger Mann, den Photoapparat umgehängt, hinter ihm eine Frau jugendlichen Aussehens. Der Fremde zögerte einen Augenblick, als hätte er Hemmungen, in dem Halbdunkel einen Schritt vorwärts zu tun.

„Was wollen Sie?“ Frau v. Ossietzky sprang auf. „Das ist verboten. Photographieren ist hier verboten. Keine Journalisten.“ Sie drängte die Fremden zum Ausgang.

Mit einem raschen Handgriff entledigte sich der junge Mann der Kamera, trat festen Schrittes in den Raum, gefolgt von seiner Begleiterin. „Wir sind keine Zeitungsleute. Beruhigen Sie sich. Wir sind Freunde. Norweger. Wir wollen den Nobelpreisträger sprechen. Sie können ruhig sein. Nichts Schlimmes wird passieren.“

Der Kranke hatte sich mühsam aufgerichtet. „Norweger? Bitte treten Sie näher. Maud, ich will mit diesen Menschen sprechen.“ Er fiel in seine Kissen zurück.

Fünfundzwanzig Jahre später erzählt der norwegische Pazifist Finn Lie dem Gast die Geschichte des letzten politischen Gesprächs, das Ossietzky geführt hat, ehe er die Augen für immer schloß.

Den Besucher nimmt die eigenartige Behaglichkeit des norwegischen Blockhauses gefangen. Die Schneelandschaft glitzert in der Frühlingssonne. Norwegens längster Binnensee, ganz in Weiß, erstreckt sich, soweit der Blick reicht. Die geräumige Stube ist von Licht durchflutet. Der junge Mann von 1938 ist immer noch jung, wenn auch das Grau an den Schläfen die Jahre anzeigt. Auch die Begleiterin von damals nimmt an dem freundlichen Gespräch teil und hilft, die Erinnerung zu wecken.

Bilder tauchten auf aus dem Schacht des Gedächtnisses und setzten sich in stockend gesprochene Worte um. Die Erzählung war von einem eigenartigen Einverständnis der Blicke begleitet, so daß der Besucher sich fast wie ein Eindringling fühlte. Ja, sie hatten sich damals auf der Hochzeitsreise befunden. Zwei junge Leute, vereint in mannigfacher Sympathie, aber auch durch ein gemeinsames Ideal, ja mehr als das, eine gemeinsame Leidenschaft. Beide waren sie Partisanen des Friedens. Dort in der Friedensbewegung hatten sie sich kennengelernt, und was auch in anderen Ländern oder Zeiten der Jugendbewegung als Ideal vorgeschwebt haben mag, in Norwegen war es die Friedensidee. Das mag mit dem alljährlich in Oslo zu vergebenden Friedensnobelpreis zusammenhängen. Für diese jungen Leute war Ossietzky eine Fanfare und ein Geheimnis zugleich. Wo befand er sich? Wie lebte er? Konnte man ihn aufsuchen?

Sie waren in Berlin und wagten das Abenteuer, wie eben junge Leute sich an das Unbekannte wagen, ohne das Ende zu bedenken. Sie suchten das Westend-Krankenhaus auf, wo Ossietzky untergebracht sein sollte. Starr abweisende Mienen empfingen sie. Einen Mann dieses Namens kenne man nicht. Der junge Norweger aber ließ sich nicht einschüchtern. Er verlangte die Vorlage der Krankenkartothek, was ihm nicht verweigert werden konnte. In der Tat fand er das Karteiblatt mit dem Namen Ossietzky. Freilich war es ein leeres Blatt; doch war es nur scheinbar leer. Bei genauer Betrachtung entdeckte Finn Lie einen mit dünnem Bleistift geschriebenen Vermerk: „Niederschönhausen, Mittelstraße 6." Da hatte sich's einer leicht gemacht. Hier handelte es sich offenbar um die gesuchte Adresse oder zumindest um eine Spur, die zu ihr führen mußte.

„Wir eilten dorthin. Ein unscheinbares einstöckiges Gebäude. Wir traten ein. Niemand fragte nach unserem Begehr. Eine Aufwartefrau wies uns ohne weiteres in ein etwas abgelegenes Zimmer. Und wir waren da. So einfach war das!"

„Hatten Sie den Eindruck, daß Ossietzky bewacht war?"

„Ganz und gar nicht. Wir waren erstaunt, daß niemand uns aufhielt. Später erfuhr ich: gewöhnlich war Wache da. Aber

Dr. Dosquet war nicht im Haus, ich weiß nicht warum, und so konnten wir ohne weiteres hinein. Niemand hat versucht, es zu verhindern."

„In welcher Situation fanden Sie Ossietzky vor?"

„Er sah dünn aus, und ich habe bemerkt, daß seine Zähne sehr schlecht waren. Ja, ich muß sagen, er sah furchtbar krank aus. Aber er hat uns sehr, sehr freundlich empfangen. Er war sichtlich froh, daß wir gekommen waren. Wir saßen da, ungefähr zwei, drei Stunden, ich kann es nicht genau sagen, es war schon dunkel, als wir auf die Straße traten."

„Worüber haben Sie gesprochen?"

„Wir haben über viele politische Fragen diskutiert, über alle Fragen, die damals aktuell waren. Ossietzky war verblüffend gut informiert. Er hatte ein klares Bild von der internationalen Lage."

„Was beschäftigte Ossietzky am stärksten?"

„Er war ganz sicher, daß der Krieg kommt, er war überzeugt, der Krieg müsse kommen. Das beschäftigte ihn am meisten. Er hat nicht viel vom Konzentrationslager erzählt, auch nicht über die Behandlung, die ihm von den Nazis zuteil wurde. Er hat nur erwähnt, er wage nicht, zu einem Zahnarzt zu gehen, weil er fürchten müsse, es könnte ihm etwas zustoßen. Er hatte kein Vertrauen zu diesen Leuten. Er wollte nicht über das Vergangene sprechen, nur über das Kommende. Auch über seine Krankheit sprach er nicht viel. Er wunderte sich bloß, daß er tuberkulös sei, eine Krankheit, die in seiner Familie unbekannt war. Vom Nobelpreis und dem Kampf um ihn sprachen wir natürlich viel. Ich erwähnte, Hamsun, der Ossietzky einen Landesverräter genannt hatte, sei nicht sehr populär in Norwegen, ein politisches Kind. Ossietzky erwiderte: ‚Als Mensch interessiert er mich nicht, aber er ist ein wunderbarer Schriftsteller, und ich habe fast alles, was er geschrieben hat, gelesen. Sein neues Buch müssen Sie mir schikken. Wenn Sie Hamsun sehen, wollen Sie bitte einen Gruß von mir ausrichten.' Und dann haben wir über meine Pläne gesprochen. Ich wollte Ossietzky helfen, damit er in ein besseres Krankenhaus komme, bessere Behandlung erhalte. Ich wollte nach Norwegen zurückfahren, dann wollte ich zwei Ärzte mit mir nach Berlin zurückbringen, und wir wollten dann zu den Behörden gehen, und ich wollte ihnen sagen: Entweder lassen Sie Herrn v. Ossietzky eine gute Behandlung in einem guten Spital in Deutschland oder im Ausland zukommen; wenn Sie das nicht tun, will ich die ganze Welt alarmieren und alles erzählen, was ich hier gesehen und gehört habe. Sie haben die Wahl: Sie können entweder diesem Mann eine gute Behandlung geben, in den letzten Wochen oder Monaten, die ihm noch bleiben, oder ich will dafür sorgen, daß die ganze Welt erfährt, wie er behandelt wird."

„Haben Sie ihn auch über seine persönliche politische Meinung befragt?"

„Fünfundzwanzig Jahre sind vergangen. Es ist schwer, sich an Worte zu erinnern. Ich bin ein Mann, der keiner Partei angehört, und ich habe den Eindruck, er hatte seine feste politische Überzeugung, aber ein Parteipolitiker war er nicht. ‚Ich bin ein parteiloser Mann der Linken', hat er gesagt."

„Hatte er eine Vorstellung über den Ausgang des Krieges, dessen Kommen er voraussah? Hat er sich darüber geäußert?"

„Nein, jedenfalls kann ich mich daran nicht erinnern. Wir saßen da und hatten Angst vor dem Krieg. Er wußte bestimmt: der Krieg wird kommen, er sah keine andere Möglichkeit. An mehr kann ich mich nicht erinnern."

„Hatte er seine Meinung geäußert über die Kampagne im Ausland zu seinen Gunsten?"

„Ja, das war verblüffend. Er hat sehr gut Bescheid gewußt über alles, was man im Ausland für ihn getan hatte. Thomas Mann, Wickham Steed, Romain Rolland, das alles hat er gewußt. Er war sich darüber im klaren, daß er eine Waffe im Kampfe für den Frieden war – wie soll ich sagen –, an der Heimatfront, im Hinterland des Feindes, allein kämpfend gegen den Nazismus. Er wußte, daß er Millionen von Menschen in der ganzen Welt hinter sich hatte. Er fühlte sich tatsächlich auf dem Schlachtfeld, vielleicht als der unbekannte Soldat im

Kampf für den Frieden. Und er wußte natürlich auch, und das ist vielleicht sein größter Einsatz, daß er sein ganzes Leben in diesen Kampf geworfen hatte. Er wußte, daß er dafür bezahlen mußte. Er war sich auch klar darüber, daß er diesen Weg zu Ende gehen mußte, aufrecht und ohne Zögern. Das wußte er. Diese Haltung prägte das ganze Gespräch."

„Was sagte er dazu, daß er den Nobelpreis bekommen hat? Von der Nazipresse wurde behauptet, er hätte in dem Wannow-Prozeß erklärt, daß er den Preis gar nicht haben wollte und daß er diesen Preis nur als eine Demonstration gegen Deutschland ansehe, daß er also gegen die Preiszuerteilung war. Ist das möglich?"

„Nein, das ist absolut unmöglich. Er hat diesen Preis angenommen, aber er hat gesagt, er sei des Preises nicht würdig; aber da er nun den Preis bekommen hatte, wollte er sich des Preises würdig erweisen. Er hat den Kampf fortgesetzt, um sich des Preises würdig zu erweisen. Er hat niemals den Preis abgelehnt, nein, das ist nicht wahr. Sie wissen, daß Göring ihn dazu bewegen wollte, den Preis abzulehnen. Maud hatte ihn, als er von Göring zurückkam, gefragt, was ihm bei diesem Gespräch den größten Eindruck gemacht habe. Die Geschichte kennen Sie?"

„Nein!"

„Ah, Sie kennen natürlich den Göring mit seinen Juwelen und Ringen. Ossietzky antwortete auf die Frage seiner Frau: ‚Göring trug einen mächtigen Siegelring, ich mußte den Ring immer ansehen. Das hat auf mich den größten Eindruck gemacht. Es war ein sehr schöner Ring.' Dieser Göring saß an seinem Schreibtisch, und der kranke Mann stand da, eine Stunde oder so, und wurde furchtbar angebrüllt. Er war sehr krank und mußte da aufrecht stehen vor dem Göring mit seinen Drohungen. Dieser Göring war ... also man braucht ja nicht zu beschreiben, wie dieser Göring war."

„Noch eine Frage. Da Sie doch so lange mit ihm gesprochen haben, hat er etwas über die Vergangenheit gesagt, über die Weimarer Republik und die Fehler, die da gemacht worden sind, hat er sich über die Frage geäußert, wie es zum Sieg des Nazismus kam?"

„Wir haben über die Entwicklung des Faschismus in Italien und Deutschland gesprochen und auch über die Weichheit der Demokratien. Sie hätten zum Beispiel den Krieg in Abessinien verhindern müssen, meinte Ossietzky. Aber an bestimmte Äußerungen über Deutschland kann ich mich leider nicht erinnern. Er wurde bald müde, er lag mit geschlossenen Augen da und wartete eine Weile, dann fing er wieder an zu sprechen. Seine Frau hat eine Tasse Tee gebracht, und er war nicht imstande, die Tasse in seiner Hand zu halten, so geschwächt war er."

„Erzählen Sie bitte, was Sie dann gemacht haben. Haben Sie über die Unterredung mit irgend jemand gesprochen? Was ist weiter geschehen?"

„Nachdem wir bis zum Abend geblieben waren – es war dunkel, als wir das Krankenhaus verließen, niemand hat es verhindert –, sind wir ins Hotel zurückgegangen. Am nächsten Tag fuhren wir nach Oslo. Wir haben mit einem norwegischen Arzt gesprochen, mit einem Lungenspezialisten, und mit anderen Friedensfreunden. Wir haben alles vorbereitet für eine neue Reise nach Berlin, um Ossietzky Hilfe zu bringen. Dann bekamen wir plötzlich die Nachricht, daß Ossietzky gestorben ist."

„Haben Sie über Ihre Erlebnisse geschrieben?"

„Ja. In mehreren Zeitungen, bald nach der Todesnachricht. Ich habe mich gefragt, ob es richtig ist, diesen Artikel zu veröffentlichen, da Frau Ossietzky in Berlin lebte. Vielleicht werden die deutschen Behörden ihr Schwierigkeiten machen. Aber ich war jung. Die Zeitungen haben soviel Falsches über sein Leben und seinen Tod geschrieben, daß ich mich entschloß, diesen Artikel zu veröffentlichen. Natürlich waren die deutschen Behörden böse. Ich wurde zum deutschen Konsul in Oslo geladen. Dort wurde mir gesagt, ich sei ein Feind Deutschlands, ich könnte niemals nach Deutschland reisen. Und dieser Konsul ist nach Berlin gefahren, hat ein Gespräch mit Frau

Ossietzky und Dr. Dosquet gehabt; er versuchte, daß sie alles dementieren, was ich berichtet habe."

„Haben Sie Hamsun einmal getroffen?"

„Ja, das war ganz zufällig. Eines Abends, in einem Haus in Oslo, bin ich in den Fahrstuhl eingestiegen. Da stand Knut Hamsun. Ich fuhr mit ihm zusammen hinauf und bin mit ihm zusammen ausgestiegen. Ich sagte zu ihm: ‚Entschuldigen Sie, Herr Hamsun, ich habe einen Gruß an Sie.' Und er hat gesagt: ‚Von wem?' Ich sagte: ‚Von Carl v. Ossietzky.' Hamsun hörte nicht sehr gut, und er hat sein Ohr ganz nahe an mein Gesicht gehalten. ‚Wie war der Name?' Ich habe den Namen klar und deutlich wiederholt, und er hat gesagt: ‚Ich kenne den Namen überhaupt nicht, ich kenne den Namen nicht, ich kenne ihn nicht.' Und dann ist er umgekehrt und den Korridor entlanggelaufen, ganz erschrocken. Er wollte überhaupt nicht mit mir sprechen."

„Das war im Jahre 1938?"

„Ich glaube, ein Jahr später."

„Sie sagen, Ossietzky hat viele Fragen gestellt. Können Sie sich an einige dieser Fragen erinnern?"

„Die öffentliche Meinung war für ihn das Wichtigste. Wie ist die Stimmung in Norwegen? Wie ist die Stimmung in anderen Ländern? Gibt es Sympathien für den Nazismus in Norwegen? Wie ist die Lage? Er wollte wissen, was in der Welt vorgeht. Denn die Informationen, die er durch die deutschen Zeitungen bekommen hat, waren natürlich falsch. Er hatte einen Kristallapparat, also nur die Möglichkeit, deutsche Nachrichten abzuhören, deutsche Zeitungen zu lesen. Dennoch hatte er sich ein Bild gemacht, das absolut korrekt war. Es war verblüffend, wie gut informiert er war, und ich habe später oft gedacht: Wie war es ihm nur möglich, so gut informiert zu sein, wo er doch von allem abgeschnitten war? Aber als Journalist konnte er zwischen den Zeilen lesen."

„Hatte er Bücher?"

„Ja, er hatte an der Wand ein kleines Bücherbrett, vielleicht fünfzig bis sechzig unscheinbare Bücher, und da war auch die

Aufschrift, die er immer vor sich hatte. Ich kann es schwer in meinem schlechten Deutsch sagen. Etwa: ‚Durch alle Niederlagen leuchtet die Hoffnung als ewiger Stern.‘ An das Wort ‚Hoffnung‘ erinnere ich mich ganz deutlich."

„Wie, geschrieben, oder ...?"

„Ich glaube, es war geschrieben, ich glaube auf einem Stück Karton, ganz sicher weiß ich es nicht mehr. Aber an den Text erinnere ich mich: ‚Durch alle Niederlagen leuchtet die Hoffnung als ewiger Stern.‘ Ja, das war es. Und ich fragte mich: Wie ist das gemeint? Diese Lage, absolut ohne Hoffnung, und ich habe gedacht: Wo ist dieser Stern?"

„Darf ich Sie bitten, noch einmal nachzudenken, ob er diesen Satz: ‚Ich bin ein parteiloser Linker‘, so formuliert hat oder ob das Ihre Deutung ist?"

„Das kann ich nicht genau sagen. Vielleicht habe ich diesen Satz mitgebracht, als ich den Besuch machte. Mein Eindruck ist jedenfalls, er war ein unabhängiger, freier Mensch, kein Parteimitglied."

„Aber er selbst hat nichts dergleichen gesagt?"

„Nein, ich war dessen gewiß, er war parteilos."

„Und über die innere Lage Deutschlands, hat er sich darüber geäußert?"

„Im Mittelpunkt des Gesprächs stand die augenblickliche Weltlage. Ich erzählte einiges von meiner Reise. In Warnemünde sahen wir eine Flugzeugfabrik, die in Tag- und Nachtschicht arbeitete. Entlang der Bahnlinie sahen wir Militärlager in den Wäldern: Deutschland bereitete sich auf den Krieg vor, das mußte man merken. Und Ossietzky teilte, zutiefst erregt, meine Befürchtungen. Groß war seine Sorge um die nächste Zukunft; die Gewißheit, daß der Krieg unvermeidlich sei, bedrückte ihn. ‚Im Ausland weiß man nicht, was hier geschieht‘, flüsterte er. Und so sah er auch seine eigene Rolle: im Lager des Krieges ein Repräsentant des Friedens. Das mußte bis zum bitteren Ende durchgestanden werden."

„Wollen Sie Ihren Eindruck über Ossietzky zusammenfassen?"

„Ich habe viele Menschen in meinem Leben gesehen, aber kein Mensch hat auf mich einen solchen Eindruck gemacht, einen Eindruck, der für mein ganzes Leben bestimmend war."

Die Erinnerung übermannte den Erzähler. Er sah sich wieder am Bette des todkranken Ossietzky sitzen. Seine junge Frau war mit Maud v. Ossietzky in den Garten gegangen. Leise sprachen die beiden Männer, nahezu flüsternd. Frau v. Ossietzky hatte, als das Gespräch lebhaft zu werden drohte, gewarnt. „Die Leute nebenan könnten aufmerksam werden." Ossietzky wischte die Ängstlichkeit mit einer Handbewegung fort: „Du weißt, was dieser Besuch mir bedeutet", sagte er, sich mühsam aufrichtend. „Dieses Krankenhaus ist der Zauberberg der Armen", warf er hin, denn noch war er zur Selbstironie fähig.

Die jungen Norweger entsetzten sich über die Schäbigkeit des Raumes, in dem der Nobelpreisträger lebte. Es war ein Schuppen zu ebener Erde, vom Hauptgebäude durch ein Stück Garten getrennt. Ob es denn kein anderes Krankenhaus gäbe, in das man übersiedeln könnte? Es war nicht ironisch gemeint, als Ossietzky erwiderte: „Hier kenne ich mich schon aus, hier bin ich sozusagen zu Hause." Er meinte es ernst. Hier hatte er das Gefühl einer gewissen Sicherheit. Die Beamten vor der Tür hatten nicht den Auftrag, ihn zu töten, nur auf sein Ableben zu warten.

Der Gast entwickelte seinen Hilfsplan. Er wollte mit ausländischen Ärzten anrücken und die deutschen Behörden unter Druck setzen. Ossietzky widersprach nicht. Der Norweger nahm es als Einverständnis.

Ehe die jungen Leute das Krankenhaus verließen, sprachen sie noch im Arztzimmer vor. Dr. Dosquet war inzwischen zurückgekommen. Ein magerer Vierziger mit scheuem Blick. Der Norweger entwickelte seinen Rettungsplan. „Machen Sie, was Sie für richtig halten", sagte der Chefarzt apathisch, und es war ihm anzumerken, daß er über die Naivität des Fremden eigene Gedanken hatte.

Am 4. Mai 1938, kurz nach 15 Uhr, starb Carl v. Ossietzky. Die letzten Stunden vor dem Tode war er ohne Besinnung. Schon am Tage vorher war es den wenigen Menschen, die ihn umgaben, zur Gewißheit geworden, daß das Ende nahe sei.

Aber noch um den letzten Seufzer des Mannes, dessen ganzes Leben Kampf gewesen war, entbrannte ein Streit.

Schwester Hedwig, die über den Sterbenden wachte, war eine gute Seele. Sie hielt es mit dem katholischen Brauch, und so betete sie ein Vaterunser. „Bitte für uns arme Sünder heute und in der Stunde unseres Absterbens. Amen." In ihrer frommen Einfalt glaubte sie, ihr sei beschieden, die Seele eines Verdammten zu retten. Es bedurfte öffentlicher Klarstellungen, um die fromme Lüge von der Bekehrung Ossietzkys zu zerstören.

Einige Stunden, nachdem Ossietzky die Augen geschlossen hatte – die Nacht war bereits hereingebrochen – gelang es, einen Mann unbemerkt durch die Gartentür ins Todeszimmer zu schmuggeln. Der Bildhauer nahm die Totenmaske ab, kurz bevor die Gestapobeamten erschienen, um Anweisungen für die Einäscherung zu geben. Die Spuren der Gipsarbeit blieben ihnen nicht verborgen, aber die Totenmaske und der Künstler befanden sich bereits außer Reichweite.

Die Anordnungen waren streng. Niemand durfte erfahren, wann und wo die Verbrennung stattfand. Im Krematorium Wedding durften nur die Witwe, Dr. Dosquet und der Bestatter anwesend sein. Beamte der Gestapo wachten über die Durchführung der Anordnungen.

Die Asche wurde einige Tage später an einer Mauer des Friedhofs von Berlin-Niederschönhausen beigesetzt. Auch diese Zeremonie stand unter geheimpolizeilicher Aufsicht. Eine Gedenktafel anzubringen war verboten.

So groß war die Angst des Hitlerreiches vor dem toten Friedenskämpfer.

In drei Zeilen berichteten die deutschen Zeitungen vom Ableben des „bekannten Landesverräters".

In der freien Welt, von einem Kontinent zu anderen, verwandelte sich die Totenklage zur Anklage. Noch in seinem Tode diente Ossietzky der Sache, der er sein Leben gewidmet hatte. Die Asche des Friedensmärtyrers zeugte gegen die Faschisten, die am Hebel der deutschen Kriegsmaschine standen, bereit, die Welt in Brand zu stecken. Der Tod des Ritters ohne Furcht und Tadel brachte den Schlafenden die Kunde, daß es Zeit sei, zu erwachen. Die Worte des Gedenkens für Ossietzky wurden Worte der Mahnung gegen Hitler.

Heinrich Mann in Paris forderte zum geschichtlichen Vergleich auf: „Als Zola dahinschied, nachdem er einen Unschuldigen gerettet hatte, wurde ihm nachgerühmt, einen Augenblick habe er das Gewissen der Mitwelt verkörpert. Die Tat besteht neben den Werken eines Schriftstellers, deren Folge und letztes Ergebnis sie auch ist. Ossietzky, der nicht mehr schreiben und sprechen konnte, ist in seinen Ketten dem hohen Glücksfall begegnet, daß einen Augenblick das Weltgewissen aufstand, und der Name, den es sprach, war seiner.“

Die „Prawda“ schrieb: „Carl v. Ossietzky fiel – ein Opfer des Faschismus. Der endlosen Kette von Verbrechen des Hitlerfaschismus wurde ein neues, ungeheuerliches hinzugefügt. Die ganze fortschrittliche Menschheit wird den Namen Ossietzkys, dieses kühnen und unerschrockenen Kämpfers gegen den Faschismus, hoch in Ehren halten.“

Johannes R. Becher setzte Ossietzky ein Denkmal in Worten: „Wir haben in Carl von Ossietzky auch in jener Zeit, da wir mit seinen Ansichten nicht übereinstimmten, immer das Lautere und Aufrechte seines Wesens geachtet. Das Lautere und Aufrichtige mußte ihn über alles Halbe und Schwankende hinwegführen und ihn jenen Platz finden lassen, den er sichtbar für die ganze Welt und vorbildlich für uns alle eingenommen und für einen ihm von der Geschichte anvertrauten Posten erhalten hat. Carl von Ossietzky hat vorbildlich seine alle antifaschistischen Kräfte einigende Sendung erfüllt. Er war getreu bis in den Tod. Welch ein Mann, der, die unaus-

A LA MÉMOIRE D'OSSIETZKY

La Ligue des Droits de l'Homme vous prie de lui faire l'honneur d'assister à la commémoration de

CARL VON OSSIETZKY
Prix Nobel de la Paix
Mort en détention

qui aura lieu le **Mardi 17 Mai 1938**, à 17 h. 30 très précises, à la Maison de la Ligue, 27, rue Jean-Dolent, Paris (14e), sous la présidence de

VICTOR BASCH

Partie musicale. Œuvres d'Ossietzky.

Abb. 48

löschliche Glut der Freiheit im Herzen und sich ein sauberes und geordnetes Denken bewahrend, eins, zwei, drei, fünf Jahre den mit allen psychischen und physischen Mitteln ihn zerrüttenden faschistischen Henkersknechten Widerstand bot! Carl Ossietzky, leuchtendes, unvergängliches Beispiel dafür: daß der wahre Friedenskämpfer die sogenannten Kriegshelden unvergleichlich an Mannesmut übertrifft und daß keine Übermacht der Welt imstande ist, ihn an der richtigen Stellung, die er einmal erkannt hat, zu verrücken und ihn auch nur um einen Fußbreit von der Wahrheit abweichen zu lassen. Carl Ossietzky bleibt geehrt und betrauert von allen, die den Frieden lieben und die mit dem Einsatz ihres Lebens den freiheitlichen Ideen des Menschengeschlechtes dienen."

Ossietzky ist nicht als Besiegter gestorben. Auch der Nobel-Preis hat es ihm bezeugt: die gesittete Welt, die Denkenden und die Völker teilen mit ihm die Idee des Friedens, sie hassen, wie er, die Gewalt. Noch überzeugender rechtfertigt ihn der heutige Zustand Deutschlands, vor dem er vergebens gewarnt hatte. Es herrscht die Gewalt, aber die Masse der Deutschen verachtet sie und fürchtet ihre Ausschreitungen. Vom Krieg und der Gewalt denken erst jetzt die meisten Deutschen, wie Ossietzky dachte.

Die Gewalthaber selbst wagen sich zum Krieg nicht offen zu bekennen. Sie betreiben ihn verstohlen und auf betrügerische Art; sie töten Menschen und stehlen Güter, wo es ihnen erlaubt ist. Aber sie leugnen, dass sie es tun, und hüten sich peinlich, weiter zu gehen als erlaubt. Die Gewalt hat ihr gutes Gewissen verloren, der Krieg des Angreifers ist Schande geworden. Beide, Krieg und Gewalt, haben keinen Erfolg mehr und werden entscheidenden Erfolg nie wieder haben.

Die stärkere Macht ist der Friede, ist die Gesittung. Ossietzky, der es wusste, hat gestritten und gelitten für alle nach ihm, die es erleben sollen.

Abb. 49

Abb. 50

Das Phänomen ist nicht neu, doch selten ist es so rein und unter so dramatischen Begleitumständen in Erscheinung getreten. Er selbst sprach vom „Umschmelzungsprozeß“, da er sich selbst im Feuer der Erfahrung ein anderer werden sah, gehärtet wohl und entschlackt. Der junge Mann, dem kleinbürgerlichen Vaterhaus entwachsen, fühlt sich einem Ideal verhaftet, das ihn über das Niveau der Gestrigen hinaushebt. Später erst, am Kreuzweg der Karriere, fällt die Entscheidung. Widersteht der Gereifte der Korruption des Bürgerdaseins, bleibt er der Idee verschworen, die ihn im Frühling des Lebens zu Taten drängte, ist ihm „die Achtung vor den Träumen seiner Jugend“ Lebensbedürfnis, dann steht er früher oder später vor der Klassenbarriere, die zu überspringen nicht jedem gegeben ist. Es ist das Phänomen des Suchers, der angesichts der Hohlheit und Halbheit der Bürgerwelt, der er entstammt, im Streben nach Sauberkeit und Wahrhaftigkeit den Bruch mit seiner Klasse scheut – und doch wagt.

Solche Folgerichtigkeit bis zur letzten Stufe der Selbstkorrektur ist selten. Im „Kommunistischen Manifest“ wird gesagt: „In Zeiten ..., wo der Klassenkampf sich der Entscheidung nähert ...“, ist „ein Teil der Bourgeoisideologen, welche zum theoretischen Verständnis der ganzen geschichtlichen Bewegung sich hinaufgearbeitet haben“, bereit, sich von der herrschenden Klasse loszusagen und sich der revolutionären Klasse anzuschließen, der Klasse, welche die Zukunft in ihren Händen trägt.

Ossietzky ging auf dem Weg von der Bürgerklasse zur Arbeiterklasse weit, sehr weit, aber nicht bis zu Ende – der Tod hat die Laufbahn des Wahrheitsuchers unterbrochen. Sein Denkmodell kommt jenem Bekenntnis Heinrich Heines auf dem Sterbelager am nächsten, das so vielen Deutern überflüssiges Kopfzerbrechen verursachte. Der Dichter weiß, daß „die Zukunft den Kommunisten gehört", aber sein Wissen ist „im Ton höchster Besorgnis und Angst" vorgebracht. Sosehr er fürchtet, das siegreiche Proletariat werde die „Marmorstatuen der Schönheit" zerbrechen, so übt doch dieser Kommunismus auf seine Seele einen Zauber aus, dem er sich nicht entziehen kann. Die Stimme der Logik läßt den Sterbenden ausrufen: mag die alte Welt zugrunde gehen, wo der Mensch ausgebeutet wurde durch den Menschen; der Haß gegen die deutschen Finsterlinge macht ihm den Sieg des Kommunismus wünschenswert. Am meisten aber liegt ihm daran, daß die Nachwelt in dieser letzten Botschaft „die strengste Einheit des Gedankens und eine unverbrüchliche Anhänglichkeit gegenüber der Sache der Menschlichkeit, gegenüber den demokratischen Ideen der Revolution" finde.

Die Einheit des Gedankens – darum geht es auch dem reifenden Ossietzky. Anfang und Ende gehören zusammen, und nur wer dem Umschmelzungsprozeß in seinen einzelnen Phasen nachspürt, wird dem Denker und dem Handelnden gerecht.

Ossietzkys Weg vom bürgerlichen Pazifisten zur Arbeiterklasse ist durch seinen frühen Tod jäh abgebrochen – aber die Wegrichtung läßt sich über alle Zweifelsätze und Widersprüche, über alle Zwischenphasen und Wechselfälle mit Gewißheit aufzeichnen.

Als Ossietzky in die Gefangenschaft der Menschenfeinde geriet, war er bereits sehr weit auf dem Wege zur Erkenntnis der Zusammenhänge; in der Lagerhaft ist er auf diesem Weg weiter fortgeschritten, wir wissen nicht genau wie weit; als er starb, hatte er keine Zweifel über das Ziel, wenn auch die Umstände es unmöglich machten, daß er nach dem Vorbild jenes anderen Deutschen, dessen Name gleichfalls mit der Stadt Hamburg verbunden ist, ein Glaubensbekenntnis ablegte.

Alles, was die Rekonstruktion des Lebensweges und der Gedankenwelt Ossietzkys zutage förderte, führt zu dem zwingenden Schluß, daß er nicht nur mit der Stafette des Friedens, aus dem Lager des Bürgertums kommend, in das Lager der Arbeiterklasse eingeschwenkt wäre, sondern, hätte ihn der Tod nicht aufgehalten, sich der Arbeiterklasse auch angeschlossen hätte. Wie sollte er nicht die Verwirklichung seines Traumes von einem deutschen Staat, der das Erbübel des Militarismus ausmerzt und den Bruch mit der verfluchten Tradition der Generalsvergötzung vollzieht, freudig begrüßt haben? Was Ossietzky zur Zeit des Zusammenbruchs des wilhelminischen Deutschland visionär kommen sah, was von den Weimarern verraten und vertan wurde, das ist nach dem Zusammenbruch Hitlerdeutschlands die neue, alte Aufgabe geworden, und Ossietzky hat sie als sein Lebensziel angesehen.

Der ehrlich suchende bürgerliche Intellektuelle schwankt, zögert, macht einen Schritt vorwärts, schreckt vor dem zweiten zurück. Ossietzky blieb keine Zeit, den letzten Schritt zu tun. Den vorletzten tat er, wenige Tage bevor ihn die Häscher aus der Wohnung holten. Ossietzky verließ die bürgerliche Welt nie ganz, aber er blieb auch nicht auf halbem Wege stehen. Er stand, als sie kamen und ihm den Mund schlossen, der Arbeiterklasse um Welten näher als der Bürgerklasse, der er entstammte. Die kämpfende Arbeiterklasse, indem sie den bürgerlichen Humanismus zum sozialistischen erhebt und dessen Ideale dadurch in die Welt der Wirklichkeit einführt, empfängt die Suchenden als Bundesgenossen.

Der Umschmelzungsprozeß, wie ihn Ossietzky erlebt und erlitten hat, kann nur verstanden werden als eine Erscheinung der Übergangsepoche vom Kapitalismus zum Sozialismus. So gesehen, erweisen sich die moralisierenden Bezeichnungen, sowohl die von rechts wie die von links, als irreführend. Wenn die Manager des kalten Krieges verächtlich von fellow travellers sprechen, so ist das genau so unhistorisch wie die herabsetzende Redensart von den „unsicheren Kantonisten". „Während des Kampfes um die Macht wird das Proletariat wieder und wieder erfahren, welch schwankende, unsichere Bundesgenossen die Intellektuellen im allgemeinen sind", urteilte Clara Zetkin, aber zugleich ermahnte die große Kämpferin ihre Genossen, „nicht zu vergessen, was das Proletariat einzelnen Intellektuellen verdankt". Dem Zeitgenossen von Krieg und Faschismus genügt ein Name: Heinrich Mann.

Der Bürger, der sich zum Frieden bekannte, war dadurch schon ein Outsider und polizeiverdächtig. Der bürgerliche Pazifismus wurde zum Auffangbecken verschiedenartiger Reform- und Oppositionsbestrebungen, in denen der Wille zum Fortschritt zaghaft sichtbar wurde.

Als im Kopf des jungen Ossietzky die neuen Ideen zu gären anfingen, fand er im Pazifismus die militante Möglichkeit der Auseinandersetzung mit der herrschenden Ideologie, die er verabscheute. Die Ideale des Pazifismus waren zum großen Teil seine Ideale: im internationalen Leben sollte an die Stelle der Gewalt das Recht treten, der sacro egoismo der Nation sollte durch das „menschliche Gemeininteresse" überwunden werden, in den Beziehungen zwischen den Staaten sollten die Grundsätze der Moral gelten wie in den Beziehungen zwischen Individuen, der Krieg als Mittel der Politik sollte ausgeschaltet und durch die obligatorische Schiedsgerichtsbarkeit ersetzt werden. In diesen Forderungen lebten alte Menschheitsträume auf, die, in der politischen Wirklichkeit Deutschlands niedergehalten, in der deutschen Philosophie und Dichtung Gestalt angenommen hatten. Außerhalb der sozialistischen Arbeiterbewegung war im Deutschland vor dem ersten Weltkrieg der bürgerliche Pazifismus die einzige organisierte Kraft gegen das Auftrumpfen des Nationalismus und Militarismus. Aber wenn auch die bürgerlichen Pazifisten „im Geiste der großen humanistischen Traditionen gegen den imperialistischen Strom geschwommen" sind, so mußten sie doch scheitern, „weil sie sich nicht mit den klassenbewußten deutschen Arbeitern verbanden". Einer, der das frühzeitig begriff und das nationale Bündnis gegen den antinationalen Militarismus anstrebte, war Ossietzky.

Ossietzky mußte sich von seinen alten Freunden im pazifistischen Lager entfernen, als er immer klarer erkannte, daß die Hauptkraft im Friedenskampf die Arbeiterklasse ist.

Die Bürger-Pazifisten dagegen gruppierten sich nach ihrer Sympathie um die eine oder andere außerdeutsche imperialistische Großmacht. Quidde galt als anglophil, Gerlach machte kein Hehl aus seiner Sympathie für Frankreich, und Kurt Hiller lobte sogar Mussolini für seinen geistigen Aristokratismus.

Aus solcher Wirrsal und Querköpfigkeit erhebt sich Ossietzky. Mit all seinen Irrtümern und Fehlurteilen war er den meisten bürgerlichen Pazifisten nicht nur moralisch, sondern auch geistig überlegen, indem er von Anbeginn den Übergang vom Friedenswort zur Friedenstat auf dem einzig möglichen Weg suchte: über die Brücke zur revolutionären Arbeiterbewegung. Alle seine Schriften, Reden und Taten münden letztlich auf dem Sammelplatz der Kräfte, die Deutschlands Erneuerung vom Sieg der Arbeiterklasse erwarteten. Es ist nicht Ossietzkys Schuld, sondern seine Tragödie, daß dieser Sammelplatz, nach dem Sieg des Nationalsozialismus, der Appellplatz im KZ wurde.

Von inneren Widersprüchen zerrissen, ging der bürgerliche Pazifismus in Deutschland unaufhaltsam dem selbstbereiteten Grab entgegen. Rechte und Linke traten aus der Deutschen Friedensgesellschaft aus, die Berliner Ortsgruppe spaltete sich bereits 1929, ein Jahr später verließ Altmeister Prof. Quidde die Deutsche Friedensgesellschaft. Es kam, wie Ossietzky es vorausgesagt hatte: unfähig, in dem Kampf zwischen Fortschritt und Reaktion, von dem die Weimarer Republik beherrscht wurde, eindeutig Stellung zu nehmen, mußte der bürgerliche Pazifismus zwischen den Fronten ruhmlos scheitern.

Einige ihrer Führer fanden, ehe der Vorhang über die Tragödie der Weimarer Republik endgültig niederging, in der Liga für Menschenrechte, die aus dem Bund Neues Vaterland hervorgegangen war, eine kurzbemessene Heimstätte. Auch Ossietzky ließ sich nach 1932 neben Gerlach und Rudolf Olden in den Vorstand der Liga wiederwählen. Die Liga war die letzte Bastion jener bürgerlichen Intellektuellen, die sich der Naziflut entgegenstemmten. Die Bastion stand im gefährdeten Vorfeld – ohne Deckung. Die Männer der Liga lehnten, blind für die Realitäten des Klassenkampfes, die Verbindung zur Hauptmacht des antifaschistischen Widerstandes, zur revolutionären Arbeiterschaft und ihrer Organisation, der Kommunistischen Partei, ab.

Nur einer ging einen Schritt weiter, einen entscheidenden Schritt. Aber es bedeutete bereits das Ende. An jenem denkwürdigen 17. Februar 1933 legte Ossietzky das Bekenntnis ab, mit dem er sich von seinen letzten bürgerlichen Vorurteilen lossagte. Angesichts der unabwendbar gewordenen Katastrophe reihte sich Ossietzky dem Heer der kämpfenden Arbeiterklasse ein.

Statt eines Nachworts

Der Ritter ohne Furcht und Tadel war der Letzte seines Standes. Die Zeit war vorüber, da die Edlen im Harnisch für Ehre und Minne ihr Schwert gebrauchten. Es war unbrauchbar geworden, als die Feuerwaffe erfunden war. Der Ritterstand war zeitfremd geworden. Doch der Seigneur Pierre Terrail Bayard wollte es nicht wahrhaben. Obwohl von seinen Gefährten im Stich gelassen, hielt er die Ideale seiner Jugend in Ehren und ließ für sie sein Leben.

Der Vergleich, mag er auch nicht ganz zutreffen, drängt sich auf. Die Klasse, der Ossietzky entstammte, das städtische Kleinbürgertum, war nach dem ersten Weltkrieg von Auflösung befallen. Die Ideale, mit denen das liberale Bürgertum, gefolgt von einem Teil des Mittelstandes, gegen den kaiserlichen Obrigkeitsstaat angekämpft hatte, waren verschlissen. Sie waren nie sehr stark gewesen. Nach 1918 desertierten die Kernschichten des deutschen Bürgertums ins Lager der nationalistischen Reaktion, und soferne es noch der demokratischen Schlagworte bedurfte, um die Volksmassen über die vollzogene Wandlung der Republik zu täuschen, so überließ das Großbürgertum das Geschäft der Sozialdemokratie. Der Liberalismus als Bewegung, in Deutschland nie sehr kräftig, wurde in der Weimarer Republik zum Gespött. Nur einzelne hielten den alten Fahnen die Treue. Unter ihnen war Ossietzky der beweglichste Kopf. An den Idealen seiner Jugend hielt er fest, obwohl seine Klasse sie längst verraten hatte. Aber zum Unterschied von dem Ritter des 16. Jahrhunderts begriff er, daß eine neue Klasse im Kommen war, fähig und willens, die Fahne der Humanität aus den Händen eines entarteten Bürgertums in ihre starken Arme zu nehmen. Ossietzkys Vision eines sozial gerechten und friedliebenden Deutschlands mußte im Kräftespiel der Weimarer Republik ein unerfüllbarer Traum bleiben. Seine Tragödie war, daß er bis zuletzt geglaubt hatte, der Traum könnte wahr werden.

Der letzte Achtundvierziger – so ist man versucht, Ossietzky zu nennen – lebte als Kämpfer und starb als Märtyrer. Aber das ist nicht das ganze Bild. Der Mann, der sich für ein neues Deutschland schlug, war erfüllt von dem Bildungsideal des bürgerlichen Humanismus. Ossietzky konnte sich ein friedliebendes Deutschland (von dem er sicher war, daß es ein sozialistisches sein werde) nur als ein gebildetes Land vorstellen, in dem Literatur und Kunst im hohen Ansehen stehen, fühlte er sich doch selbst den Künsten zutiefst verbunden. Gewiß, der Nachruf gebührt dem Unbeugsamen, der seiner politischen Überzeugung treu blieb bis zuletzt, und wenn deutsche Schulkinder einst, in einem Gesamtdeutschland des Friedens und der Demokratie, den schwer auszusprechenden Namen buchstabieren werden, dann nicht in der Literaturstunde, sondern im Geschichtsunterricht. Dennoch muß das Bild ergänzt werden. Ossietzky war kein einseitig auf das politische Geschehen beschränkter Kopf, so heiß auch in ihm der Wille zu verändernder Tat brannte. Von früher Jugend an mit der Literatur verwachsen, blieb er sein Leben lang ein musischer Mensch, der nur durch sein hochentwickeltes Ethos in die Kampfarena gedrängt wurde. Teilzuhaben an der res publica war für Ossietzky eine Sache des moralischen Zwangs, nicht des Ehrgeizes oder des bloßen Tätigkeitsdranges. Sein waches Geschichtsbewußtsein ließ ihn ein Leben außerhalb der Geschichte, das heißt außerhalb der Politik, sinnlos erscheinen.

Ossietzkys kritische Feder versuchte sich an sehr verschiedenen Autoren: Klabund, Leo Perutz, Berta Lask, Ilja Ehrenburg, Ludwig Renn, Theodor Plivier, Annette Kolb.

Immer wieder kreist sein Interesse um die Figuren des deutschen Bauernkrieges, vor allem um Florian Geyer. Der Gedanke ist tief in ihm verwurzelt, daß jenes Versäumnis, das deutsche Mittelalter zu überwinden, fortdauernde Folgen hatte. Daher auch seine Vorstellung, Deutschland brauche einen Erwecker, einen Luther, eine neue Reformation.

War Ossietzkys Geschichtsbild stark mit dem Schicksalsjahr 1525 verbunden, so fühlt er sich im Geistigen mit Heinrich Heine wahlverwandt. Kein deutscher Dichter wird von Ossietzky so häufig zitiert wie Heine.

Doch verläßt ihn der polemische Drang auch dann nicht, wenn er sich mit literarischen Manifestationen des Rückschritts beschäftigt, stehen diese auch außerhalb der Sphäre des unmittelbar politischen Kampfes. Zu sehr ist er erfüllt von dem publizistischen Willen, auf das Geschehen einzuwirken. Er setzt sich mit Ernst Jünger auseinander, mit Hans Zehrer und Alfred Fried, die 1932 im Grenzgebiet zwischen Literatur und Politik marodierten. Ossietzky stellt sie und reißt ihnen die unpolitische Feldtarnung vom Gesicht.

Ossietzky beklagt den Riß zwischen Literatur und Volk. Was ihm vorschwebte, war die Verdrängung der Schundliteratur, die von einer kapitalistischen Verlagsindustrie in die Massen gepumpt wird, durch das gute Buch. Er ließ keine Gelegenheit ungenützt, um die „Weltbühne" in den Dienst der Förderung fortschrittlicher Verlage zu stellen.

1926 verhandelte der Reichstag das „Gesetz zur Bewahrung der Jugend vor Schund und Schmutz", die sogenannte lex Külz. Ossietzky erhob seine Stimme gegen das Zensurgesetz, wohl wissend, daß die Paragraphen, mögen sie noch so wohlgemeint sein, in den Händen einer reaktionären Justiz zur Waffe gegen fortschrittliche Literatur und Kunst werden.

In den Jahren der Weimarer Republik gab es keinen Zusammenstoß zwischen Fortschritt und Reaktion, an dem Ossietzky nicht leidenschaftlich oder kühl-ironisch teilgenommen hätte: sei es die Verfolgung von George Grosz wegen Gotteslästerung, sei es die völkische Hetze gegen den Remarque-Film, sei es die Anklage gegen Friedrich Wolf, der den Kampf um den Abtreibungsparagraphen auf die Bühne gebracht hatte. Mit Feuereifer verteidigte er den Feuilletonisten der „Roten

Fahne“, Slang, als dieser von den Klassenrichtern Weimars zu einer schweren Zuchthausstrafe verurteilt worden war.

Wenige Tage vor seiner Verhaftung – es ist sein letzter in der „Weltbühne“ veröffentlichter Artikel – rauft er sich mit Walter Bloem um den Goebbels-Begriff des „Kulturbolschewismus“; wie kann er ahnen, daß wenige Wochen später ein Bittgesuch Erich Mühsams zugunsten des Kameraden Ossietzky aus der Marterstätte in Sonnenburg an den Vorsitzenden des gleichgeschalteten Schutzverbandes Deutscher Schriftsteller Walter Bloem abgesandt werden (und unbeantwortet bleiben) wird?

Dieser Mann fühlt sich mit allem Menschlichen brüderlich verbunden und war dabei selbst zur Kommunikation mit seinen Mitmenschen wenig geeignet, wenig geneigt. Im Umgang mit Fremden war Ossietzky zurückhaltend, nahezu scheu, ein Feind alles jovialen Auf-die-Schulter-Klopfens. Er war von gedrungenem Wuchs, den Kopf leicht eingezogen, mit Bewegungen, die alles Schroffe, Auftrumpfende auch dann vermieden, wenn sein Mund nein sagte. Aus dem weichen, flächigen Gesicht ragte eine hohe, kräftige Stirn über Augen, die leicht belustigt in die Welt jenseits des Papierberges auf seinem Schreibtisch blickten.

Er besaß ein heiteres Gemüt; das ermöglichte es ihm, den bösen Dingen und Menschen ihre komische Seite abzugewinnen. Diese souveräne Heiterkeit hatte nichts zu tun mit kommunem Lustigsein, ja einem Scherzwort Ossietzkys haftete ein bitter satirischer, zum Pessimismus neigender Ton an.

Ossietzky blieb dem „Betrieb“, der die hektischen zwanziger Jahre in Berlin auszeichnete, fern. Abhold leichter Geselligkeit, fühlte er sich in dem patriarchalisch geführten, schmucklos eingerichteten Büro in der Kantstraße 152 dem geschäftigen Leerlauf angenehm entrückt, dem Vergnügen hingegeben, Manuskripte zu redigieren.

„Ich habe Sie überhaupt nie wütend gesehen, außer wenn einer unhöflich oder unkameradschaftlich wurde“, schrieb ihm ein enger Mitarbeiter und Freund zum Geburtstag.

Der geistige Prozeß, der den bürgerlich-radikalen Intellektuellen Schritt für Schritt zum Verstehen der klassenmäßigen Zusammenhänge aus einem angeborenen Gerechtigkeitssinn zur Annäherung an die Arbeiterklasse geführt hat, wissend, daß der Bruch mit seinesgleichen Opfer und Leiden mit sich bringt, dieser geistige Vorgang ist in dem Geschriebenen und Gesprochenen verfolgbar, begreifbar. Weniger einfach zu fassen ist der Widerspruch zwischen der sensiblen Physis des Mannes und seiner Seelenstärke im Leben und im Tode. Da hilft nur der Glaube an die Kraft der moralischen Qualität; sie gibt den Energien, die der vernunftgemäßen Einsicht entspringen, explosiven Charakter.

Im Umgang mit Ossietzky erkannte Erich Weinert, „daß es sich bei ihm um einen Menschen handelt, der als Kritiker der bürgerlichen Gesellschaft einen klaren, vorurteilslosen Kopf, als Kämpfer gegen die Schäden, die sie verursacht, einen leidenschaftlichen Mut beweist“. Diese Einheit von Vernünftigkeit und Mut, das macht Ossietzky zum Helden der Sache – und zu ihrem Märtyrer.

„Der Platz, wo er gewirkt, ist nun verwaist,
Doch lebt sein Vorbild, das Verpflichtung heißt.
Wie könnten besser wir sein Werk verwalten,
Als daß wir sein Vermächtnis heilig halten
In seinem Namen und in seinem Geist!“

Bemerkungen zur Einleitung

Das Denkmal für Ossietzky in der „Siegesallee" eines geläuterten Deutschlands hat Walther Victor vorgeschlagen. („Ausgewählte Schriften", Band 2, Weimar 1961, S. 69.)

Über die Aufgabe des materialistischen Historikers spricht Lenin, „Ausgewählte Werke", Band 1, Berlin 1961, S. 414.

Walter Ulbricht nennt die deutsche Arbeiterklasse den konsequentesten Verfechter der nationalen Interessen des deutschen Volkes in seinem Referat zum „Grundriß der Geschichte der deutschen Arbeiterbewegung". (Sonderheft der „Einheit", Berlin, August 1961, S. 37.)

Über „Ossietzky und der Spiegel" vgl. den Leitartikel im „Neuen Deutschland" vom 8. November 1962.

Auf die Parallelität der Rechtsauffassung von Reichsgericht und Bundesgericht, wonach die Aufdeckung illegaler Handlungen der Regierung strafbar ist, hat Prof. Dr. F. K. Kaul in WB 24/63 hingewiesen.

Dem Verfasser sind mehrere Dissertationen über die „Weltbühne" bekannt:

Elsa Sommer, „Verdienste und Grenzen der linksbürgerlichen Zeitschriftenpublizistik der Weimarer Republik, dargestellt am Beispiel der ‚Weltbühne' und des ‚Tage-Buch' in ihrer Haltung zur Inflation und zum Ruhrkonflikt im Jahre 1923", Fakultät für Journalistik der Karl-Marx-Universität, Leipzig 1958.

Fred Böttcher, „Der antifaschistische Kampf der ‚Weltbühne' unter Carl von Ossietzky in den Jahren 1930 bis 1933", Fakultät für Journalistik der Karl-Marx-Universität, Leipzig 1956.

Alfons Enseling, „Die Weltbühne. Organ der Intellektuellen Linken", Philosophische Fakultät der Westfälischen Wilhelm-Universität, in: „Studien zur Publizistik", Band 2, Münster 1962.

Herbert Höllinger, „Die Weltbühne", Philosophische Fakultät der Universität Wien, 1959. Hier handelt es sich um eine trotz ihres bedeutenden Umfanges ungewöhnlich leichtfertige und vom Geist Ossietzkys unberührte Arbeit.

Über Bayard heißt es in der „Encyclopædia Britannica" (Ausgabe 1962): „... to his contemporaries and his successors he was, with his heroism, piety and magnanimity, the fearless and faultless knight. His gaiety and kindness won him, even more frequently, another name bestowed by his contemporaries, le bon chevalier."

Bemerkungen zu Kapitel 1

Die Familiengeschichte der Ossietzkys wird auf Grund der Geburtsmatrikel Carl v. Ossietzkys sowie der Trauungsurkunde der Eltern, beide im Standesamt Hamburg-Mitte, rekonstruiert. Für den Ursprung des Adelstitels gibt es nur den Hinweis von Berthold Jacob, „Weltbürger Ossietzky", Paris 1937, wonach Ossietzky selber die in der Familie überlieferte Anekdote vom Großen Kurfürsten zu erzählen pflegte.

Die zeitgeschichtliche Skizze, insbesondere was die Arbeiterbewegung betrifft, beruht auf Franz Mehring, „Geschichte der deutschen Sozialdemokratie", Berlin 1960, Band II. Ferner: Dieter Fricke, „Bismarcks Prätorianer", Berlin 1962; Jürgen Kuczynski, „Die Bewegung der deutschen Wirtschaft von 1800 bis 1946", Berlin 1947; Julius Braunthal, „Geschichte der Internationale", Band 1, Hannover 1961.

Zur Hamburger Lokalgeschichte der Zeit wurden Daten verarbeitet aus „Heimatchronik der freien und Hansestadt Hamburg", Archiv für die Heimatpflege, Köln 1894; sowie: Dr. Bernhard Studt und Dr. Hans Olsen, „Hamburg", Hamburg 1951.

Das Bebel-Zitat ist entnommen dem „Volksfreund", Hamburger Kalender für 1908.

Von der Rumbaumschen Schule gibt es ein zeitgenössisches Gemälde im Museum für Geschichte der Stadt Hamburg. Über den jungen Ossietzky gibt es nur wenige dokumentarische Zeugnisse. Die immer wieder kolportierte Behauptung, er hätte im Jahre 1910 in der Münchener Kulturzeitschrift „März" literarische oder politische Beiträge veröffentlicht, ist erwiesenermaßen unrichtig. In den Jahrgängen dieser Zeitschrift von 1910 bis 1914 ist von Ossietzky keine Spur zu finden. Übrigens hat das bereits der Hamburger Alfred Pohlmann festgestellt („Das Parlament" vom 1. Mai 1963).

Die im Text geschilderten Jugenderlebnisse beruhen zum größten Teil auf dem Zeugnis von Ossietzkys Jugendfreund Ludwig Tügel, Ludwigsburg, der alles, was ihm noch erinnerlich war, im Juli 1963 in einem Brief an den Verfasser niedergelegt hat. Diese Erinnerungen sind unbedingt glaubwürdig, nicht nur wegen der Person des Zeugen, sondern auch aus inneren Gründen. Ludwig Tügel hat der im Text erwähnten Figur des Lehrers Dr. Mohr in einer Erzählung „Bartholomäus Grottmanns 50. Geburtstag" ein Denkmal gesetzt.

Im Hamburger Staatsarchiv liegt die Personalakte Ossietzkys, die während seiner Dienstzeit als Staatsangestellter angelegt worden war. Dem Verfasser wurde von seiten der Direktion des Staatsarchivs mündlich und schriftlich zugesagt, daß er in die Akte Einblick nehmen könne. Das Versprechen wurde aber ohne Begründung gebrochen. Sofern Daten über die Schul-, Dienst- und Militärzeit Ossietzkys, die auf der Personalakte beruhen, im Texte verwendet wurden, sind sie dem Buche von Kurt R. Grossmann, „Ossietzky. Ein deutscher Patriot", München 1963, entnommen.

Über die Frühzeit Ossietzkys bringt Hilde Walter in dem Artikel „Der Preis für einen Friedenspreis. Aufzeichnungen über Carl v. Ossietzky" („Deutsche Rundschau", Baden-Baden, Februar 1962) einige Einzelheiten. Auch persönliche Erinnerungen Maud v. Ossietzkys wurden verwendet, so der von ihr selbst verfaßte „Lebenslauf" (Archiv „Weltbühne", Berlin), und die Artikelreihe „Maud v. Ossietzky erzählt..." in WB 50/63–2/64, schließlich auch die Angaben im Reichsgerichtsurteil von 1931.

Die Tatsache, daß die Frühschriften Ossietzkys in den Publikationen des Hamburger Monistenbundes erschienen sind, deutet auf den großen Einfluß hin, den diese Bewegung auf den jungen Ossietzky ausgeübt hat. Dazu wurden eingesehen die „Monatsblätter des Deutschen Monistenbundes", Ortsgruppe Hamburg, sowie „Der erste internationale Monistenkongreß Hamburg 8. bis 11. September 1911". – Und schließlich die aus Anlaß des Kongresses von der Ortsgruppe Hamburg des Deutschen Monistenbundes unter Mitwirkung von Wilhelm Ostwald und Carl Rieß herausgegebene „Festschrift", Leipzig 1912. Alle diese Materialien befinden sich im Hamburger Staatsarchiv.

„Das freie Volk" (1911–1914) ist in der Deutschen Staatsbibliothek, Berlin, vollständig vorhanden. Ossietzkys Artikel „Das Erfurter Urteil" ist von dem zeitgenössischen „Allgemeinen Beobachter" in Essen übernommen und aus Anlaß des 25. Todestages von Ossietzky in WB 18/63 wiedergegeben worden. Im Verhandlungsbericht, veröffentlicht in der Ausgabe vom 16. Mai 1914, wird Ossietzky ein „Parteifreund" genannt, was den Schluß zuläßt, daß der junge Publizist im Laufe seiner Mitarbeit der Demokratischen Vereinigung als Mitglied beigetreten ist. Ausdrücklich hebt der Verteidiger hervor, daß es sich bei Ossietzkys Beiträgen um eine ehrenamtliche, unbezahlte Mitarbeit handelte.

Über das Erfurter Urteil hat auch Theodor Heuss, der eben die Leitung der von Ludwig Thoma und Hermann Hesse herausgegebenen Münchner Literaturzeitschrift „März“ übernommen hatte, einen kritischen Kommentar geschrieben, freilich begnügte sich Heuss mit dem Verlangen nach einer Reform des Militärstrafrechts, wie sie schließlich vom Reichstag tatsächlich beschlossen wurde.

Die Ironie der Geschichte brachte es mit sich, daß der von Ossietzky im Zusammenhang mit der Zabernaffäre so scharf angegriffene General v. Deimling sich nach 1918 zum Pazifismus bekehrte: er war einer der Gründer des Reichsbanners Schwarz-Rot-Gold. (General Berthold v. Deimling, 1853–1944.)

Über die innenpolitische Lage vor Ausbruch des ersten Weltkrieges, die den Hintergrund bildet zu den Artikeln Ossietzkys im „Freien Volk“ ist besonders das Buch von Fritz Klein, „Deutschland 1897/98–1917“, Berlin 1961, mit Nutzen herangezogen worden.

Die Angaben über die Militärdienstzeit Ossietzkys sind widerspruchsvoll. Berthold Jacob behauptet („Weltbürger Ossietzky“), Ossietzky hätte im Infanterieregiment 75 Flensburg Dienst versehen; Jacob berichtet ferner, der Vizespieß Ossietzkys hätte ihm von Ossietzkys antimilitaristischen Äußerungen im Felde Mitteilung gemacht; später will er Ossietzky mit seinem ehemaligen militärischen Vorgesetzten zusammengebracht haben. Dem steht die durch einen Feldpostbrief bezeugte Angabe von Maud v. Ossietzky entgegen, wonach Ossietzky bei den Bayrischen Pionieren Nr. 1 gedient habe (WB 2/64). Möglicherweise entsprechen beide Angaben den Tatsachen – nur zu verschiedenen Zeiten.

Über die Begleitumstände der Zaberner Affäre machte der sozialdemokratische Reichstagsabgeordnete Hermann Wendel in seiner Rede am 13. Januar 1914 im Saalbau zu Offenbach a. M. eingehende Mitteilungen. Die Rede ist unter dem Titel „Zabern – Militärmaschine und Militärjustiz“, Frankfurt a. M. 1914, erschienen. Die Reichstagsdebatte über die Interpellationen zur Zaberner Affäre fand am 3. und 4. Dezember 1913 statt; die Regierungserklärung wurde mit 293 gegen 54 Stimmen abgelehnt. Eine ausführliche Darstellung der Zabernaffäre findet sich bei Kurt Stenkewitz, „Gegen Bajonett und Dividende“, Berlin 1960, S. 125 ff.

Ossietzkys Artikel „Wo bleibt das Theater?" erschien in: „Das monistische Jahrhundert", herausgegeben von Wilhelm Ostwald, Heft 33/34, Leipzig, 1. Dezember 1914.

Bemerkungen zu Kapitel 2

Die im Text inhaltlich wiedergegebenen Artikel aus den Jahren 1917 bis 1919 sind unter dem Titel „Anmarsch der neuen Reformation" als Nr. 2 der Flugschriften des Deutschen Monistenbundes, Ortsgruppe Hamburg, im Pfadweiser-Verlag, Hamburg 1919, erschienen. Das Vorwort ist „Hamburg, im Juni 1919" datiert. Der Artikel „Ein Wort über Aktivismus" ist ursprünglich in den „Monatlichen Mitteilungen des Deutschen Monistenbundes Ortsgruppe Hamburg" erschienen und in den „Mitteilungen" der Ortsgruppe München am 1. April 1918 nachgedruckt worden. Die vier Artikel geben ein genaues Bild der Stimmung Ossietzkys zwischen Dezember 1917 und Juni 1919.

Der Verlauf der Novemberrevolution in Hamburg sowie die Rolle des Arbeiter- und Soldatenrates wird geschildert nach den Angaben bei Dr. Bernhard Studt und Dr. Hans Olsen, „Hamburg", Hamburg 1951. Die vielfach wiederholte Behauptung, Ossietzky hätte in Hamburg eine Zeitschrift „Revolution" gegründet, entspricht nicht den Tatsachen. Offenbar hat der Hamburger Alfred Pohlmann den Ursprung dieser Legende richtig damit erklärt, daß sich Ossietzky mit einer Nummer der in Wien von dem Anarchisten Karl F. Kocmata herausgegebenen Zeitschrift „Revolution" photographieren ließ, doch hatte Ossietzky mit dieser Zeitschrift und ihrer Herausgabe nichts zu tun. („Das Parlament" vom 1. Mai 1963.)

Ob Ossietzky in den Revolutionswirren einer der rivalisierenden sozialistischen Parteien formell beigetreten ist – wie dies gelegentlich behauptet wird –, läßt sich mit Sicherheit nicht feststellen. Es ist eher unwahrscheinlich.

Bemerkungen zu Kapitel 3

Ossietzkys Mitwirkung am 8. Deutschen Pazifistenkongreß wird in seinem Vorwort zum Protokoll dieses Kongresses, das er offenbar selbst redigiert hat, dokumentiert. Der Band führt den Titel:

„8. Deutscher Pazifistenkongreß 13.–15. Juni 1919", Charlottenburg 1920.

Die historischen Reminiszenzen aus verschiedenen Etappen der bürgerlichen Friedensbewegung folgen den „Historischen Miniaturen" des Verfassers in: „Die Stafette", Berlin 1959.

Zur Geschichte der bürgerlichen Friedensbewegung vor dem ersten Weltkrieg lag dem Verfasser der Text eines Referats vor, das Walter Bredendiek am 19. Oktober 1962 bei einer Beratung des Deutschen Friedensrates in Berlin gehalten hat. Walter Bredendieks Schrift „Der ewige Friede. Traum, Hoffnung, Möglichkeit", herausgegeben vom Deutschen Friedensrat, Berlin 1960, behandelt Friedensideen und Friedensbewegungen der Vergangenheit.

Lenins scharfe Kritik am bürgerlichen Pazifismus findet sich in der Schrift „Bürgerlicher und sozialistischer Pazifismus", datiert Zürich, 1. Januar 1917, Lenin, „Werke", Band 23, S. 188.

Karl Liebknecht zitiert sich selbst in seiner Rede auf dem Parteitag der SPD in Bremen, „Die Jugend und der Kampf gegen den Militarismus", vom 20. September 1904: „Ich habe den Militarismus als das wichtigste Bollwerk des Kapitalismus bezeichnet." (Karl Liebknecht, „Ausgewählte Reden, Briefe und Aufsätze", Berlin 1952, S. 79.)

Romain Rolland zeigt in seinen Tagebüchern eine mit Mißtrauen gemengte Sympathie für den Bund Neues Vaterland. Die Geschichte des Bundes, insbesondere seine Beziehung zu Romain Rolland, untersucht Pierre Grappin in der Studie „Le Bund Neues Vaterland (1914–1916). Ses rapports avec Romain Rolland", Paris 1952.

Über die Teilnahme Gerlachs am Bund Neues Vaterland vgl. Hellmut von Gerlach, „Von Rechts nach Links", Zürich 1937, S. 261 f.

Die Äußerung über Bertha v. Suttner ist dem Artikel Ossietzkys „Die Pazifisten" („Tage-Buch" vom 4. Oktober 1924) entnommen.

Das wichtigste und umfangreichste Material, das dem Verfasser bei der Skizzierung der Vorgänge innerhalb der Organisationen des bürgerlichen Pazifismus in Deutschland vor und nach dem ersten Weltkrieg vorlag, waren die Akten des Reichskommissars für Überwachung der öffentlichen Ordnung, aufbewahrt im Deutschen Zentralarchiv in Potsdam. Die Akte, den Bund Neues

Deutschland (jetzt Liga für Menschenrechte) betreffend, hat die Signatur Band 485.

Über die Entwicklung des bürgerlichen Pazifismus in Deutschland berichtet, wenn auch einseitig, Richard Barkeley, „Die deutsche Friedensbewegung 1870–1933", Hamburg 1948. Biographien von führenden Persönlichkeiten der bürgerlichen deutschen Friedensbewegung enthält das Buch von Dr. Hans Wehberg, „Die Führer der deutschen Friedensbewegung (1890–1923)", Leipzig (1923).

Ossietzkys Artikel für die Hamburger Monistenzeitschrift sind ausführlich belegt im Kapitel 2, S. 51.

Der Artikel „Das werdende Deutschland", datiert Dezember 1918, ist auszugsweise unter dem Titel „Der Revolutionär ringt mit seinem Popanz" in der von Kurt Hiller herausgegebenen Zeitschrift „Das Ziel", Jahrbücher für geistige Politik, München 1920, Band IV, wiedergegeben. Auch für die Anfänge der Bewegung für Kriegsdienstverweigerung ist „Das Ziel" eine Quelle. Von wohltuender Deutlichkeit inmitten der wirren Stimmen der integralen Pazifisten zur Streitfrage Gewalt und Gewaltlosigkeit ist die hier veröffentlichte Rede Rudolf Leonhards, „Das Problem der Gewalt und der bürgerliche Pazifismus": „Wir brauchen einen Pazifismus der Tat, der nicht gegen den Krieg und – soweit er es überhaupt riskiert, antimilitaristisch zu sein – gegen den Militarismus protestiert, sondern den Frieden schafft: durch die völlige Änderung der gesamten Weltordnung."

Daß Ossietzky in Braunschweig die Resolution Kurt Hillers mit unterschrieben hat, behauptet Kurt Hiller in seinen „Erinnerungen an Carl von Ossietzky" („Köpfe und Tröpfe", Hamburg 1950, S. 345). Harry Graf Keßler berichtet („Tagebücher 1918–1937", Frankfurt a. M. 1961, S. 237), Hillers Dienstverweigerungsresolution hätte auf der Tagung in Braunschweig „alles gegeneinandergehetzt. Fast wäre die Friedensgesellschaft auseinandergeflogen."

Der Zeitpunkt von Ossietzkys Übersiedlung nach Berlin ist, nach Mitteilungen von Frau v. Ossietzky, in Übereinstimmung mit anderen Quellen auf den Herbst 1919 zu fixieren. In einem Brief an den Verfasser informiert ein Hausnachbar Ossietzkys (Dr. I. M. Lange, Berlin) über die Wohnverhältnisse im Hause Genthiner Straße 22.

Über die Mordstimmung gegen Pazifisten im Mai 1920 berichtet Harry Graf Keßler in seinen „Tagebüchern", S. 225; Gerlach, in seiner Autobiographie „Von Rechts nach Links", weist darauf hin, daß Morddrohungen gegen ihn auch noch 1922 vorkamen.

Ossietzkys Name erscheint in mehreren pazifistischen Mitteilungsblättern der ersten Nachkriegszeit, worüber am ausführlichsten das Buch aus der NS-Ära, „Die pazifistische Presse", von Karl Ferdinand Reichel (Würzburg 1938) informiert. Die denunziatorische Absicht des Verfassers vermindert nicht den dokumentarischen Wert seiner Bibliographie.

Einen guten Einblick in Ossietzkys Tätigkeit als Sekretär der Deutschen Friedensgesellschaft gestattet das umfangreiche Aktenmaterial des Reichskommissars für Überwachung der öffentlichen Ordnung. Der Reichskommissar ließ sich durch seine Spitzel über die Streitigkeiten in der Deutschen Friedensgesellschaft unterrichten; auch Ossietzkys Eintritt in die Liga wurde ihm gemeldet. Kurt R. Grossmann, „Ossietzky. Ein deutscher Patriot", München 1963, S. 142, gibt an, Ossietzky habe sich am 1. August 1926 in den Vorstand der Deutschen Liga für Menschenrechte wählen lassen, aber in der nächsten Generalversammlung am 15. Mai 1927 habe er nicht mehr kandidiert. Erst 1932 habe er sich wieder in den Vorstand der Liga wählen lassen. Das Reichskommissariat zählte es zu seiner Aufgabe, die pazifistischen Organisationen zu bespitzeln und Berichte über ihre Tätigkeit zu sammeln. Mit ausländischen Polizeistellen stand das Reichskommissariat in enger Fühlung. So überreichte am 27. Juli 1926 die königlich ungarische Gesandtschaft (Horthy) dem Reichskommissariat eine ihr durch einen Spitzel zugekommene Mitgliederliste der Deutschen Liga für Menschenrechte; auch Ossietzky ist in dieser Liste angeführt.

Die Deutsche Friedensgesellschaft hatte 1926 auf dem Höhepunkt ihrer Wirksamkeit in der Weimarer Republik 500 Ortsgruppen mit 20 000 Mitgliedern, wird dem Reichskommissar vertraulich berichtet. Die Liga für Menschenrechte wird in diesem Bericht als „stark kommunistisch eingestellt" charakterisiert, ihre Mitgliederzahl wird mit 1300 angegeben. Ein andermal wird sie als „französisches Propagandaunternehmen" bezeichnet. Einige Daten zu dieser Periode sind auch der Pariser Denkschrift (vgl. weiter unten) entnommen.

Über die hitzigen Debatten rund um den Kongreß berichtet Harry Graf Keßler in seinen „Tagebüchern", S. 186 ff. Graf Keßler war Vorstandsmitglied der Deutschen Friedensgesellschaft und der Deutschen Liga für Menschenrechte.

Über die Gründung des Friedensbundes deutscher Kriegsteilnehmer sowie über die ersten Jahre der Tätigkeit des Aktionsausschusses „Nie wieder Krieg" berichtet Ossietzky in der Zeitschrift des Deutschen Friedenskartells „Die Friedenswarte" (Juni 1923). Der Artikel trägt den Titel „Nie wieder Krieg – der Rundlauf einer Parole". Die „Mitteilungen der Deutschen Friedensgesellschaft", deren Schriftleiter Ossietzky seit Januar 1920 war, brachten im März 1920 einen Artikel unter der Überschrift „Im Jahre II der Republik", dem das Zitat über die Zwischenfälle bei den pazifistischen Versammlungen entnommen ist.

Über das unrühmliche Ende Vetters berichtet Bruno Frei in seiner Hanussen-Biographie („Hanussen", Straßburg 1934). Der Artikel Ossietzkys über den Kapp-Putsch ist in der „Berliner Volks-Zeitung" vom 1. April 1920 unter dem Titel „Die demokratische Parole" erschienen.

Die aus der „Berliner Volks-Zeitung" zitierten Artikel Ossietzkys sind den Jahrgängen 1920–1922 entnommen. Die Bände befinden sich in der Berliner Stadtbibliothek.

Die Artikelserie „Von der deutschen Republik" von Thomas Murner ist im Jahrgang 1920 (Januar bis November) der „Monistischen Monatshefte", herausgegeben vom Deutschen Monistenbund, Ortsgruppe Hamburg, enthalten.

„Der Friedensbund. Mitteilungen vom Friedensbund der Kriegsteilnehmer" ist 1920 in Berlin-Charlottenburg, herausgegeben von Carl v. Ossietzky und Karl Vetter, erschienen. Nach dem Kapp-Putsch übernahm Carl Thinius in Hamburg die Herausgabe, indem er seinen Pionier-Verlag zu einem Verlag des Friedensbundes erweiterte (März–April 1920).

Ab 1921 führen die Mitteilungen des Friedensbundes den Titel „Nie wieder Krieg". Herausgeber ist Karl Vetter, verantwortlicher Redakteur Carl v. Ossietzky; er schreibt die Hauptartikel: In Nr. 11 (Februar 1921) „Verbreitet Besonnenheit!", in Nr. 12 (März 1921) „Die Sünde der Republik", in Nr. 13 (April 1921) „Nicht müde werden!". Der Artikel „Washington" ist in der letzten Nummer des Blattes (Nr. 16/17, November 1921) enthalten. Die hier aufgeführten Nummern sind in der Deutschen Bücherei Leipzig vorhanden.

Ossietzkys Analyse der internationalen Lage deckt sich im wesentlichen mit der Einschätzung der Washingtoner Abrüstungskonferenz von 1921 in der „Geschichte der Diplomatie" von W. P. Potjomkin, Dritter Band, Moskau 1947, S. 157 ff.

Das Zitat Greys stammt aus dessen Memoiren „Twenty Five Years", Band I, S. 91/92, zitiert bei Philip Noel-Baker, „Wettlauf der Waffen", München 1961.

Die kritische Bemerkung über Kurt Hiller bezieht sich auf die Artikel von Bruno Frei in WB 33/62 und 49/62.

Die „Notizen zur Frage der Aufgaben unserer Delegation im Haag" sind in Lenin, „Ausgewählte Werke", Band II, Moskau 1947, S. 978 ff., enthalten. Der russischen Delegation gehörten an Radek, Lossowskij und Rothstein.

Die Rede Ossietzkys zur Ruhrbesetzung erwähnt Berthold Jacob, a. a. O.

Das Zitat vom „Umschmelzungsprozeß" ist dem Artikel „Rechenschaft" WB 19/32 entnommen.

Bemerkungen zu Kapitel 4

Über Ossietzkys Teilnahme an der Gründung der Republikanischen Partei berichtet Berthold Jacob in seinem Buch „Weltbürger Ossietzky". Berthold Jacob ist ein authentischer Zeuge, war er doch selbst Mitglied dieser Partei.

Ossietzkys Mitarbeit am „Tage-Buch" beginnt mit der Glosse „Kant und die Sträflinge" in der Nummer vom 12. April 1924. Es folgen Porträts von Rudolf Hilferding (5. Juli 1924) und von Lassalle (6. September 1924). Am 13. September 1924 erschien der Artikel „Schutz der Republik – die große Mode", am 4. Oktober 1924 „Die Pazifisten", am 6. Juni 1925 „Das heimliche Heer" und am 17. Januar 1925 „Das boykottierte Vaterland". Ossietzky schrieb im „Tage-Buch" außerdem Glossen unter dem Pseudonym Lucius Schierling.

Die Eingabe des Deutschen Friedenskartells an den Reichskanzler wegen der Geheimrüstungen ist im Material des Reichskommissars zur Überwachung der öffentlichen Ordnung enthalten, ebenso über Ossietzkys Tätigkeit in der Deutschen Liga für Menschenrechte. (Deutsches Zentralarchiv in Potsdam.)

„Die Menschenrechte", Organ der Deutschen Liga für Menschenrechte, ist erschienen vom 1. April 1926 bis 31. Dezember 1928. Am 3. November 1926 sprach Ossietzky auf einer Kundgebung der Liga „Gegen die Schmutz- und Schundgesetzvorlage" im ehemaligen Preußischen Herrenhaus. Kurt R. Grossmann, a. a. O., S. 151, berichtet, Ossietzky habe, gemeinsam mit Jürgen Kuczynski, der damals dem Vorstand der Liga für Menschenrechte angehörte, eine Eingabe an den Reichspräsidenten gerichtet, im Hinblick auf den Eintritt Deutschlands in den Völkerbund, alle wegen Landesverrats gefällten Urteile überprüfen zu lassen. (Vgl. auch „Die Menschenrechte", 1. August 1926.)

Die Dokumentation über Locarno ist in dem Band „Locarno-Konferenz 1925", herausgegeben vom Ministerium für Auswärtige Angelegenheiten der DDR, Berlin 1962, enthalten. Im Text zitierte Äußerungen Ossietzkys über Locarno und Völkerbund sind den Artikeln „Der plombierte Wagen" (WB 16/26), „Genf, Stresemann, Clemenceau" (WB 33/26), „Der Fall Völkerbund" (WB 35/26) entnommen.

Zur Frage der Kolonien wird zitiert WB 22/26 „Rif und Riffe", sowie WB 47/26 „Das bißchen Europa"; zur falsch verstandenen deutsch-französischen Verständigung WB 31/26 „Nach zwölf Jahren"; zur Einheit der Arbeiterbewegung WB 19/26 „Krisen".

Lenins Artikel „Über die Losung der Vereinigten Staaten von Europa, „Ausgewählte Werke", Band I, Berlin 1961, S. 760 ff., wurde 1915 geschrieben.

Bemerkungen zu Kapitel 5

Kurt Tucholskys Stimmung nach dem Tode Jacobsohns ist in seinen Briefen an Mary Tucholsky festgehalten, die in dem Band „Ausgewählte Briefe 1913–1935", Hamburg 1962, abgedruckt sind; die zitierte Stelle S. 477 f.

Das komplizierte Problem der Kontakte zwischen Reichswehr und Roter Armee, lange Zeit mangels glaubhafter Materialien in Dunkel gehüllt, ist neuerdings von deutscher Seite durchforscht worden. Die Darstellung im Text folgt im wesentlichen den Ausführungen von Günter Rosenfeld, „Sowjetrußland und Deutschland 1917–1922", Berlin 1960, und Wolfgang Ruge, „Die Stellungnahme der Sowjetunion gegen die Besetzung des Ruhrgebietes", Berlin 1962. In dem Dokument des Nationalrates der Nationalen Front, „Die geschichtliche Aufgabe der Deutschen Demokratischen Republik und die Zukunft Deutschlands" heißt es zu dieser Frage: „Es gab damals Vertreter der herrschenden Klassen, die die umwälzende Bedeutung der Großen Sozialistischen Oktoberrevolution ahnten und die ihre eigene Klasse davor warnten, eine Politik der Feindschaft gegen die aufsteigende sozialistische Macht zu führen. Zu diesen gehörte der damalige Chef der Heeresleitung der Reichswehr, Generaloberst Seeckt. In einem an die Regierung gerichteten Memorandum erklärte er: ‚Wenn Deutschland einen Krieg gegen Rußland beginnt, dann wird es einen hoffnungslosen Krieg führen.' Leider waren solche Erkenntnisse in der herrschenden Klasse äußerst selten."

Wilhelm Piecks Rede im Preußischen Landtag zu dem Problem der militärischen Kontakte ist zitiert nach Wilhelm Pieck, „Reden und Aufsätze", Band IV, Berlin 1956, S. 63. Auffallend ist die Verwendung des Ausdrucks „sozialdemokratische Partei Deutschlands".

Die Äußerung Lenins aus „Sämtliche Werke", Band 23, S. 683; die Resolution des ZK der KPR (B) gibt Rosenfeld wieder nach „Protokolni zentralnovo komiteta", S. 206 ff.

Die sowjetischen Abrüstungsvorschläge von 1927 sowie die Verhandlungen über den Briand-Kellogg-Pakt sind nach „Geschichte der Diplomatie", Dritter Band, S. 463 ff., skizziert.

In WB 21/27 gibt Ossietzky Arthur Seehof das Wort zu dem Thema „Rußlands Rüstungen". Hier liest man: „Muß Rußland rüsten, muß es, trotz seiner ganz gewiß ehrlichen Kriegsgegnerschaft, Schritt halten mit den Rüstungen der Völkerbundstaaten? Übersehen wir die weltpolitische Situation und die heraufziehenden Konflikte, so sind wir gezwungen, laut und eindeutig ja zu sagen."

1926 ist das Geburtsjahr der von Kurt Hiller gegründeten Gruppe Revolutionärer Pazifisten, die dem Friedenskartell angeschlossen war. Ossietzky gab Hiller zwar Gastrecht in der ab 1927 von ihm geleiteten „Weltbühne", aber sich mit den Querköpfigkeiten des „Logokraten" zu identifizieren, lehnte er kategorisch ab. Was Ossietzky von Kurt Hiller hielt, hat er in seinem am 4. Oktober 1924 im „Tage-Buch" erschienenen Artikel („Oberaufseher im pazifistischen Stadelheim") deutlich genug gesagt. Kurt Hiller hat die kühl ablehnende Haltung Ossietzkys ihm gegenüber nie verziehen. In seinen 1938 in Prag, also nach dem Tode Ossietzkys, geschriebenen „Erinnerungen an Carl von Ossietzky" (veröffentlicht in dem Buche „Köpfe und Tröpfe", Hamburg 1950) macht Hiller dem Verstorbenen das Anrecht auf den Friedensnobelpreis streitig – er hätte vielleicht den Literaturnobelpreis verdient, aber nicht den Friedensnobelpreis ... Hiller mäkelt an Ossietzky herum, „eine redaktorische Leidenschaft" hätte ihm gefehlt, er sei als Denker unzulänglich gewesen, er habe sich an den Versuchen zu einer Überwindung der Spaltung nicht beteiligt (!), er hätte keinen Standpunkt gehabt, er sei ein politischer Impressionist gewesen und so weiter. Kurt Hiller hat seine Ressentiments gegen Ossietzky in einer Artikelserie in der Hamburger Studentenzeitschrift „konkret", Heft 3–7, 1962, aufgewärmt. Der Verfasser ist dieser Verunehrung Ossietzkys in WB 33/62 entgegengetreten. Hillers groteske Mussolini-Verehrung glossierte der Verfasser in WB 49/62.

1930 wurde Hiller aus dem Vorstand der Deutschen Friedensgesellschaft ausgeschlossen mit der Begründung, er habe verleumderisch behauptet, die Führer der deutschen Pazifisten hätten ihre Propaganda aus französischen, tschechischen und polnischen Finanzquellen gespeist. Der Streit beschäftigte mehrere Gerichte und führte letztlich zur völligen Zersetzung der bürgerlichen Friedensorganisationen. Vgl. den Offenen Brief von Kurt Hiller an den Vorsitzenden der Deutschen Friedensgesellschaft, Dr. Freiherr von Schoenaich (WB 27/30). Hiller hat die schmutzige Affäre auch in einem Pamphlet breitgetreten („Rote Ritter", Gelsenkirchen 1951).

Widersprüchlich ist die Rolle Friedrich Wilhelm Foersters. Sein „föderalistischer Pazifismus", der Deutschland die Rolle des Mittlers zwischen Ost und West, Nord und Süd zuweist, ist am deutlichsten ausgeführt in „Mein Friedensprogramm" („Wahrheit", Prag), zitiert bei Eugen Relgis, „Wege zum Frieden", Herde in Holstein 1932. Die antisowjetische Kampagne seines Organs „Die Menschheit", Genf/Stuttgart, wird scharf beleuchtet in dem Artikel „Die Pazifisten in der Antisowjetfront" („Rote Fahne", Berlin, vom 8. Oktober 1927). Die „Rote Fahne" nimmt Stellung zum Streit auf der Erfurter Generalversammlung der Deutschen Friedensgesellschaft und spricht die Erwartung aus, daß sich die Deutsche Friedensgesellschaft spalten werde, wobei die Gruppe der Revolutionären Pazifisten damals gegen die antisowjetische Linie Foersters auftrat.

Bemerkungen zu Kapitel 6

Als Hauptquelle für die Strafprozesse gegen Ossietzky bis zum Jahre 1931 dient das Reichsgerichtsurteil vom 23. November 1931. Dort ist das Strafregister genau ausgeführt. Die Korrespondenz über das eingestellte Verfahren wegen der Canaris-Artikel ist in den Akten des Reichsjustizministeriums (Institut für Marxismus-Leninismus beim ZK der SED, Berlin) zu finden. Die Anfrage des Oberreichsanwalts beim Reichswehrministerium ist vom 29. Dezember 1927 datiert, die Antwort des Oberst von Schleicher vom 9. Januar 1928. – Admiral Canaris wurde 1935 Leiter der Abwehrabteilung im Kriegsministerium; von 1938 bis zu seiner Verhaftung wegen Teilnahme an der Verschwörung vom 20. Juli 1944 war er Leiter des Amtes Ausland/Abwehr im Oberkommando der Wehrmacht.

Die Verhandlung vom 16. und 17. Dezember 1927 wird von Ossietzky selbst in WB 52/27 beschrieben, ziemlich ausführlich berichten darüber auch Kurt Singer und Felix Burger in ihrem Buch „Carl von Ossietzky", Zürich 1937.

Über Groeners Charakterisierung der Vorlage über den Panzerkreuzerbau als einen Antrag der Gesamtregierung vgl. „General Groener" von Dorothea Groener-Geyer, Frankfurt a. M. 1953, S. 251.

Bemerkungen zu Kapitel 7

Die Verhandlungen des Mai-Ausschusses wurden hauptsächlich auf Grund der Polizeiakten rekonstruiert. Die Akten des Berliner Polizeipräsidiums über die Ereignisse am 1. Mai 1929 liegen im Institut für Marxismus-Leninismus beim ZK der SED in Berlin. Die Berichte der Polizeiagenten über die Versammlungen unter dem Vorsitz Ossietzkys sind diesem Material entnommen. Zusätzlich sind die Notizen in „Berlin am Morgen" über die Tätigkeit des Ausschusses verwendet worden. Es sei vermerkt, daß der Artikel über die dreitägigen Kämpfe unter dem Titel „Wir klagen an"

F. C. Weiskopf zum Verfasser hat, damals Mitglied der Redaktion von „Berlin am Morgen".

Ossietzky war nicht der einzige, den die Ereignisse des 1. Mai 1929 so tief erschütterten, daß er den ersten Schritt zur revolutionären Arbeiterbewegung tat. Fritz Sternberg berichtet in seinem Buch „Der Dichter und die Ratio. Erinnerungen an Bertolt Brecht", Göttingen 1963, über den Eindruck, den der blutige 1. Mai 1929 auf Brecht machte: „Als Brecht die Schüsse hörte und sah, daß Menschen getroffen wurden, wurde er so weiß im Gesicht, wie ich ihn nie zuvor in meinem Leben gesehen hatte. Ich glaube, es war nicht zuletzt dieses Erlebnis, was ihn dann immer stärker zu den Kommunisten trieb."

Die Bemerkungen über die Einschätzung der Ereignisse folgen einerseits dem „Grundriß der Geschichte der deutschen Arbeiterbewegung" (Dietz Verlag Berlin 1963), andererseits der Analyse, die Wilhelm Pieck auf der Brüsseler Parteikonferenz 1935 gegeben hat (Wilhelm Pieck, „Der neue Weg zum gemeinsamen Kampf für den Sturz der Hitlerdiktatur", Berlin 1954, S. 24 f.). Die Bemerkung von Walter Ulbricht ist seiner Rede auf dem Weddinger Parteitag (9.–16. Juni 1929) entnommen. (Vgl. Walter Ulbricht, „Zur Geschichte der deutschen Arbeiterbewegung", Band I, S. 425.) Es sei auch hingewiesen auf das Werk „Die Kommunistische Partei Deutschlands 1918–1933" von Enzo Colotti, Milano 1961, erschienen bei Feltrinelli.

Die Rundfrage „Faschistische oder proletarische Diktatur" war von der Zeitschrift „Roter Aufbau", Berlin, veranstaltet worden. Die Antwort Ossietzkys findet sich im III. Jg., Heft 9, September 1930.

Über Ossietzkys „Umschmelzungsprozeß" berichtet dieses Buch. Sein Weg zur vollen Erkenntnis der Wahrheit und zum Verständnis der Entwicklungstendenz der deutschen Geschichte wird hier so weit verfolgt, als dafür dokumentarische Unterlagen vorliegen. Marlene Vesper berichtet darüber hinausgehend (WB 28/58), Ossietzky hätte seiner Frau Maud gegenüber während seines fast zweijährigen, von der Gestapo überwachten Krankenlagers geäußert, „daß, sollte er jemals gesund die Freiheit wieder erlangen, er sich zur kommunistischen Weltanschauung auch öffentlich bekennen würde. In den Jahren seiner KZ-Haft hätte er sie als die einzig richtige Weltanschauung erkannt. Nur Zeit und Umstände hinderten Ossietzky daran, seine gewonnene politische Erkenntnis in die Tat umzusetzen." Dem freilich steht gegenüber das Zeugnis von Finn Lie, der in seinem Bericht über das letzte Gespräch mit Ossietzky diese Behauptung nicht bestätigt (vgl. Kapitel 15).

Ossietzky sah schon früh, daß die „neue Reformation" eine Umwälzung der Klassenbeziehungen zur Voraussetzung habe. Das bezog sich nicht allein auf die verderbliche Rolle der Hochfinanz und der Schwerindustrie, sondern erstreckte sich auch – als einem Element der deutschen Misere – auf den junkerlichen Großgrundbesitz. „Zwei Unterlassungssünden", schrieb er 1928, „hat die Revolution von 1918 begangen, die zu Todsünden gegen die junge Republik geworden sind: sie hat versäumt, in einer Zeit, wo alle alten Bindungen gelockert waren und alles ungeheuer aufnahmebereit war, den Einheitsstaat zu proklamieren, und sie hat die Zerschlagung der Latifundien, die Aufteilung des Großgrundbesitzes versäumt. Sie hat alle Chancen versäumt, das ganze weite Land mit einem ihr zu Dank verpflichteten Kleinbauerntum zu überziehen, sie hat darauf verzichtet, die auch unter der dicken reaktionären Verkrustung schlummernden revolutionären Instinkte des Bauern zu entfesseln und zu befriedigen, und ihre eigene Schuld ist es, wenn heute der Landmann sich vom Junker gängeln läßt wie früher, statt nach seinem Boden zu verlangen. Auch in dieser Frage hat die Sozialdemokratie den historischen Moment verpaßt." (WB 13/28.)

Daß Ossietzky, bei aller kritischen Haltung der KPD gegenüber, ihre Publikationen sowie die Äußerungen ihrer Führer mit Aufmerksamkeit verfolgte, kann nicht bezweifelt werden. Übereinstimmung und Polemik zeugen dafür. Die Polemik richtete sich im wesentlichen auf jenen Punkt, der im „Grundriß der Geschichte der deutschen Arbeiterbewegung", Berlin 1963, S. 160, folgendermaßen lautet: „Die KPD, die als einzige Partei konsequent gegen Unterdrückung und Ausbeutung, gegen Militarismus und Krieg und gegen die drohende faschistische Diktatur, für die demokratischen Volksrechte und die Erhaltung des Friedens kämpfte, verband diesen den nationalen Interessen dienenden Kampf noch immer mit dem Ziel der Errichtung der Diktatur des Proletariats als nächster strategischer Aufgabe, obwohl dieses Ziel beim damaligen Kräfteverhältnis der Klassen in Deutschland nicht unmittelbar auf der Tagesordnung stand. In dieser Situation erforderte die Lage in

Deutschland, die Arbeiterklasse und die anderen werktätigen Massen, alle friedliebenden und demokratischen Kräfte für den Kampf um die Verteidigung der demokratischen Rechte und Freiheiten zu gewinnen, die faschistische Diktatur zu verhindern und antifaschistisch-demokratische Verhältnisse als nächstes, unmittelbares Ziel zu erkämpfen."

Diese Fehleinschätzung der Lage ist bereits auf der Brüsseler Konferenz der KPD im Jahre 1935 von Wilhelm Pieck in seinem Referat festgestellt worden. (Wilhelm Pieck, a. a. O., S. 27.) Die Charakterisierung des Programms zur nationalen und sozialen Befreiung Deutschlands zitiert nach „Grundriß", S. 125.

Daß Ossietzky, ohne in Fragen der Strategie und Taktik des Klassenkampfes unterrichtet zu sein, instinktiv begriff, daß die Agitation der KPD der realen Lage nicht gerecht wurde, ist eine historische Tatsache. Die Feinde des Sozialismus versuchen, aus dieser kritischen Position Ossietzkys seine Gegnerschaft zum Kommunismus und zur kommunistischen Partei abzuleiten. Nichts ist abwegiger. Die Texte beweisen das Gegenteil. Ossietzky näherte sich im Laufe der Krisenjahre immer mehr dem Standpunkt der Kommunisten. Billigte er auch nicht deren Taktik, so deckte sich doch in entscheidenden Fragen sein Standpunkt mit dem ihren. So entspricht beispielsweise die klassenmäßige Einschätzung des Hitlerfaschismus ziemlich genau der zur gleichen Zeit von der KPD gegebenen. Die Rede Walter Ulbrichts, „Hitler, der Verbündete der Millionäre", ist in einer Massenversammlung der KPD in der „Neuen Welt" am 5. November 1931 gehalten worden. Vgl. Walter Ulbricht, „Zur Geschichte der deutschen Arbeiterbewegung", Band I, Berlin 1953, S. 559 ff.

Thomas Manns Bemerkungen über die philosophischen Grundlagen des Nationalsozialismus sind in seiner „Deutschen Ansprache" vom 17. Oktober 1930 (zitiert nach Andreas Hillgruber, „Die Auflösung der Weimarer Republik", Hannover 1961) enthalten. Ebenfalls dort sind Auszüge aus Goebbels' „Tagebuch" abgedruckt, die im Text Verwendung finden.

Bemerkungen zu Kapitel 8

Über den Landesverratsprozeß von 1931 gab es bisher keine anderen Unterlagen als den Urteilstenor und die in der „Weltbühne" veröffentlichten Äußerungen, die angesichts der Schweigepflicht, die allen Prozeßbeteiligten auferlegt war, im wesentlichen einen bloß kommentierenden Charakter hatten. Unserer Darstellung liegt der Wortlaut des geheimen Urteils zugrunde, der in der Bibliothek des Obersten Gerichts der DDR aufbewahrt wird. Erst so ist es möglich geworden, die juristischen und faktischen Grundlagen sowie das politische Klima in der Verhandlung vor dem 4. Strafsenat aufzuhellen.

Die Akten, die den kuriosen Streit um das Gutachten des Auswärtigen Amtes beinhalten, sind in der Korrespondenz des Reichsjustizministeriums zu finden, die im Institut für Marxismus-Leninismus beim ZK der SED in Berlin archiviert sind. In diesem Aktenstoß befindet sich auch der Brief Quiddes an Reichskanzler Dr. Brüning sowie die Eingabe des Deutschen Ausschusses für Abrüstungspropaganda. Auch die „Aufzeichnung zur Regelung der Sprache für die Abrüstungsdelegation" ist in den Akten des Reichsjustizministeriums im Archiv des Instituts zu finden.

Die Rechtsausführung Alsbergs in seinem Plädoyer zitiert er selbst in einem Brief an den Reichsjustizminister vom 13. Februar 1932. Dieser Brief sowie die Eingabe von Dr. Apfel an die gleiche Behörde mit den Erklärungen von Albert Einstein, Thomas Mann, Arnold Zweig, datiert vom 15. Januar 1932, befinden sich im Deutschen Zentralarchiv in Potsdam. Der Eingabe Dr. Apfels zur Unterstützung des Gnadengesuches sind weitere Erklärungen von Geheimrat Prof. Dr. Saenger, Dr. Arthur Eloesser, Gewerkschaftsführer Leopart, Prof. M. Hobohm, Prof. Dr. Veit Valentin, Prof. Dr. Rosenberger-Koch beigegeben.

Was die Zeitungszitate anbelangt, so sind folgende Daten anzumerken: Die Erklärung Ossietzkys „Ich, Landesverräter" erschien im „8-Uhr-Abendblatt" vom 25. November 1931. Vom gleichen Datum ist der Kommentar in der „New York Evening Post". Der Artikel des französischen Abgeordneten Henri Guernut erschien im Pariser „Quotidien" vom 25. Januar 1932.

Zu den Zeitungen der Linken, die Ossietzky gegen die Unrechtsprechung des Reichsgerichtes energisch verteidigten, gehört auch das Zentralorgan der Kommunistischen Partei, die „Rote Fahne" (24./25. November 1931).

Der Verteidiger, der Ossietzkys Verhalten vor Gericht schildert, ist Dr. Kurt Rosenfeld (zitiert nach der „Denkschrift zur Begründung der Kandidatur C. v. O. für den Friedenspreis."). Über den Konflikt zwischen Verteidigung und Gericht im Zusammenhang mit der Sachverständigenfrage findet sich eine Andeutung im Prozeßbericht des „Berliner Tageblatts" vom 13. November 1931.

Kreisers Artikel erschienen im „Echo de Paris", 21.–25. Februar 1932. – Ossietzkys Auftreten in der Kundgebung der Liga für Menschenrechte am 16. Oktober 1930 ist belegt durch das Organ der Liga „Die Menschenrechte", Jg. 5, 1930, Nr. 8.

Bemerkungen zu Kapitel 9

Der Brief, in dem Ossietzky seine Überlegungen vor dem ersten Wahlgang zur Präsidentenwahl darlegt, ist an Herrn Adolf Woffsky, Charlottenburg 2, Schlüterstraße 72, gerichtet und vom 6. Februar 1932 datiert. Das Original befindet sich im Kurt Tucholsky-Archiv von Frau Mary Tucholsky in Rottach-Egern.

Walter Ulbrichts Äußerungen vor dem zweiten Wahlgang sind unter dem Titel „Fragen und Antworten zur Präsidentschaftswahl" in der „Roten Fahne" vom 31. März 1932 erschienen. Vgl. Walter Ulbricht, „Zur Geschichte der deutschen Arbeiterbewegung", Band I, Berlin 1953, S. 571.

Bemerkungen zu Kapitel 10

Ossietzkys Gang zum Tegeler Gefängnis am 10. Mai 1932 ist Gegenstand zahlreicher Einzeldarstellungen. Viele Teilnehmer jener denkwürdigen Demonstration haben sie beschrieben: auch der Verfasser in seinem Buch „Die Stafette", S. 270 ff. Die literarisch bedeutungsvollste Darstellung gab zweifellos Alfred Polgar in WB 20/32. Die Abschiedsworte Ossietzkys nach dem „Memorandum" (Deutsches Zentralarchiv, Potsdam). Die Buchstelle zitiert Maud v. Ossietzky in ihren „Erinnerungen" in WB 6/64.

Über Ossietzkys ablehnende Haltung allen Fluchtplänen gegenüber legte in der Pariser Emigration seine Sekretärin Milly Zirker Zeugnis ab. Sie berichtete über das folgende Gespräch: „Ich erinnerte ihn daran, daß doch andere, Größere in die Emigration gegangen waren: Marx und Lenin. Er sagte: ‚Die sind für eine andere, viel größere Sache hinausgegangen – für den Sozialismus. Der Pazifismus kann damit nicht verglichen werden.' " (Vgl. Maximilian Scheer, „So war es in Paris", Berlin 1964, S. 120.)

Über das Ergebnis der Unterschriftenaktion berichtet das Organ der Liga für Menschenrechte, „Die Menschenrechte".

Der Prozeß vor dem Schöffengericht Charlottenburg vom 1. Juli 1932 wird nach dem Bericht in WB 27/32 rekonstruiert. Ossietzkys Rede vor dem Gericht ist nach Aufzeichnungen von Johannes Bückler in der gleichen Nummer wiedergegeben. Der „Weltbühnen"-Bericht enthält nicht die von Olden in seinem Plädoyer erzählte Hindenburg-Anekdote. Diese ist im Bericht der „Frankfurter Zeitung" vom 2. Juli 1932 enthalten, ebenso in dem Artikel des Augen- und Ohrenzeugen Otto Lehmann-Rußbüldt, in der „Berliner Volks-Zeitung" vom 5. Juli 1932. Ins einzelne geht auch der Bericht des „8-Uhr-Abendblattes" vom 1. Juli 1932.

Die Äußerungen Ossietzkys bei und nach seiner Rückkehr aus dem Tegeler Gefängnis sind zitiert nach WB 52/32 und 2/33. Gerlachs Bemerkungen nach „Antworten" in WB 20/32.

Den Geburtstagsbesuch in Tegel beschreibt Rudolf Arnheim in WB 40/32.

Ossietzky schilderte sein Leben im Tegeler Gefängnis in einem Interview mit Kurt R. Grossmann im „8-Uhr-Abendblatt" vom 23. Dezember 1932. Den Dank im Namen der Gefangenen für die Weihnachtsspende an Zigarren und Zigaretten sprach der Oberstrafanstaltsdirektor (gez. Brucks) in einem Schreiben vom 24. Dezember 1932, gerichtet an Ossietzky, aus („Weltbühne"-Archiv).

Die pessimistische Eintragung im Tagebuch von Goebbels ist der Schrift „Die Auflösung der Weimarer Republik" von Andreas Hillgruber (Hannover 1961) entnommen. Die Einschätzung der Rolle der antifaschistischen Massenaktion Ende 1932 und die damit zusammenhängende Frage nach der Verantwortung für deren Scheitern folgt dem „Grundriß der Geschichte der deutschen Arbeiterbewegung", S. 165.

Die Artikel Ossietzkys aus dem Jahre 1933 fand der Verfasser auch in den Polizeiakten wieder. „Angriffe gegen die Reichsregierung" steht auf dem Aktendeckel des Reichsministeriums des Inneren. (Archiv des Instituts für Marxismus-Leninismus beim ZK der SED.)

Den Wortlaut des polizeilichen Verbots der Kundgebung der Liga für Menschenrechte veröffentlichte die „Berliner Volks-Zeitung“ am 4. Februar 1933.

Über Ossietzkys Rede auf der Kundgebung des Schutzverbandes Deutscher Schriftsteller am 17. Februar gibt es mehrere Darstellungen. Der Verfasser hat an dieser Kundgebung selbst teilgenommen. Der im Text wiedergegebene Wortlaut ist rekonstruiert nach den Aufzeichnungen mehrerer Versammlungsteilnehmer (Karl Grünberg, Johanna Rudolph, mitgeteilt in Briefen an den Verfasser). Der Text nach Alfred Kantorowicz in WB 9/47, S. 375, deckt sich mit der Erinnerung des Verfassers. Auch Walther Victor berichtet, leider ohne Wortlaut, über die denkwürdige Versammlung in seinen „Ausgewählten Schriften“, Band II, S. 68. Walter Bredendiek gibt den gleichen Text wieder in WB 41/61.

Bemerkungen zu Kapitel 11

Die Skizze von Berlin am Vorabend des Reichstagsbrandes folgt dem Erlebnisbericht von Bruno Frei, „Hanussen“, Straßburg 1934. Die Szene um die Mittagsstunde - Ossietzky schwankend, Gerlach auftrumpfend - schildert Walter Mehring, „Der Zeitpuls fliegt“, Hamburg 1958. Kurt R. Grossmann, a. a. O., S. 351, berichtet von einer weiteren Fluchtdiskussion. Sie soll am 20. Februar im Büro des Ministerialrats Albert Falkenberg, eines Sozialdemokraten, stattgefunden haben. In dieser Besprechung soll Gerlach für Abwarten gewesen sein, Lehmann-Rußbüldt für Abreisen. Ossietzky soll gesagt haben, die Stunde der Entscheidung sei für ihn noch nicht gekommen, aber jeder habe das Recht, nach seinem Gewissen zu handeln. Nach Grossmann soll die Besprechung bei Frau Jacobsohn bereits am Vormittag des 27. Februar stattgefunden haben. Über die letzte Besprechung Ossietzkys mit seinen Freunden in der Wohnung von Frau Jacobsohn am Abend des 27. Februar berichtet Hellmut von Gerlach in „Neue Weltbühne“ vom 16. November 1933 in Übereinstimmung mit dem namenlosen „Augenzeugen“ in der Schrift „What was his crime?“ von William Ellis, London, Camelot Press. Die nächtliche Szene in der neubezogenen Wohnung (Bayrische Straße 12), letzte Zurückweisung des Fluchtgedankens vor der Verhaftung, schildert Maud v. Ossietzky in WB 7/64. Dem gleichen Bericht ist auch der Brief aus Spandau entnommen.

Gerlach beschreibt seine abenteuerliche Flucht aus dem Berlin Hitlers in seinem Buch „Von Rechts nach Links“, S. 271. Auch Harry Graf Keßler weiß darüber in seinen „Tagebüchern“, offenbar aus eigenem Wissen, zu berichten.

Über die Rolle des Gestapochefs Diels bei der Vorbereitung des Reichstagsbrandprozesses gibt erschöpfend Auskunft Hans Bernd Gisevius, „Bis zum bitteren Ende“, Hamburg 1960.

Ungeklärt waren bisher die Umstände, unter denen das Photo zustande gekommen war, das Ossietzky mit Ludwig Renn und Ernst Torgler in den ersten Tagen nach der Verhaftung zeigt. Das Lichtbild ist zuerst in der „Berliner Illustrierten“ vom 31. März 1933 erschienen. In einem Brief an den Verfasser berichtet Ludwig Renn, wie es zu dieser Aufnahme kam.

Ernst Torgler schildert seine Erlebnisse in der Artikelserie „Der Reichstagsbrand und was nachher geschah“ („Die Zeit“, Hamburg, 21. Oktober 1948, Nr. 43–46). Seine Darstellung deckt sich mehr oder minder mit seinen Aussagen im Reichstagsbrandprozeß.

Der Versuch, Ossietzky als Mittäter in den Reichstagsbrandprozeß hineinzumanipulieren, ist aus der Anklageschrift und mehr noch aus der Zeugenaussage des meineidigen Polizeispitzels Stawitzki am 28. Verhandlungstag des Leipziger Prozesses nachzuweisen. (Die Akten befinden sich im Deutschen Zentralarchiv in Potsdam.) Die Anklagerede des Oberreichsanwalts gibt der Verteidiger Torglers, Dr. Alfons Sack, in seinem Buche „Der Reichstagsbrandprozeß“, Berlin 1934, wieder. Maud Koehler hat in ihrer Doktordissertation „Die KPD im Kampf deutscher Antifaschisten gegen die Reichstagsbrandstifter“, Humboldt-Universität Berlin, die Zusammenhänge beleuchtet.

Die Tochter Ossietzkys hat über den Versuch, ihren Vater in den Reichstagsbrandprozeß hineinzuziehen, in einer Stockholmer Zeitschrift geschrieben. (Rosalinde von Ossietzky, „När fredspristagaen Ossietzky beskyllde för riksdabranden“, „I Freden“, 1953/1.)

Über Ossietzkys Aufenthalt in Sonnenburg liegen mehrere Augenzeugenberichte und Aussagen von Mitgefangenen vor. Am ausführlichsten beschreibt die Haltung Ossietzkys Fritz Kroh in WB 18/58. Kroh hat dem Verfasser mündlich erklärt, Ossietzky sei in den Lagergesprächen den Kommunisten so nahegekommen, daß sie ihn als einen Genossen ansahen. Karl Grünberg, der bis Weihnachten 1933 in Sonnenburg blieb, schreibt: „Er, der am meisten Exponierte und darum am meisten Gequälte, verstand es sogar noch, anderen Mut und Kraft zu geben.“ (WB 1/46.)

Die Szene, wie der beschimpfte und bedrohte Ossietzky durch das Dazwischentreten eines mutigen Berliners einer neuerlichen Mißhandlung entging, schildert Peter Kast in den „Neuen Deutschen Blättern“, Prag, Juli 1934.

Über die beiden Versuche, Ossietzky zum Widerruf zu bewegen, berichtet der Mithäftling Franz Jack (Berlin) im „Spiegel“, Hamburg, vom 4. März 1964.

Die an Schwejk gemahnende Szene von dem „Bitte-schön“-Kommando Ossietzkys hat der später ermordete Adolf Noetzel festgehalten („Frankenpost“, Hof, Nr. 60, vom 11. Mai 1946). Daß die Häftlinge „zum Spaß“ ihr Grab schaufeln mußten, wird von ehemaligen Mitgefangenen mehrfach berichtet, so z. B. im „Gegenangriff“, Prag, vom 3. Dezember 1933. Auch in der „Denkschrift“ über Carl v. Ossietzky, die in Paris zur Begründung der Kandidatur Ossietzkys für den Nobelpreis herausgebracht wurde, wird diese makabre Szene erwähnt. In den Tagebuch-Aufzeichnungen von Erich Mühsam findet sich die Eintragung: „8. April 1933. Erdarbeit mit Ossietzky.“

Die Demonstration vor den ausländischen Journalisten wird in nahezu allen Publikationen über Ossietzky wiedergegeben. Der Autor verwendet die Darstellung des Amerikaners Louis P. Lochner, „What about Germany“, New York 1942.

Es sei vermerkt, daß Diels in seinem Rechtfertigungsbuch „Lucifer ante portas“, Stuttgart 1958, S. 197, behauptet, er habe Auftrag gegeben, Ossietzky und den nicht minder schlimm zugerichteten Dr. Litten aus dem Lager in ein Berliner Krankenhaus zu überführen, was auch geschehen sein soll. Göring sei über seinen Bericht entsetzt gewesen; die Schuld an den Grausamkeiten trügen Ernst und Heines. Die ganze Darstellung steht im Widerspruch zu den Tatsachen.

Bemerkungen zu Kapitel 12

Eine topographische Schilderung des Emslandmoors, der Stätte des Martyriums von Ossietzky, gab F. Grütering in einem westdeutschen Zeitungsaufsatz unter dem Titel „Häftling Nr. 562“ aus Anlaß des 25. Todestages von Ossietzky. Eine eindrucksvolle Schilderung des Lagers enthielt auch der Artikel von Karl Wlock, „Das war Esterwegen 1935/36“, in WB 22/63.

Über Ossietzkys Haftzeit in Papenburg-Esterwegen sind die schriftlichen oder gedruckten Zeugnisse spärlich. Einiges wird in der Pariser „Denkschrift zur Begründung der Kandidatur Carl von Ossietzkys für den Friedenspreis“ wiedergegeben. Die „Denkschrift“ befindet sich im Deutschen Zentralarchiv unter den Materialien „Fédération Internationale des Ligues pour la Défense des Droits de l’homme et du citoyen“ (61 Fe. 2). Dort ist auch der gesamte Briefwechsel des Pariser Büros aufbewahrt sowie ein weiteres „Memorandum“, herausgegeben vom Freundeskreis Carl v. Ossietzkys. Aus dem „Memorandum“ sind einige Zeugnisse über Ossietzkys Martyrium in Papenburg-Esterwegen im Buch von Kurt Singer u. Felix Burger wiedergegeben.

Zeugnisse über Ossietzkys politische Haltung zu dieser Zeit beruhen auf schriftlichen Äußerungen mehrerer ehemaliger Mitgefangener. Der Verfasser stützt sich insbesondere auf die in seinem Besitz befindlichen schriftlichen Erklärungen von Paul Abczynski (Recklinghausen), Christof Bastian (Flensburg), Otto Klingbail (Düsseldorf), Robert Deppe (Berlin), Franz Gawahlek (Berlin), Robert Weber (Ahlen), Arthur Schmidt (Delmenhorst), W. Konsorski (Hamburg), Ernst Oberdönter (Berlin). Die sarkastische Bemerkung Ossietzkys über die Sprachverwilderung und Sprachzersetzung der Hitlerära wird von Erwin Topf erwähnt („Die Zeit“, Hamburg, vom 9. Mai 1946).

Daß in Esterwegen gegen Ossietzky Mörder eingesetzt waren, bezeugen in Briefen an den Verfasser die Lagerkameraden Paul Abczynski (Recklinghausen) und Paul Steinmeht (Sandersdorf). Dieser ist mit dem im Text erwähnten Leiter der Malerkolonne identisch. In mehreren Darstellungen (übrigens auch in dem DDR-Fernsehfilm über das Leben Ossietzkys) wird behauptet, Ossietzky sei in Esterwegen durch eine Tb-Injektion vergiftet worden. (Auch Kurt R. Grossmann, a. a. O., S. 388.) Diese Behauptung geht auf eine mit E. K. gezeichnete Aussage eines „Augenzeugen“ zurück, die in der Sonderausgabe der „Weltbühne“ von 1949 veröffentlicht wurde. Der Verfasser hat diese durch kein weiteres Zeugnis erhärtete Behauptung als nicht erwiesen unberücksichtigt gelassen.

Der Streit, ob für Ossietzky getrommelt werden sollte oder ob diplomatisches Manövrieren vorzuziehen sei, findet in dem Briefwechsel zwischen dem in Prag lebenden ehemaligen Generalsekretär der Deutschen Liga für Menschenrechte, Kurt R. Grossmann, und der Sekretärin der Liga in Paris, Milly Zirker, ihren Niederschlag. Milly Zirker arbeitete mit Gerlach zusammen. Emsig und uneigennützig verwaltete sie als Sekretärin der Internationalen Föderation der Ligen für Menschenrechte die Anliegen der politischen Emigranten. Milly Zirker war für Trommeln. Grossmann schreibt ihr aus Prag am 12. Oktober 1934 u. a.: „Die Kollegen von Ossietzky, und zwar die zuletzt Gekommenen, haben erklärt, daß Ossietzky sich nie darüber beklagt hat, daß die Trommel in der Öffentlichkeit für ihn gerührt wird; sondern daß es sein großer Kummer gewesen ist, daß er diese Presse nie zu Gesicht bekommt. Der Kollege, der im Mai gekommen ist und monatelang mit Ossietzky (in Sonnenburg) zusammen war, ist über diesen Punkt: publizistische Tätigkeit ja oder nein, befragt worden, und auch er meinte, daß es nur in Ossietzkys Interesse liegen kann, die Trommel zu schlagen.“ Dieses Drängen, mit dem publizistischen Feldzug nicht zu zögern, war notwendig geworden, da Hilde Walter, Ossietzkys frühere Sekretärin, um diese Zeit (20. September 1934) aus Malmö Milly Zirker beschwor, daß nicht getrommelt werde; vielmehr sollten „hohe englische Aristokraten sich privat oder durch Vermittlung der Botschaft an Hitler–Göring wenden. Sobald das jedoch öffentlich, also durch die Presse gehen würde, ist jede Aussicht auf Erfolg vergebens.“ Angeblich soll diese „Idee“ von Ossietzky selbst stammen, übermittelt durch einen Leidensgenossen namens Schmidt. Hilde Walter hat ihrem Brief den Entwurf eines solchen englischen Aristokraten-Appells beigelegt. Darin wird von der Absicht gesprochen, „die Stimmung zwischen unseren beiden Völkern zum Vorteil der beiden Völker zu verbessern“, wozu ein Gnadenerlaß Hitlers gegenüber politisch Andersdenkenden das geeignete Mittel wäre.

Ernst Toller berichtet in einem Brief vom 24. Januar 1935 an Hilde Walter über seine Interventionen in England (Deutsches Zentralarchiv, Potsdam).

Diese Meinungsverschiedenheit ist glücklicherweise zugunsten derjenigen entschieden worden, die Leisetreterei mit dem Charakter Ossietzkys unvereinbar hielten. Dem Kämpfer war das Betteln um Gnade zuwider. Hilde Walter hat später, als es um die Frage der Überweisung des Geldes nach Deutschland ging, ihre falschen Ansichten teilweise korrigiert, teilweise jedoch in neuer Form vertreten.

In einem vertraulichen Bericht „Der Kampf um CvO" (undatiert), der an einzelne Persönlichkeiten verschickt wurde, zieht Hilde Walter Lehren aus der Kampagne, die nun nach der Preiszuerteilung fortgesetzt werden müsse. Sie verschweigt nicht, daß es um die Methode des Kampfes „erbitterte Meinungskämpfe" unter den Freunden Ossietzkys gegeben habe. Lebensrettung oder Propaganda? Die Verfasserin des Berichtes bekennt, „daß es richtiger war, neben der karitativen Tätigkeit politisch zu agitieren". Sie gibt zu, daß man der grausamen Wirklichkeit des KZ-Regimes „nicht lediglich mit feinfühlender Vorsicht entgegenwirken" konnte. So hätten die Freunde Ossietzkys zu der Überzeugung kommen müssen, „daß die Lebensrettung nur auf dem Wege über wirksame, zielbewußte, politische Propaganda erreichbar sein würde". Das hatten allerdings andere schon zu Beginn der Aktion klar erkannt und danach gehandelt. Aber Hilde Walter ist auch jetzt noch, also *nach* der Preiszuerteilung, dagegen, daß die Kampagne für Ossietzky mit der Kampagne für alle politischen Gefangenen gekoppelt werde; sie ist gegen die Verbindung des Namens Ossietzkys mit dem Namen Thälmann. Sie schreibt: „Nicht das prominente Mitglied irgendeiner großen Gruppierung, dessen Name mehr oder weniger ein Bestandteil von Parteipropaganda ist, nicht ein künstlich geschaffenes Symbol, für das die allzuoft angerufenen Massen sich in besonderer Weise in Bewegung setzen können" – vielmehr „ein geistiger Aristokrat" sollte im Mittelpunkt stehen. Sie schwärmt für die Methode des „Kleinbetriebs", der „Handwerksart", im Gegensatz zur Massenaktion.

So gewiß dieser Auffassung niemand so heftig widersprochen hätte als der Gefangene von Esterwegen, so ist sie erwiesenermaßen falsch. Die Dokumente über die Nobelpreisverteilung beweisen, daß gerade die Massenaktion jene für die letzte Entscheidung wichtige Parlamentsentschließung möglich machte. Der „vertrauliche Bericht“ informierte die Empfänger, daß in dem Jahr nach dem Tode von Gerlach (1. August 1935) ein engerer „Sonderausschuß“, bestehend aus acht Personen, von der Deutschen Liga für Menschenrechte und der Association des Journalistes Allemands in Paris beauftragt wurde, über die Arbeitsmethoden zu beraten und mit den anderen Komitees zu verkehren. Geschäftsführerin dieses Sonderausschusses war Hilde Walter. Der Bericht findet sich im Deutschen Zentralarchiv in dem Material der „Fédération Internationale des Ligues pour la Défense des Droits de l'homme et du citoyen“.

Von solchen Positionen konnte der Weg nur in das Feld der Gehässigkeiten gegen die Wahrer des kämpferischen Erbes von Ossietzky, ja gegen dessen Witwe führen. So geschehen in dem Aufsatz „Der Preis für einen Friedenspreis“ von Hilde Walter und Walter Kiaulehn in „Deutsche Rundschau“, Baden-Baden, Februar 1961.

Ob die Idee, Ossietzky für den Nobelpreis vorzuschlagen, zuerst von Grossmann in Prag oder Berthold Jacob in Straßburg oder von Gerlach in Paris ausgesprochen wurde, wird man wohl niemals endgültig ergründen können. Diese drei Personen hatten jeder an ihrem Exilort eine Ortsgruppe der Deutschen Liga für Menschenrechte gebildet. Lehmann-Rußbüldt und Rudolf Olden taten das gleiche in London. Wahrscheinlich ist die Initialzündung von mehreren Stellen zugleich ausgegangen. Gewiß ist Berthold Jacob am stärksten publizistisch hervorgetreten, hat er doch in Paris zwei Schriften veröffentlicht, wovon das 1937 erschienene Büchlein „Weltbürger Ossietzky“ (mit einem Vorwort von Wickham Steed) die wichtigere ist. Der Autor wagt hier den glücklichen Vergleich mit Hutten. Die Broschüre von Berthold Jacob, „Warum schweigt die Welt?“, Paris 1936, enthält nur Beiträge für die Nobelpreis-Kampagne.

Berthold Jacob war seit den zwanziger Jahren Ossietzkys Mitstreiter. 1927, in dem Feme-Feldzug, stand er neben Ossietzky auf der Anklagebank des Schöffengerichts Charlottenburg. Im Exil, von den Emissären der Gestapo gejagt, war Berthold Jacob unermüdlich im Warnen, wenn auch unwillig im Zusammenwirken, unfähig im Bewerten von Weggenossen. (Nach Ausbruch des Krieges fiel

Berthold Jacob auf der Flucht über Spanien in die Hände der Gestapo, die nicht zögerte, den Todfeind des deutschen Militarismus zu ermorden.)

Zu der internationalen Solidaritätsbewegung für Ossietzky gibt es außer der im Original vorliegenden „Denkschrift" und „Memorandum" (vgl. oben) umfangreiches Material in den Jahrgängen 1935 und 1936 der „Rundschau", Basel. Hervorzuheben der Artikel „Die öffentliche Meinung der westlichen Länder und der Terror in Hitlerdeutschland" von Karl Franz in Nr. 32, 1935. Über die Aktion der SDS in Paris berichtet Bodo Uhse in der Zeitschrift „Freies Deutschland" (Mexiko), 4. Jg., Nr. 12, 1945. Auch F. C. Weiskopf in seinem Buch „Unter fremden Himmeln", Berlin 1947.

Das Zentrale Wuppertal-Komitee berichtet im Bulletin Nr. 7 über seine Aktion zugunsten Ossietzkys einschließlich der Delegation in Esterwegen. Der Bericht Carl J. Burckhardts findet sich in seinem Buch „Meine Danziger Mission 1937–1939", München 1960, S. 60 ff. Die Nobelpreis-Kampagne ist breit dargestellt in Felix Burger u. Kurt Singer, „Carl von Ossietzky", Zürich 1937. In London erschien von William Ellis, gleichfalls mit einem Vorwort von Wickham Steed, die Kampfschrift „What was his crime? The case of C. v. O."

Willi Brandt behauptet („Mein Weg nach Berlin", München 1960), er habe in Oslo an der Sammlung von Unterschriften norwegischer und schwedischer Abgeordneter zugunsten der Kandidatur Ossietzkys mitgewirkt und habe sowohl mit dem Pariser Komitee als auch mit Kurt Grossmann in Prag in Verbindung gestanden.

Die Erwähnung der Brüsseler Konferenz der KPD beruht auf der Schrift von Wilhelm Pieck, „Der neue Weg zum gemeinsamen Kampf für den Sturz der Hitlerdiktatur", Berlin 1954.

Unter dem Patronat der Internationalen Roten Hilfe wirkten in Paris das „Internationale Befreiungskomitee für Thälmann und alle eingekerkerten Antifaschisten" (Thälmann-Komitee), das bereits im März 1934 den ersten Aufruf zur Solidarität mit Ossietzky erlassen hatte. (Vgl. Maximilian Scheer, „So war es in Paris, Berlin 1964.) Daneben wirkten in der gleichen Richtung das „Weltkomitee zum Schutz der Opfer des Hitlerfaschismus" (Barbusse-Komitee). Schließlich gab es noch das „Internationale Hilfskomitee für die Opfer des Hitlerfaschismus", unter dessen Schirmherrschaft das Braunbuch über den Reichstagsbrand sowie der Gegenprozeß in London stand. Dieses umfangreiche Netz von Komitees, das auch über lokale Ausschüsse in anderen Ländern verfügte, stellte seine weltweiten Verbindungen in den Dienst der Ossietzky-Kampagne, in dem sie den Märtyrer des Friedens dem eingekerkerten Führer der revolutionären Arbeiterschaft als Opfer des Hitlerfaschismus gleichstellte.

In erzählender Form verarbeitet die Materialien der Ossietzky-Kampagne Bruno Frei in seinem Buch „Die Stafette. Historische Miniaturen“, Berlin 1959.

Bemerkungen zu Kapitel 13

Das Bulletin Nr. 7 des Zentralen Wuppertal-Komitees enthält Berichte über die zum Teil erfolgreichen Bemühungen dieses Komitees und des Internationalen Roten Kreuzes, über Ossietzkys Aufenthalt und Gesundheitszustand Näheres zu erfahren. Auch die Bestätigung der Geldsendung ist hier abgedruckt.

Die im Text zitierte Äußerung von Harold I. Laski ist dem „Manchester Guardian“ vom 9. 7. 1935 entnommen.

Der Brief in den „Times“ vom 31. August 1935 wurde von Frau v. Ossietzky während ihres Aufenthaltes in London geschrieben. Vgl. WB 8/64.

Die detaillierte Darstellung des Kampfes der Reichsregierung gegen die Zuerkennung des Friedenspreises an Ossietzky ist durch die Benutzung der Aktenbestände des Politischen Archivs im Auswärtigen Amt in Bonn möglich geworden. Es handelt sich um zwei Bände: um den Band 81/2, enthaltend die Akten des Auswärtigen Amtes 1934–1937, betreffend Carl v. Ossietzky, und um den Band 307, enthaltend die Korrespondenz der deutschen Gesandtschaft in Oslo mit dem Auswärtigen Amt 1934–1938, ebenfalls Ossietzky betreffend. Die erste Meldung über den Start der Ossietzky-Kampagne kam am 28. September 1934 von der deutschen Gesandtschaft in Stockholm. Am 5. Oktober 1934 alarmierte das Auswärtige Amt Göring, der am 10. November seine Instruktionen auf Grund des Gestapoberichtes vom 2. November gab. Am 22. November gab das Auswärtige Amt der Gesandtschaft in Oslo die ersten Weisungen.

Selbstverständlich sind viele Schriftstücke zweimal vorhanden, beim Absender und beim Empfänger. Aber abgesehen davon, daß wichtige Schriftstücke nur in einem der beiden Bände vorhanden sind, ergibt der Vergleich der Dokumente mitunter interessante Abweichungen. So hat das Auswärtige Amt aus dem Brief des norwegischen Industriellen Lorenz Vogt an einen deutschen Geschäftsfreund in der für die Gesandtschaft in Oslo bestimmten Abschrift den ersten Absatz einfach weggelassen, weist doch diese Briefstelle auf die geschäftlichen Interessen hin, die sich hinter der „nationalen" Propaganda gegen die Ossietzky-Entscheidung verbargen.

Das handschriftliche Manuskript Gerlachs, „Ossietzky und Masaryk", geschrieben wahrscheinlich 1935, befindet sich im Deutschen Zentralarchiv zu Potsdam, Signatur 90 Zi 4. Masaryk hat, indem er tschechoslowakische Abgeordnete ermutigte, für Ossietzky einzutreten, de facto auf seine Kandidatur verzichtet.

Der Brief von Thomas Mann an das Nobelkomitee aus dem „Memorandum", vgl. Thomas Mann, „Gesammelte Werke", Band 12, Aufbau-Verlag, Berlin 1955, S. 749 ff.

Der Knut-Hamsun-Artikel ist wiedergegeben nach der von der deutschen Gesandtschaft angefertigten Übersetzung; ausführlich zitiert und kommentiert bei Burger u. Singer, a. a. O.

Aus der Kampagne des norwegischen Schriftstellers Nordahl Grieg zugunsten Ossietzkys sind ausführliche Zitate wiedergegeben in WB 39/60.

Über das Zwiegespräch Ossietzkys mit Göring liegt das Zeugnis von Dr. Werner Best vor („Der Spiegel", Hamburg, 4. März 1964). Best bestreitet, daß Göring versucht habe, Ossietzky für die Ablehnung des Nobelpreises eine Rente auszusetzen, doch verdient die mündliche Darstellung Maud v. Ossietzkys, in Briefen festgehalten, Glauben. Best bestätigt, Ossietzky „vertrat offen und tapfer seinen antinationalsozialistischen Standpunkt".

Abenteuerlich ist die Geschichte der Gestapoakten über Ossietzky aus den Jahren von 1934 bis 1937 (einschließlich der Anordnungen Görings), auf die im Text Bezug genommen wird. 1945 lebten in Berlin-Zehlendorf zwei norwegische Journalisten: Sigyrd Evensmo und Eilert Eriksen. Nach der Kapitulation wurden sie von einem amerikanischen Kollegen eingeladen, in der Wilhelmstraße unter den rauchenden Trümmern nach Erinnerungsstücken zu suchen. Die beiden Norweger stöberten in der Ruine des Göringschen Palais und fanden in Staub und Schutt mehrere Dokumentenpakete, von denen sich herausstellte, daß sie aus dem Privatsekretariat Görings stammten. Der Boden sei übersät gewesen mit Papieren, Photographien und Filmrollen. Sie nahmen mit, soviel sie tragen konnten. Was sie in der Hand hatten, waren die Geheimberichte der Gestapo an Göring, die meisten von Heydrich unterzeichnet, aber auch von Dr. Best, sowie von der Abt. III (Abwehr). Die norwegischen Journalisten veröffentlichten ihren Fund in dem Buch „Dokumenter fra Ruinene", Oslo 1946. Die Darstellung im Text folgt den zufällig aufgefundenen Dokumenten, deren Originale sich in Oslo befinden. Ein Teil dieser Dokumente ist in der Sondernummer der „Weltbühne", 1948, abgedruckt.

Über die näheren Umstände der sogenannten „Freilassung" berichtet Maud v. Ossietzky in WB 10/64. Sie sei in Hamburg, wo sie im Hause von Carls Stiefvater wohnte, von der „Freilassung" ihres Mannes benachrichtigt worden. Gemeinsam mit dem alten Herrn und der ehemaligen Sekretärin der „Weltbühne", Fräulein Hünicke, hätte sie Ossietzky aus der Gestapozentrale in der Prinz-Albrecht-Straße, wohin der Kranke aus dem Staatskrankenhaus gebracht worden war, abgeholt. Fräulein Hünicke veranlaßte die Ossietzkys, den Rat eines Privatarztes einzuholen, der Ossietzky dringend nahelegte, sich in das Westend-Krankenhaus zu begeben, es könnte ihm sonst leicht etwas zustoßen. Ossietzky befolgte den Rat. Während der ganzen Fahrt – das war die sogenannte „Freiheit" – sei dem Entlassenen und seiner Begleitung ständig ein Auto der Gestapo gefolgt. Einige Wochen später habe Fräulein Hünicke vorgeschlagen, in das Nordend-Krankenhaus in Niederschönhausen überzusiedeln. Die Übersiedlung erfolgte am 14. Dezember 1936. Auch dort blieb der Nobelpreisträger unter ständiger Gestapobewachung. Darüber geben die zitierten Gestapodokumente hinreichend Aufschluß. Die „Freilassung" war also eine Farce.

Das Wolf-Jürgensen-Interview ist im Auswärtigen Amt aus dem Original übersetzt worden. Burger u. Singer geben zwei Fassungen wieder, und zwar nach dem Wortlaut der „Berlingske Tidende" und nach der auszugsweisen Wiedergabe in der Prager „Bohemia" vom 12. September 1936.

Über die Vorgänge im Nobelkomitee gibt es angesichts der Schweigepflicht keine Veröffentlichungen. Doch erhielt der Verfasser von Halvdan Koht einen Brief vom 15. April 1956, der bei

Wahrung der Schweigepflicht genügend Anhaltspunkte enthält, um die wahren Vorgänge rekonstruieren zu können. Der Brief Kohts diente als Unterlage zu der Darstellung des Verfassers in seinem Buch „Die Stafette", Berlin 1959, S. 269 ff.

Über die Unterredung Sahm–Koht vom 26. November 1936 liegen zwei Versionen vor. Sahm in seinem Bericht an das Auswärtige Amt und Koht in seinem Brief an den Verfasser. Die beiden Berichte stimmen im wesentlichen überein.

Das weltweite Echo der Preiszuerkennung beschreibt ausführlich die „Rundschau", Basel, am 27. November 1936. Die Tagung des Erweiterten Präsidiums der Ständigen Kommission für eine Vollamnestie der politischen Gefangenen in Deutschland tagte in Paris unter dem Ehrenvorsitz von Ossietzky am 29. November 1936. Das an diese Tagung gerichtete Telegramm von Lord Robert Cecil sowie den Brief von Thomas Mann veröffentlichte die „Rundschau" am 3. Dezember 1936. Über weitere Kundgebungen berichtet die Zeitschrift am 23. Dezember 1936. Die Zitate von den Reden auf der Prager Kundgebung sind diesen Berichten entnommen.

Der Artikel von Erich Weinert über Ossietzky ist in russischer Sprache erschienen in „Meshdunarodnaja Literatura", Moskau, 27. November 1936, in deutscher Sprache in „Wahrheit", Kiew, 1. Dezember 1936. (Erich-Weinert-Archiv bei der Deutschen Akademie der Künste, Berlin.)

Frau v. Ossietzky schildert in WB 9/64 die Umstände beim Eintreffen der Benachrichtigung des Nobelkomitees. Über die nach Oslo abgesandten Telegramme der Ossietzkys berichtet Hilde Walter in „Deutsche Rundschau", Baden-Baden, 1961/62.

Die Festrede von Prof. Stang ist in deutscher Übersetzung in den Akten der deutschen Gesandtschaft vorhanden, der volle Wortlaut ist in französischer Sprache abgedruckt in dem Band „Les Prix Nobel en 1936", Stockholm 1937, eine offizielle Publikation des Nobelinstituts. Dort findet sich auch die unfreundliche Biographie, aus der im Text zitiert wird. Vgl. auch „The Nobel-Prize-Winners" von T. W. Mac Callum and Stephan Taylor, Zürich 1938.

Die Storting-Debatte wird nach den Akten der deutschen Gesandtschaft wiedergegeben, die sich auf Zeitungsberichte stützt.

Der Hinweis auf den Fall des deutschen Physiologen Prof.

Dr. Gerhard Domagk ist einem Artikel von Kurt R. Grossmann in der „Welt", Hamburg, vom 23. November 1951 entnommen.

Der Wortlaut des Hitlerschen Dekrets lautet: „Um für alle Zukunft beschämenden Vorgängen vorzubeugen, verfüge ich mit dem heutigen Tage die Stiftung eines Deutschen Nationalpreises für Kunst und Wissenschaft. Dieser Nationalpreis wird jährlich an drei verdiente Deutsche in der Höhe von je 100 000 Reichsmark zur Verteilung gelangen. Die Annahme des Nobelpreises wird damit für alle Zukunft Deutschen untersagt."

Bemerkungen zu Kapitel 14

Die Preiszuerteilung ist von der Nazipresse mit wütenden Kommentaren begleitet worden. Der Darstellung liegen Artikel aus dem „Angriff", dem „Völkischen Beobachter" (29. November 1936) und der „N & Z – Rheinfront" (4. Dezember 1936) zugrunde.

Das Material über den Fall Wannow ist umfangreich. Hingewiesen sei vor allem auf die 33 Seiten umfassende Selbstdarstellung Kurt Wannows sowie die Niederschrift der Zeugenaussage von Frau Maud v. Ossietzky im Wannow-Prozeß (beide im Archiv der „Weltbühne", Berlin). Die 1949 in Berlin durchgeführte behördliche Untersuchung des Falles Wannow, die zu seiner Entlarvung führte, an Hand der Strafakten der Staatsanwaltschaft beim Landgericht Berlin (Aktenzeichen 2 St. Ms 18637), dargestellt von Rolf Helm, Generalstaatsanwalt beim Kammergericht Berlin, in WB vom 3. und 17. Mai 1950. Die volle Aufklärung des Falles, insbesondere der Nachweis der Verbindung Wannows zur Gestapo, ist durch die Einsicht in die Akten des Auswärtigen Amtes im Politischen Archiv in Bonn möglich geworden.

Über die Verhandlung im Wannow-Prozeß berichtete die Nazipresse ausführlich, aber vage. Das im Text wiedergegebene Zitat aus dem „Angriff" ist der Nummer vom 8. März 1936 entnommen. Der „Völkische Beobachter" berichtete am 8. März über das Urteil. Am ausführlichsten wird die Vernehmung von Ossietzky in der „Berliner Nachtausgabe" vom 26. Februar 1938 wiedergegeben, doch ist im Text auch der Bericht im „Völkischen Beobachter" vom gleichen Datum verwendet worden. Kurt R. Grossmann, a. a. O., S. 421, zitiert die „Berliner Börsenzeitung". Danach habe Ossietzky auf die Frage des Vorsitzenden geantwortet: „Ich habe mich gefragt: Bist du dieses Preises wert oder ist es nur eine politische Demonstration? Dann habe ich aber mein Leben überschaut und hielt mich des Preises für nicht ganz unwert." Wahrscheinlich kommt diese Fassung der Wahrheit am nächsten. (Vgl. auch den Bericht von Maud v. Ossietzky in WB 11/64.) Wannow selbst beschreibt in seinem Lebensbericht, wie er für den Prozeß von der Gestapo präpariert wurde und wie es zum Zwischenfall mit Fräulein Lenz kam.

In Paris verfolgte man aufmerksam den Verlauf der Gerichtskomödie, ist doch Ossietzky hier zum erstenmal nach 1933 in Person vor die Öffentlichkeit getreten. Über Zweck und Absicht der Schau gab es keinen Zweifel.

Um die Zeit der Preiszuerteilung hat Hilde Walter eine Briefpropaganda betrieben, wonach im Ausland über die Abholung des Geldes durch einen Emissär aus Berlin nicht geschrieben werden sollte; sie verlangte vielmehr, man möge Ossietzky Geld nach Deutschland schicken, da er, wie sie vermutete, ohne Mittel sein dürfte. Das alles steht in einem Brief an Milly Zirker vom 11. Dezember 1936 (Deutsches Zentralarchiv Potsdam, 61 Fe 2).

Statt der Tagesberichte sei aus der zusammenfassenden Würdigung von Carl Migsch im „Pariser Tageblatt" (8. März 1938) zitiert: „Wer wäre so kindergläubig anzunehmen, je hätte dieser Wannow ohne Erlaubnis der Gestapo das Geld aus Oslo holen dürfen? Der Berliner Schauprozeß soll der Welt weismachen, die Gestapo sei neutral geblieben. Sie habe den Wannow für einen Anwalt gehalten – arme Gestapo, selbst darüber ließest du dich täuschen? – und habe sich in die Angelegenheit nicht eingemischt. Sie habe also an der Heranschaffung des Geldes nach Deutschland nicht mitgewirkt, den Wannow nicht aufgedrängt. Sie war ‚neutral' ihrem Schutzhäftling gegenüber, der nun ihr – Schützling wird. Denn jetzt begibt sich die Gestapo auf die Jagd nach dem Friedensgeld, sie ‚entlarvt' den Wannow als abgedankten, ausgestoßenen Anwalt, sie stellt die Beträge sicher, sie erwirkt Steuerbefreiung, kurz, sie entpuppt sich als erstklassiges Inkasso-Büro und als meisterhafte Anwaltsfirma. Kein Wunder, da sie ja der wahre Herrscher Deutschlands ist. – Erst bringt man Ossietzky um Freiheit, Gesundheit, Geltung, dann läßt man ihn ausplündern und betrügen, und schließlich führt man ihn der Welt als Protegé vor. Diese Heuchelei ist widerlich, und es lohnt nicht, sich weiter damit zu befassen. Trotz des bengalischen Lichtes, unter dem sie sich im Wannow-Prozeß präsentiert, wird die Gestapo nicht schöner."

Dieser Kommentar zeigt, daß die Hitlergegner in Paris, ohne die tatsächlichen Vorgänge zu kennen, die Zusammenhänge richtig erfaßt hatten.

Bemerkungen zu Kapitel 15

Die einzigen Menschen, die Ossietzky vor seinem Tode sahen (mit Ausnahme seiner Frau und des Pflegepersonals), waren das norwegische Ehepaar Finn und Inge Lie. Das Gespräch, das der Verfasser mit Herrn Finn Lie in seinem Wohnhaus in Moelf (Norwegen) am 3. April 1963 hatte, wird unverändert wiedergegeben. Das Gespräch ist auf Band aufgenommen. Der Artikel von Finn und Inge Lie wurde in „Dagbladet" (Oslo) vom 14. Mai 1938 abgedruckt, aber auch andere Zeitungen, so das „Götborgs Handels och Sjöfarts Tidning" vom gleichen Tag, veröffentlichten den aufsehenerregenden Bericht. Auch die in Prag erscheinende Zeitschrift der deutschen sozialdemokratischen Emigration, „Sozialdemokrat", druckte den Artikel nach. Die deutsche Gesandtschaft in Oslo übersandte den Artikel an das Auswärtige Amt. Finn Lie ist seit seiner Jugend in der Friedensbewegung tätig, gehört keiner Partei an und bewahrt sein Gespräch mit Ossietzky in ehrfurchtsvoller Erinnerung.

Daß die Liga für Menschenrechte in Paris für die Erstattung der Kosten des Sanatoriumaufenthaltes in Berlin regelmäßig Geld überwies, ist einem Finanzbericht von Milly Zirker an den Präsidenten der Liga H. Kahn entnommen. (Nachlaß Milly Zirker im Deutschen Zentralarchiv Potsdam.)

Die näheren Umstände des Todes von Ossietzky und seiner Bestattung sind in der „Weltbühne"-Sondernummer 1948, offenbar auf Grund von Mitteilungen von Frau Maud v. Ossietzky, beschrieben.

Der makabre Streit um das Seelenheil von Ossietzky ist entstanden, als im Jahre 1946 die „Isar-Post" ein Interview mit Schwester Hedwig Becker veröffentlichte, die damals in Landshut lebte. Schwester Hedwig behauptete: „Am 3. Mai 1938, als es Herrn von Ossietzky wesentlich schlechter ging, übernahm der Krankenpfleger M. die Einzelpflege am Tage und nachts bis zum

4. Mai mittags drei Uhr. Dann rief er mich und bat mich, ihn abzulösen. Herr von Ossietzky lag mit geschlossenen Augen, friedlichem Gesicht und gefalteten Händen auf seinem Lager. Nach wenigen Sekunden öffnete er seine Augen und bat mich in gebrochenen Absätzen: ‚Schwester Hedwig, beten Sie mit mir ein Vaterunser.‘ Seine Bitte erfüllte ich gern. Nachher sah mich Herr von Ossietzky noch einmal an und schloß dann seine Augen für immer. So war ein wahrer Christ in die Ewigkeit eingegangen, ohne Haß gegen seine Verfolger und Feinde. Am nächsten Tag wurde in meiner Gegenwart eine Totenmaske abgenommen. Photographen und Reporter durfte ich nicht zulassen, das war der Leitung des Krankenhauses und dem Arzt untersagt.“

Diese Erzählung ist von mehreren Blättern übernommen worden, u. a. von der „Frankfurter Neuen Presse“ am 7. September 1946. Am 6. Oktober 1946 erschien sie auch im „Katholischen Kirchenblatt für die Erzdiözese Freiburg“. Diese Veröffentlichung veranlaßte das Schrifttum- und Pressereferat der Fuldaer Bischofskonferenz am 15. Oktober 1946, die Redaktion der „Weltbühne“ in Berlin zu einer Stellungnahme aufzufordern. Frau Maud v. Ossietzky stellte in ihrem Schreiben folgendes klar:

„An das Pressereferat der Fuldaer Bischofkonferenz.

Zu meinem großen Erstaunen lese ich im ‚Kathol. Kirchenblatt‘ No 40 für die Erzdiözese Freiburg, das Sie mir zusandten, daß Schwester Hedwig Becker in einem Bericht der ‚Isar-Post‘ von Landshut veröffentlicht hat, daß sie meinen Mann Carl v. Ossietzky, der Herausgeber der ‚Weltbühne‘ bis 1933 war, gepflegt hat. Das stimmt nur teilweise. Schwester Becker war als Pflegerin sehr wenig mit meinem Mann zusammen, sein ständiger Betreuer war ein Pfleger.

Zur Richtigstellung möchte ich ausdrücklich betonen, daß mein Mann vor seinem Tode stundenlang ohne Besinnung war, darum ist es nicht möglich, daß mein Mann Carl v. Ossietzky die Schwester Becker bat, mit ihm ein Vaterunser zu beten. Ich kann sagen, daß mein Mann seit seinem 21. Lebensjahr Freidenker und Monist war und hat sein Leben lang fest an dieser Weltanschauung gehalten. Ob Schwester Becker von sich selbst heraus ein Vaterunser für einen sterbenden Menschen gebetet hat, entzieht sich meiner Kenntnis. Es ist anzunehmen, daß sie als Katholikin dieses bei jedem Ablebenden machte.

Ich bitte Sie, diese meine Feststellung in Ihrem Kirchenblatt zur Kenntnis zu bringen.

Hochachtungsvoll
gez. Maud v. Ossietzky."

Der Gedenkkundgebungen und öffentlichen Nachrufe aus Anlaß des Todes von Ossietzky war kein Ende. In den Akten des Auswärtigen Amtes sind die Berichte der Missionen gesammelt. Sogar der deutsche Konsul in Montreal (Kanada) klagt, daß eine Gedenkkundgebung in dieser Stadt stark besucht gewesen sei.

Der Nachruf der „Prawda" erschien am 7. Mai 1938 (gezeichnet von I. Anissimow). Die „Literaturnaja Gaseta" schrieb am 10. Mai 1938: „Derjenige, der zum erstenmal diesen bescheidenen, ausgesucht höflichen Menschen sah, hätte nie gedacht, daß sich hinter diesem Äußeren der stärkste und prinzipiellste Publizist Deutschlands verbirgt. Ossietzky gab sich ganz seinem grandiosen Kampf gegen den Krieg hin. Und erst hinter seinem Schreibtisch verwandelte sich dieser Mensch, bescheiden bis zur Schüchternheit, in einen unermüdlichen, unbeugsamen Kämpfer."

Hugo Huppert bezeugt in „Kerngesundes Land", Halle 1961, S. 97, die tiefe Wirkung, die der Name Ossietzky auch in den Reihen der im Kampfe gegen Hitler stehenden Sowjetsoldaten ausübte: „Sooft im zweiten Weltkrieg Stimmen und Stimmungen aufkamen, die dem leidenden Sowjetmenschen nahelegten, Hitler und das deutsche Volk gleichzusetzen, genügte ein Hinweis auf Männer und Märtyrer wie Ossietzky, um jene Stimmen zum Verstummen zu bringen."

Der Nachruf von Heinrich Mann, „Der Dulder", ist erschienen in Heinrich Mann, „Mut", Verlag 10. Mai, Paris 1939; nachgedruckt in „Essays", Dritter Band, Berlin 1962, S. 138ff.

Johannes R. Becher würdigte den Toten in der „Rundschau", Basel, vom 12. Mai 1938; nachgedruckt im Sammelband „Erkämpft das Menschenrecht. Lebensbilder und letzte Briefe antifaschistischer Widerstandskämpfer", Dietz Verlag, Berlin 1958.

Als 1945 die Sowjetarmee Berlin befreite, erhielt die letzte Ruhestätte Ossietzkys ein Namensschild. Eine Straße und ein Platz in Pankow wurden nach ihm benannt. Von der Marmorplatte auf dem Friedhof von Niederschönhausen, wo seine Asche verwahrt wird, verheißt die eingravierte Inschrift doppelsinnig: „Frieden für immer."

Bemerkungen zu Kapitel 16

„Sagen Sie ihm, daß er für die Träume seiner Jugend soll Achtung tragen, wenn er Mann sein wird." So läßt Schiller den Marquis Posa zur Königin sprechen: dem Prinzen Carlos soll sie die letzte Botschaft des Todgeweihten bringen. („Don Carlos" IV, 21.)

Heines berühmte Vorrede zur französischen Ausgabe der „Lutetia" (1855), wo der Dichter sein ambivalentes Verhältnis zum Kommunismus in bewegten Worten bekennt, hat Walther Victor in seinem Buche „Marx und Heine", Berlin 1953, in den historischen Rahmen gestellt.

Clara Zetkins Referat „Die Intellektuellenfrage" auf dem V. Kongreß der Kommunistischen Internationale, dem das Zitat entnommen ist, ist in den „Ausgewählten Reden und Schriften", Band III, Berlin 1960, S. 46, enthalten.

Über Ossietzkys Wiederwahl in den Vorstand der Liga für Menschenrechte berichtet „Sozialistische Arbeiterzeitung", Nr. 70.

Bemerkungen zu Kapitel 17

Eingehend beschäftigt sich Ruth Greuner mit dem Kulturkritiker Ossietzky (WB 31–33/63). Die Verfasserin, Ossietzkys Wagner-Aufsatz kommentierend, kommt zu dem treffenden Schluß: „Ossietzky orientierte sich auf Weimar und Goethe, nicht auf Bayreuth und den Dirigenten des Rausches."

Der im Text zitierte Geburtstagsgruß ist von Rudolf Arnheim, abgedruckt in WB vom 4. Oktober 1932.

Die Äußerung von Erich Weinert entstammt dem bereits erwähnten Aufsatz in der Zeitschrift „Meshdunarodnaja Literatura", Moskau, 27. November 1936; deutsch in: „Wahrheit", Kiew, 1. Dezember 1936.

Die Schlußverse sind dem Gedicht von Erich Weinert entnommen, das, dem Gedenken Carl v. Ossietzkys gewidmet, in der Sonderausgabe der „Weltbühne" 1948 erschienen ist.

ABBILDUNGEN

Dieses Werk wäre ohne die Mitwirkung einer großen Zahl helfender Hände und Köpfe nicht zustande gekommen. Der Verfasser schuldet Dank allen jenen Lagerkameraden und Zeitgenossen Ossietzkys, die ihm Erinnerungen zur Verfügung stellten. Dank und Anerkennung schuldet der Verfasser auch den Archivaren und Bibliothekaren in Potsdam, Berlin, Leipzig, Hamburg, Oslo, Bonn, die keine Mühe scheuten, bei der Materialsuche behilflich zu sein. Besonderer Dank gebührt Frau Ursula Madrasch von der Redaktion der „Weltbühne", Berlin, für die Überprüfung der biographischen Daten und Herrn Dr. Fritz Klein vom Institut für Geschichte an der Deutschen Akademie der Wissenschaften zu Berlin für die Revision des historischen Materials.

Bruno Frei

INHALT

„Ossietzky-Sonderheft“ der „Weltbühne“ (1948) als Beilage.